国家出版基金项目
NATIONAL PUBLICATION FOUNDATION

抗日战争专题研究

张宪文 朱庆葆 主编

第六辑
战时经济与社会

全面抗战时期西南国际交通

谭 刚 著

江苏人民出版社

图书在版编目(CIP)数据

全面抗战时期西南国际交通/谭刚著. —南京:
江苏人民出版社,2022.1
(抗日战争专题研究/张宪文,朱庆葆主编)
ISBN 978-7-214-26032-1

Ⅰ. ①全… Ⅱ. ①谭… Ⅲ. ①抗日战争—史料—西南地区—1931-1945 Ⅳ. ①K265.06

中国版本图书馆 CIP 数据核字(2021)第 191255 号

书　　名	全面抗战时期西南国际交通
著　　者	谭　刚
责任编辑	莫莹萍
特约编辑	张　欣
装帧设计	刘葶葶
责任监制	王　娟
出版发行	江苏人民出版社
地　　址	南京市湖南路 1 号 A 楼,邮编:210009
照　　排	江苏凤凰制版有限公司
印　　刷	苏州市越洋印刷有限公司
开　　本	652 毫米×960 毫米　1/16
印　　张	34.75　插页 4
字　　数	398 千字
版　　次	2022 年 1 月第 1 版
印　　次	2022 年 1 月第 1 次印刷
标准书号	ISBN 978-7-214-26032-1
定　　价	128.00 元

(江苏人民出版社图书凡印装错误可向承印厂调换)

教育部哲学社会科学研究重大委托项目
2021年度国家出版基金资助项目
南京大学“双一流”建设卓越计划项目

合作单位

南京大学　北京大学　南开大学　武汉大学
复旦大学　浙江大学　山东大学
台湾中国近代史学会

学术顾问

金冲及　章开沅　魏宏运　张玉法　张海鹏
姜义华　杨冬权　胡德坤　吕芳上　王建朗

编纂委员会

总　序

张宪文　朱庆葆

日本侵华与中国抗日战争是近代中国最重大的历史事件。中国人民经过14年艰苦卓绝的英勇奋战，付出惨重的生命和财产的代价，终于取得伟大的胜利。

自1945年抗日战争结束至2015年，度过了漫长的70年。对这一影响中国和世界历史进程的重大事件，国内外历史学界已经做过大量的学术研究，出版了许多论著。2015年7月30日，在抗日战争胜利70周年前夕，中共中央政治局就中国人民抗日战争的回顾和思考进行集体学习，习近平总书记发表重要讲话，指示学术界应该广为搜集整理历史资料，大力加强对抗日战争历史的研究。半个月后，中共中央宣传部迅速制定抗日战争研究的专项规划。8月下旬，时任中共中央宣传部部长刘奇葆召开中央各有关部委、国家科研机构和部分高校代表出席的专题会议，动员全面贯彻习总书记的讲话精神，武汉大学和南京大学的代表出席该会。

在这一形势下，教育部部领导和社会科学司决定推动全国高校积极投入抗战历史研究，积极支持南京大学联合有关高校建立抗战研究协同创新中心，并于南京中央饭店召开了由数十所高校的百余位教授、学者参加的抗战历史研讨会。台湾中国近代史学会也派出十多位学者，在吕芳上、陈立文教授率领下出席会议，共同协商在新时代深入开展抗战历史研究的具体方案。台湾著名资深教授蒋永敬在会议上发表了热情洋溢的讲话。经过几个月的酝酿和准备，南京大学决定牵头联合我国在抗战历史研究方面有深厚学术基础的北京大学、南开大学、武汉大学、复旦大学、浙江大学、山东大学及台湾中国近代史学会，组织两岸历史学者共同组建编纂委员会，深入开展抗日战争专题研究。中央档案馆和中国第二历史档案馆也积极支持。在南京中央饭店学术会议基础上，编纂委员会初步筛选出130个备选课题。

南京大学多次举行党政联席会议和校学术委员会会议，专门研究支持这一重大学术工程。学校两届领导班子均提出具体措施支持本项工作，还派出时任校党委副书记朱庆葆教授直接领导，校社科处也做了大量工作。南京大学将本项目纳入学校“双一流”建设卓越计划，并陆续提供大量经费支持。

江苏省委、省政府以及江苏省委宣传部，均曾批示支持抗战历史研究项目。国家教育部社科司将本项研究列为哲学社会科学研究重大委托项目，并要求项目完成和出版后，努力成为高等学校代表性、标志性的优秀成果。

本项目编纂委员会考察了抗战历史研究的学术史和已有的成果状况，坚持把学术创新放在第一位，坚持填补以往学术研究的空白，不做重复性、整体性的发展史研究，以此推动抗战历史研究在已有基础上不断向前发展。

本项目坚持学术创新，扩大研究方向和范围。从以往十分关注的九一八事变向前延伸至日本国内，研究日本为什么发动侵华战争，日本在早期做了哪些战争准备，其中包括思想、政治、物质、军事、人力等方面的准备。而在战争进入中国南方之后，日本开始实施一号作战，将战争引出中国国境，即引向亚太地区，对东南亚各国及东南亚地区的西方盟国势力发动残酷战争。特别是日军偷袭美军重要海军基地珍珠港，不仅给美军造成严重的军事损失，也引发了日本法西斯逐步走向灭亡的太平洋战争。由此，美国转变为支援中国抗战的主要盟国。拓展研究范围，研究日本战争准备和研究亚太地区的抗日战争，有利于进一步揭露日本妄图占领中国、侵占亚洲、独霸世界的阴谋。

本项目以民族战争、全民抗战、敌后和正面战场相互支持相互依靠的抗战整体，来分析和认识中国抗日战争全局。课题以国共两党合作为基础，运用大量史实，明确两党在抗日战争中的地位和作用，正确认识各民族、各阶级对抗日战争的贡献。本项目内容涉及中日双方战争准备、战时军事斗争、战时政治外交、战时经济文化、战时社会变迁、中共抗战、敌后根据地建设以及日本在华统治和暴行等方面，从不同视角和不同层面，深入阐明抗日战争的曲折艰难历程，以深刻说明中国抗日战争的重大意义，进一步促进中华民族的伟大复兴。

对于学界已经研究得甚为完善的课题，本项目进一步开拓新的研究角度和深化研究内容。如对山西抗战的研究更加侧重于国共合作抗战；对武汉会战的研究将进一步厘清抗战中期中国政治、经济、社会的变迁及国共之间新的友好关系。抗战前期国民党军队丢失大片国土，而中国共产党在十分艰难的状况下，在敌后逐步收复失地，建立抗日根据地。本项目要求各根据地相关研究课题，应在以往学界成果基础上，着力考察根据地在社会改造、经济、政治、人才培养等方面，如何探索和积累经验，为 1949 年后的新中国建设提供有益的借鉴。抗战时期文学艺术界以其特有的文化功能，在揭露日军罪行、动员广大民众投入抗战方面，发挥了重要作用。我们尝试与艺术界合作,动员南京艺术学院的教授撰写了与抗日战争相关的电影、美术、音乐等方面的著作。

本项目编纂委员会坚持鼓励各位作者努力挖掘、搜集第一手历史资料,为建立创新性的学术观点打下坚实基础。编纂委员会要求全体作者坚决贯彻严谨的治学作风,坚持严肃的学术道德,恪守学术规范,不得出现任何抄袭行为。对此,编纂委员会对全部书稿进行了两次"查重",以争取各个研究课题达到较高的学术水平,减少学术差错。同时,还聘请了数十位资深专家,对每部书稿从不同角度进行了五轮审稿。

本项目自2015年酝酿、启动,至2021年开始编辑出版,是一项巨大的学术工程,它是教育部重点研究基地南京大学中华民国史研究中心一直坚持的重大学术方向。百余位学者、教授,六年时间里付出了艰辛的劳动,对抗战历史研究做出了重要贡献!编纂委员会向全体作者,向教育部、江苏省委省政府以及各学术合作院校,向江苏凤凰出版传媒集团暨江苏人民出版社,向全体编辑人员,表示最崇高的敬意和诚挚的感谢!

目　录

图表目录

导　论

一、研究缘起与研究价值

全面抗战时期，西南地区成了中国抗战的大后方，战略地位极其重要。随着中国东部沿海地区相继陷落，中国的主要国际交通线逐步从东部沿海向西南内地转移，交通运输方式也从海运逐步转为陆运。尤其是 1938 年 10 月武汉、广州沦陷以后，西南国际交通线更加重要，滇越铁路和滇缅公路成了重要交通运输线。1940 年 6 月滇越铁路国际运输中断后，滇缅公路成为西南最重要的陆路交通运输线。1942 年 5 月滇缅公路国际运输中断后，驼峰空运则成为西南最重要的对外交通运输线。全面抗战时期的西南国际交通线为中国输入了宝贵的抗战物资和输出了大量的出口物资，不仅有力地支持了中国抗战大业，而且在一定程度上维持了大后方经济的正常运行。

由于全面抗战时期西南国际交通运输十分重要，对这一问题进行全面系统的研究确有必要，其研究价值不容置疑。具体而言，战时西南国际交通运输问题的研究价值主要有四个：第一，具有重要的军事研究价值。全面抗战时期,中国不仅通过西南国际交通线输入了大量抗战军用物资,而且为了打通中缅印交通,还在1943年下半年到1945年年初联合美国发动了中缅印反击战,美国驻华空军的主要任务之一也是保卫驼峰空运的安全。从中方角度来看,不论是中美为打通中缅印交通而发动的中缅印战役,还是美国驻华空军保护驼峰空运的战斗,都属于中国抗战军事史研究的重要内容。从日本角度而言,为切断西南国际交通运输,从而阻断援华物资的输入,日军不仅频繁轰炸西南国际交通线及其重要枢纽城市,而且还发动了广州作战、南宁作战、香韶路切断作战等地面战役。日军为切断西南国际交通运输而发动的一系列空中作战和地面作战,也是日军侵华军事史的重要研究内容。第二,具有重要的外交研究价值。全面抗战时期,为修建和开辟西南国际交通线,中国与英国、法国、美国等国进行了交涉,由于各方的利益纠葛,交涉中矛盾不断。这折射出战时中英、中法和中美关系的复杂性与特殊性。不仅如此,通过研究中国与英法美等国的交涉问题,既可反映战时中国外交战略的调整,也可反映世界格局的演变,从而丰富战时外交史的研究内容。第三,具有重要的经济研究价值。全面抗战时期,大后方通过西南国际交通线,不仅输出了大量特矿和农产品,而且输入了中国需要的原料、燃料、工业设备等,既保证了中国与美苏之间易货贸易的进行,也维持了大后方经济的正常运行。第四,具有重要的政治和社会研究价值。全面抗战时期,为修建滇缅公路、滇缅铁路和中印公路,国民政府征用了大量民工。国际交通线建成后,为补充运输人员和技术人员,国民政府又与南侨总会联系,征募了大量南侨机工回国服务,同时大批美军飞行员和维修人员也参加了驼峰空运。因此,战时西南国际交通建设与运输的过程,就是一次交通动员的过程。不同阶层、不同地域、不同国籍的民众都被动员到西南国际交通建设和运输的洪流之中，这不仅影响了普通民众的工作和生活，也是全民抗战的鲜明体现，政治意义重大。

二、学术史回顾与研究不足

关于全面抗战时期西南国际交通运输问题，大陆、台湾以及海外学者出版了大量研究成果。具体来讲，代表性研究成果主要集中于研究以下六方面问题：

1. 西南国际交通建设与物资运输的研究

西南国际交通首先属于交通问题，因此得到了交通史学界的重视。20 世纪 80 年代末至 90 年代初，交通部中国公路交通史编审委员会组织编写出版了一套中国公路交通史丛书，其中涉及全面抗战时期滇缅公路、中印公路、河岳公路等西南国际公路的建设与运输问题。① 这些编著属于交通史志，具有很大的史料价值。陆韧在全面系统研究云南2 000多年对外交通变迁问题时，分析了滇缅公路和中印公路的修建及其作用。② 一批学者则专门研究了西南国际公路、驼峰空运等国际交通线的修建与运输情况。台湾学

① 主要成果有：中国公路交通史编审委员会编：《中国公路史》第 1 册，北京：人民交通出版社 1990 年版，第 291—304 页；中国公路交通史编审委员会编：《中国公路运输史》第 1 册，北京：人民交通出版社 1990 年版，第 268—290 页；浦光宗主编：《云南公路史》第 1 册，北京：国际文化出版公司 1989 年版，第 282—342 页；黄恒蛟主编：《云南公路运输史》第 1 册，北京：人民交通出版社 1995 年版，第 121—169 页；广西壮族自治区交通厅史志编审委员会编：《广西公路史》第 1 册，北京：人民交通出版社 1991 年版，第 158—161 页；广西壮族自治区公路运输管理局编：《广西公路运输史》第 1 册，南宁：广西人民出版社 1990 年版，第 20 页。

② 陆韧：《云南对外交通史》，昆明：云南民族出版社 1997 年版，第 405—412 页。

者施曼华研究了战时西南国际公路建设和运输问题;徐康明、刘莲芬利用大量英文译著和原始资料研究了驼峰航线的开辟背景、运营情况、空运机构、人员及装备情况等问题。① 此外,大批学者发表了大量专题学术论文,其中李君山考察了滇缅公路运输发展与困境的问题。② 唐凌和李建国则专门研究了全面抗战时期的特矿运输问题,包括西南的中越、中缅、中印国际运输线的特矿运输情况。③ 台湾学者林美莉考察了陈光甫 1940 年滇缅公路纪行问题,论述了滇缅公路桐油运输情况。④

国外学者尤其是美国学者十分关注驼峰空运问题。美国学者约翰·D. 普雷廷(John D. Plating)对驼峰空运诞生的历史原因、驼峰航线的自然条件、驼峰空运各阶段的特点和变化缘由、驼峰空运的历史意义等多方面进行了详细的研究和分析。⑤ 美国学者奥萨·C. 斯宾塞(Otha C. Spencer)研究了驼峰空运的发展结果,涉及了美军飞行员的工作和生活情况。⑥ 杰夫·埃塞尔(Jeff Ethell)和唐尼(Don Downie)叙述了美军驼峰空运问题,包括飞行员的生活与工作、天气、营救等问题。他们的著作虽然不是学术著作,但

① 施曼华:《抗日战争时期西南西北的国际公路》,台北:正扬出版社 1983 年版;徐康明、刘莲芬:《飞越"驼峰":第二次世界大战中最著名的战略空运》,北京:解放军出版社 2005 年版。

② 李君山:《抗战时期西南运输的发展与困境——以滇缅公路为中心的探讨(1938—1942)》,《"国史馆"馆刊》第 33 期,2012 年 9 月,第 57—88 页。

③ 唐凌:《抗战时期的特矿运输路线及价格》,《广西师范大学学报》1996 年第 3 期,第 56—64 页。

④ 林美莉:《陈光甫的 1940 年滇缅公路纪行——以视察桐油运输与油品改良为中心》,《"国史馆"馆刊》第 53 期,2017 年。

⑤ [美]约翰·D. 普雷廷著,张兵一译:《驼峰空运》,重庆:重庆出版社 2014 年版。

⑥ Otha C. Spencer, *Flying the Hump: Memories of an Air War* (Texas: Texas A&M University Press, 1992).

提供了大量参与者的记述，史料价值颇高。[1] 威廉·凯宁(William Koening)也阐述了驼峰航线的来龙去脉和运输情况，交代了中美围绕驼峰航线问题的交涉背景。[2]

2. 西南国际交通的经营管理、运输机构和运输人员研究

关于西南国际交通的运营管理问题，学者们重点研究了国民政府对印支通道、滇缅公路的经营管理，其中刘卫东利用大量云南省档案馆馆藏原始档案研究了印支通道的经营、管理等问题[3]，贾国雄则研究了滇缅公路的经营及管理问题[4]。在运输机构方面，美国学者格雷戈里·克劳奇(Gregory Grouch)和小威廉·M. 利里(William M. Leary)利用大量原始资料研究了中国航空公司在中国的发展，其中有专章内容分析了中国航空公司参与驼峰空运的基本情况。[5] 在运输人员研究方面，夏玉清以云南省档案馆、台湾档案部门收藏的“南侨机工”档案为基础，利用南洋《总汇新报》《南洋商报》《槟城日报》等报刊资料，考察与介绍了南侨机工的工作、训练与管理等问题。[6]

---

① Jeff Ethell and Don Downie, *Flying the Hump: In Original World II Color* (Osceola: Motorbooks International Publishers & Wholesaler, 1995).

② [美]威廉·凯宁著，戈叔亚译:《飞越驼峰:抗战史上的空运壮举》，沈阳:辽宁教育出版社 2005 年版。

③ 刘卫东:《抗战前期国民政府对印支通道的经营》，《近代史研究》1998 年第 5 期。

④ 贾国雄:《抗战时期滇缅公路的修建及运输述论》，《四川师范大学学报》(社会科学版)2000 年第 2 期。

⑤ [美]格雷戈里·克劳奇著，陈安琪译:《中国之翼:飞行在战争、谎言、罗曼史和大冒险的黄金时代》，北京:社会科学文献出版社 2015 年版;[美]小威廉·M. 利里著，徐克继译:《龙之翼——中国航空公司和中国商业航空的发展》，北京:科学技术文献出版社 1990 年版。

⑥ 夏玉清:《南洋华侨机工研究(1939—1946)》，北京:中国社会科学出版社 2016 年版。

3. 西南国际交通对中国抗战的作用研究

西南国际交通问题由于在军事上具有重要研究价值，也得到了史学界尤其是军事史学界的重视。徐万民在全面系统研究战时中国国际交通线修建、中外交涉和军事活动等问题时，专章研究了中越、中缅和中印国际交通线对中国抗战发挥的积极作用。① 李占才、张劲在系统研究战时交通对中国抗战的作用时，论及了滇缅公路、驼峰空运等对中国抗战的作用。② 田玄从军事史角度研究中缅印战区开辟前后中美英日缅印各国的战时政略、战略指导、外交、军事援助、作战及重要军政人物的活动时，论述了滇西民众和华侨修建中印公路、参加滇缅公路运输的贡献，凸显了西南国际交通对中国远征军印缅作战的作用。③ 徐康明从军事史角度研究 1942 年至 1945 年以中国远征军为主体的中美盟军在中缅印战场的军事计划和活动时，专章论述了驼峰航线、中印公路等交通线的开辟和修建情况，揭示了西南国际交通线在中缅印战场中的作用。④ 廖永东全面系统研究了二战时期中国为打破日军封锁而开辟的国际通道，其中分析了中越、滇缅、驼峰和中印通道的军事作用。⑤

4. 西南国际交通对中国对外贸易影响的研究

关于西南国际交通对战时中国经济的影响问题，学者们重点分析了西南国际交通对中国对外贸易的影响。谭刚分析了西南国际交通路线变迁对大后方口岸贸易的影响，他认为由于战时西南

---

① 徐万民：《战争生命线——国际交通与八年抗战》，桂林：广西师范大学出版社 1995 年版，第 178—417 页。

② 李占才、张劲：《超载——抗战与交通》，桂林：广西师范大学出版社 1996 年版。

③ 田玄：《铁血远征——中国远征军印缅抗战》，桂林：广西师范大学出版社 1994 年版。

④ 徐康明：《中缅印战场抗日战争史》，北京：解放军出版社 2007 年版。

⑤ 廖永东：《二战时期中国战场国际战略通道研究》，北京：军事科学出版社 2012 年版。

国际交通运输路线的变迁，大后方对外贸易日益困难，大量农副产物资被迫由出口转内销，从而使得西部经济从战前的外向化发展向内向化转变。[①] 郑会欣分析了全面抗战时期西南国际交通变化对国民政府对外贸易政策和贸易机构的影响，他认为太平洋战争爆发后中国对外国际通道断绝，为争取物资以坚持持久抗战，国民政府实施了对外贸易统制政策。[②] 美国学者阿瑟·N. 杨（Arthur N. Young）在研究美国对华援助问题时，也分析了驼峰空运对美援的影响。[③] 杨雨青在研究美援对中国经济影响的问题时，分析了中美易货贸易的运输问题。[④]

也有学者分析了具体的西南国际交通线对中国对外贸易的影响。张晓辉在研究抗战前期粤港贸易问题时，分析了粤港国际运输线的变化对粤港贸易的影响。他认为全面抗战初期的粤港贸易线完全发挥了中国战时对外贸易主渠道的特殊作用，有利于国内战时物资的抢运及转运，并输入了大量国外产品。[⑤] 刘卫东研究了印支通道在战时对外贸易中的重要作用，他认为在1938年10月广州沦陷后至1940年6月间，印支通道成为支撑国统区对外贸易的主要支柱，尤其在1939年，经由该通道的对外贸易总值几乎占国

---

① 谭刚：《西南土产外销与大后方口岸贸易变迁（1937—1945）——以桐油、猪鬃、生丝和药材为中心》，《近代史研究》2013年第2期。

② 郑会欣：《国民政府战时统制经济与贸易研究（1937—1945）》，上海：上海社会科学院出版社2009年版。

③ Arthur N. Young, "Credits and Lend-Lease, 1937—1941", *China and the Helping Hand (1937—1945)* (Cambridge [Massachusetts]: Harvard University Press, 1963).

④ 杨雨青：《美援为何无效？——战时中国经济危机与中美应对之策》，北京：人民出版社2011年版。

⑤ 张晓辉：《香港与近代中国对外贸易》，北京：中国华侨出版社2000年版，第207—215页。

统区的一半。①

5. 日军对西南国际交通线的轰炸与封锁研究

由于西南国际交通运输线是战时中国重要的物资补给线，为破坏和封锁西南国际运输线，日军实施了轰炸和地面作战。齐春风研究了日军为封锁粤港运输线、印支通道等西南国际交通线而实施的军事行动和外交手段，他认为日军在华中、华南沿海实行的封锁作战虽然杜绝了大后方必需物资的输入，但也切断了沦陷区的物资交流和经济活动，因此日军这种大小通道一概堵死的做法，也是得不偿失的。② 向倩则研究了日军轰炸西南国际交通线的问题，她认为日军的轰炸不仅造成了大量人员伤亡和财产损失，也严重损害了英美法等国在远东的利益。③

6. 西南国际交通的中外交涉研究

战时西南国际交通涉及中英、中法和中美关系，也是抗战外交史研究的重要内容。在驼峰空运问题上，任东来《争吵不休的伙伴——美援与中美抗日同盟》一书在利用大量英文原始资料的基础上，全面系统地考察了美援与中美政治、军事和外交关系问题，论及了中美在驼峰空运开辟、驼峰空运物资分配问题上的矛盾。④ 美籍华裔学者齐锡生《剑拔弩张的盟友——太平洋战争期间的中美军事合作关系（1941—1945）》一书在全面系统研究太平战争时

① 刘卫东：《印支通道的战时功能述论》，《近代史研究》1999 年第 2 期。

② 齐春风：《没有硝烟的战争——抗战时期的中日经济战》，长沙：湖南师范大学出版社 2015 年版，第 49 页。

③ 向倩：《全面抗战时期日军轰炸中国国际交通线研究》，硕士学位论文，西南大学历史系，2018 年。

④ 任东来：《争吵不休的伙伴——美援与中美抗日同盟》，桂林：广西师范大学出版社 1995 年版。

期的中美军事合作关系问题时，主要从外交的角度研究了中美在驼峰空运和中印公路修建问题上的合作及矛盾。① 吴景平《抗战时期中美租借关系述评》一文对战时中美租借援助关系的形成过程、协议文本、美国租借援华总额、中国对美回惠租借等问题进行了认真考察，其中分析了驼峰空运对中国获取美国租借物资的影响。②在此基础上，曹嘉涵的《抗战时期中美租借援助关系》一书系统梳理和阐释了中美租借援助机制的产生、发展和演变问题，论及了中美关于租借援助物资运输问题的交涉。③

在滇缅公路问题上，目前学者尤其关注滇缅公路危机问题的研究，出版了大量学术论著。其中徐蓝的《英国与中日战争(1931—1941)》一书主要从中英关系角度研究了滇缅公路危机中的英日交涉问题。④ 萨本仁、潘兴明的《20 世纪的中英关系》将滇缅公路危机置于中英关系历程中加以考察，认为中国力争英国支持，而英国却只根据自身实际利益来制定对华政策。⑤ 王建朗的《试评太平洋战争爆发前的英美对日妥协倾向——关于“远东慕尼黑”的考察之二》一文，从英国所处环境、禁运造成的实际危害、危机中要求议和的对象、英国决策人物对议和的想法等四个方面，分析了英国处理滇缅公路危机的过程，认为无论是从动机还是从内容来讲封闭滇缅公路与“慕尼黑”都有很大差别。⑥ 此外，刘金源研

① [美]齐锡生:《剑拔弩张的盟友——太平洋战争期间的中美军事合作关系(1941—1945)》,北京:社会科学文献出版社 2012 年版。

② 吴景平:《抗战时期中美租借关系述评》,《历史研究》1995 年第 4 期。

③ 曹嘉涵:《抗战时期中美租借援助关系》,上海:东方出版中心 2015 年版。

④ 徐蓝:《英国与中日战争(1931—1941)》,北京:首都师范大学出版社 2010 年版。

⑤ 萨本仁、潘兴明:《20 世纪的中英关系》,上海:上海人民出版社 1996 版。

⑥ 王建朗:《试评太平洋战争爆发前的英美对日妥协倾向——关于“远东慕尼黑”的考察之二》,《抗日战争研究》1998 年第 1 期。

究了滇缅公路危机中英国所扮演的角色，从一个侧面揭示了抗日战争时期的中英关系。① 崔巍研究了中英两国在滇缅公路修建问题上的交涉，反映了全面抗战初期英国远东政策的双重性。②

关于滇缅铁路问题，学者分别从交通和外交角度研究了铁路修建和中英滇缅铁路借款交涉等问题③。朱昭华则利用英国外交部档案，从中缅边界问题的视角分析了中英滇缅铁路交涉中英国对滇缅界务的立场问题④，其中也研究了国民政府在滇缅界务上的态度⑤，大大推进了滇缅铁路问题的研究。

在滇越铁路问题上，学术界研究了中法关于借道越南运输问题的交涉，分析了中法双方的分歧，以及日本因素的影响。其中刘卫东《论抗战前期法国关于中国借道越南运输的政策》一文认为抗战前期法国的对华借道越南运输政策经历了禁运、变通、逆转三个演化阶段。之所以如此，一是法国自身利益的需要，二是奉行与英美平行政策的产物，因而这一政策成为抗战时期西方列强对日绥

① 刘金源：《滇缅公路危机与中英关系》，《江海学刊》1999 年第 3 期。

② 崔巍：《国民政府的外交努力与滇缅公路的修建》，《江海学刊》2013 年第 6 期。

③ 马陵合：《外债与民国时期经济变迁》，合肥：安徽师范大学出版社 2013 年版，第 221—225 页；崔罡：《滇缅铁路与抗战精神》，《西南交通大学学报》（社会科学版）2015 年第 5 期；李能燕：《抗战时期的西南交通建设——围绕川滇铁路、滇缅铁路和滇缅公路的考察》，《玉溪师范学院学报》2019 年第 1 期；刘珊珊：《20 世纪初英法围绕在滇利益的博弈——以滇缅、滇蜀和滇越铁路为中心》，《江苏师范大学学报》（哲学社会科学版）2018 年第 3 期。

④ 朱昭华：《中缅边界问题研究》，哈尔滨：黑龙江教育出版社 2013 年版，第 241—257 页；朱昭华：《从班洪事件到中缅“1941 年线”的划定》，《中国边疆史地研究》2006 年第 2 期，第 112—115 页；朱昭华：《不同历史时期的中缅铁路议案》，《东南亚研究》2007 年第 2 期，第 63—65 页。

⑤ 朱昭华：《再考中缅“1941 年线”的划定》，《历史教学》2003 年第 12 期。

靖的表现之一，制约和影响了中国抗战能力的发挥。[①] 台湾学者许文堂《第二次世界大战时期中、日、法在越南的冲突与交涉》一文也研究了中法借道越南运输问题的交涉，阐述了中法的曲折交涉过程，同时分析了日本因素对中法交涉的影响。[②] 此外，陈三井《四分溪畔论史》一书也对中法借道越南问题进行了研究。[③]

西方学者的研究主要是关于驼峰航线与滇缅公路的中美交涉和中英交涉问题。美国学者查尔斯·F.罗马纳斯(Charles F. Romanus)和赖利·桑德兰(Riley Sunderland)合著的《史迪威指挥权问题》、巴巴拉·W.塔奇曼(Barbara W. Tuchman)的《史迪威与美国在华使命》等著作研究了中美双方围绕驼峰航线开辟的交涉以及美国对中国的援助。[④] 英国学者彼得·劳(Peter Lowe)《大不列颠与太平洋战争的起源:英国东亚政策研究(1937—1941)》在研究二战时期英国外交政策问题时论述了英国封闭滇缅公路的英日交涉过程。安东尼·贝斯特(Anthony Best)在《英国、日本和珍珠港(1936—1941)》一书中，按照滇缅公路危机发展进程，将其分为六个阶段。他研究了英国与日本在这六个阶段的交涉，说明滇缅公路危机不是一场而是一系列证明日本难以被“绥靖”的危机。美国

① 刘卫东:《论抗战前期法国关于中国借道越南运输的政策》,《近代史研究》2001 年第 2 期。

② 许文堂:《第二次世界大战时期中、日、法在越南的冲突与交涉》,《“中央研究院近代史所”集刊》第 44 期,2004 年 6 月。

③ 陈三井:《四分溪畔论史》,北京:九州出版社 2013 年版,第 284—301 页。

④ 参见 Charles F. Romanus and Riley Sunderland, *Stilwell's Command Problems: China-Burma-India Theater* (Washington, D. C.: Office of the Chief of Military Department of the Army, 1956),以及 Barbara W. Tuchman, *Stilwell and the American Experience in China, 1911—1945* (New York: Macmillan Publishing Co. lnc., 1970)等。

学者尼古拉斯·R.克利福德(Nicolas R. Clifford)在《从中国撤退》一书中,通过分析英美在远东问题上的一系列行为举措,说明英国一直将远东置于欧洲事务之下;滇缅公路危机发生的过程也是深陷欧战危机的英国谋求将美国推上远东主导地位的过程,滇缅公路的封锁预示着英国退居“幕后”,美国走到“台前”。[①] 此外,法国学者在分析抗战时期中法关系时也论及中法借道运输问题。[②]

纵观前人的研究论著,他们在史料挖掘、研究内容、研究视角和研究观点等方面,都已取得了诸多进展,使得全面抗战时期西南国际交通问题的研究深度和广度都取得了突破,但还是存在进一步拓展的空间。第一,资料有待进一步挖掘。由于西南国际交通问题涉及中国与英美等国的外交关系,学者十分重视挖掘外文资料,如美国国家档案馆、英国国家档案馆等馆藏的美国外交部、英国外交部档案等,但英文研究资料仍有进一步挖掘的空间。就中文资料而言,包括中国第二历史档案馆、云南省档案馆等馆藏的西南运输处、云南公路局、国民政府外交部档案,以及云南地方文献等,也有很大的挖掘空间。尤其是台湾档案部门收藏的国民政府外交部档案有丰富的中英法关于滇缅公路、滇缅铁路、滇越铁路交涉的外交资料,但由于客观条件的限制,学术界对此的挖掘利用还远远不够。第二,研究内容有待进一步充实。目前学者主要集中于研究战时西南国际交通与抗战的关系,对国际交通与战时外交

① 王英:《关于滇缅公路危机研究的若干思考》,《民国研究》2017 年第 2 期,第 50—51 页。

② 相关研究成果参见[法]安托万·瓦尼亚尔著,郭丽娜、王钦峰译:《广州湾租借地:法国在东亚的殖民困境》下卷,广州:暨南大学出版社 2016 年版,第 209—258 页;[法]贝尔纳·布里赛著,王岫等译:《法兰西在中国 300 年》,上海:上海远东出版社 2014 年版,第 377—392 页。

问题的研究主要偏重于利用英美外交档案从英美角度探讨英美国家的态度和立场,而对国民政府的外交应对研究则相对薄弱。至于西南国际交通与大后方经济和普通民众关系问题的研究,也还有很大的拓展空间,因此研究内容有待进一步丰富。第三,研究视野需要进一步拓宽。要全面评估战时西南国际交通的影响和作用,不仅需要从中国的角度进行考察,也需要从亚洲甚至从世界的角度进行考察。由于战时中国西南国际交通与英美法等国之间存在密切关系,通过考察西南国际交通与这些国家之间的复杂关系,不仅有助于加深理解中国战时外交问题,也有助于加深我们对二战时期世界格局和局势的了解和认识。第四,部分学术观点值得进一步深入探讨。西南国际交通对中国抗战的作用和意义不容置疑,但西南国际交通究竟对中国抗战带来了哪些具体而深远的影响?我们在强调其积极作用时,对其存在的问题和不足也需要进行探讨。尤其是学术界高度评价 1944 年中国远征军印缅作战的积极意义,但印缅作战对中国抗战大局的不利影响问题,则需要进一步探讨。

有鉴于此,在尊重前人研究成果的基础上,本书在研究内容、研究资料、研究角度上做了努力,力求拓展研究空间,弥补前人研究中存在的不足,丰富这一课题的研究内容。本书的主要研究贡献体现在四个方面:第一,在研究资料上,挖掘了大量原始资料,尤其是系统地挖掘利用了台湾档案部门收藏的国民政府外交部档案、日本亚洲资料研究中心日文档案以及云南地方报纸资料。同时笔者也利用了近年来新出版的史料汇编,包括滇缅抗战史料、宋子文资料、滇越铁路史料等,这使本书的研究建立在扎实的史料之上。第二,在研究内容上,本书全面系统地研究了全面抗战时期西南国际交通线的开辟及其影响问题,主要分析了国际交通线开辟的背景、开辟运营情况，以及西南国际交通线对战时外交、中国抗战、大后方经济和普通民众等方面的影响和作用。本书尤其重点研究了以前的薄弱环节，包括交通建设中轨距路线之争、交通管理和特征、日军对交通运输线的轰炸与封锁、交通运输问题的中外交涉、交通运输建设中的普通民众等问题，力求在研究内容上有所突破。第三，在研究视野上，除了分析战时西南国际交通运输问题本身，笔者还注意分析西南国际交通问题在战时国际关系中的地位及其影响，揭示二战时期世界格局的变化。第四，在研究观点方面，本书深化了对前人某些学术观点的理解和认识。例如，1944 年中缅印交通的打通与中国抗战得失的关系，英法在西南国际交通问题上的态度和立场如何影响国民政府外交战略，美国“先德后日”的大战略如何影响驼峰空运，西南国际交通与抗战动员关系等，本书在前人研究基础上对这些问题作了进一步的阐释，以求深化对这些观点的理解和认识。

三、研究范围与研究方法

本书研究的空间范围为西南地区。关于民国时期“西南”的地理范围，有西南七省说（川滇黔桂粤湘鄂）、西南六省说（川滇黔桂粤湘）等说法。例如，陈立夫将西南地区范围定为四川、西康、云南、贵州、广西、湖南和广东七个省市。① 到 1939 年前，西南六省说是当时社会的一种主流看法。② 不过，抗战爆发后，随着战区的不

① 陈立夫：《如何共同建设西南》，唐润明主编：《抗战时期大后方经济开发文献资料选编》，重庆大学建大印刷厂 2005 年印，第 90 页。

② 张轲风：《历史时期“西南”区域观及其范围演变》，《云南师范大学学报》（哲学社会科学版）2010 年第 5 期，第 44—45 页。

断扩大以及经济建设重心的调整与变化，到抗战中后期，粤湘两省实际已被划为西南的外围区域，而川滇黔桂四省成为西南的中心区域，西南四省成为战时经济建设中心。① 就本文来讲，西南地区是广义上的西南，除了陈立夫所指的西南七省，即川滇黔桂粤湘鄂七省，还包括西藏地区，因为西南国际交通线途经西藏。

本书研究的时间范围为 1937 年至 1945 年，也就是全面抗战时期。西南地区真正成为抗战大后方是在 1937 年 7 月全面抗战爆发以后，尤其是重庆成为国民政府陪都以后，以重庆为中心的西南地区真正成为中国的抗战大后方。由于西南大后方的形成，西南地区的战略地位迅速提升，西南地区国际交通运输也更加重要，进而对战时中国产生了深远影响。

本书采用的主要研究方法是历史学的实证方法。笔者重点挖掘了大量的一手史料，包括民国文献、未刊档案、史料汇编、口述资料和文史资料等。在历史学的实证方法基础上，笔者同时借鉴了地理学、军事学、经济学、国际关系学的一些研究方法。战时西南国际交通运输问题不仅是交通问题，而且也是军事问题、外交问题，它与战时中国的政治、军事、经济、外交等重大问题息息相关。具体而言，笔者通过借鉴地理学的方法具体分析了西南国际交通运输线变迁等问题，借鉴经济学方法研究了西南国际交通线对大后方对外贸易、特矿、农副产等行业的影响，借鉴军事学方法研究了国际交通运输对中国抗战的影响，借鉴外交学的相关方法研究了西南国际交通对战时中国外交的影响等。总之，本书在运用历史学实证方法的基础上，通过借鉴相关学科的研究方法开展了多学科交叉研究。

---

① 方显廷：《西南经济建设与现代化》，《新经济》第 1 卷第 2 期，1938 年 2 月，第 35 页。

四、资料来源与内容框架

本文的资料首先是档案资料。在档案资料中，未刊档案资料包括台湾档案部门收藏的国民政府外交部档案，英国国家档案馆藏英国外交部档案，日本亚洲资料研究中心藏日本外务省、日本军部档案，美国国家档案馆馆藏珍稀史料等。除未刊档案资料外，本文还利用大量公开出版的档案资料，包括中国第二历史档案馆编《抗日战争正面战场》（凤凰出版社 2005 年版）、宓汝成编《中华民国铁路史资料（1912—1949）》（社会科学文献出版社 2002 年版）、中国第二历史档案馆编《中华民国史档案资料汇编》第 5 辑第 2 编（凤凰出版社 2010 年版）、秦孝仪主编《中华民国重要史料初编——对日抗战时期》第 4 编（“中央文物供应社”1988 年版）、日本防卫厅研修所战史室编：《日军对华作战纪要丛书之十七：关外陆军航空作战》（“国防部史政编译局”1988 年版）、日本防卫厅研修所战史室编《〈大本营陆军部〉摘译》（四川人民出版社 1987 年版）等资料。此外，还有大量近年来公开出版的档案资料汇编，包括中国第二历史档案馆编《滇缅抗战档案》（中国文史出版社 2019 年版），云南省档案馆等编《滇越铁路史料汇编》（云南人民出版社 2014 年版），吴景平、郭岱君主编《风云际会——宋子文与外国人士会谈记录（1940—1949）》（复旦大学出版社 2010 年版），吴景平、林孝庭主编《战时岁月——宋子文与外国人士往来函电稿新编（1940—1943）》（复旦大学出版社 2010 年版），吴景平、林孝庭主编《战争风云——宋子文与外国人士往来函电稿补编（一）（1940—1942）》（复旦大学出版社 2010 年版），陈嘉庚纪念馆等编《南侨机工档案史料选编：云南省档案馆馆藏部分》（中国华侨出版社 2009 年版）等。

第二，民国文献。民国报纸、期刊和书籍等民国文献中有大量涉及抗战时期西南国际交通的史料。在报纸中，《大公报》《中央日报》等全国性报纸和《云南日报》《云南民国日报》等地方报纸都有大量关于西南国际交通建设和管理的报道和评论，尤其是《云南日报》关于滇缅公路、滇缅铁路的报道分析文章较多，是研究滇缅铁路和滇缅公路的重要一手资料。在民国期刊中，《西南公路史料》《滇缅铁路月刊》等专业性刊物刊有关于战时西南国际交通的法规、管理等方面的文章。在民国图书中，张嘉璈的《中国铁道建设》（商务印书馆 1945 年版）、龚学遂的《中国战时交通史》（商务印书馆 1947 年版）、夏光南的《中印缅道交通史》（中华书局 1948 年版）等著作具有重要价值，由于图书的作者张嘉璈、龚学遂等人是国民政府的重要交通官员，参加了西南国际交通建设的领导和管理工作，因此这些著作为后人研究西南国际交通提供了大量一手资料。

第三，专业史料刊物。中华人民共和国成立后，国内出版的档案期刊中，会定期公开档案资料，这些档案资料也是研究西南国际交通的重要一手资料。其中《云南档案史料》《档案史料与研究》《民国档案》等刊物，公布了南洋机工、西南运输处等方面档案资料，颇具史料价值。尤其是《云南档案史料》1987 年第 15 期专门整理出版了云南省档案馆馆藏的南洋华侨机工档案，涉及南洋机工的征募、管理等内容，弥补了回忆录和口述资料之不足。

第四，口述史资料和回忆录。本文利用的口述史资料主要是参加滇缅公路运输的南洋华侨机工的口述资料。林少川编《烽火赤子心：滇缅公路上的南侨机工》（新华出版社 2015 年版）一书，汇集了参加滇缅公路运输的南洋华侨机工的口述资料，包含了大量南洋机工工作、生活等方面的内容。此外，《云南文史资料选辑》中也有当年参加修建滇缅公路和滇缅铁路的民工的口述资料，为我们了解民工的真实生活和工作提供了资料。除口述资料外，回忆录也是本文的资料来源，包括《飞虎将军陈纳德回忆录》（浙江文艺出版社 1998 年版），以及各类文史资料中有关筑路民工和参加者的回忆录等。

本书对抗战时期西南国际交通线及其影响进行了实证研究，共八章。前四章全面分析了全面抗战时期西南国际交通线的开辟背景、开辟措施、开辟经过、交通线的管理与运输状况。第一章考察了近代以来至全面抗战爆发前西南国际交通线的概况，并分析了西南国际交通与中越贸易、中缅贸易、云南矿业开发的关系，以及中英围绕腾越滇缅铁路的修建问题而进行的交涉。第二章论述全面抗战爆发后西南国际交通建设情况，包括交通建设的社会舆论、国民政府的建设方案措施、交通建设过程中的轨距路线之争、交通建设的困难和特点。第三章分析了全面抗战时期国民政府管理滇缅公路的主要机构与职能、管理的主要内容和基本特征。第四章分析了西南国际交通运输的基本状况，以及日军对国际交通线的轰炸与封锁。后四章具体分析了西南国际交通线的各种影响和作用。第五章分析了西南国际交通运输对中国抗战的具体影响，主要研究了西南国际交通对抗日军运的作用，滇缅公路对中国远征军第一次入缅作战的影响，1943 年下半年至 1945 年年初中缅印战役与中印公路打通的关系以及驼峰空运对中国抗战的作用。第六章分析西南国际交通线对战时中国外交的影响，分别研究了中英、中法和中美围绕滇缅公路、滇越铁路和驼峰空运问题而进行的交涉。第七章分析西南国际交通运输对大后方经济的影响，具体研究了西南国际交通与中苏、中美、中缅、中越贸易的关系，考察了西南民族地区对外交通与大后方对外贸易的关系，并在此基础上分析了西南国际交通路线变迁与大后方口岸贸易变化的关系。第八章阐述了参与西南国际交通建设和国际交通运输的中国民工、南洋华侨机工和飞行员的招募、训练、工作和生活状况。结语部分宏观归纳分析了西南国际交通运输对中国抗战得失、战时中国对外关系、大后方经济转型以及抗战动员产生的各种重要影响。

第一章　近代西南国际交通运输与中外经济政治

云南和广西由于地处西南边疆地区，古代就与缅甸、越南有着密切的经贸关系。近代以来，西南国际交通运输条件逐步改善，既延续了传统的国际驿运线，又出现了新式交通运输线，从而促进了滇桂对外贸易的发展和工商业的发展。由于云南战略位置重要，在法国获取滇越铁路的筑路权后，英国也觊觎滇缅铁路的修筑权。清政府与英国不断交涉，最后由于清政府的坚持和云南地方各界的强烈反对，中国维护了滇缅铁路路权。这反映了近代西南铁路建设中的复杂中外关系。

第一节　西南国际驿运与滇缅、滇越贸易

近代以来，西南地区的传统驿运仍然得以延续，但随着西南地区新兴交通运输的兴盛，传统官办驿运也受到冲击，开始趋于衰落。就国际驿运来讲，在云南，尤其是自 1910 年滇越铁路通车后，云南对外驿运虽未能废，“但全省出入口货之运输，约百分之八十五以上惟铁路是赖矣”①。尽

---

① 云南省志编纂委员会办公室编：《续云南通志长编》中册，云南省科学技术情报研究所印刷厂 1986 年印，第 1046 页。

管驿制时兴时废，但从清末到民国初期，云南官办驿运的衰落大体已成定局。广西也大体如此。广西交通以水路运输为主，陆路交通相对不便，1914 年随着全国驿站尽裁，广西驿传制度也已成为过去。不过，由于云南和广西地区地形复杂，官办驿运在近代以来虽趋于衰落，但驿运仍继续存在，特别是在边远山区和民间，仍赖之以维持交通运输。尤其是在云南地区，民营的马帮运输甚至还得到一定程度的发展，在云南对外贸易中发挥了重要的作用。

一、滇缅、滇越与桂越驿运线

近代以来，滇缅、滇越与桂越国际驿运线的分布受地形影响明显，道路也较为复杂。云南的滇缅驿运线主要有以昆明至八莫(Bhamo)的迤西大道和昆明至车里(今景洪县)的迤南大道，滇越驿运线为昆明至海防驿运线。广西的桂越驿运线主要有桂林至镇南关(今友谊关)的桂南线、龙州至镇南关的龙南线等。

(一) 滇缅国际驿运线

滇缅之间由于长期的商旅往来，商道较多，尤其是从边境地区入缅的道路为数众多，十分复杂。清代从内地通缅的道路主要有两条：一条自川南入滇至大理，经永昌、腾越进入缅境；另一条起自昆明经楚雄到大理与川滇通缅道路会合。① 自昆明至腾越的滇缅通道，清代称为“迤西大道”；昆明至车里的则称为“迤南大道”。迤西大道自昆明起，经安宁、禄丰、广通、楚雄、镇南、弥渡、祥云、凤仪、漾濞、永平、保山、腾冲至盈江止，通缅甸；迤南大道自昆明起，

① 吴兴南：《云南对外贸易——从传统到近代化的历程》，昆明：云南民族出版社 1997 年版，第 87 页。

经昆阳、玉溪、峨山、元江、墨江、宁洱、思茅至车里止,通缅甸。① 这些驿运干道由于全部延续旧有道路,以骡马为主要交通工具,而且所经地区地形较为崎岖,山岭阻隔,道路年久失修,交通运输非常困难。

在这两条滇缅通道中,相对而言,昆明至缅甸八莫的迤西大道在"云南各交通路线中,可称便利,且为最重要者"②。经迤西大道至缅甸八莫后,可以再通过铁路至曼德勒(Mandalay)及仰光(Yangon),或沿伊洛瓦底江至仰光。③ 由于迤西大道至缅甸八莫后与缅甸铁路相连,因此交通较为便利。迤西大道途经的重要驿站主要有禄丰、楚雄、下关、保山、腾冲、八莫,其中由昆明至禄丰需 3 天,禄丰至楚雄需 3 天,楚雄至下关需 7 天,下关至保山需 8 天,保山至腾冲需 4 天,腾冲至缅甸八莫需 8 天,全程共需 33 天,路途长1 172.5公里。④ 这条商道作为重要的滇缅通道,商贸繁荣,在滇缅贸易中占重要地位。英国人史谷特说:"从云南到八莫的这条国际通道上,有从中国来的庞大的驮运商队(马帮)数千骡马、数百劳工和商人,从中国运来大量丝绸。在八莫有座供中国商人休息和文化活动的关帝庙,还有许多仓库,堆满运来的丝绸和待运回去的棉花。"⑤在昆明至八莫的驿运线中,保山是重要的驿运枢纽,从这里至缅甸有三条通道:一条西行经怒江、腾冲入缅,全长 140 公里,骡马走 4 天,称腾越驿;一条西行过龙陵、芒市入缅,全长 150 公

---

① 曹立瀛:《云南之交通》,《经济建设季刊》第 1 卷第 2 期,1942 年 10 月,第 222 页。

② 李杰:《云南东西交通及其运输概况》,《西南研究》第 2 期,1932 年 4 月,第 44 页。

③ 云南省志编纂委员会办公室编:《续云南通志长编》中册,第 1046 页。

④ 云南省志编纂委员会办公室编:《续云南通志长编》中册,第 1044 页。

⑤ 安特生:《经八莫至滇西的考察报告》,姜义华主编:《中国与东南亚文化交流志》,上海:上海人民出版社 1998 年版,第 62 页。

里，骡马走 5 天，称镇安驿；一条往东南行经姚关、镇康入缅，全长 205 公里，骡马走 13 天，称镇康驿。[①] 保山是滇西南的交通枢纽和重要的商品集散地。

另外一条是昆明至车里的迤南大道，为云南西南驿路干线。具体路线是由车里向西南行，至缅甸掸部之康东，西行至曼德勒，再到仰光。[②] 昆明至车里的迤南大道在云南境内经过的重要驿站是玉溪、元江、普洱、思茅、车里，其中昆明至玉溪需 3 天，玉溪至元江需 4 天，元江至普洱需 10 天，普洱至思茅需 2 天，思茅至车里需 6 天，共需 25 天，路程长 891.7 公里。[③] 由思茅到缅甸景栋共 16 天路程，由景栋西行可至曼德勒而达仰光。[④] 在迤南大道，思茅是重要的驿运枢纽。在清朝，思茅至昆明有驿站 19 站，长 545 公里，思茅至车里有 6 站，长 205 公里。1821 年至 1850 年，铺设了昆明至思茅的石镶路。1914 年，普思沿边行政总局局长柯树勋招雇临时工程队，修辟思茅至老金田，经过麻栗坡、普腾坝、景东寨、关坪、小勐养到车里的人马通行大道，驿道也随之增多、拓宽。1919 年以后，由于思茅疟疾流行，商旅减少，驿道年久失修，坍塌严重。[⑤] 相比昆明至八莫的迤西大道，昆明至车里的迤南大道较为不便，不仅道路更为崎岖，而且沿线经济也较为落后，在滇缅贸易的地位次于迤西大道。到全面抗战时期，由于迤西大道交通较为便利，滇缅公

---

① 云南省保山市志编纂委员会编：《保山市志》，昆明：云南民族出版社 1993 年版，第 268 页。

② 云南省志编纂委员会办公室编：《续云南通志长编》中册，第 1046 页。

③ 云南省志编纂委员会办公室编：《续云南通志长编》中册，第 1044 页。

④ 云南省地方志编纂委员会总纂：《云南省志》第 16 卷《对外经济贸易志》，昆明：云南人民出版社 1998 年版，第 70 页。

⑤ 云南思茅县地方志编纂委员会编：《思茅县志》，北京：生活 · 读书 · 新知三联书店 1993 年版，第 139 页。

路大多沿此驿道修建。

（二）滇越、桂越国际驿运线

云南、广西两省毗邻越南，与越南之间联系十分紧密。在未修建公路、铁路之前，滇桂地区与越南之间的交通线为传统的驿运线，大体沿袭前清时期驿运道路。

1889年随着蒙自开埠通商，云南出入口货运，已渐舍桂粤而取道越南。由于红河水运的便利，由蒙自蛮耗直达越南海防的路线，驿程缩短，且节省运费，因此云南水陆转运枢纽由广西百色移至云南蒙自蛮耗。蛮耗在蒙自城南78公里，两地之间日程需2天。蛮耗至河口水程为百余公里。由蛮耗顺流至海防，需七八日至半月；由海防逆流至蛮耗，约需1个月。因此，昆明至蒙自的驿运路线在光绪末年也日渐重要。① 不过，随着1910年滇越铁路全线通车，铁路运输的巨大优势使得滇越驿运逐渐衰落，其在滇越贸易中的地位被滇越铁路运输所取代。

除滇越驿运线外，桂越驿运线也是重要的中越驿运通道。在广西，经过历代开辟和整修，至清代时，广西的驿道网络已渐臻完善，主要驿道与水道连接，使桂林、梧州、柳州、南宁等地，成为水陆交通的重要枢纽。清代广西(不含当时属广东的合浦、灵山、钦州、防城)的官路、大路及重要支路有18条，合计里程达6 297公里。② 在驿运通道中，桂林通越南大道，自桂林经永福、雒容、柳州、穿山、来宾、迁江、宾州、思陇、昆仑关、南宁、新宁州(今扶绥)、太平府(今崇左)、龙州、凭祥至镇南关，计845公里，与越南驿路相接。③ 上述

① 云南省志编纂委员会办公室编:《续云南通志长编》中册，第1046页。

② 广西壮族自治区地方志编纂委员会编:《广西通志·交通志》，南宁:广西人民出版社1996年版，第15页。

③ 广西壮族自治区交通厅史志编审委员会编:《广西公路史》第1册，第18—19页。

大道和大路，路幅宽度一般为 1 米至 2 米，其中一部分驿道铺有块石、条石或大砾石，行旅尚方便。这些驿道的路线布设比较合理，多半为以后兴筑公路、铁路所利用。①

1885 年中法战争之后，边境危机进一步加剧，清朝政府加强了对中越边境的管理，桂越通道驿站建设得以加强。广西提督苏元春兼任广西边防督办后，在镇南关以北的凭祥州中路、以东诸隘的东路以及以西诸隘的西路，均增兵屯守；并命广西提督自柳州移驻龙州，又增设柳庆镇总兵官，驻柳州。由此可知，自柳州经南宁、龙州、镇南关一线，为朝廷重视的边防要道。同时清政府还开筑和改建了边境道路，其中较重要的有龙州至镇南关军路及龙州至平而关、龙州至水口等支线。另外，还开通了龙州经靖西至镇边（今那坡）和凭祥经隘店（今爱店）至那梨（今那利）等地的道路，改善了边关交通条件，也推动了桂西南地区的开发。② 1896 年，清政府共修筑军路 500 余公里。这些以龙州为中心，沟通重要关口、隘卡的军路，专供运送军械、粮秣和传递军机情报。主要的军路有龙南军路、龙安军路、龙宁军路、龙平军路和龙水军路，其中龙南军路全长 55 公里，龙安军路全长 395 公里，龙宁军路全长 395 公里，龙平军路全长 38 公里。③ 可以看出，桂越驿运线大多以龙州为中心向四周辐射，龙州成了桂越驿运的枢纽，同时在桂越贸易中占据重要地位。

此外，地处西南的西藏地区，由于毗邻印度、中亚地区，近代以来与印度、中亚地区也保持着一定的联系。西藏国际驿运线主要

---

① 广西壮族自治区交通厅史志编审委员会编：《广西公路史》第 1 册，第 21 页。

② 滕兰花：《明清时期广西区域开发不平衡研究》，北京：民族出版社 2011 年版，第 179 页。

③ 广西壮族自治区地方志编纂委员会编：《广西通志·交通志》，第 15 页。

有吐蕃通向中亚地区驿道、北印度尼泊尔入藏驿道、拉萨至聂拉木通道、拉萨至仲巴通道、拉萨至日土通道和拉萨至帕里通道。其中拉萨至帕里通道途经江堆、江麦、岗巴帕尔次、查玛隆、曲参卡、谢热至白底，再由白底经浪卡子、江孜、康马、帕里宗、下司马至乃东拉（又称聂东拉）或宰列拉。经乃东拉可到锡金岗托，经宰列拉则可到印度噶伦堡（Kailinpang）。1903 年，英国入侵西藏，从唐拉山口（亚东地区）入藏，经帕里、堆纳、岗巴宗、康马、江孜至拉萨。① 总之，近代以来，随着印度沦为英国殖民地，以及英国侵入西藏，西藏与印度间的国际驿运线成为西藏最重要的对外交通线，在藏印贸易中占据重要地位。

二、西南国际驿运与滇缅、滇越贸易

在西南各省中，由于云南毗邻越南、缅甸，近代以前滇越、滇缅贸易就较为频繁。近代以后，云南蒙自、腾越、思茅的开埠通商，推动了滇越、滇缅之间贸易的发展。由于“云南毗邻缅、越，为西南边防重镇，亦为西南国际贸易要冲，故川、黔、桂等省货物，皆以云南为转运之枢纽”，“故云南对外贸易数值虽不甚大，而以西南省份中，甚占重要位置者也”。② 云南地区近代正式的对外贸易，开始于该省开埠通商。1889 年蒙自开关后，蒙自出口货物以个旧大锡为大宗，通过越南销往欧美各国。1897 年思茅开关，思茅口岸的进口货主要来自老挝、缅甸，或由这两个地区转运而来的外国机制品。1902 年腾越开关，腾越口岸的进口货主要来自缅甸、印度、英国等

① 西藏自治区地方志编纂委员会编：《西藏自治区志 · 公路交通志》，北京：中国藏学出版社 2007 年版，第 48 页。

② 牛鸿斌等点校：《新纂云南通志》第 7 册，昆明：云南人民出版社 2007 年版，第 112 页。

国，出口货主要销往缅甸、英国、香港等。

（一）中越国际驿运与中越贸易

在云南的3个通商口岸中，由于各口岸的交通、经济条件不同，对外贸易情形差别明显。由于离越南不远，蒙自口岸是滇越贸易的最重要口岸。在1910年滇越铁路通车以前，云南外贸通道主要有两条：一条是蒙自—蛮耗—老街—河内—海防，另一条是广南—剥隘—百色—南宁—北海。具体而言，第一条路线由海防至昆明，经过旅程如下：海防至河内，汽船运1日；河内至老街，舢板运12日；老街至蛮耗，舢板运7日；蛮耗至蒙自，牲口运3日；蒙自至云南府，牲口运9日，共32日。蒙自、蛮耗与越南之间的通过税最多不过总价5%，商品只需在蒙自关一次缴纳进口税，“故实为最便利之通商路线”①。第二条路线以北海为起点，由北海至昆明的旅程，计北海至南宁14日，南宁至百色17日，百色至剥隘3日，剥隘至广南8日，广南至云南府13日，共55日。“但因经过广西及进入云南之税捐极重，陆运之路途又长，故亦不足为理想之路线。”②因此，相对而言，蒙自至海防线更为便利和重要。

蒙自开关以后，促进了蒙自与海防之间的贸易往来。在1910年滇越铁路未通前，由昆明经蒙自、蛮耗、河口到越南河内、海防的路线，是云南南方一条重要的对外贸易交通线。由于云南蒙自与越南的主要陆地交通工具是骡子，骡子所驮重量一般为60公斤到70公斤。③ 从蛮耗到蒙自的骡子运价每头1两至1.9两不等，具体价格要视忙季所能得到的骡子数和夏季道路状况而定。2名力夫

① 牛鸿斌等点校：《新纂云南通志》第7册，第108页。

② 牛鸿斌等点校：《新纂云南通志》第7册，第108页。

③ [法]亨利·奥尔良著，龙云译：《云南游记——从东京湾到印度》，昆明：云南人民出版社2001年版，第12—13页。

将1个货箱从蛮耗运至蒙自,全长77.5公里,每人要价3两。①1894年1月,法国人亨利·奥尔良(Henrid Orleans)从越南河内出发进入云南,他详细记载了从河内到蒙自的路线,从中也可管窥蒙自开关初期与越南交通的不便。他写道:进入云南后,从蛮耗到蒙自途中花费两天半时间,在路上,"道路逐渐上升,我们从157米爬到了1 892米高的地方。赶骡人一路吆喝叫嚷,骡子一字儿排开,勇敢地前进。要没有那几句世代传袭的吆喝声,真还不知道在云南如何赶路"②。

蒙自进口货物以棉纱、棉布、棉花为主,出口货物以大锡占首位,占蒙自出口总值的80%以上。③ 1910年滇越铁路通车后,进出口货物,则均由滇越铁路运输,比以前以舢板载运及马驮的运输方式更为便利。因此,迤南路马帮运输在修建滇越铁路后开始衰落,迤南马帮运输的主干线,自此即被铁路取代。但铁路里程短,所经各站点客货的集散,仍仰仗马帮作长途接转,背挑人夫作短途装卸搬运。因此,马帮为主的人力、畜力运输,仍是铁路运输不可缺少的辅助手段。仅据蒙自海关统计,1912年通过蒙自海关的马帮牲口有109 264匹,按当时规定每驮货物60公斤计,运量为6 000多吨。1913年至1929年,出入蒙自的马匹保持在每年2 000匹至8 000匹。④

(二)中缅驿运与中缅贸易

由于位于中缅边境,云南腾越和思茅口岸是滇缅贸易的重要

---

① 康春华、许新民:《〈1892—1901年蒙自海关十年报告〉选译》,纳麒主编:《中国西南文化研究》第9—10辑,昆明:云南科技出版社2006年版,第228页。

② [法]亨利·奥尔良著,龙云译:《云南游记——从东京湾到印度》,第13—14页。

③ 云南省地方志编纂委员会总纂:《云南省志》第32卷《海关志》,昆明:云南人民出版社1996年版,第61—62页。

④ 黄恒蛟主编:《云南公路运输史》第1册,第91页。

口岸。在滇缅贸易通道中,云南与缅甸八莫之间的商道是云南重要的对外贸易通道,早在1770年前后,大商队便以三四百头牛,或以2 000匹马在中国及八莫之间运输棉花、丝绸及其他货物。“云南人经过景东沿阿瓦河南下,以大船运中国货物,如熟丝、纸、茶、各种药材及其他货物到缅甸首都,回国时则运去棉花、生丝、羽毛以及漆。”①近代以后,滇缅运输得以继续发展。1864年以后,缅甸输入中国棉花、象牙、琥珀、玉石、孔雀羽、燕窝,中国输入缅甸丝、帛、生丝、铜、黄金、石磺、水银、火腿、蜜汁、药材等。② 1894年2月11日至5月21日,澳大利亚人莫理循(Ian Morrison)从上海沿长江西行,经由武汉、宜昌、重庆、叙府(今宜宾)、昭通、昆明到八莫,行程有3 000多英里③,再从八莫南行抵达缅甸仰光。莫理循详细记载了他从重庆经过叙府、云南昆明到八莫的行程,从中我们可以管窥1894年间西南这段重要的对外驿运线的基本情况。1894年3月14日,莫理循从重庆出发,开始了从中国西部向缅甸1 600英里的旅程。④ 莫理循在重庆舍船而改陆路旅行,向西走了230英里到达叙府,然后再从叙府到云南昭通行290英里,从昭通到东川行110英里,从东川到昆明行200英里,最后经过大理、腾冲到达八莫。八莫距重庆的陆路距离是1 520英里,整个旅程用时100天。⑤

由于昆明至八莫的通道是重要的滇缅通道,因此地处这一通

---

① 肖泉:《中国和缅甸的历史关系》,《暨南学报》(哲学社会科学版)1980年第2期,第21页。

② 驻仰光领事馆:《中缅贸易概况》,《实业部月刊》第2卷第4期,1937年4月,第218页。

③ 英美制长度单位,1英里合1.609 3公里。

④ [澳]莫理循著,窦坤译:《一个澳大利亚人在中国》,福州:福建教育出版社2007年版,第36页。

⑤ [澳]莫理循著,窦坤译:《一个澳大利亚人在中国》,第192页。

道要冲的腾越口岸十分重要。1922年腾冲县商会对进口商品进行统计，棉花有2万驮，棉纱有4万驮，棉布有3 000驮，还有煤油、干鱼、靛精、雨伞以及日用百货近万驮；出口的大宗商品有石磺、黄丝、细麻线、斗笠、花毡、干饵丝、条铁、铁锅、火腿、火炮等土特产品2万至3万驮。大量的商品均以腾冲为集散转运中心。① 直到1939年1月10日，滇缅公路正式通车后，马帮才开始减少。1912年至1918年，从腾越进出境的马帮每年平均有82 000匹，1919年至1921年，每年增至102 000匹。进口货物主要有棉纱、棉花等，出口货物以四川产的生丝为主。腾越的进出口贸易总值占全省的15%至20%。②

至于思茅口岸，由于所处地形复杂，在云南对外贸易中的地位低下。思茅位于云南省南部、澜沧江下游，管辖的边境线长达700多公里。该地进出境的通道虽多，但都是山区小道。思茅与缅甸、越南、泰国、老挝都有贸易往来，由于交通不便、经济落后，可供出口的商品很少，从设关以来，进出口总值一直只占全省的2%至3%。主要通道有4条：从缅甸经猛阿、猛马、孟连到思茅；从缅甸康东、猛养经打洛到思茅；从泰国过南腊河经橄榄坝到思茅；从越南东京③经老挝、勐腊到思茅。进出口货物全靠马帮驮运，从边境口岸到思茅途中所需时间为9天至15天。④

在迤西地区，除腾冲至八莫一带地势相对平坦外，其余各处皆

---

① 黄槐荣：《解放前腾冲的马帮》，《腾冲文史资料选辑》第3辑，腾冲县政协文史资料研究委员会1991年编印，第100—101页。

② 云南省地方志编纂委员会总纂：《云南省志》第32卷《海关志》，第64页。

③ 越南东京为越南首都河内的旧称，法国控制越南北方以后，用其称呼整个越南北方地区。

④ 云南省地方志编纂委员会总纂：《云南省志》第32卷《海关志》，第63页。

为高山深谷，尤其是思茅及其周边无不为高山峻岭包围。1907 年腾越海关贸易报告："云南迤西道路异常辛苦，上高山则疑若登天，下陡路则几同赴壑，羊肠鸟道，修之实难。"1928 年东亚同文书院调查，发现"云南府—元江之间的大道仅有一条，洋货杂货都通过这一条大道被搬入到思茅方向"，但这条"险峻的道路实在难走，使行者感到实在太困难了"。艰险的道路不仅制约运输效率，还会增加运输成本，如思茅一带驮马的运费就是大理至八莫间驮马运输费用的 1.2 倍至 1.5 倍。①

近代云南的对外驿运路线除了滇缅、滇越驿运路线，也通过广西与粤港地区有联系。尤其是在 1889 年蒙自开关前，滇粤港驿运路线在云南的对外交通运输中占据一定地位。这一路线分为 3 段，即昆明至百色驿路、百色至梧州水路、梧州至香港水路。1889 年蒙自开埠通商后，蒙自设关征税，云南出入口货物需在蒙自报关。在 1910 年滇越铁路未通车前，滇桂粤线由云南蒙自至百色，沿右江至南宁。② 其中自百色至南宁，计 492 公里。再由南宁循郁江东下，有电船通梧州，由梧州有汽船通香港。自南宁至香港，计 1 031公里。③ 又自百色南转龙州，计 5 日。由龙州南转东兴，计 12 日。④ 1910 年，滇越铁路全线通车，由于云南与粤港之间的交通运输较为不便，云南通过广西与粤港之间的经贸往来渐趋式微，滇越贸易在云南对外贸易中的地位则急剧提高。

① 张永帅：《腹地特征与近代云南三关的贸易地位》，何明主编：《西南边疆民族研究》第 20 辑，昆明：云南大学出版社 2016 年版，第 67 页。

② 云南省地方志编纂委员会总纂：《云南省志》第 16 卷《对外经济贸易志》，第 70 页。

③ 云南省志编纂委员会办公室编：《续云南通志长编》中册，第 1046 页。

④ 云南省志编纂委员会办公室编：《续云南通志长编》中册，第 1046 页。

第二节 西江、红河航运与桂港、滇越贸易

广西地区降水丰沛，河流众多，加之地势较云南、贵州两省低平，因此内河航运较为发达，其中西江是广西主要内河干流。近代以来，广西地区的进出口物资大多通过西江航线运往香港，因此西江航线也是广西主要的对外交通线。1910 年滇越铁路未通车前，蒙自通过红河与越南联系，红河航运在滇越贸易中一度十分重要。

一、西江航运与桂港贸易

广西河流分属西江水系、湘江水系和独立入海水系三大水系，其中珠江流域的西江水系为广西主要水系，全区江流集雨面积为 20.76 万平方公里，约占广西土地总面积的 87%。汇流入西江的河流有 784 条，其中西江、浔江、黔江、红水河、南盘江为西江主干流，全长2 206公里。郁江、柳江、桂江、贺江、绣江等是西江干流上的主要支流。[①] 作为珠江最大的支流，西江航运在广西对外交通线中占据重要地位。以桐油出口运输为例，“广西省桐油运输，以梧州、柳州、大湾、长安、运江、南宁等为集散市场或集中口岸，除南宁有小部分外，悉数集中梧州，从西江直运港粤”[②]。由于广西的对外贸易产品主要是通过西江航线转运香港，因此香港在广西的对外贸易中占有重要地位。据 1932 年统计，广西输出省外总值为国币 30 411 000元，其中运往香港的货值为9 575 000元，占总值的

① 广西航运志编纂委员会编：《广西航运志》，南宁：广西人民出版社 1994 年版，第 1 页。
② 谢裕光：《广西桐油产销概况》，《农业通讯》第 1 卷第 8 期，1947 年 6 月，第 19—20 页。

31.49%，通过香港运往广西的货值为20 836 000元，占总值的67.51%。①

由于西江航运是广西对外贸易的重要路线，地处西江沿岸的梧州、南宁也成了广西对外贸易的重要口岸城市。近代以来广西的重要口岸城市主要是梧州、南宁、北海和龙州，其中龙州是陆路口岸，北海是沿海城市。在广西梧州、南宁、龙州三关的贸易额中，“龙州贸易值尚不满三关总值百分之一”②。而与之相比，梧州海关则在广西的对外贸易中占据重要地位，“其贸易值占三关总值百分之八十上下”③。1932年，梧州关的出口值甚至占三关出口总值的99.97%，南宁关仅为0.03%，龙州关仅为0.27%。④ 梧州的对外贸易地位之所以如此重要，与其交通地位紧密相关，它处于广西浔江各桂江的交汇处，“广西全省河流总汇于梧州，梧州遂成为广西航运之枢纽”⑤。因此，交通位置决定了广西各口岸的贸易地位。

作为广西最重要的对外贸易通道，西江航运的发展也与广西的对外贸易息息相关。1897年以后，随着梧州开埠通商，西江轮船运输崛起，其航线主要有梧州至香港线、梧州至广州线、梧州至江门线、南宁至梧州线、柳州至梧州线等，其中梧港航线在广西的对外贸易中占有重要地位。1897年梧州开埠通商以后，即“有洋商怡和、省港澳轮船公司、太古洋行联合成一家公司，在梧专理船务，每

① 潘载生：《广西进出口贸易》，《广西经济》第2号，广西经济编辑部1934年编印，第16页。

② 张先辰：《广西经济地理》，桂林：文化供应社1941年版，第228页。

③ 张先辰：《广西经济地理》，第228页。

④《广西三关近三年来贸易总值及统税局贸易总值比较表》，潘载生：《关于广西进出口贸易统计之意见》，《统计月报》第1期，1934年5月15日，第64页。

⑤ 张先辰：《广西经济地理》，第202页。

一星期来往梧州、粤省城三次，亦有直往香港轮船”。这三家洋商轮船公司在梧州被辟为通商口岸的第一年，就基本上垄断了梧州到香港的轮船运输业务。1899 年，梧州港全年进出口各类轮船有 3 014艘，载重186 732吨，其中外轮占 76%，华轮仅占 24%。轮船运输从梧州出口土货价值关平银1 933 849两，其中往香港1 845 500两，占轮运出口总值的 95%以上。从香港进口的洋货包括英国的棉布，英属印度的棉纱，日本的火柴，美国的煤油、五金制品、罐头食品等；从梧州出口的土货则以八角、柴薪、水靛、木油、土纸、瓜子、赤糖、白糖、生熟牛皮、桂油、米谷等为大宗。①

1908 年，广西第一家华资轮船公司——西江航业股份有限公司成立，并随之派轮船航行梧港线，打破了外轮垄断西江运输的局面。从 1911 年到 1921 年，西江航业股份有限公司先后购置了“广雄”“广英”“广宽”以及行驶邕梧线的“广南”“广宁”“广河”“广清”“广平”等电轮 8 艘。这些船舶航行于上至南宁，下至香港的航线。此后，直至 20 世纪 30 年代，梧州航业公司如雨后春笋不断出现。例如，西兴、宝泰、洪安、松轩、耀安、两利、翘安、泉利、祥安、济和、锦兴、天成、万安以及港江线的四轮公司等，先后购买客货轮船，在梧州置水筏，设分行，招揽生意，在梧港线上互相竞争。② 据后来经营梧港线的一个航商统计：1907 年遵照《西江章程》进口梧州港的轮船达 765 艘、载重217 882吨，拖驳船有 145 艘、载重11 185吨。其中外轮所占的艘数及吨数分别达 86%和 91%，华轮仅为 14%和 9%。1909 年情况发生了很大的变化，航行梧港线的定期班轮为英

---

① 广西航运志编纂委员会编：《广西航运志》，第 132 页。

② 陈情整理：《梧州航运史(二)》，《梧州文史资料选辑》第 7 辑，梧州市政协文史资料研究委员会 1984 年编印，第 94—95 页。

籍 4 艘、载重1 587吨，华籍 4 艘、载重 912 吨。1910 年航行梧港线的定期班轮英籍船吨位不变，华轮增加到 5 艘，载重1 121吨。在船舶数量方面，航行该线的华轮首次超过了外轮。这一年至年终统计，轮船运输的货物价值达15 963 750两关平银。①

进入民国时期以后，梧港航线的货物运输获得很大的发展。按照《普通行轮章程》，1914 年，进出口梧州港的华轮有2 642次、载重420 125吨，外轮有1 544次、载重390 902吨。1931 年，进出梧州港的华轮为4 346次、载重590 281吨，外轮为1 068次、载重207 017吨。② 由于进出梧州港轮船数量的增加，梧州进出口贸易发展迅速。1918 年，梧州口岸出口货值为关平银 573.25 万两，比 1914 年的 332.71 万两增加了 72.3%。③

总之，由于西江航运是广西最重要的对外贸易通道，在广西对外贸易格局中，桂港贸易占据重要地位，而桂越贸易则因交通不便，在广西对外贸易中的地位微不足道。

二、红河航运与滇越贸易

云南的主要对外交通虽以陆路为主，但内河航运也占有一定地位，尤其是在 1910 年滇越铁路全线通车前，蒙自口岸的对外交通线中有一段红河航运线，航运十分繁盛。1897 年由河口出入境的船只有5 553只，出入货物达12 922吨，到 1907 年船只增至18 431

① 广西航运志编纂委员会编：《广西航运志》，第 132 页。

②《三关历年进出口船舶次数及吨数》，《广西年鉴》第 2 回，广西统计局 1935 年编印，第 779—781 页。

③《清光绪二十三年至民国 35 年部分年份梧州口岸出口总值统计表》，梧州市地方志编纂委员会编：《梧州市志 · 经济卷》上册，南宁：广西人民出版社 2000 年版，第 1539 页。

只，出入货物为57 368吨。① 据1889年蒙自海关报告称："蒙自至蛮耗间原有康庄大道，可见该路以往之繁荣……且水运下行，自蛮耗至河内，十二日至十五日即可到达，对于农副产出口，益加有利。"②1910年滇越铁路通车前，红河航运便利了滇越贸易。

具体而言，蛮耗至越南河口间的红河航运，水道全长588公里，云南境内长91公里。蛮耗至河口一段河床，旱季最宽处有100余米，最窄处有20余米；雨季最宽处有300余米，最窄处也有50余米。航船由蛮耗至河口顺行需4日，河口至越南海防需10日，全程计14日；由海防至河口逆行需13日，河口至蛮耗需7日，全程计20日。③ 红河航运的具体运量如下表所示：

表1-1 红河航运运量统计表(1890年至1909年)

年份	逆行船		顺行船		总计	
	艘(次)	运量(吨)	艘(次)	运量(吨)	艘(次)	运量(吨)
1890					1 267	3 864
1892	902	2 839	980	2 827	1 882	5 666
1893	845	3 023	933	2 990	1 778	6 013
1894	905	2 990	894	2 896	1 799	5 886
1895	1 065	2 793	1 033	3 604	2 098	6 397
1896	981	3 376	958	3 288	1 939	6 664
1897	2 783	6 489	2 770	6 433	5 553	12 922
1898	4 723	11 713	4 523	11 220	9 246	22 933

① 陈鹤龄：《红河航运》，《红河州文史资料选辑》第11辑，红河哈尼族彝族自治州政协文史资料研究委员会1992年编印，第3—4页。

② 万湘澂：《云南对外贸易概观》，昆明：新云南丛书社1946年版，第19页。

③ 蒙自县志编纂委员会编：《蒙自县志》，北京：中华书局1995年版，第481页。

续表

年份	逆行船		顺行船		总计	
	艘(次)	运量(吨)	艘(次)	运量(吨)	艘(次)	运量(吨)
1899	5 825	14 066	5 647	13 789	11 472	27 855
1900	4 530	12 083	4 351	11 682	8 881	23 765
1901	5 288	14 137	5 261	14 060	10 549	28 197
1902	3 798	10 905	3 776	10 837	7 574	21 742
1903	4 856	13 323	4 832	13 245	9 688	26 568
1904	7 014	18 257	7 160	18 709	14 174	36 966
1905	5 073	15 718	5 169	15 990	10 242	31 708
1906	7 351	23 490	7 353	23 484	14 704	46 974
1907	9 171	28 518	9 260	28 851	18 431	57 369
1908	5 031	11 890	5 174	12 384	10 205	24 274
1909	1 939	6 278	1 875	6 989	3 814	13 267

资料来源：蒙自县志编纂委员会编：《蒙自县志》，第 482—483 页。

从上表可以看出，蒙自开关初期的 1890 年，经红河进出口的船只有1 267艘，货运量达3 864吨，其后总运量趋于增加，到 1907 年达到18 431艘，货运量为57 369吨，运输量提高了 13.8 倍。具体而言，红河运量中逆水运输量是从越南到蛮耗的进口货运量，而顺水运输量则是从蛮耗到越南的出口货运量。1890 年至 1909 年，大多数年份进口货运量略高于出口货运量，尤其是 1890 年至 1900 年期间更是如此。进入 20 世纪后，红河出口货运量超过进口货运量的年份增加，其中 1904 年、1905 年、1907 年、1908 年和 1909 年的出口货运量都超过了进口货运量，反映了云南的出口贸易越来越兴盛。蒙自出口货物以大锡为主，进入 20 世纪后，由于个旧锡业发展迅速，产量逐年上升，蒙自的大锡出口量也逐年增加，从 1900 年的2 889吨增至1909年的4 282吨[①]，蒙自大锡出口量的增加也推动了红河出口货运量的增长。

不过，从1908年开始，红河航运开始下降，到1909年，运量急剧下降。在1908年滇越铁路第一段未通车前，经过河口中国海关进口之船只，每年有1万余艘。但在1909年铁路通至蒙自后，船只数目减少至3 800艘，货运重量减至12 000吨，1910年船只进一步减少至2 400艘，货运重量仅为2 800吨，为1908年总吨数的5%左右。[②] 究其原因，铁路运输更为快捷、安全，而红河航运不仅运速慢，还危险。仅蛮耗至老街约90公里的航程中，便有大小险滩100多处，其中险滩有大滩、莲花滩、新滩、乌鱼滩等11处之多。红河航运不仅滩多，而且河水涨落无常，雨季水涨时急流汹涌，航行尤其危险，每年覆没船只多则三四十艘，少则一二十艘。[③] 由于火车运输的巨大优势，蒙自进出口运输纷纷改用铁路运输，红河航运的衰落就不足为奇了。

云南思茅口岸的对外交通除了陆路交通，也有河运。湄公河在思茅口岸范围内唯一可以通航的支流是李仙江，由坝溜渡乘猪槽船或舢板可通越南莱州，此间有大小险滩20余处，航行困难。这段水运由于费时费力，经济效益不大，除少数的土货交易外，在思茅口岸贸易中的地位无足轻重。[④]

---

① 《1889—1937年蒙自口岸个旧锡出口量一览表》，蒙自县志编纂委员会编：《蒙自县志》，第587页。

② 参见张肖梅编：《云南经济》，重庆：中国国民经济研究所1942年版，第G15页。

③ 万湘澂：《云南对外贸易概观》，第20页。

④ 万湘澂：《云南对外贸易概观》，第26页。

第三节　滇越铁路与云南经济开发

由于地势崎岖，加之经济相对落后，西南地区新式交通的起步较晚。就铁路交通而言，尽管西南各省地方政府和民间人士积极呼吁修建铁路，并为此进行了各种努力，但直到全面抗战前，川滇地区的铁路事业仍然进展缓慢，仅先后建成了滇越铁路、个碧石铁路和北川轻便铁路，其中法国出资修建的滇越铁路是云南唯一的国际铁路线，客观上推动了近代云南对外贸易和矿业发展。

一、滇越铁路及个碧石铁路的修建

滇越铁路的修筑权在清末被法国获取。1895 年中日甲午战争结束后，法国以三国干涉还辽有功，于当年的 5 月 28 日向清政府提出给予酬劳，要求与清政府签订《缔结中法续议商市专条及界务专条》，其中第 5 款为："至越南之铁路，或已成者，或日后拟添者，彼此议定，由两国酌商，妥订办法，接至中国界内。"①这是法国谋求修筑滇越铁路的张本。法国获得滇越铁路的修筑权以后，1901 年 6 月 15 日，越南总督杜美与法国东方汇理银行副督办洪贝尔、总办细蒙、巴黎依士公特银行总办罗士富、推广工商银行副督办男爵美赛尔、工商银行总办戴福在巴黎签订了《海防云南府铁路合同及铁路承揽簿合同》，其中第 1 款规定："中国国家允许法国修造铁路，由保胜达云南府。"第 3 款规定："此合同批准后三个月内，承揽人应纠集股本一千二百五十万佛郎，立一公司，将此合同之权利义务，概行交托公司。""由海防城至保胜之线路，归中印度自行筹款

① 张廷勋：《滇越铁路与云南》，《天南》第 2 卷，1933 年 11 月，第 35 页。

修造”,“由保胜至云南府一段,归公司自行筹修造”。① 根据这一合同,法国在巴黎成立了滇越铁路公司。

为解决修建滇越铁路云南段的相关问题,1903 年 10 月 18 日,法国驻北京公使吕班与总理衙门互相同文照会,双方签订了《滇越铁路章程》,明确规定了修建滇越铁路云南境内段的具体条文,内容包括滇越铁路的路线、具体修建绘图、铁路施工、铁路工人的雇佣、铁路运输、铁路管理等问题,具体内容为在筑路材料方面,规定“铁路工程需用物料必须先尽多用本地出产,地方官理应相助,公司人员亦可请地方官会同酌定”;在铁路工程人员方面,规定“所有铁路中国执事工匠人夫等自必优待。或有病症,应由公司济以医药;或有在工程之内伤损残废者,应行给予抚恤之最则资;若有伤亡者,亦给予其人亲属抚恤之资”;在铁路运费方面,规定“客位、货物运送价值均系公司自行核定”。② 随着中法《滇越铁路章程》的签订,法国开始修筑滇越铁路云南段。

滇越铁路分为越南段和云南段,修建资金由法国数家银行投资。滇越铁路全长 854 公里,从越南海防至老街段长 389 公里,于 1901 年动工修建,1903 年完工;从云南昆明至河口段长 465 公里,于 1910 年完工。滇越铁路轨距为 1 米,属于窄轨铁路。为修建滇越铁路,滇越铁路公司在中国陆续招募筑路工人。据 1905 年 11 月云南铁路公司制定的《招募滇工章程》,公司计划在云南招募工人 3 000名。工人主要来自云南府辖属的富民县、罗次县、安宁州、禄丰县、易门县,楚雄府辖属的楚雄县、镇远县、姚州、镇南州、广通

① 宓汝成编:《中国近代铁路史资料(1863—1911)》第 2 册,北京:中华书局 1963 年版,第 655—656 页。

② 云南省档案馆、红河学院编:《滇越铁路史料汇编》上册,昆明:云南人民出版社 2014 年版,第 6—8 页。

县、大姚县、南安州，东川府辖属的会泽县、宣威州及沅江州、新平县等处；工作地点在铁路第7段、第8段，纪鲁迈第306处至第390处止，从小河口下首五纪鲁迈当处起，延长过狗街寨向宜良边，二纪鲁迈当处止。① 实际上，滇越铁路的筑路工人主要来自外地，云南本地工人并不多。1906年雇佣的外地工人有2.2万人，其中1.5万人来自广西，7 000人来自越南。② 负责查访滇越铁路施工的湖南候补道沈祖燕称，为修建滇越铁路，法方“向各省招工修路，如两广、福建、四川、山东，以及直之天津、浙之宁波，并本省之土工，无不设法招徕。陆续招之，殆不下二三十万人”③。沈的征工数据似有夸大，不过在滇越铁路修建过程中应该至少有10万人参与修建是可信的。至于筑路工人的工资和待遇，1905年11月制定的《招募滇工章程》有详细规定。在工资方面，规定工人每天工资银洋2角5分，每天做工时刻分四时，除去天气因素不能工作外，其余应按照工作时间发给工人工资。若工人或伤或病，经医生饬送病房就诊者，医药饭食由包工代发。在待遇方面，每25名工人修建1所工棚。④

修建滇越铁路困难重重，首要困难是自然环境恶劣。由于铁路经过路段多山，全线共开凿山洞158个，以河口至碧色寨段最多，这区间178公里的路段有山洞128个。全线共筑桥425座，以

① 吴强编:《清末云贵总督衙门修筑滇越铁路征地征工档案史料》,《云南档案》2010年第4期,第21页。

② 丁佶:《滇越铁路的故事》,《新经济》第1卷第1期,1938年11月,第20页。

③ 宓汝成编:《中国近代铁路史资料(1863—1911)》第2册,第664页。

④ 吴强编:《清末云贵总督衙门修筑滇越铁路征地征工档案史料》,《云南档案》2010年第4期,第21页。

河口老街的南溪河大桥最长，以波渡箐至猓姑间的“人”字形桥最险。[①] 滇越铁路公司的报告称：“滇越铁道，由法国殖民地边界老街起直入森林，沿山行驶，循南溪、八达河、大山河之涧边，有时与河相近，有时离河高约三百公尺；有时过奇妙之桥，由此岸达彼岸。须经过三千六百二十八道桥梁涵洞及山硐。在此数内，有较二十公尺长之桥一百零七架；有一百七十二个山硐，全长约二十余里。”尤其是波渡箐至猓姑间的“人”字形桥，架设于南山石缝间，无桥柱，距桥底 90 米，两端接山洞，桥长 65 米，仅仅修建该桥就费时 1 年多。[②]

除地势崎岖外，施工路段的气候条件也十分恶劣。铁路途经的滇南地区，属于热带和亚热带季风气候，一年分为雨季和旱季，雨季从 5 月至 9 月，蒙自、临安（今建水）和开远雨季降水量分别占总量的 82.1%、79.5%和 81.7%。[③] 雨季不仅雨水过多，而且雨季大致属于夏季，雨水停歇后气温过高也容易滋生各种疾病。尤其是红河雨季瘴气令人恐惧，处于红河沿岸的蛮耗，在雨季生病的工人人数占总人数的 2/3 以上，而死亡人数又占病人数量的一半以上。修筑南溪白河段，因瘴气很大，工人死亡数量惊人，第一年死亡5 000人，占工人总数的 70%。所以以后每到雨季，工人便大量逃跑，于是滇越铁路公司只好把工人送到蒙自附近没有烟瘴的地方施工。[④] 1904 年滇越铁路云南段开始施工，由于南溪河段气候

---

① 曹立瀛：《云南之交通》，《经济建设季刊》第 1 卷第 2 期，1942 年 10 月，第 223—224 页。

② 万湘澂：《云南对外贸易概观》，第 41—42 页。

③ 薛纪如、姜汉侨主编：《云南森林》，云南科技出版社、中国林业出版社 1986 年版，第 15 页。

④ 万湘澂：《云南对外贸易概观》，第 57 页。

恶劣，尤其是夏季气温高雨水多，影响工人健康，于是这年夏季不得不停工。1906 年 3 月，滇越铁路公司雇佣工人 3 万人，到四五月逐渐减少工人，夏季仅雇佣工人3 500人。此外，由于雨季期间雨量大，施工路段发生了山体滑坡，有的路段路基被毁。[①] 因此，雨季影响了施工的进程。

除了施工环境恶劣，管理人员虐待华工的现象也频频发生，工人经常被克扣工资，甚至遭到工头的殴打。1907 年 3 月，沈祖燕上呈湖南巡抚岑春煊的奏稿中详述了他到云南查看修筑滇越铁路的情形，沈称工头“以意大利人包修为多，而希腊等国人次之。其中以意国包工为最苛刻”。工头发给工人的工资，“往往不按定章，多所扣欠”。工人在工作过程中，“洋包工督责甚严，每日须点名两次，偶值歇息，即扣工资一日”，工人“稍不如意，鞭箠立至，甚有以铁索贯十数人之辫发，驱之力作，偶有倦息，即以马棒击之。种种苛虐，实不以人类相待。多有凶殴致命及无故殴毙者”。[②] 由于工程艰险，施工难度大，加之存在虐待工人的事件，工人死伤众多，仅 1904 年死亡的工人估计就有5 000人。后来施工条件有所改善，工人的死亡人数有所下降。[③] 沈祖燕称：修路工人“死于瘴、于病、于饿毙、于虐待者实不止六七万人计”[④]。他的陈述较为可信。

由于滇越铁路施工条件恶劣，加之死伤人数太多，修筑费用也十分高昂，其中越段修筑费用为7 158.18万法郎，而滇段则高达16 546.68万法郎。[⑤] 据滇越铁路公司宣布，滇越铁路的修建费用

① 丁佶：《滇越铁路的故事》，《新经济》第 1 卷第 1 期，1938 年 11 月，第 19 页。
② 宓汝成编：《中国近代铁路史资料（1863—1911）》第 2 册，第 664—665 页。
③ 丁佶：《滇越铁路的故事》，《新经济》第 1 卷第 1 期，1938 年 11 月，第 20 页。
④ 宓汝成编：《中国近代铁路史资料（1863—1911）》第 2 册，第 664—665 页。
⑤ 张廷勋：《滇越铁路与云南》，《天南》第 2 卷，1933 年 11 月，第 36 页。

与中国国有铁路的修建费用相比极为昂贵，京汉铁路每里费用为78 190元，汴洛路（陇海铁路之一段）为68 719元，京奉路为68 700元，津浦路为92 400元，而滇越铁路每里的修建费用高达145 000元。[①] 不仅如此，国有铁路轨距为 1.6 米，而滇越铁路轨距仅有 1 米，这更显出滇越铁路修建费用的高昂。

1910 年 4 月 1 日滇越铁路全线通车后，全线陆续设有 124 站，其中云南境内设有 45 站，即云南府、索珠营、九门里、西庄、獭迷珠、呈贡、七甸、水塘、前所、可保村、宜良、羊街子、狗街子、滴水、徐家渡、禄丰村、糯租、西洱、小河口、婆兮、热水塘、西扯邑、拉里黑、大龙潭、小龙潭、开远、玉林山、大塔、大庄、碧色寨、黑龙潭、芷村、落水洞、戈姑、猓姑寨、波渡箐、湾塘、白寨、腊哈底、大树塘、老藩寨、马街、南溪、蚂蟥箐和河口。[②]

虽然 1910 年滇越铁路全线通车，但碧色寨站至个旧段仰赖驮运，满足不了个旧锡业发展的需求，运输问题在很大程度上限制了个旧锡业发展。个旧工商界人士也认识到要扩大个旧大锡生产，用铁路运输取代人力、畜力运输是先决条件。他们多次协商，最后决定自筹资金，修建个碧石铁路。个碧石铁路主要是以发行股票的形式筹集资金。股票的票面为 1 股、5 股、10 股、50 股等几种，股金为每股 50 元银圆。在个碧石铁路银行发行钞票以前发行的股票，称为老股；铁路银行成立并发行铁路钞票后发行的股票，称为新股。新股每股定为铁路钞票1 000元，股票的总发行数量为 30 余万股。[③]

---

① 万湘澂：《云南对外贸易概观》，第 43 页。

② 曹立瀛：《云南之交通》，《经济建设季刊》第 1 卷第 2 期，1942 年 10 月，第 226 页。

③ 张载福：《个碧石铁路的历史与现状》，《个旧市文史资料选辑》第 7 辑，个旧市政协文史资料研究委员会 1987 年编印，第 41—42 页。

1913 年个碧铁路开工，1921 年 10 月通车，由碧色寨起经蒙自、鸡街、乍甸到个旧，长 73 公里。1928 年，个碧铁路由鸡街修一支线到临安，长 62 公里，为鸡临线。1931 年，又由临安延伸至石屏，长 41 公里，为临屏线。① 个碧铁路有山洞 8 个，总长1 648米，桥梁 4 座，总长 115 米，全段共花费滇币 440 万余元。鸡临线有山洞 5 个，总长 503 米，桥梁 14 座，总长 555 米，共花费滇币 565 万余元。临石线有山洞 5 个，总长 331 米，桥梁 8 座，总长 178 米，花费滇币1 070余万元。个碧石铁路全长 181 公里，全线山洞有 18 个，桥梁有 24 座。② 个碧线的车站有个旧、火谷都、石窝铺、乍甸、泗水庄、鸡街、江水地、雨过铺、十里铺、蒙自、多法勒加水及碧色寨。鸡屏线上设有石岩寨、麻栗坡、大田山、缅甸、五里冲、南营寨、临安、乡会桥、下坡处、新街（今坝心）、人寿村、石屏等车站。个碧石铁路沿线共设 24 个车站。③

个碧石铁路个碧段于 1921 年修通后，开始运营。因机车较小，动力不足，行驶缓慢，所以营业所得仅能弥补开支。1927 年后铁道部门购入了大型机车，1928 年鸡临段又通车，营业收入增加，铁路开始盈利。1933 年盈余 170 万元，1934 年盈余 290 万元，1935 年盈余 280 万元。1936 年，个碧石铁路公司有大机车 16 辆，小机车 2 辆。小机车因动力小，用作运输材料。此外，公司还有用于载客的花车 2 辆、一二等车 3 辆、三等车 6 辆、四等车 20 辆，用于运货的大篷兜 45 辆、小篷兜 50 辆、高边兜 26 辆，用于运料运油的运料

---

① 张星桥：《修筑个碧铁路简史》，云南省政协文史资料研究委员会编：《云南文史资料选辑》第 16 辑，昆明：云南人民出版社 1982 年版，第 17—19 页。

② 曹立瀛：《云南之交通》，《经济建设季刊》第 1 卷第 2 期，1942 年 10 月，第 227 页。

③ 张载福：《个碧石铁路的历史与现状》，《个旧市文史资料选辑》第 7 辑，个旧市政协文史资料研究委员会 1987 年编印，第 43—44 页。

兜7辆、油柜兜2辆。[①]

二、滇越铁路与云南对外贸易

滇越铁路运输以货运为主,客运为辅。在1910年至1940年期间,滇越铁路虽受法国滇越铁路公司控制,但作为近代云南重要的对外交通线,其建成通车极大地改善了云南的对外交通条件,为云南对外贸易的发展提供了便利。

滇越铁路通车对云南对外贸易的影响首先是改变了云南的对外贸易路线,尤其是蒙自的对外贸易路线。据1889年蒙自海关报告,从外面进入云南的贸易路线有五条:一是由汉口经过洞庭湖边的岳阳,穿过湖南、贵州,进入云南,大部分是陆路,用畜力驮运,至昆明约40天;二是由长江上游的纳溪溯永宁河到叙永县登岸,水运约19天,再由叙永县用畜力驮运到昆明,又需20多天;三是由四川的叙府,经过横江边的老鸦滩到昆明,全部为陆路,用畜力驮运,约22天;四是由广西北海到昆明,途经南宁、百色、剥隘、广南,路途共需55天;五是由海防到昆明,途经河内、老街、蛮耗、蒙自,共需31天。这五条贸易路线实际上也是蒙自的对外贸易路线。就蒙自口岸来讲,主要的对外贸易路线是最后两条路线,即北海至昆明线和海防至昆明线[②],其中尤以海防至昆明路线最为重要。其中原因在于这条路线更加便利,蒙自海关贸易报告称:"因经过广西及进入云南之税捐极重,陆运路程又长,故不足为理想之路线……当时蒙自至蛮耗间原有康庄大道,可见该路以往之繁荣。盖不但运输时间可以减短,而且越南之通过税,最多不过从价百分之五,

---

① 《交通:个碧石铁路全线通车》,《中行月刊》第13卷第6期,1936年12月,第92页。

② 万湘澂:《云南对外贸易概观》,第17—18页。

商品只须在蒙自关一次缴纳进口税，即可在省内通行无阻，直达四川之边境。故实为最便利之通商路线。”①虽然海防至昆明路线较广西北海至昆明路线便利，但海防至昆明路线中的河内至老街至蛮耗段需红河水运，而红河滩多险急，航运困难，其中老街至蛮耗的 54 公里的航程中就有大小险滩一百多处，每年沉没的船只多则三四十艘，少则一二十艘。② 鉴于红河航运艰险，随着 1901 年滇越铁路的修通，海防至昆明间的路线完全改用铁道，而不再使用红河水运，极大改善了海防至昆明的运输状况。由于滇越铁路运输的极大便利，这条铁路成了全面抗战前云南最重要的对外交通运输线，从而推动了云南对外贸易的发展。

其次，滇越铁路的通车提升了蒙自口岸的贸易地位，从而直接推动了蒙自口岸贸易的发展。近代以来，云南的主要贸易口岸是蒙自、思茅和腾冲，这三关的地位各不相同。实际上，决定云南通商口岸发展的最重要因素是交通因素，正如万湘澂所言：“决定云南各通商口岸对外贸易盛衰的因素，不在距离交换市场的远近，而在交通运输的难易。”③在云南三关中，蒙自口岸距离海口近，红河通航和滇越铁路的修建完成，提升了蒙自对外贸易的优势。至于腾冲口岸，因其与下关间存在大峡谷区域，运输艰难，制约了对外贸易的发展。而思茅口岸位于崇山峻岭之中，路途高远，交通阻绝，也制约了对外贸易的发展。因此，在云南，“地形决定了交通运输的难易，交通运输的难易，又决定了对外贸易的盛衰，可是云南对外贸易上的一大特点”④。

---

① 万湘澂：《云南对外贸易概观》，第 19 页。

② 参见万湘澂：《云南对外贸易概观》，第 20 页。

③ 万湘澂：《云南对外贸易概观》，第 45 页。

④ 万湘澂：《云南对外贸易概观》，第 45 页。

蒙自自1889年开关以后，在滇越铁路通车前，较大的商号共有八家，即司裕号、官商公司、广昌和、朱恒泰、福顺昌、天德和、亿昌、裕昌。1910年滇越铁路通车后，又陆续增加了应云祥、信享泰、万来祥等商号。除中国人经营之商号外，外商的洋行、银行，也相继在东门外成立，主要有德商美孚洋行、德商士波顿洋行、英商安兴洋行。滇越铁路通车后成立的有美商三达水火油公司、英商英美烟公司、希腊商歌炉士洋行、日商宝田洋行、德商加坡公司、法商亚细亚水火油公司、德商德士古水火油公司等。1914年1月法商东方汇理银行支行成立，开始攫取关税、盐税、邮政等收入。①

在云南国际贸易中，进口货物以棉纱、匹头、棉花为主，约占贸易总额的40%以上。出口货以大锡为主，约占贸易总额的80%以上。锡矿为云南主要的出口商品，以1910年滇越铁路全线通车为界，明显分为前后两个阶段。1909年云南出口的大锡有70 824担②，1910年猛增至102 466担。③ 滇越铁路的通车推动了云南大锡的出口，使得大锡的出口货值由1909年的3 939 738海关两④增至1910年的5 992 052海关两，仅仅一年间增加了52.09%，大锡出口值占云南全省出口货值的百分比由1909年的92.77%上升至1910年的93.81%。⑤ 由于蒙自海关毗邻个旧，加之滇越铁路之利，自1890年至1911年，蒙自关总值为1.368万海关两，平均每年

① 蒙自县政协文史委：《蒙自的进出口贸易》，云南省政协文史资料研究委员会编：《云南文史资料选辑》第42辑，昆明：云南人民出版社1993年版，第304—305页。

② 重量单位，100斤等于1担。

③ 牛鸿斌等点校：《新纂云南通志》第7册，第109页。

④ 清朝中后期海关所使用的一种记账货币单位，属于虚银两。1海关两的虚设重量为37.749 5克（后演变为37.913克）的足色纹银（含93.537 4%纯银）。1930年1月废除。

⑤ 牛鸿斌等点校：《新纂云南通志》第7册，第110页。

为594.347 8海关两。至于蒙自大锡出口占全省出口货值之百分比，最低为1906年的66％，最高为1910年的93％，平均占80％以上。时人也言："蒙自关因交通便利，据滇越铁路之要冲，复以毗邻个旧，锡产丰富，故贸易总额占全省百分之八十以上，可为全省商业之代表。"①

三、滇越铁路与云南矿业开发

滇越铁路对云南矿业的影响非常明显，尤其是对个旧锡业开发影响巨大。个旧锡矿的开采历史悠久，但近代以前由于技术条件落后和销路不畅，产量十分有限。1889年蒙自开关后，个旧锡业得到了较快发展。个旧锡业的发展，不仅满足了云南开局铸钱的需要，也支持了云南的出口贸易。尤其是1910年滇越铁路的通车大大缩短了大锡的出口运输时间，节约了运输成本，推动了个旧锡业的进一步发展。1909年个旧的大锡产量仅为4 743吨，到1910年随着滇越铁路的通车，大锡产量即增至6 000吨，以后持续增加。② 个旧大锡产量远远超过云南铜产量，锡业便成为云南的矿业支柱。关于滇越铁路与个旧锡业发展的关系，时人也言："盖滇省矿产虽多，因交通关系，艰于运售外出，鲜有经济价值，惟个旧锡矿，赖有个碧石及滇越两铁路交通之便利，与国际销售之市场，故取得经济上最大之价值。"③在1909年至1938年期间，通过滇越铁

① 牛鸿斌等点校：《新纂云南通志》第7册，第111—112页。

②《个旧历年锡产数量表》，《云南锡业公司五周年纪念刊：云锡纪实》，云南锡业公司1945年编印，第100页。

③ 马希融：《滇越铁道沿线地质矿产第一期调查简报》，经济部地质调查所、云南全省经济委员会1939年印，第38页。

路外运的大锡合计234 242吨，价值293 845 923关平银两①，占云南大锡出口的90%以上。因此，滇越铁路的通车刺激了个旧锡业的繁荣。对于个旧锡业的繁荣，时人描述道："最繁盛时，开掘无分昼夜，各山电炬汽灯，彻夜明耀，有如白昼。来往各山至矿区驮运矿砂及粮食的驴马，凡万余匹，熙来攘往，途为之塞。"②大锡也成为云南经济的最大收入，依赖锡矿为生的个旧及邻近各县，人数达10万余人，有"大锡为滇省养命根源"③之说。

滇越铁路除了推动云南锡业开发，也推动了煤业的开发。滇越铁路沿线的宜良、开远、嵩明一带蕴藏了丰富的煤矿。宜良矿产以煤炭最为丰富，"境内接近嵩明的一带地方，矿厂林立，采掘甚盛。所产煤块作深青色，杂以土泥，名曰铁炭，火力猛烈耐久"④。尤其是宜良可保村褐煤田，"东南曲可保村约三十里，第三纪煤系分布于保蓝村、小街子、阿色村及凤鸣村等处，有褐炭一层，厚二三公尺，储量估计有一万四千万吨"⑤。开远布沼坝为云南褐炭重要产区，"褐炭层厚逾六十余公尺，储量约一万二千万吨"⑥。如此丰富的煤矿，在1910年以前，由于交通不便，没有大规模开采；1910年滇越铁路通车后，沿线一带的煤业迅速发展。时人亦云，随着滇越铁路的通车，"烟煤需要激增，在可保村区域内始有煤矿公司成

① 参见叶炳泉：《法帝国主义利用滇越铁路掠夺中国数据拾零》，《开远市文史资料选辑》第5辑，开远市政协文史资料研究委员会1992年编印，第323页。

② 陈吕范、邹启宇：《个旧锡业"鼎盛时期"出现的原因和状况》，云南历史研究所1979年印，第4页。

③ 参见云南省地方志编纂委员会总纂：《云南省志》第14卷《商业志》，昆明：云南人民出版社1993年版，第69页。

④ 詹念祖编：《云南一瞥》，上海：商务印书馆1931年版，第51—52页。

⑤ 张肖梅编：《云南经济》，第J49页。

⑥ 张肖梅编：《云南经济》，第J49页。

立，具领矿区，修筑运路，正式开采，经二十余年之经营，规模始具”①。在宜良煤矿区，“自宣统二年滇越铁路修通后，煤矿公司林立，熟煤运销省垣及本境，生煤则多供火车之用，年约售煤一千数百万斤，亦出产之大家也”②。滇越铁路的通车大大便利了铁路沿线地区煤炭的运输，“是以滇省工业比较发达者以煤为最”③。

具体而言，滇越铁路对云南矿业的推动表现在以下四个方面：首先，从货运量和货运时间看，滇越铁路的通车扩大了大锡的出口货运量和缩短了货运时间，为云南大锡大量出口提供了便利条件。在滇越铁路通车前，滇越之间的交通运输方式为水运和驮运，运量小且运速慢，不利于云南大锡的大量出口。待铁路通车后，铁路运输具有运量大和运速快两大优势，极大地改善了云南的大锡运输条件。在货运量方面，1910 年前经过河口中国海关进口之船只，年货运量不过三四万吨④，而滇越铁路的年货运总量一般在 10 万吨以上，1939 年甚至达到了 40 余万吨。⑤ 至于驮运运量则更为有限。在 1889 年至 1909 年间，通过驮运运至蒙自海关出口的大锡年平均出口量约为2 747吨。⑥ 与此相比，1934 年至 1937 年间，滇越铁路大锡年平均出口运量就达到了9 054. 25吨⑦，两者相差约 2. 3倍，因此铁路运输扩大了大锡的出口运量。在货运时间方面，滇越

① 王德滋：《云南之煤矿》，《资源委员会季刊》第 1 卷第 1 期，1941 年 9 月，第 148 页。

② 民国《宜良县志》第 4 卷，“食货志 · 物产”，第 35—36 页。

③《滇越铁路的用煤情况表(1935—1940)》，昆明：云南省档案馆藏，云南省建设厅档案，1077/1/4101/23。

④ 张肖梅编：《云南经济》，第 G15 页。

⑤ 曹立瀛：《云南之交通》，《经济建设季刊》第 1 卷第 2 期，1942 年 10 月，第 222 页。

⑥ 据《1889—1937 年蒙自口岸个旧锡出口量一览表》相关数据计算而成，参见蒙自县志编纂委员会编：《蒙自县志》，第 587 页。

⑦ 曹立瀛：《云南之交通》，《经济建设季刊》第 1 卷第 2 期，1942 年 10 月，第 240 页。

铁路通车前，个旧的大锡出口用骡马由个旧运至蒙自及蛮耗，然后由水道运至海防，转装轮船运至香港，其间所需要的时间最少为2个月。[①] 随着滇越铁路的通车，昆明至越南海防仅需3日[②]，大大缩短了大锡的出口运输时间。由于滇越铁路运输具有上述两大优势，云南传统对外运输日趋衰落。以水运为例，在1908年滇越铁路第一段未通车前，经过河口中国海关进口之船只，每年有1万余艘。但在1909年铁路通至蒙自后，船只数目减少至3 800艘，货运重量减至12 000吨，1910年船只进一步减少至2 400艘，货运重量仅2 800吨，减少至1908年总吨数的5%左右。[③] 水运的日趋衰落，铁路运输的日益兴盛，表明云南对外交通运输方式开始发生变革，这促进了云南大锡的大量出口，从而有利于近代云南矿业的发展。

其次，从运输货物种类看，滇越铁路运输货物以矿产品为主，直接推动了铁路沿线地区的矿业开发。滇越铁路货物运输分为云南境内运输、越南境内运输和滇越过境运输，其中云南境内运输和滇越过境运输对云南经济产生了直接影响。滇越过境运输又可分为进口过境运输和出口过境运输，进口过境运输包括经过海防码头输入云南和由越南东京输入云南两段，出口过境运输包括由云南经过海防码头输出和由云南输出东京两段。关于滇越铁路营运情况的材料，比较缺乏，现仅就1910年、1912年、1915年至1938年间滇越铁路的货运量进行分析，具体统计数据见下表：

---

① 张肖梅编：《云南经济》，第G15页。

② 曹立瀛：《云南之交通》，《经济建设季刊》第1卷第2期，1942年10月，第223—224页。

③ 参见张肖梅编：《云南经济》，第G15页。

表 1-2　滇越铁路滇越过境与云南境内货物运输量统计表

（单位：吨）

年份	出口运量（过境）	进口运量（过境）	云南境内运量	总计
1910	16 233	11 030	32 796	60 059
1912	10 458	16 238	37 612	64 308
1915	12 201	14 435	43 769	70 405
1916	12 046	13 508	59 276	84 830
1917	21 597	12 798	61 322	95 717
1918	22 026	17 136	85 817	124 979
1919	13 957	18 660	80 164	112 781
1920	18 655	17 847	69 709	106 211
1921	10 848	19 747	83 424	114 019
1922	11 513	27 592	91 760	130 865
1923	10 618	25 884	112 873	149 375
1924	9 848	46 443	109 878	166 169
1925	12 808	63 849	136 591	213 248
1926	21 244	73 893	123 768	218 905
1927	10 308	31 531	126 363	168 202
1928	11 777	36 325	126 768	174 870
1929	11 153	33 909	125 647	170 709
1930	10 377	31 175	128 947	170 499
1931	10 730	24 658	130 916	166 304
1932	10 419	25 800	117 650	153 869
1933	11 081	41 168	122 513	174 762
1934	10 515	31 541	120 051	162 107
1935	11 760	32 712	127 379	171 851

续表

年份	出口运量(过境)	进口运量(过境)	云南境内运量	总计
1936	15 230	34 801	135 187	185 218
合计	317 402	702 680	2 390 180	3 410 262
年平均运量	13 225	29 278	99 591	142 094

资料来源:《交通史路政编》第18册,交通、铁道部交通史编纂委员会1935年编印,第262—263页;开远铁路分局志编纂委员会编:《开远铁路分局志(1903—1990)》上册,北京:中国铁道出版社1997年版,第178—179页;《滇越铁路货运统计(1925—1938)》,《云南实业通讯》第1卷第3期,1940年3月,第74页。

说明:1. 为简明起见,统计表中出口运量和进口运量是合计而成的,其中出口运量是云南到海防码头和云南到东京两段货运量的总和,进口运量是海防码头到云南和东京到云南两段货运量的总和。2. 开远铁路分局志编纂委员会编的《开远铁路分局志(1903—1990)》上册有完整的统计数据,该表中1915年至1920年间的统计数据来源于《交通史路政编》第18册中的数据,但该表1916年、1917年和1919年部分数据与原文不符,因此,笔者直接引用了《交通史路政编》第18册中的相关数据。此外,《开远铁路分局志》统计表中1925年至1938年间的统计数据资料来源于周钟岳编纂的《新纂云南通志长编》和张肖梅编的《云南经济》,与《云南实业通讯》第1卷第3期所刊载的《滇越铁路货运统计(1925—1938)》数据有出入,因为后者统计数据直接摘译自滇越铁路公司统计报告,数据更为可靠,所以笔者直接引用了后者。

从上表可以看出1910年、1912年、1915年至1936年之间滇越铁路滇越过境与云南境内货运量情况。年平均货运总量在14.21万吨左右,其中出口货运量约为1.32万吨,进口货运量约为2.93万吨,云南境内货运量约为9.96万吨,分别占滇越过境和云南境内两段总运量的9.31%、20.6%和70.09%。因此,滇越铁路货物运输以云南境内货物运输为主,进出口货物运输为辅。在上表中,云南境内货运总量为2 390 180吨,以运煤为主。据《开远铁路分局志》统计,在1915年至1938年间,煤炭运量占云南境内货运总量的63%①,其中,仅1934年至1937年,煤炭年平均运量占云南境内货

① 开远铁路分局志编纂委员会编:《开远铁路分局志(1903—1990)》上册,第177页。

运总量的 66.94%。[①] 出口货运总量为350 868吨，以运输大锡为主，其中仅 1934 年至 1937 年间，滇越铁路云南至海防码头段出口大锡年平均运量为9 054吨，占该段货运总量的78.07%，而 1935 年高达 84.2%。[②] 由于滇越铁路的出口货运和云南境内货运分别以大锡和煤炭为主，所以滇越铁路对近代云南矿业的影响巨大。此外，从年份来看，滇越铁路货运量总的来讲在逐年增加，1918 年前滇越过境和云南境内两段总运量在 10 万吨以下，1918 年突破 10 万吨大关，到 1938 年突破 20 万吨大关，因此，滇越铁路对云南经济尤其是矿业的影响也在逐年加大。

第三，从区域空间看，滇越铁路的全线通车促使云南矿业布局改变，使云南的矿业分布开始集中于滇越铁路沿线，形成了滇越铁路沿线矿业经济带。在滇越铁路未通车前，云南矿业主要为铜矿业，极盛于清朝雍正、乾隆、嘉庆年间，云南铜矿业最发达的地区是以东川为中心的滇东北地区。但近代以降，昔日繁盛的云南铜业日趋衰落，进入民国以后，更是一蹶不振。在 1922 年至 1931 年间，云南铜产量总共才2 411吨，年平均产量为 241.1 吨[③]，远远低于前清鼎盛时期的年产量。造成近代云南铜业日趋衰落的原因很多，主要有“坑道日远，采取日难”“厂地附近，缺乏森林，燃料价值日昂”“交通不便，运输迟滞”“生活程度增高，百物昂贵，工费亦大，成

① 参见《滇越铁路慢车运输主要货物统计表》，曹立瀛：《云南之交通》，《经济建设季刊》第 1 卷第 2 期，1942 年 10 月，第 243—245 页。

② 参见《滇越铁路慢车运输分货统计表》，曹立瀛：《云南之交通》，《经济建设季刊》第 1 卷第 2 期，1942 年 10 月，第 238—240 页。

③ 据《云南铜矿产量表》计算而成，参见云南省档案馆、云南省经济研究所合编：《云南近代矿业档案史料选编（1840—1949）》，云南省化工研究所印刷厂 1990 年印，第 346 页。

本因之增重”①等原因，其中交通对云南铜业的影响较大。由于东川交通不便，而个旧通过个碧石铁路在碧色寨与滇越铁路连接，交通便利，所以，个旧锡矿和东川铜矿呈现此消彼长的关系，关于这点，时人也言：“个旧锡矿有发展而东川铜矿没有什么发展，主要原因之一也许在个旧从前有水路后来有铁路交通而东川铜只能靠骡马运输。”②交通运输的便利也导致滇越铁路沿线的宜良、开远等地的煤业迅速发展。随着滇越铁路的通车，碧色寨、宜良、可保村、开远和小龙潭等成为铁路沿线的重要车站，为当地煤炭的大量外运提供了便利，因此，滇越铁路通车后这些地区的煤业迅速发展起来，涌现出了一批现代化的矿业企业，它们使用新式机器设备，资本雄厚，而且产量大。

总的来看，民国时期云南矿业中工业化水平较高的企业如个旧锡务公司、云南炼锡公司、宝华锑矿公司、明良煤矿公司、布沼煤业公司、乌格煤矿公司等都集中于滇越铁路沿线的个旧、宜良、开远等地区，从而也使得滇越铁路沿线地区成为近代云南矿业最发达的地区。其中个旧锡务公司为云南最早的机器开采锡矿公司，云南炼锡公司为云南最早用新式方法炼制锡的公司，1939 年个旧锡务公司、云南炼锡公司和云南锡矿工程处三者合并而成的云南锡业公司，为云南最大的新式锡业公司。③ 宝华锑矿公司为云南最大的新式锑矿公司，明良煤矿公司、布沼煤业公司和乌格煤矿公司则为云南大型近代化煤矿公司。总之，1910 年滇越铁路的通车，促

---

① 参见云南省档案馆、云南省经济研究所合编：《云南近代矿业档案史料选编（1840—1949）》，第 358 页。

② 丁佶：《滇越铁路的故事》，《新经济》第 1 卷第 1 期，1938 年 11 月，第 23 页。

③ 参见云南省志编纂委员会办公室编：《续云南通志长编》下册，玉溪地区印刷厂 1986 年印，第 448 页。

使了云南矿业布局的改变，使云南矿业部门从铜业为主变为锡业和煤业为主，矿业中心从滇东北地区转移到滇越铁路沿线地区，形成了滇越铁路沿线矿业带，而这一地带也成为近代云南矿业最发达地区。

第四，从时间上看，滇越铁路通车云南，加快了云南矿业的发展速度。1910 年滇越铁路通车前，云南开办新式企业所需新式机器的购入仰赖水运和驮运，极为不便，导致云南具有现代技术装备的生产企业极少，这延缓了云南矿业近代化进程。滇越铁路的建成通车，为新式机器设备的输入提供了便利，云南具有现代技术装备的企业也陆续产生。在矿业企业中，改组成立于 1909 年的个旧锡务公司向德商礼和洋行订购机器设备，于 1913 年建成投产，至此云南锡业中才开始出现使用机器生产的现代企业。此后乌格煤矿公司（1910 年成立）、宝华锑矿公司（1909 年成立）、布沼煤业公司（1920 年成立）、明良煤矿公司（1927 年成立）、云南炼锡公司（1932 年成立）、云南矿业公司（1934 年成立）、个旧钨锑公司（1936 年成立）等近代化矿业企业陆续出现，它们作为云南最发达的矿业企业，其机器设备主要通过滇越铁路输入。制炼总厂位于芷村车站旁的宝华锑矿公司改组成立于 1909 年，资本由原来的 5 万元增加至 35.5 万元，其中商股 6 万元，主要经营文山、开远、广南等地锑矿。① 宝华锑矿公司是云南矿业中最早使用机械设备的企业之一，所需机器通过德商禅臣洋行订购，发展迅速。位于可保村车站旁的云南明良煤矿公司成立于 1927 年，前身是由成立于 1915 年的开济和美利两煤庄改组而成的云南煤矿公司，最初资本为 10 万银

---

① 参见云南省地方志编纂委员会总纂：《云南省志》第 26 卷《冶金工业志》，昆明：云南人民出版社 1995 年版，第 264 页。

圆，到 1939 年由资源委员会改组明良煤矿公司。资源委员会投资法币 220 万元，与原矿商以资产作价 60 万元，共 280 万元的股金，于 1939 年 9 月 1 日成立官商合办明良煤矿股份有限公司，为云南最大的煤矿公司之一。[①] 位于小龙潭车站附近的布沼煤业公司成立于 1920 年，前身是 1910 年成立的私营同兴公司和裕源公司，矿区面积为3 354亩，资本银圆 1 万元，有工人 200 人，年产褐煤5 000吨。[②] 这批近代化的矿业公司纷纷成立于 1910 年滇越铁路通车以后，显然交通便利是其中重要的原因，它们的建立也加快了云南矿业近代化速度。总之，1910 年滇越铁路全线通车后，为大型机器设备的输入提供了便利，推动了云南矿业的发展，加快了云南矿业近代化进程。

总之，抗战爆发前，作为西南地区的国际铁路线，滇越铁路推动了云南对外贸易和矿业发展，但这条铁路的管理权属于法国，因此它对云南经济的影响是有限的。由于滇越铁路受法国控制，铁路运输中关卡林立，征收税种众多，导致滇越铁路运价过高，给云南矿业尤其是大锡出口带来了不利影响。时人言："滇越铁路控有云南与外省及外国交通的命脉，举凡云南对外贸易，概须由本路运输，故本路的运价制度遂充满垄断精神，运价率比中国境内其他铁路高。"[③]滇越铁路的货运价格由滇越铁路公司控制，1903 年 10 月 29 日中法签订的《滇越铁路章程》第 23 条规定："客位、货物运送价

① 参见云南省地方志编纂委员会总纂：《云南省志》第 24 卷《煤炭工业志》，昆明：云南人民出版社 1995 年版，第 565—566 页。

② 参见云南省开远市地方志编纂委员会编：《开远市志》，昆明：云南人民出版社 1996 年版，第 112 页。

③ 谢彬：《中国铁道史》，上海：中华书局 1929 年版，第 476 页。

值均系公司自行核定。”①根据这一特权，滇越铁路公司自行征收税种，名目繁多，据不完全统计，滇越铁路货运杂费包括登记费、过站费、过秤费、打印费、搬运费等名目，每吨征收 5 分、1 角甚至 1 元不等②，实际上就是滥加杂费。不仅如此，滇越铁路公司还经常修改运价，任意加收，但不通知中国，而中国政府也无权过问。仅 1913 年至 1920 年间，运价就修改 5 次，分别是 1913 年 2 月、1916 年 5 月、1918 年 12 月、1919 年 11 月和 1920 年 10 月，由三年一加改为不满一年一加。③ 以锡的外运为例，1906 年（当时滇越铁路仅部分路通）每吨为越币 16 元，1909 年上涨到 45 元，1929 年后猛增至 100 元。④ 此外，滇越铁路的收费以越币核算，变相进一步提高了铁路运价。1910 年 8 月，滇越铁路公司借口法郎昂贵，规定自该年 10 月 1 日起，每越币 1 元固定为 3 法郎，照此计算，由海防至昆明的每吨运费由原来的越币 27.16 元增加到了 65.8 元，增加幅度为 242％。⑤《续云南通志长编》也载：“滇越铁路运价较国内各铁路为高，且一律以越币核算，故自金价腾贵，其收费亦随之增加数倍，又货物过越南时，杂费甚多，不堪苛扰，是皆本省对外贸易之莫大障碍，而输出贸易，受害尤为重大。”⑥著名学者宓汝成认为滇越铁路公司通过提高锡的运价，实现了从中国矿业资本家手里分取锡矿矿工所创

① 王铁崖主编：《中外旧约章汇编》第 2 册，北京：生活·读书·新知三联书店 1959 年版，第 207 页。

② 参见宓汝成：《帝国主义与中国铁路（1847—1949）》，上海：上海人民出版社 1980 年版，第 457 页。

③ 万湘澂：《云南对外贸易概观》，第 82 页。

④ 叶炳泉：《法帝国主义利用滇越铁路掠夺中国数据拾零》，《开远市文史资料选辑》第 5 辑，开远市政协文史资料研究委员会 1992 年编印，第 322 页。

⑤ 万湘澂：《云南对外贸易概观》，第 82 页。

⑥ 云南省志编纂委员会办公室编：《续云南通志长编》中册，第 1013 页。

造的剩余价值，它用这种办法，以求达到榨取最大限额利润的目的。① 因此，铁路运价的不断提高，也增加了大锡和煤炭等矿产品的运输成本，给云南矿业尤其是锡业带来了负面影响。

第四节 清末腾越、滇缅铁路的筹建与中英交涉

近代以来，西方列强纷纷觊觎中国铁路修筑权。在云南，由于法国获取了滇越铁路的修筑权，英国于是觊觎腾越、滇缅铁路的修筑权。为此，清末中英两国围绕腾越铁路的勘测、英人过界、滇缅铁路路权等问题进行了反复交涉。与此同时，云南地方绅商各界也认识到了滇缅路权的重要性，极力主张中国修建这条铁路，他们还组建了滇蜀铁路公司，准备筹资修建滇缅铁路。由于云南各界的反对以及清政府的坚持，英国最终未能获取滇缅铁路的修筑权。中英围绕腾越、滇缅铁路路权问题的交涉，反映了英国觊觎中国西南边疆的野心，而云南民众保护滇缅铁路路权的言行也成了晚清中国路权斗争的一部分。

一、中英会勘腾越铁路与英人过界问题的交涉

英国觊觎云南铁路修筑权由来已久。1897 年 2 月 4 日，英国与清政府在北京换文签订《中缅条约》，该条约附款第 12 条规定："英国欲令两国边界商务兴旺，并使云南及约内中国新得各地之矿务一律兴旺，答允中国运货及运矿产之船只，由中国来或往中国去，任意在厄勒瓦谛江（即大金沙江）行走，英国待中国之船如税钞及一切事例均与往中国船一律。中国答允，将来审量在云南修建

① 参见宓汝成：《帝国主义与中国铁路（1847—1949）》，第 457 页。

铁路，与贸易有无裨益，如果修建，即允与缅甸铁路相接。”[①]通过这一条约，我们可以看出，英国企图获得修建缅甸与云南铁路的筑路权。但清政府不甘心滇缅铁路筑路权旁落，1899 年 5 月 25 日，总理衙门致电云贵总督，称“如果行修建滇路本在未定，即使我建亦由中国自造无疑，本署并无允英开办之据”[②]。中方如果要准备自行修建滇缅铁路，首先需要查明沿途交通情形，1900 年 12 月 16 日，外务部于是致电云贵总督，希望云南地方政府调查“由滇省至缅界，路经里数若干，有无山河间隔，及经过城邑贸易情形，并约计修费若干，详细声明以凭奏明办理”[③]。12 月 23 日，云贵总督魏光焘等电复外务部，陈述了滇缅交通情形，称滇缅可通大道“一由腾越厅属接缅界之昔董大寨，一由顺宁府属孟定土司地接缅界之麻栗坝，均约距省三十余站，间有山河阻隔，已派员分往查勘英缅铁路，究由何处接通，道里修费均难悬拟”[④]。12 月 27 日，外务部致电云贵总督，称英国只是企图按照一体均沾原则，与法国修筑滇越铁路一样享有在云南修筑铁路的权利，外交部希望云南地方政府早做准备，“自保路权以防英揽后仿照地步”。根据清政府的判断，英国虽然在短时期内难以修建滇缅铁路，但为保护路权，中国应早做准备，以防不测。

由于腾越铁路横跨滇缅国界，在勘测路段时需要双方共同勘

① 《中英续议缅甸条约》，商务印书馆编译所编：《国际条约大全》上编，上海：商务印书馆 1914 年版，第 21 页。

② 《总理衙门致云贵总督铣电》(光绪二十五年四月十六日)，云南省档案馆、红河学院编：《滇越铁路史料汇编》上册，第 40 页。

③ 《外务部致云贵总督有电》(光绪二十七年十月二十五日)，云南省档案馆、红河学院编：《滇越铁路史料汇编》上册，第 40 页。

④ 《云贵总督魏光焘等复外务部冬电》(光绪二十七年十一月二日)，云南省档案馆、红河学院编：《滇越铁路史料汇编》上册，第 41 页。

测。1905年1月30日，云贵总督丁振铎复函英领事，称鉴于缅甸政府准备修建新街至腾越铁路，双方派人会同勘测路况，“惟此次会勘，应各出各费，滇省无议造铁路之权，只能派员会勘，将来商务自必畅旺”①。1905年5月，云南腾越关道委派蒋继曾会同英国工程师李勒(Lilley)查勘由腾越至新街铁路线。在会勘铁路线期间，他们在葫芦口地带遭遇山洪暴发，英国工程师李勒于是停止亲身勘测。据李勒称，铁路“甚属易办，无大难处”，新街至腾越铁路共长200公里，其中缅段长50公里，腾越段长150公里，筑路费共需600万两白银，“查此路人烟繁盛，地土膏腴，修此铁路凉〔谅〕不致亏折本银”②。英国认为腾越铁路具有很大经济价值，力主修建腾越铁路。

在中英会勘腾越铁路期间，因遇洪水，英方工程师并未亲自勘查完毕，需要再进行会勘。为此，1905年6月22日，英国工程师李勒抵达腾越，23日，李勒与英国驻腾越领事烈敦(Litton)及腾越关道石鸿韶会晤，烈敦称此次会勘仅为粗略勘测的结果，是否修建腾越铁路，还需要回缅甸向缅甸政府详细说明情况，再派工程师进行详细勘查。③ 7月1日，洋务总局致电腾越关道，称“洋工师既未测勘确实，九、十月间尚须再来细测”。由于英方9月、10月准备再次派人勘察腾越铁路，7月14日，腾越关道复电洋务局文，称中方也决定在阴历九月“派总营造司到边界，接连详细测量到腾，要四五

①《云贵总督丁振铎复英领事函稿》(光绪三十年十二月二十五日)，云南省档案馆、红河学院编:《滇越铁路史料汇编》上册，第41页。

②《腾越关道报查勘腾缅铁路情形电》(光绪三十一年五月十八日)，云南省档案馆、红河学院编:《滇越铁路史料汇编》上册，第42页。

③《腾越关道致洋务总局漾电》(光绪三十一年五月二十三日)，云南省档案馆、红河学院编:《滇越铁路史料汇编》上册，第43页。

月之久方能告竣”①，等中英双方将铁路所经过的路线勘查完毕后，双方就可开始议定修建铁路。

经过中英交涉，1905 年 12 月，英国人李勒等陆续到中国境内，与中方委员梁宏恩、朱元林会勘腾越至缅甸铁路。1906 年 3 月，李勒偕同英国驻腾越领事奥领（又译奥泰蔚，Ottewill）会晤迤西道道员关以镛，李勒告知英方勘测铁路的大概情况。李勒称：“自缅界以抵腾越，凡路线所经间有宜于修桥者，并毋须穿洞，其工程则以葫芦口横水塘最难，余尚平易。”②1906 年 5 月 12 日，中方委员梁宏恩、朱元林也向关以镛禀告了会勘的大概情况，称腾越铁路由腾越城外起至古里戛滇缅交界止，滇境铁路长 136 公里，并详细汇报了路线经过的地形，提议铁路“系小车路，车宽英尺二尺五寸，车长英尺六尺，每车约可容十二人”③。

因筹建腾越铁路涉及中英关系问题，中英双方围绕腾越铁路筑路权、英人过界等问题进行了交涉。1906 年 9 月 18 日，滇蜀腾越铁路总公司总理刘方伯、陈廉访等与英国驻云南领事在滇蜀公司就滇缅腾越铁路问题举行会谈。双方主要围绕腾越铁路筑路权和修筑资金、技术等方面进行了商议。第一，就铁路修筑权问题进行了交涉。英领事认为中国政府既然允许法国修滇越铁路，英法应一律同等相待，英国也需有腾越铁路的修筑权。中方称外务部曾于 1901 年照会英国公使，称此路应由云贵总督查勘情形设法自

---

①《腾越关道复洋务局文电》（光绪三十一年六月十二日），云南省档案馆、红河学院编：《滇越铁路史料汇编》上册，第 43 页。

②《腾越关报洋务局英员过界测量电》（光绪三十二年四月十九日），云南省档案馆、红河学院编：《滇越铁路史料汇编》上册，第 48 页。

③《云贵总督丁振铎为滇缅小铁路全路勘测事饬滇蜀腾越公司札》（光绪三十二年六月），云南省档案馆、红河学院编：《滇越铁路史料汇编》上册，第 50 页。

行修造，待该路修到滇缅交界之处时再与英国接洽，英国不能置前后约章成案而空口无据。滇蜀腾越铁路总公司代表称，现在与过去已不一样了。过去中国不清楚铁路之利益，不肯筹款自修，现在今非昔比，政府与滇人均主张筹款自办，这条路并非条约许可，中国不能放弃权利。总之，勘路则各出各费，修路则各修各境，始终以缅约为判定。第二，在铁路修建资金问题上，英领事称云南无修铁路之资本，成立华英公司而让中国入股，符合两国利益，况且既同意法国修建滇越铁路，英国应一视同仁。英国领事还认为云南财力薄弱，修建滇蜀铁路资金已不够，现在又准备修建腾越铁路，这两条铁路恐难同时修建。滇蜀腾越铁路总公司代表回应称，修建腾越铁路费用不过 400 余万两白银，不需领事操心。第三，在工程技术方面，英领事问及工程师及动工问题，公司代表称中国已有工程师，中国为修建腾越铁路已做了充分准备。①

在勘测腾越铁路过程中，围绕英国人过境勘测问题，中英双方也进行了交涉。1905 年 5 月 9 日，英国驻腾越领事照会云南巡抚丁振铎，称为勘测腾越铁路，英印度政府拟派英国工程师雷厉率领帮办 3 人以及从役数名，会同中国人员勘测道路，并希望中方设法保护英人安全。② 经过与中方交涉，1906 年 10 月 8 日，英国领事照会云贵总督，称英方准备派英国工程师雷厉率带帮办、工程师、医生、从役等于 1907 年 1 月 1 日粗略勘测腾越、大理中间一带道

---

①《与英领事议滇缅腾越铁路问答笔记》(光绪三十二年八月七日)，云南省档案馆、红河学院编：《滇越铁路史料汇编》上册，第 51—52 页。

②《附 1：照抄英务总领照会》(光绪三十一年四月初六日)，云南省档案馆、红河学院编：《滇越铁路史料汇编》上册，第 59 页。

路。[1] 对于英方过界勘查的要求，10 月 10 日，中方以腾越铁路按照条约规定“由云南自修”为由，拒绝了英方希望在腾越至大理之间勘测道路的要求。[2] 清政府外务部也复函英国驻云南总领事，拒绝了英国工程师雷厉准备勘测腾越至大理交通情形的要求。[3] 应该讲，中方拒绝英方勘测腾越至大理道路的要求合乎法理依据，因为 1897 年签订的中英《中缅条约》并未授予英方权利，而且中方已经将滇缅铁路的修筑权交给了云南绅商成立的滇蜀铁路公司筹资修建，英方勘测铁路的要求也需经云南绅商同意。

得知英国人欲过界勘测腾越至大理道路的消息后，云南民众也颇为不满，纷纷反对。1906 年 12 月 1 日，云南三迤绅商代表致电云贵总督岑春煊，请求政府设法劝阻英人过界勘路，以保卫主权。电文强调称，中方已坚持由云南自行修建与缅甸相接的铁路，但英方仍旧派工程师测勘由腾越至大理一带道路，并要求云南地方加以保护，英人“诡诈万端，人心猜疑”[4]，电文强烈要求政府阻止英人过界勘测。鉴于岑春煊不在云南，12 月 23 日，三迤代表、土司及铁路公司代表再次致电，恳请他回云南阻止英人过界测勘。电文称，英国人准备“强硬过界测勘腾越至大理一带”，云南民众得知后“群情惊愤，事机危迫，士民望公如岁吁恳宪驾早临，以保全襄勤

① 《附 9：英领事过界略勘腾越大理路段照会》（光绪三十二年八月二十一日），云南省档案馆、红河学院编：《滇越铁路史料汇编》上册，第 61 页。

② 《附 10：复英领照会阻其过界勘路》，云南省档案馆、红河学院编：《滇越铁路史料汇编》上册，第 61—62 页。

③ 《附 13：外务部复英领事函》，云南省档案馆、红河学院编：《滇越铁路史料汇编》上册，第 62 页。

④ 《三迤绅商士民致岑春煊请设法劝阻英人过界勘路以保主权电》（光绪三十二年十月十六日），云南省档案馆、红河学院编：《滇越铁路史料汇编》上册，第 54—55 页。

公百战收复之地”。[①] 此外，云南滇蜀腾越公司、日本云南同乡会也纷纷致电清政府外务部、腾越道台，请求阻止英国人过界勘测。

在云南各界的强烈反对下，云南地方官员也与英方交涉，拒绝了英方勘测铁路的要求。1906 年 12 月初，腾越道台关以镛、滇蜀腾越铁路总公司代表丁彦与英国驻腾越总领事奥领会晤，中方首先阻止英方到云南游历，英方同意。随后英国领事奥领又函称英国人过界勘路问题，中方回函称：“过界勘路恐酿钜患之语，系三迤绅商在省公恳敝省上宪电请部务作与贵国钦使相商，敝道日前未曾发电部作等语，一切消息最灵。”[②]1906 年 12 月 27 日，清政府外务部致电云贵总督岑春煊，就英国工程师过界勘路一事，认为中国已于 1906 年 7 月间批准成立滇蜀铁路公司筹款自办铁路，“既由中国自造，即应由中国自勘，未便再准英工程师在中国界内略勘，以免误会”[③]。出于维护中国权益的宗旨，外务部阻止了英方过界勘测的提议。

二、中英滇缅路权交涉与滇省绅商的筑路筹款

中国虽然已经明确拒绝英国过境勘测铁路的提议，但英国仍觊觎滇缅铁路的筑路权。1907 年 1 月 14 日，英国大使照会清政府外务部，认为中国政府“在滇允给法商之利益，自应一体允给英

① 《三迤代表、土司及铁路公司恳请岑春煊回滇力阻英人过界测勘电》(光绪三十二年十一月初八日)，云南省档案馆、红河学院编：《滇越铁路史料汇编》上册，第 55 页。

② 《丁彦报与奥领会晤情形真电》(光绪三十二年十一月十一日)，云南省档案馆、红河学院编：《滇越铁路史料汇编》上册，第 56 页。

③ 《岑春煊转知外部电阻英人过界电》(光绪三十二年十一月十三日)，云南省档案馆、红河学院编：《滇越铁路史料汇编》上册，第 57 页。

商”，英方企图仍按照一体均沾原则享有“承造新街至腾越铁路之权”。[①] 1月24日，外务部回复英大使照会，称英国拥有新街至腾越铁路筑路权的主张不符合1897年2月4日中英签订的《中缅条约》，具体表现为《中缅条约》第12条规定中国云南将来如果修建铁路，同意连接缅甸铁路，即中国自行考虑修建云南境内铁路，此后外务部回复英国大使照会时，中方都表示坚持中国在云南自行修建铁路的立场。[②] 1月31日，英国大使照会外务部，仍坚称既然中国允许法国拥有云南的铁路修筑权，英国也同样拥有新街至腾越的铁路筑路权。[③]

对于英方的无理要求，1907年4月5日，云贵总督丁振铎致电外务部，转述了滇蜀铁路公司代表们的意见，即滇蜀铁路公司绅董们认为中国当初之所以允许法国拥有在云南的筑路权，是因为当时云南风气未开，云南民众不知铁路的价值。现在云南民众已明白铁路的利益，因此为了维护铁路主权，绝不能让腾越铁路的筑路权旁落，“查滇民对于兹路之主权，极图保守，实有合大群以死生争之之观念”[④]。

1907年9月16日，英国总领事照会云贵总督锡良，再次称清政府既然于1902年答应英国在云南与法国一律平等，英国自然拥有修建缅甸边境至云南省城铁路的权力，云南省政府“更不能云腾

① 《英使初一日照会》（光绪三十二年十二月初一日），云南省档案馆、红河学院编：《滇越铁路史料汇编》上册，第70页。

② 《外务部复英使照会》（光绪三十二年十二月十一日），云南省档案馆、红河学院编：《滇越铁路史料汇编》上册，第71页。

③ 《英使十八日照复》（光绪三十二年十二月十八日），云南省档案馆、红河学院编：《滇越铁路史料汇编》上册，第71页。

④ 《滇蜀腾越公司拟复英使电》（光绪三十三年二月二十三日），云南省档案馆、红河学院编：《滇越铁路史料汇编》上册，第73页。

越铁路应由三迤绅商自办,另生枝节也”①。接到英国领事照会后,锡良坚持了清政府原来的立场,称 1897 年中英双方签订的《中缅条约》规定云南境内铁路由云南人民自行修建,英方坚持拥有腾越铁路筑路权的主张与《中缅条约》的相关规定不符,也与此前中英的历次交涉不符。②

对清政府维护滇缅铁路滇段筑路权的坚定立场,英方并不罢休,仍然企图觊觎路权。1907 年 9 月 27 日,英国领事照会锡良,辩称在《中法条约》中也未明确规定法国修建滇越铁路,只是 1898 年 5 月在照会中才允许法国修建,因此英国与法国一样拥有在云南的铁路修筑权。③ 10 月 11 日,锡良回复英国领事照会,坚持称中国拥有中国铁路的主权,“非特中国为然,亦属各国通行公法”④,中国并未有允许英国在云南修筑铁路的明文规定,因此中国拒绝承认英国拥有腾越铁路的修筑权,只是按照过去的规定办理。11 月 6 日,锡良再次回复英国总领事照会,再次重申腾越铁路“主权为中国所自有,条约分明,智愚共晓”,对于英方坚称拥有腾越铁路筑路权的要求,由于没有条约明文规定,中国“断不能冒昧认允”。⑤ 云南地方政府在与英国驻腾越领事就滇缅铁路的筑路权问题进行多

①《附 1:英务总领事照会》(光绪三十三年八月初九日),云南省档案馆、红河学院编:《滇越铁路史料汇编》上册,第 75 页。

②《附 2:云贵总督复英务领事照会》,云南省档案馆、红河学院编:《滇越铁路史料汇编》上册,第 75 页。

③《附 1:英务总领事照会》(光绪三十三年八月二十日),云南省档案馆、红河学院编:《滇越铁路史料汇编》上册,第 76—77 页。

④《附 3:云贵总督复英务总领事照会》(光绪三十三年九月初五日),云南省档案馆、红河学院编:《滇越铁路史料汇编》上册,第 77—78 页。

⑤《附:云贵总督复英务领照会》(光绪三十三年十月初一日),云南省档案馆、红河学院编:《滇越铁路史料汇编》上册,第 79 页。

次交涉中，中方以《中缅条约》并未规定英方拥有路权为由拒绝英方要求，而英方反复强调与法国一体均沾的原则，企图获取路权。由于云南地方政府态度明确，立场坚定，英国的企图并未得逞。

除了云南地方政府与英国领事就滇缅铁路滇段筑路权问题进行交涉，清政府外务部也与英方进行了交涉。1909 年 11 月 15 日，清外务部交涉司与英国驻云南总领事额必廉（O'Brien-Bultler）就滇缅铁路问题进行交涉。对于中方筹资修建腾越铁路的举措，额必廉并不反对中方拥有筑路权，他表示“若中国财力人力不足”，英方愿“竭力帮助”，并称“此条铁路需款甚钜”，云南地方政府筹集资金恐遇困难，“不如商诸印政府借与款项，或即由英公司派人代为修好，交归中国管理”。对于英方的“善意”，交涉司则称，既然云南滇蜀铁路公司已承认筹资修建，“所有用费无论多少当能自行筹办，借款一层未必首肯”[①]。由于英方此前在与云南地方政府交涉中屡屡碰壁，他们不得不承认中方拥有滇缅铁路滇段的筑路权，但英方仍然觊觎铁路利益，企图通过借款筑路的方式从中渔利。对于英方的企图，清政府外务部加以拒绝。

为维护腾越铁路的路权，清政府与云南地方政府一面与英国交涉，一面呼吁云南绅商各界积极行动，云南各界也积极响应。1906 年 4 月，云南在籍绅士翰林院编修陈荣昌等 45 人联名陈述筹建腾越铁路的具体建议，他们认为，云南各界现已筹款自办滇蜀铁路公司，现在腾越小铁路长 150 多公里，仅为滇蜀铁路的 1/5，只需先让滇蜀铁路公司筹集股款，剩余由绅商筹集。既然将腾越铁路并入滇蜀铁路中，陈荣昌等人倡议将滇蜀铁路总公司改为滇蜀腾

① 《交涉司与驻省英领关于滇缅铁路问答笔记》（宣统元年十月初七日），云南省档案馆、红河学院编：《滇越铁路史料汇编》上册，第 87 页。

缅铁路总公司即可。[①] 陈荣昌等人的倡议得到了官方的支持。1906 年 7 月，云南布政使刘春霖上奏光绪帝，倡议筹建腾越至缅甸的铁路，刘春霖支持陈荣昌等人倡议将滇蜀铁路总公司改为滇蜀腾缅铁路总公司的建议，“滇省既设铁路公司，内除滇越一路已允法人筹修在公司权限之外，其余全省一切干路支路，将来均应由公司逐渐扩广一律承修以保利权，请即先行奏明立案，并请派员前赴东南洋各埠，劝谕华商广集股本，速资开办，及将前定滇蜀铁路章程本息给奖”[②]。

1906 年 7 月成立滇蜀铁路公司后，为募集资金，1907 年 2 月 21 日，腾越铁路分公司发出了劝募铁路股份的谕委和照会，称“铁路为富国强兵之基础，便商利民之要政”[③]。由于修建铁路耗资巨大，腾越道委任举人贺时雍等人为腾越铁路公司董事，在腾越劝募股份，以推进腾越铁路建设。1908 年 10 月 22 日，云贵总督饬令滇蜀腾越铁路公司的筑路事宜“应赶紧筹备”。11 月 9 日，滇蜀腾越铁路公司汇报了滇缅铁路的办理情形，称公司已筹款 400 万两白银，“系由盐粮两捐以十年计之约有此数”[④]，待聘到工程师即可勘查线路，购买材料开工修建。

云南地方各界除组建滇蜀腾越铁路公司以筹建腾越滇缅铁路

---

①《陈荣昌等士绅请兴办腾越铁路并确定滇省铁路范围以保利权而固疆圉公呈》(光绪三十二年三月)，云南省档案馆、红河学院编:《滇越铁路史料汇编》上册，第 47—48 页。

②《云南布政使刘春霖筹议会修腾缅小铁路情形奏折》(光绪三十二年六月十一日)，云南省档案馆、红河学院编:《滇越铁路史料汇编》上册，第 49 页。

③《腾越铁路公司劝集铁路股款之谕委、照会及呈》(光绪三十三年正月初九日)，云南省档案馆、红河学院编:《滇越铁路史料汇编》上册，第 72 页。

④《滇蜀腾越铁路公司报滇缅铁路办理情形复电》(光绪三十四年十月十六日)，云南省档案馆、红河学院编:《滇越铁路史料汇编》上册，第 87 页。

外，还积极建言献策，以保护路权。尤其是在法国即将修通滇越铁路之际，云南绅商各界痛感云南自主修建铁路的紧迫性。但由于修建滇蜀铁路耗资巨大，需要大量筹款，而云南地瘠民贫，如何有效筹措款项，是众多绅商考虑的首要问题。他们进行了讨论，归纳起来，大致有五种办法：

第一，通过设立银行的办法筹资。早在1906年2月，云南绅士周霞、杨振鸿等建议募集股份修建腾越铁路。为募集筑路资金，他们建议除仿照四川按民众田地数量摊派收股外，还提出实行银行政策办法募集资金。具体办法为根据云南本省情况设立若干银行，民众的银行存款分成定期、短期和无期三种，存款种类不同，利率不同。更重要的是，银行需发行专门银票用于修建铁路，这种银票价值与现金等同，受官方法律保护，如此"则十万金之资本，可兴二十万金之事业，集股益多势力益大，集股者亦有恃不恐，招股者亦有基本金为之护质"①。1910年2月，云南试用州吏目邓文瀚提出通过成立储蓄银行和劝业银行的办法筹集铁路资金，即云南省先筹集巨额资金成立一个储蓄银行和劝业银行，在各地设立分行，官商合办。通过设立这样的储蓄银行，或可赎回滇越铁路，或可为修建滇蜀铁路提供资金。②

第二，通过发行债券的办法筹资。1909年12月，云南补用州判王赓云上奏云南布政使沈秉堃，陈述了发行债券筹款的办法。他认为云南修建铁路可仿照外国募集社债章程筹集筑路资金，即铁路公司可通过发行债券吸引资金。例如，日本铁路公司发行的

---

①《云南绅士周霞、杨振鸿等建议集股兴筑腾越铁路禀》(光绪三十二年十二月)，云南省档案馆、红河学院编：《滇越铁路史料汇编》上册，第115页。

②《试用州吏目邓文瀚禀陈情设储蓄银行及劝业银行以利赎、修滇省铁路》，云南省档案馆、红河学院编：《滇越铁路史料汇编》上册，第105页。

债券有定期3年、5年不等，无论如何，债券必须还清，利息不超过1分，但要超过股金的利息。云南滇蜀铁路可以仿照此规定发行债券，以吸引资金，“则路不患速成也”①。

第三，通过向民间借款的方式筹资。1910年1月9日，云南补用直隶州州判姜凤阳提出云南“宜预借股债以修铁路”②，具体办法为先向民间借10年粮股，付给3分利息，到铁路建成后，则停止付给利息，改为分红，即将铁路股份发给商人生息。

第四，通过开源节流的办法筹资。开源的主要方式是发展地方经济，增加地方收入；节流是节省开支，主要通过禁烟进行。1908年4月16日，卸任的云南石屏州知州魏朝瑞提出铁路筹款的八条办法，即发展农业、矿业、制造业、以剩余款项充公费、强征股票、实行禁烟、发行铁路彩票和酌量征收参房规费③，通过这些办法增加政府财政收入，从而提供筑路资金。

第五，通过向民众征收个人所得税和粮股的办法筹资。1910年7月，四川补用直隶州吴珣拟定了《滇蜀铁路刍议》一文，就筹办滇蜀铁路、筹款以及筹款办法三方面提出了建议。在筹款办法方面，他认为修建滇蜀铁路可以通过“办所得之税与随粮股”办法筹集款项，其中在所得税方面，仅将云南全省官绅、教师、军人薪金所得的10%用作铁路股份，每年就可筹集二三十万两白银。至于粮

①《附：补用州判王赓云陈内政要节及速筹路款之管见折》，云南省档案馆、红河学院编：《滇越铁路史料汇编》上册，第101页。

②《补用直隶州州判姜凤阳条陈宜预借股债以修铁路折（摘录）》（宣统元年十一月二十八日），云南省档案馆、红河学院编：《滇越铁路史料汇编》上册，第103页。

③《卸署云南昭通府思安县知县、石屏州知州魏朝瑞禀呈滇蜀铁路筹款办法》（光绪三十四年三月十六日），云南省档案馆、红河学院编：《滇越铁路史料汇编》上册，第111—112页。

股，每年可筹集 30 万两白银，再加上每年盐锡股彩票股共可筹集上百万两白银，如此，“则路有兴办之日矣”①。

为了筹集筑路资金，部分绅商还提出愿意亲自到各地劝募款项。1909 年 6 月 12 日，云南自治研究所学员段鸿源、曾文汉等提出愿到各省劝募铁路股份。他们认为欲修建滇蜀铁路必须筹集省外股份，因此他们愿到两广、安徽、四川、贵州等省向云南籍官员劝募股份，这些人因念及家乡，当愿意投资入股。②

总之，围绕腾越滇缅铁路的勘测、英人国界、路权等问题，中英双方进行了多次交涉，清政府在路权问题上坚持维护中方利益，云南各界也积极响应，呼吁保护路权，并筹建了滇蜀腾越铁路公司，为修建腾越滇缅铁路筹集资金。在政府与云南各界的共同努力下，英国获取腾越滇缅铁路路权的企图落空，这也是晚清政府在外交上获得的少有成功。

① 《附：筹办滇蜀铁路刍议》，云南省档案馆、红河学院编：《滇越铁路史料汇编》上册，第 94—95 页。

② 《自治研究所学员段鸿源、曾文汉等为愿备员赴同乡之宦游各省劝集铁路股款呈》（宣统元年四月廿五日），云南省档案馆、红河学院编：《滇越铁路史料汇编》上册，第 113—114 页。

第二章　战时西南国际交通建设及其困难

全面抗战爆发后，由于西南地区战略地位急剧提升，社会各界纷纷发表言论，强调修建西南国际交通线的重要性和必要性。同时，国民政府出于抗战和发展后方经济的需要，也制定了相应的西南国际交通建设计划，并采取了一系列措施推进交通建设。在西南国际交通建设过程中，由于各方认识差异和利益冲突，也充满了各种争议，不利于交通建设的顺利推进。总的来讲，战时西南国际交通建设尽管困难重重，但成效还是较为明显，陆续修建了滇缅公路、中印公路、河岳公路、湘桂铁路等国际交通线，并开辟了驼峰航线、康藏驿运线等。战时西南国际交通建设的推进，不仅改善了西南交通条件，而且支持了中国抗战大业，促进了大后方经济的发展。

第一节　西南国际交通建设的社会舆论与方案措施

全面抗战爆发后，云南社会各界纷纷发表言论，极力主张修建滇缅公路和滇缅铁路，尤其是滇缅铁路更是云南社会各界关注的焦点。社会各界普遍认为，滇缅铁路除了具有开发云南经济的经济功能，更可以加强西南地区与华中、西北、华北地区，以及欧亚两洲的联系，缩短各地的距离。在社会各界的强烈呼吁下，国民政府也积极推进西南国际交通建设。战时西南国际交通建设的社会舆论和政府出台的方案措施，为战时西南国际交通建设奠定了舆论基础和政策基础。

一、修建滇缅公路和滇缅铁路的社会舆论

全面抗战爆发以后，由于时局突变，西南地区战略地位急剧上升，发展西南交通也成了社会各界关注的重点，他们纷纷发表言论，强调发展西南国际交通的重要性。

在如何发展西南国际交通的问题上，时人普遍认为，滇缅公路修建时间相对铁路短、造价相对低廉，目前应该加快滇缅公路的修建。1938 年 7 月，桥梁工程专家骆继纲认为，“昆明虽有越南铁路可通安南之海防，但中国与国际间之贸易，英国较多。铜铁材料及机器等件，由英国方面购买者甚多，但一时无法入口，所以最好修筑由昆明至英属缅甸之公路。可由昆明经过大理腾冲而到缅甸之八莫，昆明与腾冲之间虽可通车，而腾冲八莫一段，急需建筑”，并认为“这是西南铁路未筑成之前，沟通西南国际交通路线的惟一办法”。[1] 不仅诸多中国有识之士主张加速滇缅公路的修建，部分外国人士也认为目前西南交通建设的当务之急是修建滇缅公路。1937 年 9 月 9 日，英国驻昆明领事馆总领事霍乐(R. A. Hall)就发展云南与缅甸间交通问题发表看法，他认为，云南作为西部重要通海大省，在云南经缅甸通海洋的路线中，有伊洛瓦底江水运线、密支那(Myitkyina)至仰光铁道线和腊戍(Lashio)至仰光线，但由于

① 骆继纲:《如何发展西南交通》,《云南日报》,1938 年 7 月 3 日,第 1 版。

缅甸的新街、密支那、腊戍三处至昆明段沿途多山，修建腊戍至昆明铁路虽有必要，但铁路短期内难以建成，而目前修建滇缅公路只需将下关至滇缅交界段开通就可通行。因此，霍乐认为中国政府只要下定决心，在 1938 年雨季以前，滇缅公路就可完成。①

除了滇缅公路，社会各界更关注滇缅铁路的修建。1938 年 7 月 23 日，云南各团体上书蒋介石，强调了滇缅铁路对于发展滇西经济的重要性，即由于滇西人口“以原有滇缅大道沿线一带为最繁密，而物产商业，亦大多荟萃于此区”，因此滇缅铁路西段“宜沿旧有大道建筑，联络滇西各重要城市，利用沿线所有较为丰厚之物资与人力，而发扬光大之”。加之大理、保山为滇西重镇，通过修建滇缅铁路，不仅可以巩固国防，而且可以发展滇西经济。因此，“今若舍此不图，而必使交通要道转移于不易开辟之区，讵非策之下者乎”②。更多有识之士则强调修建滇缅铁路的深远战略意义。1938 年 11 月，时人彭逌琨力主修建滇缅铁路，他认为，目前修建滇缅铁路虽困难重重，但建成后不仅可以促进中缅、中越贸易，更重要的是可以加强西南与西北、华中各地之间的联系。他认为，若滇缅铁路建成，滇缅铁路与“滇越、川滇等路一经联络之后，由安南到云南的铁道，设法展长经广西与粤汉路接轨”，“展到粤汉铁路附近，再由湖南至贵州，四川至陕西，以及展至陇海线而入新疆，使西南西北与华中各省间取得联系。故滇缅铁路在目前是适应抗战的需要而兴筑。在将来则繁荣地方经济，及贯通国内外的运输，对于建国大业，是足以担当相当任务的”。最后，彭逌琨认为：“现阶段的西

---

① [英]霍乐讲，李国清译：《云南缅甸间之开发交通意见(续)》，《云南日报》，1937 年 9 月 15 日，第 7 版。

②《李印泉代致蒋委员长书论滇缅铁道路线》，《云南民国日报》，1938 年 12 月 11 日，第 4 版。

南交通，尤其是滇缅铁路的兴筑，是抗战，也是建国。我们所期盼的，务必地方人士与该局人员能竭诚合作，尽可能地赶早完成这一件伟大工程。”①

1939 年 10 月，时人罗天培则更加详细分析了滇缅铁路的优势和重要价值。他认为，相比于其他国际交通线，滇缅铁路具有安全、快捷的优势。首先在安全方面，滇缅铁路是最安全的铁路，“第一因为敌人飞机飞不到；第二因为敌人陆军切不断；第三因为敌人海军力量不能超越到新加坡大军港以西”。而与之相比，西北中苏国际线路由于日军“由包头推进到甘肃宁夏，由风陵渡钟祥夹击西安汉中，随处都可以切断中苏的联络”，所以滇缅铁路最可靠、最安全。其次在快捷方面，滇缅铁路虽然比滇越铁路长 3/5，“但是由欧洲东来，在仰光登陆，比较在海防登陆，海程上要缩短二千多海里。海防欧洲间没有直接的航线，所有直接的航线，所有货物要从香港西贡转驳，时间上费用上损失甚大”。所以，滇缅铁路所需要的时间只会比滇越铁路短。至于西北的中苏路线，不仅距离长达 3 000 公里以上，而且中间还经过一大片无人地带的沙漠，所需时间更加漫长，所以只有滇缅铁路最经济、最便捷。罗天培进而认为，滇缅铁路不仅安全快捷，而且具有重要的战略价值，这主要体现在滇缅铁路是欧亚交通的新路线。他指出，过去由欧洲到中国，一定要取道香港、上海、天津，再到内地各省。倘若滇缅铁路修建完成，西南各省“就可以直接出印度洋，而和非洲欧洲西部亚洲相交通。这件事对于将来西中国的开发，有异常重要的意义。如果再能够和印度、俾路支、阿富汗、伊兰、土耳其各铁路联系起来，那就是一条新的欧亚大干线。而其在人口、民族、宗教、经济等各方面的重要性，

① 彭迺琨：《今后抗战与滇缅铁路》，《云南日报》，1938 年 11 月 3 日，第 2 版。

则远驾西伯利亚铁路之上”①。

由于社会各界的呼吁和对外交通的日趋重要，国民政府于1938年12月25日开始动工修建滇缅铁路，但进展缓慢。为此，1939年11月16日，云南省党部以修筑滇缅铁路对于抗战建国前途关系至为重大为由，电呈国民党六中全会，恳请国民党中央继续修建剩余部分，并强调了修建滇缅铁路的重要意义和优势。一方面，电文重申了修建滇缅铁路的重要意义，即滇缅铁路的修建，“不仅为增进后方运输力量，且为抗战建国之基本国策，关系至为重要，属会本于全省人民一致要求”。另一方面，电文也强调了滇缅铁路相对于其他交通线的优势，即滇缅铁路是中国目前最安全、最有保障的对外交通路线。滇缅公路虽已完成，但运量小，运输困难，因此中国要加强与海外联系，必须修通滇缅铁路。最后，云南省党部呼吁国民党赶修滇缅铁路：“续修滇缅西段，不仅有必要，而且无困难，为保障抗战前途之胜利计，为开发西南之富源计，为扶助华侨之发展计，均应请以全会名义，提交行政院，转饬财交两部。限即日起，按月拨足滇缅铁路工程款六百万元，不分东段西段，昼夜赶修，以利工程，而竟全功，抗战幸甚，建国幸甚。”②

1940年1月，当云南各界听说国民政府准备停建滇缅铁路的消息后，云南省各县党、政、军及民众团体也纷纷电呈云南省党部，“请转呈中央，从速续修，以利抗战，而便交通”。云南各界希望国民政府赶修滇缅铁路，以支持祖国抗战，发展云南经济。③ 1941年

---

① 罗天培：《滇缅铁路在抗战建国中的重要性》，昆明《中央日报》，1939年10月1日，第3版。

② 《滇省党部电六中全会：请续修滇缅铁路》，昆明《中央日报》，1939年11月16日，第3版。

③ 《各县呈电多如雪片，请续修滇缅铁路》，昆明《中央日报》，1940年1月26日，第3版。

11 月 3 日，云南省党部举行了联合纪念周，各机关长官及机关团体代表 500 余人参加，云南省建设厅厅长张西林在致辞中也强调修建滇缅铁路的重要性，他表示："滇缅铁路之修筑，关系抗战建国，其近况如何，不仅国人关怀，且为举世瞩目。"①

总之，全面抗战爆发以后，西南民众尤其是云南民众极力倡议修建滇缅公路，尤其是力主修建滇缅铁路，以发展西南国际交通。云南各界普遍认为，相较于滇缅公路，滇缅铁路不仅安全、快捷，而且具有重要的战略价值。修建滇缅铁路，可以开辟欧亚第二通道，既能改善云南乃至西南地区的对外运输条件，又有利于抗战建国大业。当滇缅铁路因为材料、经费困难而缓修时，云南地方团体积极上书或致电，向政府进言加速赶修滇缅铁路，以求改善西南国际交通运输条件。可以这样说，自清末至全面抗战爆发以后，建成滇缅铁路一直是云南官方和民间团体的梦想。云南各界的积极呼吁，无疑为滇缅公路和滇缅铁路的修建营造了浓厚的舆论氛围。

二、国民政府建设西南国际交通的计划方案

为发展西南国际交通，国民政府首先制定了详细的西南交通建设计划。早在 1935 年 11 月，国民党第五次全国代表大会就提出要兴筑滇缅线、川滇线和滇钦线，以防"一旦中日战事延长，大宗军用品，非来自欧美不可，国际海运途径既欠安全，国际路运之西伯利亚铁道，复以间隔不能利用。万一法不允我假道越南，则兴筑滇缅线以利运输，益为目前当务之急。为国防需要计，应请兴筑滇省

①《曾养甫昨在纪念周上报告，决筑成滇缅铁路》，《云南民国日报》，1941 年 11 月 4 日，第 4 版。

通江、通海、通缅铁道者一也”①。具体而言，修建云南省的通江、通海、通缅三条铁路线是在孙中山提出的修建川滇、滇钦、滇缅三线计划基础上提出来的，其中通江铁道自云南昆明至四川坝圩，通海铁道自云南昆明至广东钦县，通缅铁道自昆明至蛮允，与缅甸的八莫铁路衔接。至于三线兴筑的轻重缓急，“为使西南半壁与中原呼应灵通，免除法人铁道侵略，并期富源开发，经济繁荣，通江、通海两线，似较通缅路线为切要；而预防海口为敌封锁，则滇缅铁道之需要尤切”②。总之，上述三线铁道，“虽无一不涉及滇省。然兴筑功效，动系全局安危，并非滇省自便私图，且绝非滇省财力所能办者”③。1937 年 2 月 19 日，中国国民党第五届第三次中央全会规定了交通建设的原则，即“铁路之建筑，应以国防运输及沟通经济中心为原则，使成为全国交通干线”④。

1937 年 7 月全面抗战爆发后，国民政府拟定了西南国际交通建设方案，包括修建国际铁路、国际公路和国际航线。具体而言，在国际铁路建设方面，交通部规定可选择“通海口或可通邻疆之国际路线”；在国际公路方面，构筑西南公路网，“即自湖南通四川、贵州、云南、缅甸、广西、广东之线”；在国际航线开辟方面，规定“必须于国际及内地，多辟航线”。⑤ 即通过构建西南国际交通网，以加强西南与邻国的联系。1938 年 3 月 31 日，国民党临时全国代表大会

---

① 宓汝成编：《中华民国铁路史资料（1912—1949）》，北京：社会科学文献出版社 2002 年版，第 734 页。

② 宓汝成编：《中华民国铁路史资料（1912—1949）》，第 735 页。

③ 宓汝成编：《中华民国铁路史资料（1912—1949）》，第 735 页。

④ 宓汝成编：《中华民国铁路史资料（1912—1949）》，第 735 页。

⑤《交通部拟交通方案》（1938 年 6 月），中国第二历史档案馆编：《中华民国史档案资料汇编》第 5 辑第 2 编，“财政经济”（10），南京：凤凰出版社 2010 年版，第 5—15 页。

上通过了《非常时期经济方案案》，就发展西南国际交通通过了一系列决议：在西南国际铁路建设上，决议“湘桂铁路告成后，可由粤汉路经镇南关而通至安南，川滇路告成后，可以四川物产经由昆明而向安南输出”；在西南国际公路建设上，“应赶筑昆明至缅甸之公路，务于两个月内通车，并应扩充国际公路运输之设备”；在西南国际航空建设方面，“应开辟自昆明以达缅甸仰光之航线，俾英国欧亚航线相衔接”。① 可以看出，战时国民政府在西南国际交通建设计划中，尤其重视滇缅公路和滇缅铁路的修建。

在滇缅公路建设方面，1938 年 6 月，交通部计划改善该公路昆明至下关段土路，由云南省政府新修下关至滇缅交界段。② 1938 年 12 月滇缅公路开通后，在工程运输、管理方面仍然存在诸多问题。为此，1942 年 2 月，国民参政会二届二次会议提议改进滇缅公路运输，要求该路的坡度、弯度“应审度地势，在可能范围之内，尽量求其平直，沿途桥梁应予加强，并应常存适当材料工具，于其附近掩蔽地点，以为随时抢修之备”③。

在滇缅铁路建设方面，1938 年 8 月，交通部拟定修建滇缅铁路方案，要求开工修建自昆明至安宁及云县至缅甸边境段。预计经费除机车车辆暂不计算外，钢轨、桥梁、钢筋等需 140 万镑，折合国

---

①《非常时期经济方案案》(1938 年 3 月 31 日)，《中国国民党历次会议宣言决议案汇编》第 2 分册，浙江省中共党史学会 1985 年编印，第 373 页。

②《交通部拟交通方案》(1938 年 6 月)，中国第二历史档案馆编：《中华民国史档案资料汇编》第 5 辑第 2 编，“财政经济”(10)，第 11 页。

③《运输统制局抄发国民参政会二届二次大会对于交通报告决议案训令》(1942 年 2 月 14 日)，中国第二历史档案馆编：《中华民国史档案资料汇编》第 5 辑第 2 编，“财政经济”(10)，第 32—33 页。

币3 000余万元。[①] 1942 年 2 月，鉴于西南国际交通状况日益恶化，国民参政会二届二次大会提议在滇缅铁路建设中，“吾方自应集中全力，加紧赶工”。为加速滇缅铁路的建成，提议迅速筹备征工征粮工作，交通部“应会同外交当局与英缅双方切实洽商，提早赶筑，复与滇缅铁路之建筑，呼应一致”[②]。国民政府之所以十分重视滇缅铁路的修建，主要也在于滇缅铁路的重要意义，国民政府甚至称“最近七十年来，在中国所建筑之铁路，其经济上及政治上重大价值之可能性，恐无一能与滇缅铁路相提并论”[③]。具体而言，在政治价值上，滇缅铁路“成为川滇缅铁路之南段，非但联络缅甸与中国西南部，且以最短路线沟通华中、华北与马来半岛及印度之交通”。通过滇缅铁路，可以由仰光经昆明、成都、宝鸡、太原直达蒙古边界之包头。若滇缅铁路建成，该路将成为贯通中国南北的第三大交通干线。在经济价值上，滇缅铁路对云南、四川两省的经济发展尤为重要，因为“该铁路线由北至南，经过云南腹地，可以开发该省南部卑湿及山岭地带之丰富森林及农产盆地”。对于西康而言，矿产资源丰富，“将来当然有赖滇缅路为之运输材料，建筑铁路，以便与省外沟通”[④]。

除了重点修建滇缅公路和滇缅铁路，国民政府还积极开辟西南国际航线和驿运线。在西南国际航线方面，计划增辟中缅线、中

---

①《交通部拟交通方案》(1938 年 6 月)，中国第二历史档案馆编:《中华民国史档案资料汇编》第 5 辑第 2 编，“财政经济”(10)，第 6 页。

②《运输统制局抄发国民参政会二届二次大会对于交通报告决议案训令》(1942 年 2 月 14 日)，中国第二历史档案馆编:《中华民国史档案资料汇编》第 5 辑第 2 编，“财政经济”(10)，第 31 页。

③《建筑滇缅铁路节略》(1941 年 3 月)，中国第二历史档案馆编:《中华民国史档案资料汇编》第 5 辑第 2 编，“财政经济”(10)，第 309 页。

④《建筑滇缅铁路节略》(1941 年 3 月)，中国第二历史档案馆编:《中华民国史档案资料汇编》第 5 辑第 2 编，“财政经济”(10)，第 309—310 页。

越线，中缅线由昆明至缅甸，中越线由昆明至河内。[①] 尤其通过开辟中缅航线，“俾与英国欧亚航线相衔接”[②]。按照交通部的计划，到 1942 年止，已开辟的国际航线有昆仰线、南港线、腊加线、昆加线等，西南的重庆、昆明等城市与印度的萨地亚（Sadiga）、加尔各答等城市开通了国际航班。[③] 在驿运发展方面，国民政府计划重点发展西南国际驿运，加强西南与缅甸、越南等国的联系，以获得外界的重要物资，达到支持长期抗战的目的。

三、国民政府推进西南国际交通建设的措施

为推进西南国际交通建设，除了筹划交通方案，国民政府也采取了一系列措施。具体包括以下两方面：

第一，多渠道筹集资金，并与英国、美国、苏联等国合作举办国际交通运输事业。全面抗战时期新办的各项交通事业多处于西南、西北山区，工程极其艰巨，造价昂贵，特别是修筑铁路，“即隧道一项，每公尺须五千元……平地工程，每公里须一百二十九万元”[④]。西南特殊的地形导致交通建设耗资巨大，给交通部带来了极大的压力，因此西南国际交通建设的最大难题之一就是筑路资金短缺。为解决这个问题，国民政府采取了三项措施：

---

① 《交通部拟交通方案》（1938 年 6 月），中国第二历史档案馆编：《中华民国史档案资料汇编》第 5 辑第 2 编，“财政经济”（10），第 15 页。

② 《非常时期经济方案》，李云汉主编：《中国国民党临时全国代表大会史料专辑》上册，“中国国民党中央委员会党史委员会”1991 年印，第 222 页。

③ 《抗战五年来之交通》（1942 年），中国第二历史档案馆编：《中华民国史档案资料汇编》第 5 辑第 2 编，“财政经济”（10），第 78—79 页。

④ 《张嘉璈在国民党五届九中全会上的报告》（1941 年 12 月 17 日），秦孝仪主编：《中华民国重要史料初编——对日抗战时期》第 4 编，“战时建设”（3），台北：“中央文物供应社”1988 年版，第 991 页。

一是设立交通建设专款，由国库筹款。全面抗战爆发后，国民政府为修建西南国际交通线，设立了交通建设专款。1938 年 6 月，交通部估计仅滇缅铁路约需工款国币4 000万元，这笔款项“由建设专款项下补助，拟自七月份起，月拨一百万元，自明年起，再按照进行状况，酌量增拨”①。1941 年至 1942 年间，滇缅铁路积极赶工，但采取了缓建办法。1942 年由于工程浩大，加之日军占领东南亚，铁路材料来源供给断绝，滇缅、叙昆两路被迫停工。1943 年的建设专款为86 700余万元。1944 年新路工程虽仍继续进行，但因为日军发动了豫湘桂战役，原有各铁路行车维持困难，由国民政府拨给军运维持费和员工疏散费，这年的建设专款为668 300余万元。② 为修建滇缅公路，1938 年 6 月，国民政府已拨足 200 万元工款，并决定对不足的工款，“拟即加拨，以期早日完成”③。

二是发行交通建设公债。修建国有铁路主要应由国家拨款，但国库空虚，经多方筹集仍资金短缺。尽管国民政府在财政预算中，已将交通建设经费由战前的 4‰增加到 18‰，但仍不能满足交通建设需要之半。④ 为此国民政府还发行各种铁路建设公债以筹集资金。实际上通过发行公债筹集铁路建设资金在抗战前就已开始。1936 年 2 月 25 日，国民政府公布了《第三期铁路建设公债条例》，规定财政部会同铁道部筹建滇缅铁路，于 1936 年 3 月 1 日开始发行公债，共计12 000万元，分 1936 年 3 月 1 日、1937 年 3 月 1

---

①《交通部拟交通方案》(1938 年 6 月)，中国第二历史档案馆编：《中华民国史档案资料汇编》第 5 辑第 2 编，“财政经济”(10)，第 6—7 页。

② 金士宣：《铁路与抗战及建设》，上海：商务印书馆 1947 年版，第 112—113 页。

③《交通部拟交通方案》(1938 年 6 月)，中国第二历史档案馆编：《中华民国史档案资料汇编》第 5 辑第 2 编，“财政经济”(10)，第 11 页。

④ 董长芝：《抗战时期大后方的交通建设》，《抗日战争研究》1993 年第 1 期，第 92 页。

日和1938年3月1日三次发行，每次债额4 000万元。[①] 这一公债条例的颁布，为全面抗战后滇缅铁路的修建筹集到了一定资金。进入抗战中期以后，中国的对外交通联系愈加困难，为此国民政府决定修筑滇缅铁路。但由于财政日益困难，单靠政府出资修建已不可能，于是在1941年5月18日国民政府公布了《民国三十年滇缅铁路金公债条例》，规定于1941年7月1日由财政部会同交通部发行公债1 000万美金，以滇缅铁路营利为担保。公债的年利息为5厘，每6个月付利息一次。公债自发行之日起前3年只付利息，自1944年起开始还本，分25年还清。[②] 有学者估计国民政府为修建滇缅铁路、湘桂铁路南段和叙昆铁路发行的“美金公债”“滇缅铁路金公债”共计2 000多万美元。[③]

三是举借外债。鉴于中国国内资金短缺，向国外借款修路不失为一种有效方法。为修建湘桂铁路南镇段，1938年4月22日，国民政府与法国银行团签订了《湘桂铁路南镇段借款合同》，根据合同规定，法国银行团提供中国政府1.5亿法郎的借款，其中包括1.2亿法郎的筑路材料借款，3 000万法郎的现金借款。[④] 1939年10月21日，法国承揽中国工程的公司代替法国银行团执行之前中法签订的《湘桂铁路南镇段借款合同》，法国公司答应提供中国政

① 《第三期铁路建设公债条例》（1936年2月25日），千家驹编：《旧中国公债史资料（1894—1949）》，北京：中华书局1984年版，第265—266页。

② 《民国三十年滇缅铁路金公债条例》（1941年5月18日），千家驹编：《旧中国公债史资料（1894—1949）》，第299页。

③ 董长芝：《抗战时期大后方的交通建设》，《抗日战争研究》1993年第1期，第92页。

④ 《湘桂铁路南镇段借款合同》（1938年4月22日），中国第二历史档案馆编：《中华民国史档案资料汇编》第5辑第2编，“财政经济”（10），第200页。

府的筑路材料借款数额由原来的 1.5 亿法郎增至 1.56 亿法郎。[①] 为修建滇缅铁路，1938 年 6 月，国民政府原计划“拟一部分利用英庚款，一部分向英商接洽借款”[②]，后来，国民政府积极与美国交涉，以获取美国的资金支持。经过国民政府的积极争取，1941 年 6 月 19 日，美国总统罗斯福批准按照《租借法案》，借出1 800万美元以修建滇缅铁路苏达至祥云段，这部分拨款包括材料器具款1 445.45 万美元、美国政府检查及处理费 54.549 万美元和仰光运费 300 万美元。[③] 这些铁路借款合同的签订，缓解了国民政府筑路资金不足的压力。总之，国民政府通过采取举借外债、发行公债等措施缓解了铁路建设的资金困难。

第二，积极开展中外合作，与英美合作共同营运西南国际航线。1938 年 6 月，国民政府在交通建设方案中，计划通过中外合作方式开辟国际航线，规定“为谋与友国增加关系起见，拟增加合办航线”[④]，其中中缅国际航线拟由中英合办，中越国际航线拟由中法合办。1939 年 1 月 24 日，国民政府和英国政府签订了《关于开办中国西南与缅甸通航换文》，规定双方经营昆明至阿恰布或仰光的航线。根据换文规定，中国航空公司开辟了重庆至缅甸仰光的航

---

①《南镇铁路借款合同第二号附约》(1939 年 10 月 21 日)，中国第二历史档案馆编:《中华民国史档案资料汇编》第 5 辑第 2 编，“财政经济”(10)，第 220 页。

②《交通部拟交通方案》(1938 年 6 月)，中国第二历史档案馆编:《中华民国史档案资料汇编》第 5 辑第 2 编，“财政经济”(10)，第 6 页。

③《滇缅铁路计划报告(译文)》，中国第二历史档案馆编:《中华民国史档案资料汇编》第 5 辑第 2 编，“财政经济”(10)，第 303 页。

④《交通部拟交通方案》(1938 年 6 月)，中国第二历史档案馆编:《中华民国史档案资料汇编》第 5 辑第 2 编，“财政经济”(10)，第 15 页。

线。[1] 在全面抗战前期,昆明至河内至香港的航线也十分重要。1938 年交通部航空委员会与法国航空公司换文,开辟河内至香港的航线,后法国航空公司提出将河内至香港的航线延至昆明,双方于是在 1940 年 7 月签订了《开辟昆明河内香港航空线合同》,允许法国航空公司每星期在昆明、河内、香港间开行往返航班 1 次,每年开行航班 52 次。[2]

太平洋战争爆发后,1942 年 3 月 8 日缅甸仰光陷落,滇缅国际交通线的出海口被封锁。为打破封锁,1942 年 3 月 27 日,中国与英国政府在重庆签订了《关于重庆加尔各答航空运输换文》,规定中英两国共同经营重庆至加尔各答的航线,双方同意目前每周应有 2 次航班由腊戍直接飞往加尔各答,回程亦同。以后情况许可时,每周应由腊戍开 3 次,2 架飞机直接飞往吉大港与加尔各答,回程亦同。[3]

全面抗战时期,最重要的中外交通合作是中美两国共同运营"驼峰"航线,由中国航空公司代表中方运营。为增加中国航空公司运力,1943 年 2 月 17 日,中国航空公司与美国驻中缅印陆军后方勤务部签订了《空运合约》,合约规定,美军根据《租借法案》将运输机按照正当手续交给中国航空公司使用,公司经营印度汀江(Dinjan)至昆明的空中航线,先拨付 12 架飞机,以后可能继续拨付。公司返程运输物资是运载中国由《租借法案》获得的物资,或者中国政府所有的其他物品、美军物品等,去程则运载军事人员、

---

① 王铁崖主编:《中外旧约章汇编》第 3 册,北京:生活・读书・新知三联书店 1962 年版,第 1146—1147 页。

②《开辟昆明河内香港航空线合同》,中国第二历史档案馆编:《中华民国史档案资料汇编》第 5 辑第 2 编,"财政经济"(10),第 623 页。

③ 王铁崖主编:《中外旧约章汇编》第 3 册,第 1242—1243 页。

战略军用品或中国政府的出口物资。飞机每次由汀江飞昆明，至少需运载4 200磅[1]，由昆明飞汀江，至少需载5 600磅。在费用方面，中国航空公司将所需飞机配件、燃料的开列清单交与美军军部，军部按照原价再加运费征购，其中公司飞机不论起飞地点为汀江抑或昆明，来回 1 次，美军军部共付公司运费 600 美元。[2] 1944 年 2 月，中国航空公司与美军驻中缅印陆军后方勤务部签订了《空运合约》的附加条约，将中国航空公司运营航线从原来的汀江至昆明增加为汀江至昆明至叙府。[3] 总之，全面抗战期间，国民政府通过积极开展国际航空合作，得到英国、美国的支持，开辟了国际航线，方便了中国的对外经济贸易往来。

第二节 西南国际交通建设中的轨距与路线之争

在西南国际交通建设的过程中，各方争议不断。围绕滇缅铁路修建问题，存在铺设宽轨、窄轨之争和南线施工与北线施工之争，围绕中印公路的修建问题也存在南线施工和北线施工之争。这些争论既是各方考虑问题的侧重点不同所致，也是各方利益冲突使然。因此，围绕滇缅铁路和中印公路修建问题的争议，不仅仅是工程技术问题，也是大后方复杂利益关系的反映。争议背后的原因复杂，导致争执久而不决，从而也在一定程度上影响了西南国际交通建设的顺利进行。

---

① 英美制质量或重量单位，1 磅等于 16 盎司，合 0.453 6 千克。

②《中国航空公司与美国驻中缅印陆军后方勤务部所订空运合约》，中国第二历史档案馆编：《中华民国史档案资料汇编》第 5 辑第 2 编，"财政经济"(10)，第 627—630 页。

③《中国航空公司与美军部所订空运合约之附加条约》，中国第二历史档案馆编：《中华民国史档案资料汇编》第 5 辑第 2 编，"财政经济"(10)，第 642—643 页。

一、滇缅铁路宽窄轨之争与南北线之争

滇缅铁路分滇段与缅甸段，由于缅甸段曼德勒至腊戍之间的铁路系窄轨铁路，而中国国内大部分铁路则是宽轨铁路，因此围绕滇段铁路究竟是铺设窄轨还是铺设宽轨，争议不断。[①] 交通部主张铺设 1 米的窄轨，理由是滇缅铁路当前的主要任务是运输进口物资，若铺设与滇越铁路和缅甸铁路不同的宽轨，由仰光输入的物资则需在边境换车，装卸货物，耗费时间，增加不便。因此，滇缅铁路滇段铺设窄轨，不仅可以在和平时期增进与缅甸和越南之间的经济联系，而且在战争时期可加强三国间的国防合作。相反，若铺设宽轨，则需要提高坡度标准，加宽路面，增凿隧道，延长施工时间。鉴于修建滇缅铁路的当务之急是争取时间，交通部采用了铺设窄轨的建议。[②] 可以看出，交通部力主铺设窄轨的主张主要是从军事角度考虑。

交通部的主张遭到了许多人反对，部分人主张铺设宽轨，其中包括国民党中央要员朱家骅、陈布雷等。时任国民党中央执行委员会组织部部长的朱家骅多次与张嘉璈商谈，提出采用 1.435 米的标准宽轨，在得知交通部仍拟铺设窄轨的消息后，他于 1940 年 1 月 8 日直接上呈蒋介石，提出滇缅铁路宜采用宽轨，具体理由包括三方面：第一，为完善全国铁路系统，应采用宽轨。修建滇缅铁路目前虽系应国际交通急需，但从长远考虑，应顾及全国铁路系统的完整。若采用窄轨，滇缅铁路将来则不能与全国铁路系统一致，无论客货装卸还是车辆调拨，都极为不便。这不仅会增加运费，而且

---

① 夏光南编著：《中印缅道交通史》，上海：中华书局 1948 年版，第 125 页。

② 张嘉璈著，杨湘年译：《中国铁道建设》，上海：商务印书馆 1945 年版，第 190 页。

阻碍经济发展。因此,若滇缅铁路采用宽轨,滇缅铁路与本国铁路系统畅通无阻。第二,为军事运输便利起见,应采用宽轨。滇缅铁路目前着眼于军事运输,如果铺设窄轨,则导致与国内铁路轨距不同,车辆不能通过,军需品运输必然阻滞。浙赣铁路就是因为铺设的宽轨,在抗战初期能运输大量物资,支持了抗战。第三,采用宽轨不会导致建筑费增加,也不会延长竣工时间。就经费而言,滇缅铁路路基宽度为 4.4 米,若采用宽轨,路基不需要拓宽,也不需要增加路基设备费。交通部采用的窄轨重约 30 公斤,如采用 30 公斤的宽轨,钢轨价值也相同。因为需要运输军火机械,隧道内即使铺设窄轨,隧道的净空也不能降低,虽可节省桥梁建筑费用 15%,枕木石渣费 20%,但与建筑费总额相比较,数额较少。就竣工时间而言,竣工的速度依赖建筑材料供应的速度。若采用宽轨,与采用窄轨的一切建筑相同,竣工时间也不会推迟。总之,滇缅铁路采用标准宽轨,符合中国长远需要。①

朱家骅的呈文产生了很大影响。军事委员会接到朱家骅的呈文后,于 1940 年 1 月 11 日致电张嘉璈,称滇缅铁路“尚未积极兴筑,但宽轨与窄轨之选用关系国防交通者至钜,非可贪图一时之便利,以事务之眼光作浅近之决定”②。鉴于各方对滇缅铁路轨制的选择主张颇多,军事委员会抄送了朱家骅的建议书,要求交通部核议。1 月 29 日,张嘉璈上呈蒋介石,认为修建滇缅铁路的主要目的在于打通国际交通线,战时交通的建设不仅要争取时间,而且也需

① 《中国国民党中央执行委员会组织部长朱家骅呈军事委员会委员长蒋中正为滇缅铁路轨制宜采宽轨》(1940 年 1 月 8 日),台北:“国史馆”藏,国民政府档案,001/120000/00003/005/2—3。

② 《军事委员会致张嘉璈电》(1940 年 1 月 11 日),台北:“国史馆”藏,国民政府档案,001/120000/00003/005/4—5。

兼顾财力、工程问题。针对朱家骅提出铺设宽轨的建议，交通部提出了采用1米的窄轨，主要理由如下：第一，在铁路系统问题方面，滇缅铁路西通缅甸，南连滇越铁路，交通部在筹划铁路之初就考虑到了铁路建成后的需要。缅甸铁路和滇越铁路均为1米的窄轨铁路，为了衔接、装卸货物以及调度车辆方便，滇缅铁路完成以后即可充分利用。至于滇缅铁路与国内铁路之间的连通至少要在数年之后。所以，从节省费用、施工进度方面考虑，采用窄轨更为适应当前急需，而不应迁就制度影响战时交通建设。第二，在便利军运车辆通行方面，滇缅铁路将来可与内地各铁路连接，东面为威宁至柳州，现分成筑威、筑柳两段，筑柳正在修建，筑威尚未举办。筑威北面本来准备贯通成渝两地，但也必须等叙昆铁路建成，运进筑路材料，才能赶筑成渝铁路之叙内段，短期内不能与内地铁路连接，车辆也无法通行轨道。因此，交通部先尽量修建完成滇缅铁路昆明至祥云段，与滇缅公路衔接，提高滇缅铁路的国内运输能力，再图修筑西段，沟通缅甸，增加铁路吞吐量，以期国外物资早日输入，滇缅铁路铺设窄轨因而不会影响军运。第三，在修建费用和时间的问题上，滇缅铁路如果铺设宽轨，不仅需要减小坡度，加长弯道半径，路基也需拓宽至5米。此外，若铺设宽轨非增凿隧道不可，或只能绕道很远的地方修建，绝非仅将两条轨道拓宽就能使其成为宽轨。因此若铺设宽轨，显而易见会增加修建费用和延长完成时间。①张嘉璈认为朱家骅的意见书“虽亦有相当理由，第于事实上似未顾及本部决用狭轨实系衡量财力及需要情形，详加设计。刻即照狭轨建筑已感捉襟见肘，如再议变更一方面，既须立筹钜

①《张嘉璈上呈蒋介石滇缅铁路改筑宽轨似可暂从缓议》（1940年1月29日），台北：“国史馆”藏，国民政府档案，001/120000/00003/005/6—8。

款，而同时由昆明至祥云路线大部分须重行测量，则完成时期至少非展迟两年不可”。总之，张嘉璈认为，采用宽轨虽符合中国铁路修建标准，但当前滇缅铁路应因时制宜，进行变通。交通部目前正在加紧赶工滇缅铁路，倘若变更铁轨标准，“影响甚钜”，对于朱家骅所提原改筑宽轨的意见书，张嘉璈认为“似可暂从缓议”。①

在支持铺设宽轨的人士中，除国民党中央部分人士外，还有部分国民参政员。1941 年，国民参政会参政员赵澍等 24 人联名提交了提案，请求国民政府修筑滇缅铁路铺设宽轨，他们认为，交通部决定采用 1 米的窄轨对于国防及交通有诸多不利，最重要的是铺设窄轨将不利于滇缅铁路与国内其他铁路的联系。赵澍等人认为，中国铁路除正太、同浦铁路外，其他铁路均采用宽轨，滇缅铁路滇段铺设窄轨虽可与缅甸铁路和滇越铁路迅速连接，但与国内铁路系统格格不入，这将造成滇缅铁路与国内各铁路之间的客货运输及车辆调度困难，从而增加运费，影响经济发展，一旦以后国际形势好转，只利于他国而不利于中国。铁路建设是国家建设大计，不能没有长远打算。赵澍等人强调，滇缅铁路滇段铺设宽轨可以提高行车速度，扩大运量。从工程技术角度而言，铺设宽轨也具有可行性，滇缅铁路路基宽度为 4 米，已可以勉强使用标准轨距，东段弯道为 10 度，西段为 11.3 度，也可适用宽轨。至于坡度，对于宽窄规矩没有限制。在隧道高度和桥梁方面，因为运输兵器，既使用窄轨，也不能降低高度。至于钢轨则可暂用轻轨。总之，赵澍等人认为，从修建费用方面考虑，滇缅铁路滇段铺设宽轨的费用较铺设窄轨增加有限，因此，铺设宽轨更合适，若铺设窄轨，将“破坏国家

① 《张嘉璈上呈蒋介石滇缅铁路改筑宽轨似可暂从缓议》(1940 年 1 月 29 日)，台北：“国史馆”藏，国民政府档案，001/120000/00003/005/6—9。

铁路标准制度及系统的建设也”[①]。纵观持宽轨的主张理由，他们主要是从发展经济角度考虑问题。

由于滇缅铁路铺设铁轨问题的争议双方各自具有一定的合理性，彼此争论不休。不过，轨距问题的争议也影响到了滇缅铁路的修建。1939 年 8 月，时人认为，轨距问题争执不下的主要原因“在于政策与方案未能划分清楚，以致问题循环无端，有无从着手之现象”[②]。具体而言，时人认为滇缅铁路的修建涉及五项政策：从国防立场考虑，滇缅铁路究竟是国有铁路系统的延展还是缅甸或越南铁路系统的延展；从地理角度考虑，是否有必要在西南各省修建窄轨铁路；从时间角度考虑，滇缅铁路修建时间的最大期限是何时；从财政角度考虑，政府提供最大限度的资金是多少；从经济角度考虑，西南各省经济发展速度大致如何，这决定滇缅铁路的最低运输量。这五项政策，必须由中央政府研究决定。至于修建滇缅铁路的具体方案，政府可以先制定大纲，然后交给主管部门制成方案。若方案可行，则加紧建设；若事确难办到，则加以修正。如果这样，滇缅铁路的修建方案 3 个月就可以出台，不至于延误 1 年还在讨论之中。[③] 总之，持此论者认为政府应该清楚修建滇缅铁路最主要的目的，这样才能避免轨距争议问题悬而未决。

在影响滇缅铁路修建的主观因素中，除铺设轨距之争外，还有施工路线中的南北线之争。北线从祥云起经下关、保山、腾冲进入缅甸，与密支那站或八莫站相接；南线则由祥云经弥渡、云县、孟

① 赵澍等：《请政府赶速续修滇缅铁路并采用标准轨距案》，台北："国史馆"藏，国民政府档案，001/011130/00033/015/1。

② 时公：《叙昆滇缅铁路之建筑标准问题》，《云南日报》，1939 年 8 月 20 日，第 3 版。

③ 时公：《叙昆滇缅铁路之建筑标准问题》，《云南日报》，1939 年 8 月 20 日，第 3 版。

定、滚弄(Kunlung)入缅，再接缅甸的腊戍站。[①] 政府经过讨论，选定南线，并于1938年冬分东西两段同时兴工。但许多人反对南线施工，认为应从北线施工，即滇缅铁路西段路线应从祥云经过下关、永平、保山、腾冲至牛圈河出境，接缅甸境内的密支那铁路线，到达伊洛瓦底江水运线终点；或将腾冲以西一段，采用沿大盈江河谷，经虎踞关出境，到达八莫线，也比接腊戍线更优越。具体而言，部分人认为北线具有以下优点：第一，从交通角度看，北线为贯通欧亚的大通道，接阿萨姆(Assam)至加尔各答经巴格达铁路至欧洲。自缅甸沦为英国殖民地后，英国从阿萨姆的萨地亚修筑铁路至孟拱，以连接密支那和八莫。而密支那或八莫，不但连接缅甸本部的铁路干线，而且可以连通伊洛瓦底江水运，直达出海口。若采用南线施工，则没有江河水运的便利，货物进出口必须经过长距离的铁路运输，运价高昂，不利于对外贸易。第二，从经济价值看，北线沿线地区人口稠密，商业发达，矿藏丰富；而南线经过的地区，400公里间荒无人烟，经济价值不大。第三，北线经过的缅甸北部地区华侨众多，便于发展对外贸易。第四，从工程施工难度来看，北线经过的祥云、保山段地势平缓，较为困难的地段为保山至腾冲一线，长约120公里，可以架桥。而南线虽然比北线短400公里，不像北线那样需经过横断山脉，但南线神州渡两岸皆为沙流，云县的猛佑大河两壁陡峭，不易施工和架桥，其中老别山一带工程尤为艰巨。第五，就国防外交而言，北线连接康、藏、江心坡、野人山，与缅甸、印度接壤，国防意义重大。[②]

北线施工的理由虽较为充足，但并未被国民政府采纳。1939

① 张嘉璈著，杨湘年译：《中国铁道建设》，第189页。

② 夏光南编著：《中印缅道交通史》，第124—127页。

年 8 月 1 日，滇缅铁路工程局正式提出《采用南线理由书》，报告了勘察南线的基本概况，提出了北线不如南线的七大理由：一是从工程施工角度言，北线的距离较南线长，北线祥云至腾冲段，地势崎岖，施工困难，造价颇高，且耗费时间，因此北线施工的筑路费和筑路时间数倍于南线；二是从运费角度言，北线较南线虽陆运缩短了 25 公里，但增加了 630 公里的水运，水运与陆运价格相差不过两三倍，但绝对不会相差 20 多倍；三是从转运角度看，北线的伊洛瓦底江水运，在八莫或密支那间需水陆转运，因而在此两站需要增加装卸费、仓储费以及货物耗损费；四是北线密支那经八莫至曼德勒段，遇到雨季或旱季，有停航的担忧；五是军械机器等笨重物品不能用小轮船运输；六是水运运速较慢、耗时长，不能与铁路运输相比；七是伊洛瓦底江在缅甸境内，中国航业难与缅甸航业竞争。①

实际上，南北线争议的主要分歧是：主张北线者根据滇缅交通过去的历史与现在贸易的关系提出理由，而主张南线者则将施工的难易和未来发展作为重点考虑因素。② 此外，滇缅铁路施工的南线北线之争还涉及中央与地方的利益之争。主张北线者以腾冲地方人士为代表，他们认为腾冲至八莫为中英通商要道，而八莫可通伊洛瓦底江，再抵达孟加拉湾。③ 例如，腾冲人李根源就主张滇缅铁路北线施工，即自祥云经下关、永平、保山、腾冲，自牛槛河出境，以密支那之缅甸铁道干线及伊洛瓦底江水运为终点站。同时，他认为采用北线，“在国防，经济，外交，以及天时地利人民上之价值，较采用南线，优点特多”④。

---

① 夏光南编著：《中印缅道交通史》，第 127—128 页。

② 夏光南编著：《中印缅道交通史》，第 128 页。

③ 张嘉璈著，杨湘年译：《中国铁道建设》，第 189 页。

④《滇缅铁路西段采用南线？北线？》，《云南民国日报》，1939 年 1 月 10 日，第 4 版。

南北线之争影响了滇缅铁路的施工进度。1939年6月14日，张嘉璈致电蒋介石，陈述滇缅铁路工程情形："该路自上年奉准兴筑，即兼程赶进，最难之确定路线工作已经告竣。此次在滇南线北线问题亦已解决，李印众君等初主张之北线已可抛弃，仍照原测之南线进行。"①1939年10月，云南人段纬等上呈内政部长周钟岳，力主加速滇缅铁路的修建。呈文称：政府"若不乘此时利用前方由战区撤退之多数专门技术人才，及多年服务于铁路之工友，一气呵成，打通此段，则将来战事底定，欲以本省力量，担此艰巨，得使滇西未开辟之宝藏，永弃于蛮烟瘴雨之乡，而地理上可通暹罗缅甸之优越地位，亦将无从利用，而使数百万华侨永受暹罗缅甸之压迫，而莫可如何"②。

总之，在滇缅铁路滇段的筹建和修建过程中，关于铺轨和施工路线的问题争议不断，这既是各方看问题的侧重点差异所致，又与地方利益与国家利益的矛盾有关。实际上，战时国民政府修建滇缅铁路的主要原因是适应战时急需，而不是单纯地发展经济。从这个角度讲，交通部力主铺设窄轨的建议无可非议。在修建路线的问题上，交通部也主要是从工程难易程度考虑，力主南线施工。不过，由于路线之争中掺杂了地方利益，云南当地人士则力主北线施工，发展沿线地方经济。鉴于在轨距之争和南线北线之争中，各方的主张都有一定的合理性，政府在施工中左右为难，这也反映了全面抗战时期西南国际交通建设中的复杂关系和利益纠葛。

---

①《交通部长张嘉璈呈军事委员会委员长蒋中正为滇缅铁路工程情形及进行意见》(1939年6月14日)，台北："国史馆"藏，国民政府档案，001/120000/00002/008/2。

②《段纬等呈内政部长周钟岳关于滇缅铁路修筑计划书并请继续进行》(1939年10月)，台北："国史馆"藏，国民政府档案，001/120000/00003/001/8—9。

二、中印公路筹筑中的南北线之争

国民政府筹建中印公路由来已久。早在1940年12月，国民党西昌行辕主任张笃伦便致电国民政府军事委员会，陈述了他与滇缅铁路局局长杜镇远拟定的《修建康印公路计划书》，具体内容包括康印公路的修建路线、勘测、施工等。计划路线分两段：第一段由康定经雅江、理化、义敦、巴安、宁静、盐井、察隅至印度阿萨姆省的萨地亚，全线长约1 000公里，再由此经过印度脑卡黑出海；也可以由察隅西南之瓦低沿着滇边至缅甸铁路的密支那至仰光出海。第二段由这两条线的出海口至欧洲，这也是最快捷最安全的途径。在路线勘测方面，国民政府拟组两队勘测，一路由康定至盐井，一路由萨地亚至盐井。施工期限以6个月为筹备期，力争2年施工完成，东西两段同时动工。① 可以说，中印公路的修建对中国具有重要意义。1941年1月24日，军事委员会致电外交部，称兴筑康印公路对于中国获取外援、粉碎日军进攻确有必要，“惟我国现正集中全力修筑最迫切最紧要铁路公路之际，恐非国家人力财力所能同时负担，但为预防滇缅路被敌截断，该路似有修筑之必要”②。

围绕中印公路的修筑路线问题，也存在南线和北线之争。1941年1月，交通部公路管理处撰述了《康印公路初步研究报告书》，将康印公路分为北线与南线，并详细分析了南线和北线各自的优缺点。北线自西康的康定出发经雅江、理化、义敦、巴安折南

---

①《张笃伦拟修建康印公路计划书》(1940年12月)，台北：“国史馆”藏，国民政府外交部档案，020/011906/0023/5。

②《军事委员会致王宠惠电》(1941年1月24日)，台北：“国史馆”藏，国民政府外交部档案，020/011906/0023/9。

经盐井、门工、掘罗、察隅进入印度阿萨姆，连接萨地亚。南线自西康西昌出发向西经盐源入云南，经永宁、中甸折北沿金沙江而上至盐井，再沿北线至萨地亚。南线自盐井至萨地亚段与北线相同，只是从西昌至盐井段与北线有区别。报告书详细比较了北线和南线的优缺点。简单地讲，北线在公路系统、地形、安全方面优于南线，具体表现为：第一，就公路路线系统而言，目前滇缅公路已修通，北线是发展中国西部交通的一条必修路线，将来从北线的巴安可延长为康藏公路。若修建北线，则可以奠定康藏印交通基础。南线虽修建较易，但在和平时期的价值将大为减小。第二，从地形角度而言，北线康定至萨地亚段长 930 公里，东经川康公路至新津，可接 350 公里长的岷江水运，但南线东经乐西公路至乐山，接岷江水运尚需 520 公里，因此北线比南线缩短 170 公里。待公路建成后，北线的经济价值会大于南线。第三，从安全角度而言，北线途经西康腹地，不受日机威胁，而南线则容易遭受日机空袭，因此北线比南线安全。

不过，北线较南线的缺点也很明显，简单地讲，北线在经过地势、沿线人口、经济等方面劣于南线，具体表现为：第一，北线经过的地势较南线高，而南线途经盐源一带，地质岩石不硬，施工较易。第二，北线经过的地方海拔高、纬度高，气候寒冷，而南线经过的地方海拔和纬度均较低，气候较为温和。第三，北线沿线地区人口稀少，征召民工较为困难，而南线沿线人口稠密，征召民工较易。第四，北线沿线虽可开发矿藏畜牧业，但粮食产量小，易发生粮食问题。而南线粮食产量相对较大，供给充足，且具有经济价值。第五，北线在施工时运输困难，而南线沿线牲畜多，其中中甸至盐井段为滇康商道，丽江至下关段已建成，可以与滇缅公路连接起来，西昌段则与乐西公路连接，因此南线在运输方面较为便利。第六，南线自中甸以西有通印度的便捷路线，若设法勘查完成此线，则可缩短运输里程115公里，而北线则没有便捷的路线。①

为了确定中印公路的施工路线，1941年2月8日，行政院专门组织外交部、财政部、蒙藏委员会和地理学界代表开会商讨修建康印公路事宜。中央大学地理系教授胡焕庸主张南线施工，他认为，北线康定至盐井段海拔高，气候寒冷，修筑过程中有数月不能施工，即使建成后是否能终年通车也是问题。而南线西昌至中甸段海拔相对较低，即便在中甸经德钦、盐井、察隅至萨地亚段，路线弯曲，也可以改由中甸向西经贡山南部，再经坎底西至萨地亚。若改成此线，则由西昌经盐井至萨地亚长约800英里，有500英里在中国境内，300英里在印度缅甸境内。但是大多与会者并不赞成胡焕庸的改线建议，他们认为，胡焕庸主张将南线段部分改由中甸向西经坎底西至萨地亚不妥，因为贡山西面之球江以西至坎底一带系滇缅未定边界，而且为英国势力范围，需要与英国交涉，这将大大拖延工期。滇缅铁路工程局局长杜镇远也认为，南线段中甸向西经坎底一线最好不提，否则英国将利用机会要挟北段的界务问题。鉴于施工较易和避免界务问题，多数代表赞成按照第二线施工，即南线东段按西昌经中甸至盐井，再由盐井经察隅至印度萨地亚的路线修建。② 2月19日，外交部致英国驻华公使节略，称中国政府为加强物资运输，拟修筑西昌至印度萨地亚间的康印公路，该公路中国段由中国负责测量修建，至于印度境内一段公路，外交部“请

① 《康印公路初步研究报告书》（1941年1月），台北：“国史馆”藏，国民政府外交部档案，020/011906/0023/21—30。

② 《尹明德上呈行政院关于康印公路审查会情形的呈文》（1941年2月8日），台北：“国史馆”藏，国民政府外交部档案，020/011906/0023/15—16。

由印度政府从事修筑，俾中国西部可与印度铁路连接，借以通海”①。

在中印公路修筑路线的选择问题上，国民政府内部也进行了激烈讨论。部分政府要员力主修筑北线，认为北线经过西藏地区，通过修筑公路可以加强西藏与内地的联系，巩固边疆。② 1941 年 11 月 11 日，孔祥熙致电蒋介石，主张中印公路路线的选择，“为经营边疆起见，当以经过西藏之北线为宜”。不过，北线经过西藏时，需要事先进行勘测，即使迅速施工也要等到两年后才能在西藏修通。但若改走南线，虽可缩短 200 公里路程，将工期缩短在 6 个月左右，然而在印度缅甸境内需要修建 500 公里的铁路，英国是否愿意加紧修建抑或由中国代为修建，都是重大问题，不容易解决。③

但交通部政务次长彭学沛则主张南线修筑。1942 年 1 月 16 日，彭学沛上呈蒋介石，详细陈述了中印公路南线修建的具体理由。他认为从工程上看，南线较北线容易，修建时间相对较短，能够满足抗战急需。具体而言，理由如下：第一，南线比北线至少短 400 公里。第二，南线经过地势比北线经过地势低。南线经过的地势最高的隘口不过3 700米，大雪封山地段不过 3 处，每年大雪封山时间不过两三个月。而北线经过的各处山隘多在4 000米以上，大雪封山处很多，每年封山时间四五个月。第三，南线经过缅甸北部的葡萄厅（即坎底），由公路通往密支那，葡萄厅的司令官也允许将该公路

---

①《外交部致英国驻华大使馆节略》（1941 年 2 月 19 日），台北：“国史馆”藏，国民政府外交部档案，020/011906/0023/47。

②《彭学沛呈蒋介石中印公路宜采南线具由意见》（1942 年 1 月 16 日），台北：“国史馆”藏，蒋中正总统文物档案，002/020300/00015/129/1—2。

③《孔祥熙电蒋中正筹办中印公路经过情形并请决定路线》（1941 年 11 月 11 日），台北：“国史馆”藏，蒋中正总统文物档案，002/020300/00015/104/1—2。

狭窄部分扩建，以通汽车。这样，筑路材料可在中途由葡萄厅运入，而向东西两方开工。南线至少可分 6 段开工修建，除可由西昌及列多(Ledo)2 个终点兴工外，并可由中间的永宁与葡萄厅向东西推进，永宁至丽江间可修通公路，以便与滇缅公路连接，运入筑路材料。南线 6 段同时兴工，预计 2 年可以完成。第四，葡萄厅虽然是密林，人迹罕至，但为土山，工程并不困难。第五，南线虽有划界问题，但据外交部意见，解决划界问题并不困难。另外，针对北线施工的主要理由之一是可以附带解决西藏问题，彭学沛认为北线只不过经过西藏东南一隅，并不足以解决西藏问题。①

总之，彭学沛主张中印公路采用南线的建议主要是从工程角度而言，而主张北线施工的人则认为中印公路不仅是解决抗日运输的需要，也是解决西藏问题的需要。实际上，无论北线施工还是南线施工，还涉及复杂的国内国外问题，这需要国民政府慎重权衡考虑。归纳起来，南线相比北线的主要优势是南线较北线易于修建，且修建时间相对较短，费用低，能够满足抗战急需。但南线施工的问题之一是南线经过滇缅未定边界，涉及中英界务问题。交通部专员尹明德就认为南线途经的贡山、坎底路段为滇缅北段未定边界区域，如果决定按南线修建，必须先与英国交涉北段未定界务问题，而"此段界务能否于短时间内解决，殊无把握"②。为了避免涉及滇缅界务纠纷和加强西康与内地的交通联系，交通部决定由西昌至中甸后绕北经德钦、盐井、察隅至萨地亚，即按所谓之北线修筑。

---

①《彭学沛呈蒋介石中印公路宜采南线具由意见》(1942 年 1 月 16 日)，台北："国史馆"藏，蒋中正总统文物档案，002/020300/00015/129/1—2。

②《交通部上呈行政院关于中印公路筹筑情形》(1941 年 10 月 9 日)，台北："国史馆"藏，国民政府外交部档案，020/011906/0024/23。

交通部在勘测北线的过程中，由于英方的阻挠，测量工作颇不顺利。北线测量队于1941年8月初接近西藏时，被拒绝入藏。英国驻藏代表虽然同意测量队进入西藏测量，但当测量人员携带测量器具准备工作时，他则称“未悉详情”①，测量再次受阻。此后蒙藏委员会积极与西藏地方政府沟通，本来西藏地方政府已同意勘测队入藏勘测，但很快改变主意，葛厦电称“绝不容许勘测人员入境，遂违前诺，态度突变”，蒙藏委员会驻藏办事处处长孔庆宗认为这“显系英方作用所致”。② 1941年11月2日，西藏昌都驻防官南雄下令禁止测量队进入西藏，“现闻此事英方人员亦企图从中作梗”③。相反，英国对中国南线勘测队的勘测则颇为欢迎。1941年9月，当勘测队到印度葡萄时，英国葡萄当局先派人到补脑登修路建桥，代雇夫役，并亲自到三站外接待。④ 英方对中国勘测队在南线和北线的不同态度，表明英国不愿中国通过沿北线修建中印公路以加强内地与西藏的联系，这是英国干涉中国内政的表现。

鉴于修建中印公路涉及复杂的外交问题，1941年12月，交通部拟定了《开辟中印公路由中英共同负责限期完成之实施计划》，分析了南线与北线施工的问题。对中国而言，希望取道北线，可以借此解决边务问题，而英国方面则希望取道南线，可以不涉及西藏。交通部认为如果北线施工，中国应从外交方面与英国交涉，同

① 《张嘉璈致郭泰祺函》(1941年10月6日)，台北:“国史馆”藏，国民政府外交部档案，020/011906/0024/17—18。

② 《吴忠信致张嘉璈函》(1941年10月4日)，台北:“国史馆”藏，国民政府外交部档案，020/011906/0024/38。

③ 《蒋介石致电外交部》(1941年11月22日)，台北:“国史馆”藏，国民政府外交部档案，020/011906/0024/47—48。

④ 《运输统制局电告外交部中印公路勘测队入英境情形》(1941年10月8日)，台北:“国史馆”藏，国民政府外交部档案，020/011906/0024/25。

时与西藏地方政府密切合作，另外印度境内公路由印度负责，以3年为完成期限。若南线施工，因涉及中缅界务问题，中国应与英方交涉，由缅甸负责修建缅甸段公路，也以3年为完成期限。与此同时，中国应迅速解决中缅界务问题。① 这个计划兼顾北线和南线，但由于形势复杂，一时难以完全解决。1942年1月31日，张嘉璈致函外交部，认为交通部为完成中缅印交通以便物资内运，决定先修西段，自印度铁路终点的列多起至葡萄附近的南渡，由南渡至密支那②，即采用南线施工的方案。国民政府在权衡利弊以及与英国交涉后，最后决定中印公路按照南线施工方案，包括四部分：一是由列多至南渡，系中印公路西段，由印方负责修建；二是南渡至密支那线由中国加紧修筑；三是由列多至新平洋(Shingbwiyang)至孟拱线，印度段由印度负责修建，缅甸段由中国负责修建；四是由密支那经腾冲至龙陵，这条线系密支那至滇缅公路的沟通路线，由中国赶修。③

第三节　西南国际交通建设的困难与特点

全面抗战时期，国民政府整修的西南国际公路主要有自长沙经衡阳至九龙的湘粤港公路、自衡阳经南宁至镇南关的湘桂公路，

①《开辟中印公路由中英共同负责限期完成之实施计划》(1941年12月)，台北："国史馆"藏，国民政府外交部档案，020/011906/0024/61—62。

②《张嘉璈致函外交部》(1942年1月31日)，台北："国史馆"藏，国民政府外交部档案，020/011906/0024/76。

③《交通部致电外交部》(1942年4月17日)，台北："国史馆"藏，国民政府外交部档案，020/011906/0024/120—122。

以及滇缅公路和中印公路。① 此外，还包括河岳公路、滇越公路、垒畹公路等。② 至于国际航线，在太平洋战争爆发前，开设有重庆至河内、重庆至仰光、昆明至香港等国际航线；太平洋战争爆发以后，新开辟了加尔各答至重庆、汀江至昆明的中印航线，1944 年又增辟了汀江至叙府和汀江至泸州线。③ 在铁路建设方面，由于客观因素的制约，国民政府和社会各界普遍关注的滇缅铁路半途而废，仅完成了昆明至安宁段。总体而言，全面抗战时期西南国际交通建设发生于特定的时间和特定的地区，具有明显的战时特征。

一、工程艰巨的滇缅公路与中印公路

在全面抗战时期的西南国际公路建设中，滇缅公路和中印公路是两条最重要的公路，工程十分艰巨，对中国抗战和经济产生了重要影响。

滇缅公路滇段自昆明至畹町，全长 959 公里，于 1938 年 1 月开始动工，到 1938 年 8 月 31 日建成通车。全程分 6 段，即关漾段(下关至漾濞)、漾云段(漾濞至云龙)、云保段(云龙至保山)、保龙段(保山至龙陵)、龙潞段(龙陵至潞西)和潞畹段(潞西至畹町)。由于经过的地段“沿途多高山峻岭，西段多风化石，土质松软，极易坍塌”，加上“云南西部气候特殊，每年五月至十月为雨季，素有瘴

---

①《交通部编六全大会交通工作报告》(1945 年 5 月)，中国第二历史档案馆编：《中华民国史档案资料汇编》第 5 辑第 2 编，“财政经济”(10)，第 109—113 页。

②《抗战五年来之交通》(1942 年)，中国第二历史档案馆编：《中华民国史档案资料汇编》第 5 辑第 2 编，“财政经济”(10)，第 69—72 页。

③《交通部编六全大会交通工作报告》(1945 年 5 月)，中国第二历史档案馆编：《中华民国史档案资料汇编》第 5 辑第 2 编，“财政经济”(10)，第 116 页。

气，人烟稀少，招雇工人不易”，修筑极为困难。① 为完成滇缅公路工程，云南地方政府动用了巨大的人力物力，每天参加 6 段工程工作的民工约 14 万人。由于工程艰巨，死亡民工不少于两三千人。②

1938 年 1 月至 9 月，施工队共计修建完成土方 163 万立方、石方 110 万立方，修建了永久式的 18 米洱河桥、半永久式的 50 米漾河桥、30 米胜备桥、功果桥和惠通桥，还另外修建小桥 418 座，开凿大小涵洞 522 个。为修建滇缅公路，国民政府补助修路费 320 万元国币。③ 公路的修筑也引起了国际社会的关注。英国《泰晤士报》特派记者自汉口报道，“工人们被安置在简陋的草棚里，在许多路段日复一日地工作。他们或衣衫褴褛或整齐，或畸形或呆滞，或兴高采烈或面无表情。他们沿着红色的路堑，在山间修建他们很少见过的供车辆通行的公路”④。正是由于广大云南民众的艰苦工作，滇缅公路才得以竣工。

除滇缅公路外，全面抗战后期国民政府修建了中印公路。1941 年 12 月太平洋战争爆发以后，中印公路的修建提上议事日程。1942 年 12 月 10 日，中印公路破土动工，1945 年 1 月建成通车，途经列多、密支那、畹町、保山和昆明，全长2 300多公里。⑤ 中印公路虽在滇缅公路基础上延长至印度列多，但工程同样十分艰巨。1942 年 12 月 10 日，中印公路在列多破土动工，参加筑路的是

---

①《谭伯英呈蒋委员长滇缅公路现状报告》(1939 年 2 月 3 日)，秦孝仪主编：《中华民国重要史料初编——对日抗战时期》第 4 编，“战时建设”(4)，第 929 页。

②《本报特写：血肉的结晶，滇缅公路完成了！》，《云南日报》，1938 年 9 月 21 日，第 4 版。

③《本报特写：血肉的结晶，滇缅公路完成了！》，《云南日报》，1938 年 9 月 21 日，第 4 版。

④ From Our Special Correspondent, “The Burma Road To China”, *The Times*, May 19 (1938).

⑤ 参见夏光南编著：《中印缅道交通史》，第 138—141 页。

美国工程兵先头部队和中国工兵第十团。由于公路经过地区为原始森林,而且常有日军出没,工程进展缓慢。1943 年,中美双方投入了更大的工程兵力量,美国工兵第四十五团、第三三〇二团和第四八九二二航空工程营,中国工兵第十团、第十二团等部队,印度、尼泊尔和中国西藏部分劳工都加入筑路队伍,总人数达7 000多人,美国方面甚至调来了大批筑路机械。[①] 经过艰苦施工,12 月 17 日,中印公路越过艰险的巴塔基山,到达胡康河谷(Hukawng Valley)的重要集镇新平洋,完成了中印公路最困难的一段,随后向密支那推进。1944 年中美联军胜利收复密支那,中印公路也胜利通车到此地。后来,为配合滇西国军反攻日军,国民政府决定首先抢修中印公路的保山至密支那段。滇缅公路工务局奉命于 1944 年 7 月 10 日在保山成立保密公路第一工程处,负责保密公路国内段的勘测和修筑。11 月中旬,保密公路进入了全线施工的高潮,先后有 2 万人参与到抢修公路的战斗中,1945 年 1 月中印公路终于通车。

中印公路的施工十分艰难,仅列多至密支那段共修建桥梁 170 座。桥梁长约 3 万英尺[②],沟渠长约 4 万英尺,开辟出 100 英尺宽的道路便有 150 英里长,被砍伐的树木达到 600 万株。[③] 整个中印公路途经 10 条大河、155 条小溪,平均每 1 500 米架一座桥,沿路的沟渠连接起来全长 52.5 公里,相当于全路长度的 1/4。[④] 中印公路工程浩大,花费了巨额资金,其中列多至密支那段每 500 米花费1 600

---

① 夏光南编著:《中印缅道交通史》,第 137 页。

② 英美制长度单位,1 英尺等于 12 英寸,合 0.304 8 米。

③《光社特写:中印公路开放》,《光》(半月刊)第 4 期,1945 年 2 月,第 8 页。

④ 诚公:《皮可少将与龚继成——有关中印公路的几个故事》,武汉《工程》1947 年第 3 期,第 249 页。

美元，保山至密支那段约合国币 560 万元，折合 1 万美元。全路共花费了国币 25 亿元，创造了国内各线公路筑路费的最高纪录。① 史迪威(Joseph Stilwell)在修通中印公路之际发表广播演说称，中印公路的修建十分艰难，“过去或现在，仍在丛林恶劣气候昆虫疾疫及泥泞各种情况下工作人员，除非吾人亲历其境，其生活痛苦，实难令人置信。但渠等仍继续工作，并深知此一公路将运输必要之供应品至中国，俾能击溃日本。盟国对于中国、英国、南非、喀□那加缅甸、印度及美国参加此一艰苦工作之人员应有荣焉”②。

除了修建滇缅公路、中印公路，大后方还修建了其他国际公路，主要有河岳公路、滇越公路等。河岳公路自黔桂路之车河起，经高峰、三旺、东兰、三石、凤凰、万岗、田阳、祥州、平马、作登、足荣、天保、都安、靖西至岳墟止，全长 487 公里，为主要的中越国际路线。1938 年 10 月广州沦陷后，从黄沙河至镇南关到越南的公路便成为中国对外联络的重要通道之一，但其中的南段(邕宁至镇南关)接近沿海，容易受到日军的攻击，为此国民政府决定增建中越国际运输的新线，以备急需，于是修建河岳公路被提上议事日程。河岳公路工程分平马至岳墟、车河至平马、高峰至田州 3 段修建。其中，平马至岳墟段长 171 公里，早在 1927 年和 1928 年间便由天保和平马两县集资施工，但因工程艰巨、资金困难而停工。1937 年 1 月，该路段由广西省(今广西壮族自治区)政府拨款继续修建，于 1937 年 12 月完成，但路况很差。车河至平马段长 316 公里，其中除早已建成的车厂路共线 14 公里和邕色路共线 30 公里外，其余都需新建。高峰至田州段长 272

---

① 诚公:《皮可少将与龚继成——有关中印公路的几个故事》，武汉《工程》1947 年第 3 期，第 252 页。

②《史迪威广播演说，盛赞滇战士筑路工人》，昆明《扫荡报》，1945 年 1 月 30 日，第2 版。

公里，全为新线。这段路线需要翻越香河坳等5座山岭，工程量较大。1939年初，国民政府拨款交广西省政府，征调民工108 000余人，于1月加宽平岳段路基和铺筑路面。随后，高峰至田州段于1939年4月兴筑。1940年2月，平岳段竣工，高田段边通车边修建，于1939年11月竣工。但完成的路基纵坡有17%，桥面狭窄，有待改进。①

滇越公路自昆明至河口，长502公里。由于滇越铁路超载运转，而且不断遭日机轰炸，为适应军运需要，1939年12月，云南公路局动工兴建蒙自至河口段，长约185公里。1940年4月，云南省公路局任命吴融清担任滇越公路工程处处长，工程处下设6个总段，26个分段。但蒙自至河口段由于经过地区气候炎热，疾病流行，工程进展缓慢。太平洋战争爆发后不久，由于筑路材料短缺，1942年7月工程停工，滇越公路的修建半途而废。②

二、半途而废的滇缅铁路和中越铁路

战时中缅国际交通线，除了建成滇缅公路，国民政府还积极筹建自昆明至缅甸滚弄的滇缅铁路。如前所述，早在清末，英国政府就试图修建从缅甸到达中国云南的铁路，但由于清政府的抵制及绅商的强硬立场，英国未能获得滇缅铁路的修筑权。1937年前，滇缅铁路的修建并未付诸实施。1937年全面抗战爆发以后，随着中国东部沿海地区的沦陷，加强西南大后方的对外联系更加重要，修建滇缅铁路便提上议事日程。日本也意识到中国修建滇缅铁路的重要性，他们认为滇缅铁路的运费比滇缅公路的运费低，若建成，

① 中国公路交通史编审委员会编：《中国公路史》第1册，第304页。

② 杨维桂、徐琨：《记滇桂公路、滇越公路、弥遮公路的修建》，云南省政协文史资料研究委员会编：《云南文史资料选辑》第37辑，昆明：云南人民出版社1989年版，第245—254页。

将大大降低欧洲货物运往中国的运费，缩短路程。①

从1938年冬季开始至次年春季，国民政府进行了路线勘测工作，完全采用1898年英国人台维斯（M. R. Davis）提出的路线，将全线分两段。第一段自昆明经安宁、禄丰、一平浪、广通、楚雄、镇南、姚安、云南驿到达清华洞，长244英里，与滇缅公路并行。另一段从清华洞起折南经弥渡、南涧、鸡笼、公郎抵达澜沧江，再向西经云县、头道水、孟赖、孟涧至滚弄，全长248英里。1938年12月25日起，施工队分段兴工，修建轨距为1米的狭轨铁路，以便与越南、缅甸之轨道衔接。东段工程中昆明至禄丰间土方已大致完成，到1940年年底完工。西段工程进行缓慢，材料经费及人工十分缺乏。由于筑路经费紧张，东段经费每月由400万元减低至250万元，工程依旧进行；西段则每月发给30万元，仅维持少数员工生活。1940年6月，由于滇越铁路国际运输中断，滇缅铁路停工待命。1941年3月，国民政府决定继续赶修。②

1941年5月，美国政府同意根据《租借法案》，给予中国1 500万美元的滇缅铁路材料借款。为解决修建滇缅铁路的路轨问题，1941年5月，蒋介石饬令云南省政府主席龙云，要求“将滇越线芷村至西洱一段，铁路移装于滇缅线长坡至一平浪之间”，“同时将石屏至个旧与碧色寨之个碧石铁路全部拆装于滇越线芷村至西洱一段，补足原来铁路线”。③ 1941年美国顾问贝克（John E. Baker）就移用滇越铁路一段路轨铺设滇缅铁路以及拆除个碧石铁路问题提

① 「滇緬公路概況」、『商業雜誌』第1巻、第3期、JACAR（アジア歴史資料センター）Ref. C14060194000、滇緬公路関係資料、昭和16年1月9日（防衛省防衛研究所）

② 云南省志编纂委员会办公室编：《续云南通志长编》中册，第1020—1022页。

③《蒋介石饬云南省主席龙云移铺滇缅铁路电》（1941年5月），云南省档案馆、红河学院编：《滇越铁路史料汇编》上册，第121页。

出了三点具体的建议：第一，个碧石铁路临安至石屏段 40 公里，应于 6 月拆除，铺于滇越铁路芷村至大庄段，并将芷村至大庄之钢轨移铺于滇缅线长坡至六裱段；第二，鸡街至个旧段 33 公里，于 7 月内拆除，移铺于大庄至开远，并将拆下之钢轨向滇缅路展筑；第三，9 月将碧色寨至临安钢轨移铺开远至西洱，并将拆下钢轨展筑滇缅至一平浪及叙昆线曲靖至沾益段。①

在修建滇缅铁路的过程中，需要拆除个碧石铁轨，为得到个碧石铁路公司的支持，1941 年 6 月 9 日，云南省建设厅密电个碧石铁路公司，令其速派负责代表到昆明商办，并电饬个旧县长董广布就近催促。6 月 20 日，该公司派代表周启斋、沈松亭、何茂源、杜遐龄及工程师吴澄远 5 人赴省建设厅报到。省建设厅于 6 月 20 日上午 9 时及下午 3 时，先后举办咨询会议。各位代表人等对拆除个碧石全路路轨，并移铺滇越线芷村至西洱段一事均表示接受。不过，代表们也担心拆除个碧石铁路以后，个旧锡业发展将大受影响，且个碧石铁路路轨陈旧，恐难以如数使用，因此他们提出两点顾虑：一是个碧石铁路所用铁轨配件和枕木使用多年，拆除以后用途有限；二是拆除铁路后，个旧锡业将受严重影响。为减少拆除个碧石铁路给个旧锡业带来的不利影响，代表们又提出四项建议：一是个碧石铁路建筑情形极为复杂，最好不拆；二是若政府认为必须拆除全部铁路，为国家及军事前途着想，代表等绝不敢妄有异议；三是在决定拆除全路前，政府应指派特别经验专家，权衡利弊；四是若确定拆卸全路，涉及地方及公司权益问题，再由公司及地方民众陈述

---

①《美国顾问贝克关于移铺路轨的建议书》(1941 年)，云南省档案馆、红河学院编：《滇越铁路史料汇编》上册，第 122 页。

意见。[①] 云南省建设厅召集个碧石铁路公司代表开会商讨拆除个碧石铁路路轨的具体事宜,得到了代表们的支持,这配合了滇缅铁路的修建。

修建滇缅铁路除了筑路材料问题短缺,还面临种种问题,如前所述,还包括路线如何选择。最终,国民政府决定先赶修南段祥云至滚弄段470公里工程,将这段分为3个施工段,征用20万民工,同时动工修建。1941年12月太平洋战争爆发后,铁路材料来源受阻,尤其是1942年3月日军攻陷仰光,中国存放在仰光的130多公里轨料被日军夺走,筑路材料供应切断。同年4月,铁路停修。因此,滇缅铁路仅完成昆明至安宁段,仅有36公里路程。1944年,因修建沾益机场需要,拆除了石嘴至安宁段路轨,并用其铺设了曲靖至沾益段铁路。最后,滇缅铁路只有昆明至石嘴段建成通车,长度仅为14公里。

除了筹划修建滇缅铁路,国民政府在抗战初期还计划修建新的中越铁路,即筹划修建南宁到镇南关的南镇铁路。据兵工署研究专门委员陈修和回忆,全面抗战爆发后,军政部兵工署长俞大维急电陈修和回南京,并要求他前往越南视察中越交通情形,1个月后汇报情况。于是陈修和飞赴越南河内,调查海防港口和越北铁路、公路的设备情况及运输能力,随后到南宁与广西当局商谈运输问题和改善水陆交通办法。通过这次短期的调查,陈修和建议从同登修建一条约50公里的铁路支线到龙州,再将龙州以下的各河流加以整理,使小轮和木船能终年通航,大件器材可以经越桂铁路运入,再通过水运转到内地;同时需改善现有公路,加强水陆交通

---

① 《云南省建设厅为移铺路轨的密令》(1941年6月),云南省档案馆、红河学院编:《滇越铁路史料汇编》上册,第122—123页。

联系，扩大运输能力。陈的建议被批准后，国民政府限令交通部于6个月内建成龙州到同登铁路，同时赶工广西的公路和航路。1938年4月，中法建筑公司成立，在谅山设立工程处，但工程进展缓慢，直到1939年11月才筑成通到左江岸边崇善约100公里的窄轨路基。但铺轨尚未完成，日军已从钦州登陆，侵入南宁，因而铁路又不得不被拆除。这条铁路从批准到兴建，前后经历2年多的时间，但最终未能用于军事运输。①

三、异常危险的驼峰航线

中美联合开辟的驼峰航线是全面抗战后期大后方最重要的对外空中通道，对中国抗战和大后方经济社会产生了重要影响。驼峰航线是指在1942年4月，为运送美国援华物资，由中国航空公司和美国空军第十航空队（后为美国空运印中联队）开辟的一条从印度阿萨姆邦的汀江到中国云南昆明和四川叙府以及泸县之间的航空线。驼峰航线飞越喜马拉雅山脉和横断山脉之间绵延起伏的高山深谷，因其酷似骆驼的肉峰，故名驼峰航线。驼峰航线主要有两条，一条由汀江到叙府，另一条由汀江到昆明。汀江到昆明是主要航线，又有北线和南线之分。北线从汀江经葡萄、丽江、云南驿到昆明，航程长816公里，最低安全飞行高度4.6公里至6公里；南线从汀江经新平洋、密支那、保山、楚雄到昆明，航程约880公里，最低安全飞行高度约4.2公里。②

全面抗战爆发后，日军陆续占领了中国的华北、华东、华南地

---

① 陈修和：《抗战中的中越国际交通运输线》，杨实主编：《抗战时期的西南交通》，昆明：云南人民出版社1992年版，第363—365页。

② 参见王宪钊：《二战期间驼峰飞行的气象保障》，中国近代气象史资料编委会编：《中国近代气象史资料》，北京：气象出版社1995年版，第277页。

区，但中国仍然有四条对外交通线与外界沟通，即香港与内地线、西北与苏联之间的西北路线、越南海防与中国昆明之间的印支通道和连接缅甸仰光、腊戍、中国昆明的滇缅路线。1941 年 12 月，太平洋战争爆发后，日军迅速占领了香港、东南亚地区，中国与外界沟通的印支通道、滇缅公路以及香港与内地路线相继被日军封锁，中国与外界的沟通几乎被隔绝，这给中国的抗战带来了巨大的困难。这时美国正式对日宣战，中国成为美国的盟友，美国总统罗斯福发表了著名的“炉边谈话”，明确表示支持中国的抗日战争，但如何帮助困境中的中国运入援华物资成为中美两国关心的头等大事。

1942 年 2 月，日本封锁仰光海上物资通道之后，国民政府开始寻找另一条替代滇缅公路的运输线。珍珠港事件后不久，日军击沉了英国的“反击号”巡洋舰和“威尔士亲王号”战列舰，但日本海军因为忙于西南太平洋的其他任务，并没有进一步向西深入阿拉伯海，这就意味着援华物资可以在巴基斯坦的卡拉奇上岸，再由火车运至印度东北角的萨地亚，再装上军用 DC－3 双引擎运输机飞越起伏的群山，运送到缅甸北部密支那机场。援华物资在密支那卸下飞机，再装上驳船，沿河而下 100 英里至八莫，其后卸下来又装上卡车，最后沿滇缅公路运至昆明。1942 年 5 月，日军先头部队攻占密支那后，这个设想也就被彻底抛弃了。然而，也正是在这个方案中，采用航空运输方式向中国运送物资的设想首次被正式提出，且来自罗斯福总统的一道命令。1941 年 12 月 23 日，盟国联合参谋长团第一次会议在白宫召开。在这次会议上，罗斯福重申必须向中国人提供援助，以“使其继续抗战”。时任美国陆军航空兵司令的亨利·哈里·阿诺德(Henry Harley Arnold)后来在记录中写道：“总统同意我的意见，我们必须在中国建立(对日本实施打击的)轰炸机和运输机空军基地，并且我们必须立即把更多的物资运送到那里。他也意识到，对中国的物资援助将不得不采用空运的方式。这就是‘驼峰空运’行动真正的起点。”从1941年冬天至1942年春天，罗斯福就一直不断地向其陆军航空兵司令重申：中缅印战区的主要任务就是开辟并维持一条通向中国的空中航线。①

在中美两国的共同努力下，中美双方决定共同营运驼峰航线。1942年4月8日，阿萨姆邦的汀江和密支那之间的航班通航，驼峰航线正式开辟。1943年10月和1945年7月中航公司又先后开辟了汀江至叙府、汀江至泸县两条航线。驼峰航线主要使用DC-3型客机和C-46及C-47型运输机，它也成为二战期间最重要的一条国际航线。

作为二战时期最重要的空中航线，驼峰航线以危险闻名于世，因为它需要飞越喜马拉雅山脉的高山深谷，天气复杂多变。美国著名新闻记者白修德（Theodore Harold White）和贾安娜（Annalee Jacoby）曾对这条航线作了描述：“这的确是世界上最危险、最可怕和最野蛮的空中运输线。不论日本空军力量、热带雨季气候以及西藏的冰雪是怎样，没有武装的运输机都要在二万英尺高度上飞过五百英里没有航空标志的山区。有几个月，驼峰指挥部损失的飞机和人员比直接参加战斗的第十四航空队还要多。”②因此，造成驼峰航线飞行危险的首要原因是该航线途经地区恶劣的天气。

中国航空公司经理邦德（William L. Bond）在写给总经理的一封信中，也提到恶劣的天气是造成驼峰航线飞行事故多的主要原因：

有些原因当然是我们从事的工作所固有的。它们是：第

① [美]约翰·D. 普雷廷著，张兵一译：《驼峰空运》，第31—32页。

② [美]西奥多·怀特、安娜·雅各布著，王健康、康元非译：《风暴遍中国》，北京：解放军出版社1985年版，第163页。

> 一，天气，天气几乎一直是坏的，有时很坏；第二，我们飞越的地势极高；第三，我们工作的紧迫性。我们没有办法改变这些条件。我们只好接受它们，尽可能忍受。①

驼峰飞行要越过海拔3 500米至4 000米以上的克钦山脉、高黎贡山脉和怒山山脉，大山之间有恩梅开江、怒江和澜沧江，高山峡谷，地形险峻。这些地方飞行天气极为恶劣，经常遭遇强颠簸、严重结冰、强雷暴、高空强风等。大风在冬春两季最为强劲，有时每小时可达 160 公里，往往会带来两个问题：一是使飞行员的导航解算变得十分复杂；二是在群山中会产生严重的上升气流和下降气流，形成强烈的湍流，不仅对飞机的结构完整性会造成严重破坏，同时也会使机舱内的货物移动。② 中国航空公司飞行员陈汉斋也回忆道，驼峰航线上的大风对飞行安全造成的威胁主要是两方面：一是造成飞机偏离航线，从而造成飞机迷航而失踪；二是造成飞机过于颠簸，飞机容易受损，严重者造成机毁人亡。③

除了风和湍流，降雨对驼峰飞行的安全也有非常大的影响，尤其是在夏季的雨季。阿诺德在向中国外交部部长宋子文和美国陆军航空兵领导人联席会议提交的一份驼峰情况介绍中说，印度部分地区的年降雨量曾经高达 500 英寸④。在位于阿萨姆邦贾哈特机场西南 180 英里处的乞拉朋齐镇，每年平均降雨量达到 641 英寸，而仅仅 7 月份 1 个月的降雨量就高达 355 英寸，是当之无愧的

---

① [美]小威廉·M. 利里著，徐克继译：《龙之翼——中国航空公司和中国商业航空的发展》，第 158 页。

② [美]约翰·D. 普雷廷著，张兵一译：《驼峰空运》，第 51—52 页。

③ 陈汉斋：《抗日战争中的"驼峰"飞行》，《长宁文史资料》第 7 辑，长宁区政协文史资料研究委员会 1991 年编印，第 158 页。

④ 英美制长度单位，1 英寸等于 1 英尺的 1/12，合 2.54 厘米。

"地球上最潮湿的地方"。虽然乞拉朋齐是一个非常极端的例子，但是驼峰航线位于印度境内大多数机场的降雨量也都相当大，其中提兹普尔机场的年均降雨量达到 73 英寸，而 5 月至 8 月的月均降雨量都达到了 12 英寸。1943 年，季风雨曾连降数月，大大降低了驼峰空运的总吨位，地面作战也受到影响，机场修建工作几乎陷于停顿。季风雨甚至迫使日军将其战斗机调往太平洋战区的其他地方，以使它们发挥出更加有效的作用。①

此外，飞机结冰给驼峰飞行安全也带来了极大威胁。冬季和春季是积冰较为严重的季节，当积冰的海拔高度降低时，飞行员如果要在低空飞行就无法飞越驼峰航线上众多的高山。参加过驼峰飞行的中国航空公司飞行员陈汉斋回忆了飞机结冰的危险：

> 1944 年，我有一次从昆明夜航印度加尔各答。在昆明起飞前就已得知，在我们前面已有 3 架中航飞机因遇到飞机结冰而失踪。为了保证"空中生命线"的畅通，当局早有命令规定，"驼峰飞行，没有天气限制"。因此我们毫不犹豫地按时起飞。从昆明起飞后不久，一直在云中飞行，气温降低，机翼上渐渐结起冰来，越结越厚。不仅破坏了机翼的流线型，而且增加了飞机的重量，致使飞机渐渐下沉，不能保持高度，眼看就要撞山。因为这架是满载乘客的客机，规定不带降落伞，只能想法迫降。但下面都是高山，云中盲目下降，必然要撞山。我们采取了一切紧急措施，使飞机幸运地飞离了危险的结冰区，真是惊险万分，安全地到达目的地。②

具体而言，飞机积冰带来的问题有三个：一是给已经满载的飞

---

① [美]约翰·D. 普雷廷著，张兵一译：《驼峰空运》，第 51—52 页。

② 陈汉斋：《抗日战争中的"驼峰"飞行》，《长宁文史资料》第 7 辑，长宁区政协文史资料研究委员会 1991 年编印，第 157 页。

机增加了重量，使其难以保持在应有的飞行高度上。在一些极端情况下，当飞机上的除冰设备无法及时除去飞机上的积冰时，机组人员就不得不靠抛弃飞机上的货物来减轻重量，以此确保飞越驼峰所需要的高度。二是当机翼上结冰的时候，飞机的航空动力学效能降低，致使飞机丧失应有的高度。三是一旦飞机的汽化器结冰，就会造成引擎阻塞、失去动力或者完全熄火。柯蒂斯 C－46 运输机装有除冰设备，如加温螺旋桨、风挡玻璃除冰液和机翼除冰带，但是在十分严峻的环境条件下，这些除冰设备往往并不可靠。由于没有专业的天气预报，情况就变得更加糟糕，直到 1944 年驼峰航线有了专业气象学家提供的定时天气预报之后，这一状况才有所改善。在此之前，即将起飞的飞行员们通常只能向刚刚降落的同伴们打听航线上的天气状况。但是，降落和起飞的飞机之间的时间差可能多达几个小时，驼峰航线上的天气状况很可能早已经发生了变化，因此这种口口相传的天气报告方式极易出现问题。①

驼峰航线的天气极为恶劣，给过往飞机造成了极大威胁。其中，在驼峰飞行历史上最恶劣和破坏性最大的风暴发生在 1945 年 1 月 6 日傍晚与 7 日凌晨之间。由于西伯利亚寒流与孟加拉的暖湿气流相汇，风暴形成巨大威力，这一天晚上航空运输司令部就损失了 7 架飞机，31 名机组人员和乘客遇难；中国航空公司损失了 3 架飞机，9 名机组人员遇难；其他飞行单位损失 4 架飞机。这个夜晚被称为“黑色星期五”。根据事故研究者奇克・马斯・奎恩(Chick Mars Quinn)的研究，在这场大风暴中实际损失了 18 架飞机，42 名机组人员和乘客遇难。②

---

① [美]约翰・D. 普雷廷著，张兵一译：《驼峰空运》，第 52—53 页。

② Otha C. Spencer, *Flying the Hump: Memories of an Air War* (Texas: Texas A&M University Press, 1992), p. 156.

四、短促的康印驿运线

全面抗战时期，康印线是西南大后方重要的国际驿运线。它自康定经拉萨至印度噶伦堡，为康藏至印度之间的贸易通道，于1944年2月开始营运。由印度噶伦堡经拉萨进入国内的驿运要道，可分为由噶伦堡至康定及由噶伦堡至丽江两路：第一，由噶伦堡经拉萨、昌都、甘孜，至康定，全程约长2 000英里。由噶伦堡至拉萨走22天至30天，由拉萨至昌都约走45天，由昌都至甘孜约走35天，由甘孜至康定约走18天。夏季需时四五个月，冬季因粮草缺乏，加以泥雪载道，需走8个月以上。货抵康定后，可经雅安直达成都。第二，由噶伦堡经拉萨而至昌都，再由昌都至丽江，途程约为由昌都至康定的1/3，故由昌都至丽江约走20天即可到达。由噶伦堡启运至丽江，全程约1 500英里，夏季需时三四个月，冬季需时六七个月。货抵丽江后，可驮运至下关，7天至8天可以到达，由下关可用汽车直运昆明。至于运费，因藏银与卢比汇兑时有涨落，加之商人因走私，不惜高抬运费。1944年2月，由噶伦堡至康定或至丽江，全程每驮为卢比350盾。至于噶伦堡至康定或至丽江的运输力量，噶伦堡约有牲口1 500匹，由噶伦堡至拉萨段，终年虽可通行，但自拉萨以上，困难实多，尤其是在冬季10月至次年2月间，运输力量大为锐减，每月运量至多100吨。①

康印线取道印度，经过西藏，因政治关系改为康藏驮运公司，资本400万元，由交通部驿运管理总处与康藏贸易公司组织交通

① 《财政部转交驻印代表密呈印藏驿运情形》(1944年2月23日)，中国藏学研究中心、中国第二历史档案馆合编：《民国时期西藏及藏区经济开发建设档案选编》，北京：中国藏学出版社2005年版，第167—168页。

部各投资半数，公司设于康定，并在拉萨、噶伦堡两地各分设分公司，在其他有关地区设置办事处、运输站或照料员。① 康印线以运输布匹为主。康藏驮运公司于 1944 年上半年向交通部呈送了运输进出口物资的基本办法，规定康藏驮运公司的运输路线由印度噶伦堡至康定，运输时间自噶伦堡至康定单程 4 个月至 8 个月，其间分为四段：噶伦堡至拉萨 30 天至 60 天；拉萨至类乌齐 46 天至 92 天；类乌齐至甘孜 25 天至 50 天；甘孜至康定 19 天至 38 天。运输数量每批暂定 100 驮至 300 驮，合 6 吨至 18 吨。运输费用一律交付印币，暂定每驮 600 盾，在交货时，在印度一次付清。②

康藏驮运公司成立后，开始经营藏印驿运线。由于路途遥远、途经地区复杂、物价上涨等，公司营运成本上涨，这条路线的营运效果并不理想。康藏驿运线途经西康、藏族聚居区和印度，由于不同地区使用的货币不同，导致运输手续繁杂。康藏驮运公司划分了康藏印三总站管辖区域，凡通行法币区域，统归康定总站管辖，计有道孚、甘孜、德格（柯洛多、卡松渡）3 站；凡通行藏币区域，统归西藏总站管辖，计有帕里、江孜、黑水、色擦、所宗、类乌齐（孜桑桥、东桑渡）、昌都、玉树 8 站；凡用卢比之区域，归印度总站管辖，仅有噶伦堡 1 站。③ 1944 年 11 月 14 日，公司总经理格桑悦希上呈驿总管理处董事长谭炳训，称公司 1944 年上半年预算已结束，下半年

① 《康藏驮运股份有限公司章程》，章开沅主编：《抗战时期的四川：档案史料汇编》下册，重庆：重庆大学出版社 2014 年版，第 1541 页。

② 《康藏驮运公司呈送 1944 年业务计划及预算暨承运进出口物资办法》（1944 年 2 月 3 日），中国藏学研究中心、中国第二历史档案馆合编：《民国时期西藏及藏区经济开发建设档案选编》，第 161—162 页。

③ 《格桑悦希关于赴印洽商经藏驮运物资经过致蒙藏委员会报告》（1944 年 5 月 1 日），中国藏学研究中心、中国第二历史档案馆合编：《民国时期西藏及藏区经济开发建设档案选编》，第 182 页。

职工待遇，仍照上半年规定支给。康定米价已涨至每康斗2 500元上下，公司仍照1 000元支给职工。准备自 11 月份起，公司职工膳食津贴及生活津贴共计食米 4 康斗，均按现时康定市价每康斗2 400元支给，并供给宿舍。① 到1945 年1 月份，随着滇西地区相继收复以及中印公路通车，康藏驿运基本停止。康藏驿运线从 1944 年 2 月开始运营到结束，时间不到 1 年，对中国抗战大业的支持作用十分有限。

①《格桑悦希为报告康藏驮运公司运行情形致谭炳训函及复函》(1944 年 11 月 14 日—12 月 7 日)，中国藏学研究中心、中国第二历史档案馆合编:《民国时期西藏及藏区经济开发建设档案选编》，第 199 页。

第三章　战时西南国际交通运输管理及其特征

全面抗战时期，滇越铁路国际运输由法国掌管，中印空运由中美共同参与，美方主导，中国实际管理的西南国际交通线主要是滇缅公路和中印公路。由于中印公路通车很晚，战时国民政府管理的西南国际交通线主要是滇缅公路。滇缅公路不仅管理机构与运输机构众多，变动频繁，而且管理内容繁杂。由于战时交通运输的首要任务是满足抗战军运需要，因此交通管理与运输都具有鲜明的战时特征。

第一节　交通管理和运输机构的成立与职能

全面抗战时期，滇缅公路运输管理的上级管理机构是军事委员会和交通部，具体的管理机构和运输机构则非常庞杂，而且变动频繁。总的来讲，这些交通管理与运输机构的内部组织与其他国民政府机构的组织大体相同，机构职能涉及业务、人员、交通设施、交通工具、交通材料等方面，至于具体的管理内容则较为复杂。

一、交通管理和运输机构的演变

战时西南国际交通的管理机构主要是滇缅公路运输的管理机构，具体包括西南公路运输管理局、滇缅公路运输管理局、中缅运输总局、滇缅公路运输工程监理委员会等。至于参与西南国际运输的业务机构则更为庞杂，除军事委员会所辖的西南运输处、交通部所辖的交通部公路总局外，还有资源委员会、贸易委员会等机构所属的运输机构。由于受战局变化影响，西南国际交通管理机构与运输机构的变动十分频繁，具有鲜明的战时特征。

（一）西南国际交通管理机构的演变

全面抗战期间，大后方公路运输的主管机构陆续有全国经济委员会、交通部公路总管理处、交通部公路运输总局、军事委员会运输统制局、交通部公路总局和军事委员会战时运输管理局。这些交通机构的上级主管部门分别属于交通部和军事委员会。就西南公路运输而言，为加强管理，1937 年 7 月，行政院、军事委员会、全国经济委员会、军政部、交通部、铁道部以及川滇黔湘各省当局，在南京召开会议商议改进西南公路交通办法，组建了西南各省公路联运委员会。其后由于大后方运输更加急迫，贵州省主席吴鼎昌上书行政院院长孔祥熙，提出改组西南联运会，成立西南公路运输管理处，隶属于全国经济委员会，以统一西南公路运输。1938 年 1 月 1 日，西南公路运输管理处于长沙成立，但很快改属于交通部，更名为西南公路运输管理局。① 西南公路运输管理局“在贯通西南各省公路之交通，凡属长沙、贵阳、重庆、桂林，经昆明直达缅甸之出口客货，及由缅甸进口经昆明直达贵阳、重庆、长沙、桂

---

①《西南公路史料》，交通部公路总局西南公路工务局 1944 年编印，第 6—7 页。

林，及由昆明直达贵阳、重庆、桂林、长沙之客货，概由管理局载运”①。

1938 年 12 月开通的滇缅公路，原来由西南公路运输管理局统一管理，但因为该路路线过长，交通部将该线划出，于 1938 年 10 月成立了滇缅公路运输管理局，专门负责滇缅公路运输管理。② 滇缅公路运输管理局管理的路段自昆明至国境畹町河止，全长 959.4 公里，经过安宁、禄丰、楚雄、镇南、下关、永平、保山、龙陵、芒市、遮放等地。全路以下关为中心，可分东西两段。③ 滇缅公路运输管理局具体负责滇缅公路的客货运输以及滇缅公路的工程改善、养护等事宜，局长是谭伯英，副局长是杨文清、安钟瑞，代理总工程司是容祖诰。④

1940 年 10 月滇缅公路重新开通后，滇缅公路成为西南最重要的陆路国际交通运输线，地位更加重要。1941 年 4 月 14 日，何应钦致电外交部，称滇缅国际运输路线关系抗战至为重要，运输统制局“为加强该路运输工程，奉命组织滇缅公路运输工程监理委员会，并奉命指定俞部长飞鹏兼主任委员，张部长嘉璈、宋主任子良、贝克顾问及请缅政府推荐一人为委员，预定于五月一日在昆明组织成立”⑤。于是，为提高滇缅公路运输效率，运输统制局采纳了美国人贝克的建议，于 1941 年 5 月 1 日在昆明成立了滇缅公路运输

---

①《西南运输管理局管理本省公路情形》，《云南民国日报》，1938 年 7 月 23 日，第 4 版。

②《西南公路史料》，交通部公路总局西南公路工务局 1944 年编印，第 6—7 页。

③《谭局长昨招待记者，谈滇缅公路营业方针》，《云南民国日报》，1939 年 7 月 25 日，第 4 版。

④ 云南省地方志编纂委员会总纂：《云南省志》第 33 卷《交通志》，昆明：云南人民出版社 2001 年版，第 47 页。

⑤《蒋介石、宋子文、俞飞鹏等为滇缅公路相关事宜往来函电》，《民国档案》2008 年第 4 期，第 13 页。

工程监理委员会。①

后因军事需要，1941 年 11 月 1 日，滇缅公路运输管理局改称滇缅公路工务局，专门管理工务，其运输部分划归中缅运输总局。滇缅公路工务局的主要任务是对公路进行抢修、改善、养护和管理，由谭伯英任局长，杨文清、安钟瑞任副局长。②

1942 年 12 月，由于滇缅公路已被日军切断，国民政府撤销了运输统制局，全国的公路修建仍由交通部接管。1943 年 3 月，国民政府成立交通部公路总局，局长由交通部部长曾养甫兼任，滇缅公路运输局和滇缅公路工务局由该局管理。为提高运输效率，1944 年 8 月，国民政府又成立了中美合作的西南进口物资督运委员会，人员构成除交通、军事、后方勤务部三部门代表外，还包括美军代表尼兰上校（Col. Neyland）、谢安上校（Col. Shenhan）、霍尔上尉（Lt. Hall），由龚学遂任主任。1945 年 1 月 1 日，由于中印公路即将开通，为适应形势发展需要，交通部公路运输总局被改组为战时运输管理局，局长由俞飞鹏兼任，副局长为龚学遂、麦克鲁（Robert B. Meclure），由军事委员会统一管理运输。俞飞鹏称，成立战时运输管理局的原因是“政府为求适合军事要求，不得不谋战时运输的统一管理，因而有本局的创设”，它的任务是“本军事第一原则，大部运输力量用于各战区前方之军品补给外，同时亦用于生产方面，原料成品之国外输入，国内输出及内地各处之往来周转与夫民生日用品之疏通”。③

除了公路运输，1940 年 6 月滇越铁路国际运输中断前，铁路运

---

① 龚学遂：《中国战时交通史》，上海：商务印书馆 1947 年版，第 42 页。

② 云南省地方志编纂委员会总纂：《云南省志》第 33 卷《交通志》，第 47 页。

③《战时运输管理局的成立》，《新世界》第 4 期，1945 年 4 月，第 3 页。

输在西南国际运输中也占有很大比重，但由于滇越铁路管理权属于法国滇越铁路公司，国民政府仅能管理粤汉铁路线。1938 年 10 月广州沦陷前，西南国际运输线主要是香港至广州线，以广九粤汉铁路运输为主，水路、公路为辅。作为主要的西南国际运输线，粤汉铁路运输的管理机构原是成立于 1936 年 8 月 1 日的铁道部粤汉铁路管理局，局址设于武昌徐家棚，局长为凌鸿勋，副局长为王仁康、周仲岐，下设武昌、衡阳、广州 3 个运输段。① 全面抗战爆发以后，鉴于军运急迫，1937 年 8 月 1 日，国民政府在郑州成立了铁道运输司令部，隶属于军事委员会，副司令为粤汉铁路局局长陈延炯。粤汉铁路的军事运输划归铁道运输司令部，以满足抗战军运的需要。

（二）西南国际交通运输机构的演变

全面抗战时期的交通运输机构众多，其中 1937 年 10 月成立于广州的西南进出口物资运输总经理处（简称西南运输处）是负责西南国际运输的最重要机构，由时任广州市市长的曾养甫任主任。为保守军事运输秘密，西南运输处对外称兴运公司。全面抗战初期，西南运输处的主要运输业务是运输进口军用品，运输路线主要有两条，一是经香港至广州，一是经海防至镇南关，前者利用铁路运输，后者利用公路运输。②

西南运输处内设公路运输、航运、工程、总务 4 组及秘书室。1937 年 12 月，西南运输处将航运组改为水路运输组，增设铁路、仓库 2 组，此外，视各地交通情况和运输需要设各项机构，以适应形

---

① 广东省地方史志编纂委员会编：《广东省志·铁路志》，广州：广东人民出版社 1996 年版，第 275 页。

② 黄菊艳选编：《战时西南运输档案史料》，《档案与史学》1996 年第 5 期，第 16—17 页。

势发展的新需要。西南运输处在香港、河内、桂林、长沙设立办事处，在广东、广西、湖南设立司机训练所，在衡阳设立汽车修理厂。1938 年 2 月，西南运输处内部改组为公路运输、铁路运输、水路运输、警卫稽查、总务 5 组及秘书、总会计、总工程司 3 室，另设购料委员会和运输研究委员会。后来西南运输处迁至云南，先后成立运输人员训练所、运输事务所、滇缅路医院、遮芒诊疗所、汽车修造总厂、腾冲驮运管理所、汽车各大队、各电台和仓库，并先后设有汉口、长沙、梧州、重庆、贵阳、柳州、沅陵、畹町、香港、仰光、河内（改为海防）、新加坡等分处，衡阳、常德、南宁、庐州、田东、遮放、同登、腊戌、八莫等支处。1940 年年底，西南运输处的运输工作基本集中于公路运输。为提高运输效率，1941 年 1 月，西南运输处将铁路、水路 2 组裁撤，将公路运输组改组，分为技术、管理、业务 3 组，总工程司室同时裁并。除保山、下关、曲靖另设分处外，汉口、长沙、沅陵、梧州、河内、衡阳、常德、南宁、田东等分处、支处因受战事影响，先后裁撤或归并。西南运输处机构几经调整，以适应形势需要。① 作为办理西南国际运输的重要机构，西南运输处机构庞大，所有员工不少于 2 万人，汽车约有 3 000 辆。② 尤其是随着滇缅公路运输成为西南大后方重要的对外运输路线后，西南运输处曾一度几乎独占了滇缅公路运输。

为提高滇缅公路运输效率，国民政府加强了滇缅公路管理，并成立了一系列运输管理机构。1940 年 3 月 18 日，为加强对公商汽车的统制，以方便军用品和商品运输，军政部召开了有交通部、西南运输处、铁道运输司令部等机关代表参加的会议，决定成立运输

---

① 黄菊艳选编:《战时西南运输档案史料》,《档案与史学》1996 年第 5 期,第 16—17 页。

② 龚学遂:《中国战时交通史》,第 19 页。

统制局。军事委员会运输统制局于是在1940年4月3日成立，由何应钦兼任主任，唐生智、张嘉璈兼任副主任，俞飞鹏兼任参谋长。① 为进一步提高滇缅公路运输效率，1941年8月30日，根据美国人安斯丹(Daniel G. Arnstein)的建议，俞飞鹏提出改组公路运输机构，他认为应成立新的机构，并拟具了两个方案："(一) 西南运输处国内部分结束，另成一中缅路运输总局，除滇缅处兼管川滇西路，西运处昆东各机关悉移川滇西路，设置车队、工厂、仓库材料等，则移交中国运输公司，俾维承兵工署物资运输任务。西南国外机关照旧办理，但归中缅路运输总局指挥。(二) 西运处不予结束，惟紧缩至最少范围，俾与所述国外机关联系，并清理历年会计及未了各事。"②1941年11月1日，西南运输处将滇缅公路国际运输业务移交给中缅运输总局负责。1941年11月1日，中缅运输总局成立，局长由俞飞鹏兼任，副局长是陈体诚和美国人威尔逊(T. B. Wilson)。该局成立后接管了西南运输处国内机构的全部财产，对组织和人员进行了大幅度调整。总局设总务、运务、会计、人事、警卫5个处和工程事务、仓库事务、通讯事务、车辆管制4个所，将滇缅沿线保山、下关分处和遮放支处撤销，并根据美国人的建议，设立昆明、楚雄、下关、保山、遮放5个总站。西南运输处在西南其他各省的分支处也全部撤销，运输统制局分别在贵阳、毕节、西昌成立西南公路、川滇东路、川滇西路运输局。由于川滇西路尚未修通，川滇西路运输局始终没有成立。此后中缅运输总局全面掌握滇缅公路，包括隶属于交通部的滇缅公路工务局。西南、川东各运输局的重

---

①《何应钦呈蒋介石军事委员会运输统制局筹备经过业务进行情形》(1940年4月20日)，台北："国史馆"藏，蒋中正总统文物档案，002/020300/00015/042/1。

②《俞飞鹏关于改组滇缅公路运输机构电》(1941年8月30日)，中国第二历史档案馆编：《中华民国史档案资料汇编》第5辑第2编，"财政经济"(10)，第347—348页。

要问题也都直接向俞飞鹏请示，而不必经过重庆的运输统制局。原西南运输处的人员，特别是中上层人员，大部分离职，小部分随陈体诚到了中缅运输总局。① 中缅运输总局成立后调整了运输业务，分配了各单位的运输吨位，决定如下：第一，各路线公路运输总量，除1/3的汽油外，每月需达90万吨；第二，由于美国援华物资源源不断运到，为提高运输效率，拟举办滇缅公路运输竞赛；第三，制定战时运输三年计划，限各单位12月底完成；第四，提高司机、技工待遇，司机月薪增至500元，技工增至400元，出发行车津贴按每公里8分计算。②

1942年5月缅甸沦陷后，中缅运输总局负责的国际运输已中断，中缅运输总局已无保留必要，该局于1942年8月10日撤销。直到1945年1月，中印公路通车，西南国际公路运输才恢复。为适应战时运输的需要，1945年1月，原交通部公路总局改组为军事委员会战时运输管理局。局长由交通部部长俞飞鹏兼任，副局长由交通部次长龚学遂及美军副参谋长麦克鲁分兼。局内设处、室，处下设科，处级机构由美国军人任副处长。原交通部公路总局所属公路工程局及运输局，就地合并为公路管理局或分局，原线区司令部及监理所、调配所等业务，均由管理局或分局办理，交通部原有的驿运管理总处撤销，由战时运输管理局接管。③ 滇缅公路运输局也改隶于战时运输管理局，由葛沣任局长。1945年5月，战时运输管理局决定撤销滇缅公路运输局和滇缅公路工务局，成立了战时

① 宗之琥：《回忆西南运输处和滇缅公路》，《上海文史资料选辑》第69辑，上海市政协文史资料研究委员会1992年编印，第111—112页。

②《交通消息：加强运输效率设中缅运输局》，《广东公路》创刊号，1941年11月，第14页。

③ 中国公路交通史编审委员会编：《中国公路运输史》第1册，第227页。

运输管理局云南分局，以便统一掌握境内的运输、工程，以及军、公、商车辆的调度管理，仍由葛沣任局长，原滇缅公路工务局局长龚继成、原远征军汽车运输指挥部副指挥官钱立和原云南省公路局局长杨文清任副局长。[①]

二、交通管理和运输机构的组织与职能

西南国际交通管理机构与运输机构不仅庞杂，而且内部组织与职能也十分复杂。具体而言，交通管理机构的内部组织一般包括总务、业务、机务、工务、材料和会计等部门，具体职能包括掌管运输业务、车辆维修、工程维护、交通器材、财务等事项。运输机构的内部组织一般包括各运输分处、运输人员训练所、运输事务所、仓库、医院、诊疗所、汽车修造厂等部门，具体职能包括掌管各地运输事务、司机训练、物资存储、运输人员医疗、汽车修理等事项。

（一）西南国际交通管理机构的组织与职能

作为西南最重要的国际公路，滇缅公路管理机构的内部组织与职能也较为复杂。1938 年 10 月 21 日，滇缅公路运输管理局在昆明成立，局内设 6 科，科下设股，辖 11 个车站、3 个修车厂、2 个检修所、7 个工程段、8 个管理站、11 个电台、1 个桥渡工程处。管理局设立有总务课、业务课、机务课、工务课、材料课和会计室，具体职能为总务课管理“文书、人士、出纳、庶务、通讯、警卫及不属于其他各课室事项”；业务课管理“车辆之调度，客货运之招徕、车站停车场汽车队运输队及其他副业之管理，暨各种联运事宜”；机务课管理“车辆之修造及其他机械电讯设备事宜”；工务课管理“公路工

① 宗之琥：《回忆西南运输处和滇缅公路》，《上海文史资料选辑》第 69 辑，上海市政协文史资料研究委员会 1992 年编印，第 119 页。

程之改善及修养，及其他有关土木工程事项”；材料课管理“车辆、燃料机器配件等之采办保管与分发事宜”。管理局设局长 1 人，总管局务，副局长 1 人至 2 人，协助局长管理局务。此外，管理局设立秘书 1 人，助理秘书 1 人至 2 人，各课设课长 1 人，会计室设会计主任 1 人，各课室设课员 4 人至 6 人，办事员 6 人至 10 人，管理局设总工程司 1 人，正工程司、副工程司、帮工程司和工务员，办理工程技术事宜。① 1941 年 11 月 1 日，滇缅公路运输管理局更名为滇缅公路工务局，专管工务，运输业务划归中缅运输总局。工务局下面有 7 个工程段、1 个桥渡工程处、8 个管理站、2 个装配所及昆明办事处。②

随着战局的变化，滇缅公路的上级管理机构也发生了变化。1938 年 10 月滇缅公路运输管理局成立时，隶属交通部。后因战时运输管理的需要，改隶于运输统制局。运输统制局成立于 1940 年 4 月 3 日，由指挥、监察、财务 3 处和秘书室组成，其中指挥处包括车务管理、仓库管理、燃料管理 3 组，监察处包括稽查、警卫 2 组，财务处包括稽核、会计和出纳 3 组，秘书室包括文书、统计和事务 3 科。为便于机构的权责统一，运输统制局统辖运输总司令部、西南运输处以及交通部所属各机关，规定各机关负责人到统制局办公，或派代表驻统制局，以便使统制局的各项计划指导得以立即贯彻实施。③ 具体而言，运输统制局统一指挥调度军政部、交通部、后方勤务部所辖各运输机关及铁道运输司令部西南运输处的运输业务，掌管职能包括五方面：“一、国内外各项公私运输机关与运输工

① 《交通部滇缅公路运输管理局暂行组织规程》(1938 年 11 月 28 日公布)，《交通建设季刊》创刊号，1941 年，第 311—312 页。

② 云南省地方志编纂委员会总纂：《云南省志》第 33 卷《交通志》，第 47 页。

③ 《何应钦呈蒋介石军事委员会运输统制局筹备经过业务进行情形》(1940 年 4 月 20 日)，台北：“国史馆”藏，蒋中正总统文物档案，002/020300/00015/042/2。

具之调遣分配；二、支配进出口物资运输之数量及程序；三、审定有关运输之一般设施；四、解决有关运输之争议；五、各该路工程之考核与监督。”运输统制局秘书室“掌理本局文书人事统计及庶务卫生事宜”，指挥处“掌理各项运输工具之调度，厂库之设备，火车，船舶，驮运、驿站之设置，以及运输有关之一切设施事宜”，监察处“掌理运输之纪律、秩序，路线、保安及工作考核等事宜”，液体燃料管理委员会“掌理液体燃料之采购、储运、分配等事宜”。①

为改善滇缅公路运输工程，1941 年 5 月 1 日，滇缅公路运输工程监理委员会在昆明成立，直属于军事委员会运输统制局。滇缅公路运输工程监理委员会以后方勤务部部长俞飞鹏为主任委员，交通部部长张嘉璈和美国人贝克为委员，后又以西南运输处主任宋子良及缅甸政府推派人员为委员。委员会下设秘书和督察 2 室，秘书室设秘书长 1 人，由西南运输处副主任陈体诚兼任，督察室设督察长 1 人，由美国人贝克兼任。② 滇缅公路运输工程监理委员会主要职能是掌管“运输业务之整理及改进事项、公路工程及一切行车所要设备之建设及改进事项、车辆工厂技术管理之指挥监督事项、车辆及配件燃料供应计划及管理监督事项”。委员会秘书室掌管总务事项，并设秘书办事员若干人，分掌若干事项。督察室设督察长 1 人，掌管各项督察事务，副督察长 2 人，协助办理督查事务，分设运务、工务、厂务、材料和管训。③

---

①《军委会运输统制局暂行组织条例》(1940 年 10 月)，重庆市档案馆编：《抗日战争时期国民政府经济法规》上册，北京：档案出版社 1992 年版，第 58 页。

② 龚学遂：《中国战时交通史》，第 42 页。

③《滇缅公路运输工程监理委员会组织大纲》，《西南公路》第 154 期，1941 年 7 月，第 451 页。

1942 年 5 月滇缅国际运输中断后，西南交通运输机构进行改组。交通部为统一管理全国公路运输工程和有关事项，1943 年 3 月成立了交通部公路总局，负责国际运输。公路总局设局长 1 人、副局长 2 人、秘书 4 人至 6 人、处长 6 人、科长 20 人至 26 人、科员 160 人至 210 人。公路总局内设机构有总务处、工务处、监理处、运务处、材料处和财务处，其中工务处主要管理公路设计建筑、公路保养修理、公路桥渡、公路器材支配等事项，运务处主要负责公路车辆调度修理、行车考核训练、物资接转、公路通讯设备等事项。①

1945 年 1 月，军事当局为配合反攻，集中各种运输力量，成立了军事委员会战时运输管理局。② 军事委员会战时运输管理局隶属于军事委员会，设局长 1 人，总理全局事务，副局长 2 人，协助局长处理局务，秘书室主任 1 人，秘书若干人，处长 5 人，掌管各处事宜。战时运输管理局内设机构有秘书室、总务处、运务处、公路工务处、材料处、财务处、会计处、人事室和警稽室。秘书室主要掌管机要文电撰拟、法规章制审订、编译对外事务及文件和汇编统计材料；总务处掌管收发保管文书、典守印信、统筹员工福利和庶务及其他事项；运务处负责统筹调度与管制运输工具、拟定运输计划、考核运量、厘定运价、登记核发汽车牌照与驾驶执照、登记考核驾驶人员技工和联系监理其他水空铁驿各项运输业务；公路工务处主要负责规划与新修公路线、设计与监工改善工程、保养公路与厘定养路费率、筹措公路工程器材、督察其他公路工程与审核各项工程计划；材料处主要负责督导运输工具的保养修理、统筹运输工具

---

①《交通部公路总局组织法》(1943 年 4 月 19 日)，《立法院公报》第 125 期，1943 年 5 月，第 131—135 页。

② 俞飞鹏：《十五年来之交通概况》，交通部 1946 年印，第 5 页。

的整修装配、规划各种配件的制造修理、筹措设置各厂所仓库、储运与采购国内外材料、统筹支配燃料工具配件。①

（二）西南国际运输机构的组织与职能

西南运输处是全面抗战时期重要的国际运输机构，机构复杂，人员众多。西南运输处本部在广州成立后，由于物资进口及转运内地的关系，在国内外有关地方分别成立分机构，以司其事。西南运输处的直属机关包括分处、运输人员训练所、昆明运输事务所、仓库、滇缅公路医院下关医院、诊疗所、汽车制造总厂等。具体机构图如下所示：

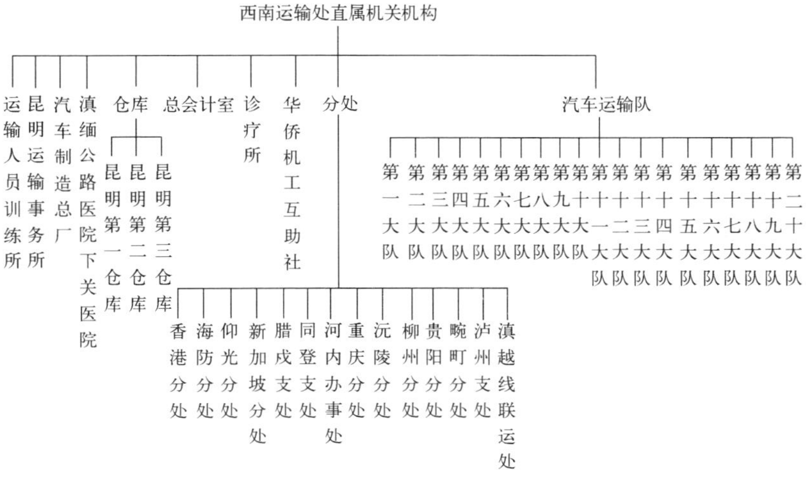

图 3-1　西南运输处直属机关

资料来源：《西南运输处直属机关详表》，陈嘉庚纪念馆、云南省档案馆、厦门市华侨历史学会编：《南侨机工档案史料选编：云南省档案馆馆藏部分》，北京：中国华侨出版社 2009 版，第 66 页。

从上图可以看出，西南运输处机构复杂。各处的任职人员分别是：香港分处，宋子良自兼处长；仰光分处陈清文、陈质平先后任

① 《军事委员会战时运输管理局组织条例》，《战运月刊》第 1 期，1945 年 3 月，第 34—35 页。

处长;河内办事处及海防分处黄强任处长;同登支处周贤言任处长;新加坡分处,陈清文任处长;缅甸的腊戍支处严寿康任处长;广西柳州分处黄荣华任处长;贵州贵阳分处王炳南、熊理先后任处长;畹町分处洪瑞涛任处长;昆明运输事务所陆振轩任所长;重庆分处汪英宾任处长。各分支处(国内)下设有汽车运输队、汽车修理厂及场、运输站、仓库、电台等协助推进运输业务。①

西南运输处在国外设立的仰光分处、畹町分处、八莫分处和腊戍分处,直接负责滇缅国际运输。后因大量华侨机工回国参加滇缅公路运输,西南运输处还在昆明成立了华侨机工互助社,具体办理华侨的指导、卫生、学术等事项。西南运输处主要办理国际运输,在全面抗战初期主要负责香港至广州和海防至镇南关两线,滇缅公路开通后,负责由仰光运输军用品经腊戍至昆明,再由重庆贵阳运输猪鬃、钨砂等物品从仰光出口。②

作为参与西南国际运输的重要运输机构,西南运输处内部各组织也明确了各自的职能,其中与滇缅公路运输紧密相关的组织是公路运输组。该组具体负责管理内部车辆的安全保障、保修车辆的验收、车历登记及司机的补充、训练、考验、驾驶执照和许可证的核发等,公路运输组下设汽车管理处,处下设车务科,科下分调度、业务、供应 3 股,分别办理上述业务。1940 年 5 月,公路运输组扩大为技术、管理和运输 3 组。监理业务由管理组负责,并于该组第一科下增设行车事故股,以处理该处日益增多的行车肇事。由于肇事车辆增多,西南运输处又成立了保障行车安全、处理肇事行

① 白海东:《抗战时期的军运机构西南运输处沿革》,李齐念主编:《广州文史资料存稿选编》第 5 辑,北京:中国文史出版社 2008 年版,第 407 页。

② 龚学遂:《中国战时交通史》,第 19 页。

车事变研究会。该会不设常务机构，由管理组、技术组、警卫稽查组、军法处、政训处派员组成，每星期开会 1 次，如遇特别重大的肇事事件，临时通知聚议仲裁，从此行车管理有所改观。①

由于滇缅公路运输日趋重要，为提高运输效率，1941 年 11 月 1 日军事委员会运输统制局成立了中缅运输总局。至于成立中缅运输统制局的具体缘由，据军委会运输统制局参谋长钱大钧称主要有两方面，一是“滇缅路为今日后方唯一对外交通路，一切物资当皆赖此路线输入，其于抗战大局之影响，至为重大”；二是“方今滇缅路畅通无阻，敌人嫉妒益甚，据敌情报，敌实有不择手段，以破坏滇缅路之企图，故目下时机急迫，今后中缅运输总局，必须力谋运量之增加”。② 具体而言，中缅运输总局由俞飞鹏担任主任，直属于军事委员会运输统制局，掌管西南国际运输事宜。中缅运输总局所辖的路线包括滇缅公路（昆明至腊戍及八莫、瓦城）运输、川滇西路（乐山经西昌至祥云）运输、仰腊铁路（仰光至腊戍）托运、仰莫（仰光至八莫）托运和仰光海道运输。中缅运输总局设局长 1 人，综合办理该局一切事务，副局长 1 人至 2 人，辅助局长办理局务。该局下设总务、运务、警务、会计和医务 5 处，分别掌管总务、运务机务、警务、会计稽核统计、医务事宜，各处设处长 1 人，掌管各处事务。其中局长、副局长由军事委员会任命，处长、副处长由局长呈请运输统制总局转呈军事委员会核定令派，秘书、专员、科长、正副工程司由运输统制总局令派。中缅运输总局设有总站，具体管辖分站、车队、修车厂、保养所和转运库，还设立有通讯事务所、车

① 黄恒蛟主编：《云南公路运输史》第 1 册，第 205 页。

②《调整西南国际运输机构，中缅运输局成立》，《云南民国日报》，1941 年 11 月 2 日，第 4 版。

辆管制所、仓库事务所和工程事务所4所。①

1941年12月太平洋战争爆发后，随着香港、仰光等地相继沦陷，中缅国际交通线中断，1942年5月，仰光、腊戍2局以及遮放总站人员已撤退至昆明，并积极抢运保山及保山以东存放物资，但八莫已沦陷。有鉴于此，5月9日，俞飞鹏上呈蒋介石，提出中缅运输燃料来源已断绝，“故趋势所向，不得不办理结束，以免人员闲置，徒耗公帑”②。于是，1942年8月10日中缅运输总局被撤销。

1945年1月，中印公路通车后，西南国际公路运输才得以恢复。1945年5月1日，滇缅公路运输局和滇缅公路工务局合并改组为战时运输管理局云南分局，隶属军事委员会。该局的主要任务是管理国境内的史迪威公路、滇缅公路及其他指定的公路工程与运输业务(包括中印空运接转业务)，葛沣任局长，龚继成、钱立任副局长，吴融清任总工程司。局内设秘书室、参谋室、会计室、人事室、总务组、运务组、机料组、工务组、警卫稽查组等职能部门，室、组分课办事。直属单位有空运接转站、3个汽车大队、5个运输段、7个工务段、7个养路费征收站、2个工程处、3个修理厂、5个驻(检)修所、7个材料厂(库)、1个酒精厂、2个车辆调配所、1个监理所、1个司机训练班，5个医院(所)以及交通警察等56个单位，共有员工9 195人。1945年8月15日抗战胜利后，军事委员会战时运输管理局归还行政建制，划归交通部管理。③

---

①《军事委员会抄转中缅运输总局组织规程等代电》，中国第二历史档案馆编:《中华民国史档案资料汇编》第5辑第2编，“财政经济”(10)，第349—351页。

②《俞飞鹏关于结束中缅运输总局等致蒋介石等电》(1942年5月9日)，中国第二历史档案馆编:《中华民国史档案资料汇编》第5辑第2编，“财政经济”(10)，第351页。

③ 云南省地方志编纂委员会总纂:《云南省志》第33卷《交通志》，第52页。

第二节　交通运输管理的主要内容

全面抗战时期，滇缅公路管理的内容大体包括人事管理、业务管理和工程管理。具体而言，人事管理主要管理公路运输人员，即管理南洋机工，包括对南洋机工的工作、生活等方面的管理。业务管理是对公路客货运输的管理，包括运输车辆的管理、养路费的征收、运输材料以及燃料的管理。工程管理是指对公路工程的管理，包括抢修公路、改善公路等内容。①

一、南洋机工的管理训练

1939 年 1 月滇缅公路正式开通后，公路运输日渐重要。虽然大批卡车由国外运进，但司机、技工相对较少，为解决司机、技工不足的问题，国民政府大力招募南洋机工回国服务。经过西南运输处和南洋华侨总会的共同努力，回国南洋机工人数逐年增多，截至 1939 年 6 月，前后有 6 批共1 921名。② 关于全面抗战时期回国南洋机工的具体数量，学术界有一定分歧，目前学术界及侨务界一般均采信3 200余人的说法。此说的根据，一是陈嘉庚在《南侨回忆录》中曾提到，“回国者三千二百余人”，其中“经安南往昆明者居多，经仰光者三百余人”；二是 1937 年关楚璞主编的《星洲十年》(社会)专刊所列“民国二十八年马来亚回国机工一览表”的统计显示，由马来亚经越南回国者共 9 批、2 654

① 夏玉清利用云南省档案馆馆藏未刊档案和民国期刊，研究了西南运输处对南侨机工的训练和管理情况。本文主要利用云南省档案馆公开出版的史料进一步梳理这一问题。参见夏玉清：《南洋华侨机工研究(1939—1946)》，第 144—202 页。

②《宋子良在星洲谈回国机工约两千人》，《云南日报》，1939 年 6 月 26 日，第 4 版。

人,由马来亚经缅甸入滇者共6批、538人,总计15批、3 192人。[①] 有学者考证后认为,全面抗战时期回国报效的南洋机工,实际服务于西南运输处、受雇在滇缅公路上输入军需、输出货物及承担其他修车、技术工作的只有将近3 000人,而非相传的3 200余人。[②] 笔者结合原始资料,对西南运输处南洋机工的回国数量进行了统计,具体数量见下表:

表3-1 西南运输处南洋机工分批回国统计表

(单位:人)

批次	第一	第二	第三	第四	第五	第六	第七	第八	第九	第十
人数	80	207	600	344	529	531	121	337	537	12

资料来源:《南洋爱国华侨技工回国服务 西南抗战运输选编之一》,《云南档案史料》第15期,1987年4月,第2—23、41页;黄晓坚编著:《华侨抗战影像实录:历史的诠释》,北京:中国华侨出版社2015年版,第400—401页。

说明:表述数据以《云南档案史料》为主,原始档案中缺少部分,按照黄晓坚文章补充。

从上表可以看出,10批南洋机工回国的总人数为3 298人[③],以第五、第六批最多,第十批最少。回国后的南洋机工被编入"华侨先锋队",主要参加滇缅国际公路运输。为提高运输效率,完成西南国际运输任务,西南运输处及相关部门也加强了对南洋机工的管理。具体而言,对南洋机工的管理包括四方面内容:

第一,在运输管理方面,要求南洋机工遵守驾驶规则,爱惜车辆和物资。运输管理包括两方面内容,一是行车安全管理,二是车辆及运输物资管理。就行车安全而言,由于滇缅公路跨越中缅两国,西南运输处要求机工在缅甸境内行驶时严格遵守缅境行车规

① 黄晓坚编著:《华侨抗战影像实录:历史的诠释》,第397—398页。

② 黄晓坚编著:《华侨抗战影像实录:历史的诠释》,第403页。

③ 学者夏玉清推测,南侨机工人数在3 300至3 500人。参见夏玉清:《南洋华侨机工研究(1939—1946)》,第100页。

则，使运输符合国际化要求。同时，西南运输处要求机工在行驶过程中保持车距，限制车速，由领队指挥整齐行车，遵守运输纪律，保证行车安全。① 应该讲，这些规定对于保护司机人身安全具有重要意义。尤其是滇缅公路沿线地形复杂，加上施工仓促，路况较差，给行车安全带来了隐患。据回国服务的马来亚机工谢金标自述，他在保山、畹町、芒市、下关以及缅甸的腊戍、九谷、仰光之间往返运输。由于缅公路路况糟糕，路面狭窄，凸凹不平，坡陡弯多，傍山险路，有的机工因一时不慎，车毁人亡。例如，南洋机工李水师，拉着一车驾驶员到畹町接车，但在半途就翻到沟里，死亡 28 人，其中有南洋机工 15 人，李水师也未幸免。② 1939 年 4 月 25 日，西南运输处副主任吴琢之就对回国的南洋机工发表训话，要求机工们注意行车安全，"驾驶车辆返国时，处处以驶缓车为宜，即遵照国内规定每点钟速率不得超过二十英里或三十五公里，尤以上下山坡切宜缓驶，然缓车辆不致损坏，运载之军火不致倾覆"③。

除了行车安全管理，车辆和物资管理也十分重要。西南运输处要求机工要节约汽油，注意汽车保养，延长汽车使用寿命，同时机工也应当爱惜物资，履行运输责任。④ 由于滇缅公路路况较差，车辆的磨损很大，因此保养车辆也十分重要。1939 年 4 月 25 日，吴

---

①《腊戍西南运输公司华侨第二大队整理纲要》(1941 年 4 月 8 日)，《云南档案史料》第 15 期，1987 年 4 月，第 50 页。

② 谢川舟、谢金标、蔡文兴：《几个华侨机工的自述》，云南省政协文史资料研究委员会编：《云南文史资料选辑》第 37 辑，第 190 页。

③《西南运输处吴琢之副主任对南洋回国机工训词》(1939 年 4 月 25 日)，陈嘉庚纪念馆、云南省档案馆、厦门市华侨历史学会编：《南侨机工档案史料选编：云南省档案馆馆藏部分》，第 67—68 页。

④《腊戍西南运输公司华侨第二大队整理纲要》(1941 年 4 月 8 日)，《云南档案史料》第 15 期，1987 年 4 月，第 50 页。

琢之在对回国的南洋机工训话中也强调了保养车辆的重要性,他说:“须知吾国工业落后,吾人不能自制车辆,现有车辆均千辛万苦购自舶来,所有车辆均须用多量人民之血汗向外国购来。买车之金钱均为人民点滴血汗的积成,皆为海内外同胞所热烈捐助者,故吾人宁可牺牲自己,切勿多牺牲人民血汗,所以保养车辆乃诸君应视为唯一之任务。”[①]为提高运输效率,西南运输处要求参与滇缅公路运输的南洋机工注意驾驶车速、节约燃料、保养汽车、爱惜物资。

第二,在经济管理方面,给予南洋机工相对优厚的待遇,以吸引更多机工回国服务,壮大滇缅公路运输力量。1940 年 1 月 29 日,复兴公司驻缅运输工程处称,鉴于机工工作环境危险,复兴公司重庆总公司相应提高了机工工作待遇,规定合格机工每月一律支付月薪缅币 50 盾,队长每日支付缅币 60 盾。与之相比,国内机工每月收入则为国币 45 元,1 盾缅币等于国币 4 元,也就是国内机工的月收入约为 11 盾,因此南洋机工的收入是国内机工收入的近 5 倍。此外,南洋机工每次行车期间,在缅甸境内公司发给差旅费 1.8 盾,在国境发给国币 2 元。[②] 另据 1940 年 4 月 22 日陈嘉庚讲,南洋机工的月收入至少为国币 30 元,而前线士兵月收入只有 10 元,少尉为 28 元,赴前方服务的青年服务团团员为 15 元。[③] 因此,南洋机工的收入是普通士兵的 3 倍,是青年服务团团员的 2 倍,甚

① 《西南运输处吴琢之副主任对南洋回国机工训词》(1939 年 4 月 25 日),陈嘉庚纪念馆、云南省档案馆、厦门市华侨历史学会编:《南侨机工档案史料选编:云南省档案馆馆藏部分》,第 67—68 页。

② 《复兴公司驻缅运输工程处有关侨工管理情形函》(1940 年 1 月 29 日),陈嘉庚纪念馆、云南省档案馆、厦门市华侨历史学会编:《南侨机工档案史料选编:云南省档案馆馆藏部分》,第 111 页。

③ 《陈嘉庚先生训词》(1940 年 4 月 22 日),《云南档案史料》第 15 期,1987 年 4 月,第 63 页。

至高于少尉军官。国民政府给予南洋机工相对优厚的待遇，也是对南洋机工回国服务的肯定。由于南洋机工收入较国内机工收入高，加上他们平均年龄在30岁以下，长期在国外生活，他们生活也较为阔绰。为此，西南运输处也要求机工限制个人消费，注意节约，按月储蓄，养成节俭风尚，使生活简单化。①

不仅西南运输处要求南洋机工生活节俭，陈嘉庚也对机工们提出了同样的要求。1940年4月22日，陈嘉庚率领南侨慰问团参观了西南运输处重庆分处，并对南洋机工发表讲话，称机工们"一向在国外，生活是很优美的，每月所得之金钱亦很多，回国是为抗战救国，绝不是金钱问题。所以要求管理者对于他们衣食住以及医药问题要特别注意"，"应该节省，要抱刻苦耐劳的精神，不要浪费金钱。如果不知节省，就是三五百元亦属不够。总之，侨胞之回国服务，首先要看清，目标是抗战救国，民族复兴，不是来享福过优越生活的"。②

第三，在生活管理方面，加强对机工生活作息、饮食、内务的管理，以保障机工的身体健康。具体而言，生活管理要求机工生活作息有规律，膳食统一，同时要求机工整理内务，统一服装，注意生活卫生。③ 鉴于身体健康的重要性，吴琢之要求南洋机工注意生活卫生，注意身体健康。他讲道：机工们"对于衣食住行、起居饮食，卫

---

①《腊戍西南运输公司华侨第二大队整理纲要》(1941年4月8日)，《云南档案史料》第15期，1987年4月，第50页。

②《陈嘉庚先生训词》(1940年4月22日)，《云南档案史料》第15期，1987年4月，第63页。

③《腊戍西南运输公司华侨第二大队整理纲要》(1941年4月8日)，《云南档案史料》第15期，1987年4月，第50页。

生上必须加以研究，尤须饮食有节，起居有序”，“勤于洗沐运动”。[①]同时，吴琢之也要求南洋机工注意生活检点，爱护名誉。南洋机工回国服务，积极支持中国抗战大业，“然苟有人马，不守纪律，不服命令，嫖赌烟酒，偷盗贪污者所不为，则一人之行动，适足以影响团体之名誉，一人之不名誉，甚至可以影响国家在国际上之地位，其关系非常重大，不可不慎也”[②]。吴琢之对机工们的讲话，代表了西南运输处对南洋机工们的要求和期望，也是管理南洋机工的需要。

为加强对南洋机工的生活管理，保护南洋机工的身体健康，西南运输处还采取了相应管理措施。据西南运输处主任宋子良 1939 年称，西南运输处在 1939 年加强了机工衣食住行等方面的管理，具体管理情形表现在：在服装方面，为每名机工发放工作服 2 套，军毯 2 条，并计划在 1939 年 11 月底发给机工呢质军装 1 套，棉大衣 1 件；在饮食方面，西南运输处在滇缅公路下关、永平、保山、龙陵、芒市、遮放等站设立的合作社附近设有食堂，其他各站附近原有饭店随时可以就餐；在住宿方面，西南运输处在滇缅公路沿线各站建有机工宿舍，以备运输机工寄宿，每处宿舍可容 100 人至 150 人；在医疗卫生方面，西南运输处在下关、保山处设立医院，芒市、遮放设立分诊所，在永平、龙陵、楚雄等站筹设诊所，并在昆明设立诊疗所和疗养所，聘请来自上海的医生，药品也较丰富；在业务生活方面，西南运输处在滇缅公路沿线的昆明、禄丰、楚雄、下关、永

---

①《西南运输处吴琢之副主任对南洋回国机工训词》(1939 年 4 月 25 日)，陈嘉庚纪念馆、云南省档案馆、厦门市华侨历史学会编：《南侨机工档案史料选编：云南省档案馆馆藏部分》，第 68—69 页。

②《西南运输处吴琢之副主任对南洋回国机工训词》(1939 年 4 月 25 日)，陈嘉庚纪念馆、云南省档案馆、厦门市华侨历史学会编：《南侨机工档案史料选编：云南省档案馆馆藏部分》，第 68 页。

平、功果、保山、惠通桥、龙陵、芒市、遮放、畹町等 12 处设立管理站，各汽车大队部均设有俱乐部，以丰富机工业余生活。[①] 此外，西南运输处还成立了“华侨机工互助社”专门解决南洋机工在中国遇到的困难，包括接转机工书信、设立娱乐设施、护送机工南返、汇款等问题。[②] 应该看到，西南运输处为加强南洋机工的生活管理，在衣、食、住、医疗、业余生活等方面采取了一系列配套措施以满足机工的日常生活需要，对于保障南洋机工的基本物质生活需要发挥了一定积极作用。

第四，在训练管理方面，加强了对南洋机工的技术培训和文化教育，以提高机工的驾驶技术和文化素质。回国的南洋机工除部分是熟练司机外，很大部分需要加强驾驶训练。1939 年 8 月 14 日，陈嘉庚称，财政部贸易委员会委托招募的百余名机工“平昔系司机助手再加训练者，经验不甚丰富，论理不便派往。无如从外埠集合而来，且爱国热情可嘉，故特声明，请为注意训练”[③]。为提高机工的驾驶技术，西南运输处在昆明成立有运输人员训练所，进行必要的驾驶培训。1939 年 6 月，运输人员训练所已接收回国服务的南洋机工 1 250 余人。鉴于训练学员人数增加，西南运输处于 1939 年 5 月 20 日成立了乙级干部训练班，在华侨队及熟练司机队中选拔合格队员 50 名为该班学员，训练期限 1 个月。为提高机工驾驶技能，训练所要求每名司机实习驾驶时间为 9 小时，能在平地上独立驾驶。对于刚到的南洋机工，根据他们的技术水平分别编

① 《宋子良复蒋中正待遇电》(1939 年)，陈嘉庚纪念馆、云南省档案馆、厦门市华侨历史学会编：《南侨机工档案史料选编：云南省档案馆馆藏部分》，第 199 页。

② 夏玉清：《南洋华侨机工研究(1939—1946)》，第 162—202 页。

③ 《陈嘉庚告征募华侨技工经过情形函》(1939 年 8 月 14 日)，《云南档案史料》第 15 期，1987 年 4 月，第 36 页。

队，成绩优秀者注重军事政治训练，成绩较差者按照熟练司机训练课程训练1个月，再行考核。鉴于南洋机工的教育程度参差不齐，西南运输处除定期进行精神讲话外，还设立了识字班，分初、高两级，每晚上课2小时，由训练所教务科职员授课。①

南洋机工的培训内容包括技术培训和文化教育两部分。为了提高培训效果，西南运输处制订了培训要点，采取了多种训练形式。培训要点包括军事训练、政治训练、精神训练和秘密训练四部分，具体是军事训练“以基本动作为原则，养成军人之楷模”；政治训练“以灌输知识，纠正思想为原则，养成操行之纯洁”；精神训练为“宣读总裁言论，解释抗建要旨，以建立中心思想”；秘密训练主要为文件保密和言论保密。为增强训练效果，训练形式多样。就政治训练而言，训练形式包括座谈会、小组讨论、个别谈话、工作讨论、时事研究、创办刊物、国情研究、壁报、扩充中山室和创办俱乐部10种。精神训练的方式为每天早晨宣读总裁言论，各主管官及队部官长随时召集精神讲话。② 至于南洋机工培训的具体实施情况，据第九批回国服务的马来亚机工谢川舟自述，培训机工每天早晨出操，上政治、军事课，下午出车，到郊外实际操作练习，一共培训了半年时间。③

总之，由于战时大量南洋机工参加滇缅公路运输，为提高运输效率，西南运输处采取了一系列措施加强对南洋机工的管理，管理

---

①《西南运输处陈质平致陈嘉庚函：机工在昆明训练情形》(1939年6月10日)，陈嘉庚纪念馆、云南省档案馆、厦门市华侨历史学会编：《南侨机工档案史料选编：云南省档案馆馆藏部分》，第102—104页。

②《腊戌西南运输公司华侨第二大队整理纲要》(1941年4月8日)，《云南档案史料》第15期，1987年4月，第50—51页。

③ 谢川舟、谢金标、蔡文兴：《几个华侨机工的自述》，云南省政协文史资料研究委员会编：《云南文史资料选辑》第37辑，第184页。

内容涉及行车安全、汽车保养、日常生活、业务培训等方面。尤其是鉴于南洋机工回国服务是响应祖国抗战号召,西南运输处给予南洋机工许多优待,既是国民政府对南洋机工爱国之举的肯定,又有利于吸引更多机工回国服务。通过这些措施,滇缅公路的运输力量进一步壮大,运输效率也得以提高。

二、客货运输业务管理

就滇缅公路而言,在滇缅公路运输管理局时期,管理局除进行工程管理外还兼办客货运输业务,并在沿路的昆明、禄丰、楚雄、下关、漾濞、永平、保山、龙陵、芒市、畹町、腊戍设立车站。1939 年 7 月开始客运,行驶昆保及关保区间车,第一次设置了 18 辆司蒂华特客车,第二次设置了 14 辆道奇客车,沿途设有招待所,供旅客食宿。货运则主要利用回空的运料车及工程车,出口运输以运载复兴公司桐油和资源委员会钨砂为主,进口运输除自运外洋材料外,以运载航空器材及兵工署物资为主。1941 年 7 月,滇缅公路货运业务移交中缅运输总局接办。1944 年滇缅公路货运业务由滇缅公路运输局办理。在车辆调度方面,滇缅公路车辆采用了集权制,滇缅公路运输管理局设立有调度股,管理全路车辆的调派事宜,各站则调度电报填发行车总票,每日行车状况各站均以电报传达。① 具体而言,滇缅公路客货运输管理包括以下三方面:

第一,在车辆管理方面,加强了汽车登记、通行证管理和车辆维护管理,禁止汽车回空行驶,以提高运输效率。由于滇缅公路运输属于跨境运输,首先需要加强对运输车辆的登记、通行证和运输

① 龚继成、安钟瑞:《抗战期中之滇缅公路工程与管理》,《公路月报》第 4 期,1944 年 1 月,第 11—12 页。

物资的检查。为加强运输车辆的管理，滇缅公路运输管理局不仅有专门的业务科、机务科等机构分管检查站的设置、内部车辆的检验、登记、牌照执证核发等事项，而且成立了检查站具体管理车辆的检验、登记、牌照执证核发等。1939 年 6 月，滇缅公路运输管理局在昆明、下关和畹町分设检查站，专门办理通行车辆及司机的查验、登记，取缔处理违章肇事，征收养路费、通行费，核发检查通行证等战时运输管理工作。随着行驶车辆的增多，又先后增设了禄丰、祥云、漾濞、保山、芒市和遮放 6 个检查站。11 月，机务科被交通部指定为核发国滇字统一汽车号牌及司机、技工执照的机关。1940 年 5 月，运输统制局在昆明成立公商车辆管制所，同时设东、西管制站，接管其战运管制工作。为避免同运输统制局检查所、站混淆，将检查站改称为管理站。1941 年底，中缅运输总局成立，将原西南运输处的管理组，改为运务处，只负责内部车辆的安全行驶保障和违章肇事处理。①

1942 年 1 月运输统制局核准颁布了《缅境及华境或华缅两境间之车辆行驶管理办法》，具体规定了滇缅国际运输的车辆管理办法，管理内容包括车辆登记、发放通行证、运载物资等。在车辆登记方面，规定了参与滇缅国际运输的车辆必须在相关国家机构登记，其中“凡在缅境登记并缴付缅税之车辆，须向设在腊戍之缅方统制所登记，并由缅方统制所统制之”，“凡在中国境内行驶之车辆，不论车主之国籍，须向设在昆明之统制机关登记，并由华方统制机关统制之”；在通行证发放方面，规定“由缅入华货运车辆通行证，由缅方腊戍统制所发给之”，“由华入缅货运车辆通行证，由华方昆明统制机关发给之”；在运载物资方面，规定中英缅普通运输

① 黄恒蛟主编：《云南公路运输史》第 1 册，第 205—206 页。

商车“挂缅甸牌照或中缅两方牌照者，须全部载运政府物资”，凡挂缅牌照或中缅双方牌照的中国政府车辆者“准优先装运本机关物资，但不得停车候货”。①

对于从仰光过境的新车，运输统制局也加强了管理。1941 年 1 月运输统制局核准颁布了《由仰光入国过境新车统制规则》，规定“过境新车，应在仰光按其规定容量（即缅甸公共工程部所规定之容量）装载政府物资内驶”，每车司机“均由中缅运输总局派驻仰光代表发给证明书一纸，证明其所载货物为合法之政府物资”，商人新车“只以装载政府汽油或飞机油为限”，任何过境新车抵腊戍时，若无证明书者，“应立即由腊戍缅府统制所统制，并由该所决定令其将原装之货卸下，由腊戍改装政府物资人国”。②

为了提高汽车的运输效率，西南运输处等部门也要求禁止回空车辆空驶。1940 年 2 月 12 日，军政部颁布了《军委会取缔军用汽车空驶条例》，规定“各军事机关各部队所属军车，及调供军运之路车商车，除卸空驶往附近停车地点及由停车处驶往附近装运地点外，一律禁止空车行驶”。在军用车向车站司令部办公处或管理站报到后，“以先装军用品为原则。如无军品，得代路局装载商货”③。除了禁止回空军车空驶，交通部也禁止回空商车空驶，规定“凡公商汽车无论空车实载，于开行前均应向各该管区公商车辆管理所登记，请领准行证后，方准开行”，“公商汽车到达终点站后，应

①《缅境及华境或华缅两境间之车辆行驶管理办法》（1942 年 1 月运输统制局核准），重庆市档案馆编：《抗日战争时期国民政府经济法规》下册，第 546—547 页。

②《由仰光人国过境新车统制规则》（1941 年 1 月），重庆市档案馆编：《抗日战争时期国民政府经济法规》下册，第 538 页。

③《军委会取缔军用汽车空驶条例》（1940 年 2 月 12 日），重庆市档案馆编：《抗日战争时期国民政府经济法规》下册，第 516 页。

将准行证送缴就近之管制所站核销，听候调派利用，各车主不得自行揽载。如确无客货可装，方准领证空驶”。①

为提高运输效率，还需要加强对车辆的维修管理。1939 年 10 月，西南运输处在保山设立修车厂，在下关、遮放设立修车分厂。鉴于滇缅公路沿线无电话设备，通信迟缓，西南运输处安排了救济车辆，随车 5 名技工，携带普通应用材料和工具，每日沿途巡查救济，以便及时发现并修理运输途中抛锚的车辆。② 滇缅公路运输管理局在公路重要地点也设立了厂所，专门管理车辆的修理保养及制配零件等事宜。在运输业务移交滇缅公路工务局前，管理局在昆明、下关、保山设立修车厂，禄丰、楚雄、永平、龙陵设立检验所；在运输业务移交滇缅公路工务局后，各修车厂和检验所随之移交，滇缅公路运输管理局只保留工程车和工程机器。③

第二，在养路费管理方面，交通部制定了一系列养路费的征收办法，明确了征收范围，划定了养路费征收标准，规范了养路费的征收。1939 年 7 月，滇缅公路运输管理局公布《征收营业汽车通行费办法》，正式征收滇缅公路的养路费。对入境缅车的养路费征收改按《征收营业汽车通行费办法》实施。在此期间，滇缅公路运输管理局灵活地与一些缴费部门订立了特约规定，并在《行车管理暂行章程》中，订立了征收非机动车辆养路费的条款。8 月，交通部公

① 《交通部取缔公商汽车空驶办法》(1940 年 10 月 23 日)，重庆市档案馆编：《抗日战争时期国民政府经济法规》下册，第 517 页。

② 《宋子良致陈嘉庚有关刘牡丹报告事代电》(1939 年 10 月)，陈嘉庚纪念馆、云南省档案馆、厦门市华侨历史学会编：《南侨机工档案史料选编：云南省档案馆馆藏部分》，第 211 页。

③ 龚继成、安钟瑞：《抗战期中之滇缅公路工程与管理》，《公路月报》第 4 期，1944 年 1 月，第 12 页。

布《公路保养设施通则》及《公路征收汽车养路费规则》，9 月 1 日起全国施行。滇缅公路运输管理局即发布通告，昆畹段公路的养路费悉遵令执行。① 至于滇缅公路养路费的征费费率，有如下规定：乘人营业小客车（7 座以内），不论空、重，每车公里 4 分；乘人大汽车，无论自用或营业，每车公里 8 分；运货汽车按规定载重量每吨公里 6 分。至 10 月，各线遵照交通部简化征费手续，在征收部属运输局和各运输公司的 20 辆以上车辆养路费时，采取按月整付办法，开创了云南国道公路按月征收汽车养路费的先河。同时在此次调整中，对非机动车辆规定，每车单程最少收国币 2 角，来回最少 4 角，空车行驶照缴养路费。11 月，滇缅公路局拟具《征收汽车养路费办法》和《设置检查站暂行办法》，并公布实施，将养路费的征收依据、办理手续、军用和军事机关车辆、各机关自用卡车、胶轮大车等的纳费规定、变更、查验、违章处罚等都作了明确规定。同时，由于此时交通部对养征费业务的规范化调整及协调把关，云南国道公路征费机构的养征业务基本一致，并规范化。由于滇缅公路以运输军用物资为主，路费减半，加之养路人工、物料价格日益上涨，于是从 1941 年 1 月份起，滇缅公路养路费按原额提高 1 倍征收，以示平衡。此后云南国道公路的养路费率，开始与物价、运价的上涨幅度密切挂钩。1945 年 7 月，战时运输管理局为完善征费工作，便利战时运输，制定了《公路征收汽车养路费规则施行细则》，将前颁有关规定概行废止，高度统一了养征业务。其新规则特点是较前准确、具体、科学，使云南国道公路的养征业务从征费

① 马继延主编：《云南省道路交通管理图志》，昆明：云南人民出版社 2006 年版，第 275 页。

政策、办法到财账单证等，自上而下地统一起来。① 滇缅公路的养路费征收均按照相关规定办理，除与各机关有特别约定车辆外，均以收取现金为原则。在滇缅公路西段沦陷前，滇缅公路每月养路收入最高 810 余万元，而滇缅国际运输中断后，每月养路费收入锐减至 60 万元。②

第三，在交通材料和燃料管理方面，要求严格编造月报，并规定了材料工具的保管手续和调拨转拨手续。全面抗战爆发前，中国交通材料和燃料依赖进口，其中中国所需汽油全部依赖国外进口，每月进口 300 余万加仑。③ 全面抗战爆发以后，交通材料燃料的进口愈加困难，需要加强管理。滇缅公路材料的处理原按照 1937 年 2 月铁道部颁布的《铁路器材账目则例》，并参照公路情形，另行制定了处理材料规程，于 1941 年 1 月呈报教育部备案，并在沿线工程段所在地设立了材料库、油库油站，专门管理材料收发、储转、车辆加油等事项。滇缅公路工务局为加强材料管理，制定了管理法规，具体内容包括三方面：一是要求严格编造月报，“料与账务希按月编造月报时，切实核对，如遇不符，随时调整盈亏，不得隐匿不报”。对于已经编造好的表报，“表报之编号，与登账及稽核，至为重要，各厂库应切实注意，以免漏号或重复编号情事，每在月底应另列送局表报清单各一份，以凭核对”。二是详细规定了材料工具的保管手续。在保管材料工具时，管理人员“务应注意料具性质，存储地点，堆存方法，是否适宜”，对于材料工具的退还，各厂库“应先注意有无应退之旧料，如

① 黄恒蛟主编:《云南公路运输史》第 1 册，第 212—213 页。

② 龚继成、安钟瑞:《抗战期中之滇缅公路工程与管理》，《公路月报》第 4 期，1944 年 1 月，第 12 页。

③ 龚学遂:《最近三年来之公路运输概况》，《交通建设》第 1 卷第 3 期，1943 年 3 月，第 27 页。

有应退之旧料，当洽领料处所，先将旧料退库后，再获新料，并在退料凭单上注明当时领料日期及凭单号数，以凭查考”。对于用旧的材料工具，“亦应堆放整齐，妥慎保管”。三是严格规定了材料工具的调拨转拨手续。在调拨与转拨时，“除有特殊情形者外，以装满一车为原则，并按其性质，应妥慎装箱交运，运出以后，尤须注意受料厂库，是否收到，不得于料具调出后，即认为职责以完，不闻不问”①。

滇缅公路国际运输中断后，进口材料来源中断，机构合并，除各工程段改设材料室外，仅在昆明、土官村、下关 3 处设立有材料库。对材料列账手续，除各仓库室逐日收发情形随时登记记录外，并按月编造报表上报总局审核，总局主管部门备有全路材料总登薄，根据库室表报逐日记载编造材料收发月报。至于各库室实际办理情形，则派材料点查员抽查。②

总之，为提高滇缅公路运输效率，西南运输处、滇缅公路运输管理局等机构也加强了客货运输管理，尤其是货运管理，颁布了一系列管理法规，成立了专门的管理机构，管理运输车辆、材料燃料，统一养路费的征收等。这些管理内容涉及车辆登记、通行证管理、运输物资的检查、养路费的征收标准、交通材料和燃料收发、存贮等内容。因此，战时西南国际运输管理相较于战前更为规范和严格，这些管理措施的实施，也一定程度上纠正了原来管理混乱的弊端，从而有助于提高运输效率。

三、国际交通工程抢修与维护管理

滇缅公路经过路段地势崎岖，施工不易，加之施工仓促，许多

---

① 徐默融：《材料管理》，《滇缅公路》月刊创刊号，1944 年 6 月，第 15 页。

② 龚继成、安钟瑞：《抗战期中之滇缅公路工程与管理》，《公路月报》第 4 期，1944 年 1 月，第 12—13 页。

路段并未达到严格的工程标准，因此路况较差，需要加强对公路的维护。此外，滇缅公路在战时频遭日机轰炸，公路损坏较为严重，也需要加强公路抢修，以保持公路畅通。具体而言，滇缅公路工程管理主要包括以下三方面的内容：

第一，动员民工抢修公路。全面抗战时期，为截断滇缅公路运输线，日军进行了重点轰炸。日机第一次轰炸是在1940年的10月20日，从这一天到第二年的2月12日，澜沧江的昌淦桥遭到了14次空袭。由于昌淦桥两岸悬崖陡峭，阳光仅在中午1个小时直射峡谷，其余时间内大桥都隐藏在迷蒙和阴影之中。因此，日本飞机在正午和1点钟之间空袭大桥。每天这个时刻，滇缅公路全体人员待命，为抢修工程车做好准备，待空袭结束后开始抢修大桥。在工程师和工人的密切配合下，修复一座桥最短的时间是1小时，最长的是5天10小时。当日机轰炸惠通桥后，大桥遭到严重破坏，抢修工人仅仅用了35小时35分钟就修好大桥。①

在功果桥、昌淦桥两桥未炸断之前，滇缅公路运输管理局在两岸开辟便道，另备渡船以防万一。1941年1月23日两桥被炸毁后，桥工队昼夜施工，于25日开始渡船通车。因只有一处渡口，为增加通行车辆数量，于是添设渡船，连成浮桥。1941年3月1日浮桥建成通车，但昌淦桥修复之后，它便被拆散隐蔽，以免被炸。此外，还在两桥的上下游另建渡船浮桥，以防万一。上游便道浮桥1941年4月开工，10月完成；下游9月开工，1942年2月完工。

除日军空袭造成滇缅公路运输受阻外，塌方也会导致公路受阻，需要及时抢修。尤其是每年6月至10月的雨季，抢修更多。为了抢修公路，滇缅公路运输管理局除动员原有员工外，还征募临时

---

① 谭伯英等：《血路》，昆明：云南人民出版社2002年版，第111—112页。

员工,昼夜抢修,保持运输通畅。据统计,1939 年消除塌方395 780立方米,1940 年消除149 935立方米,1941 年消除242 900立方米,1942 年消除79 218立方米。[①]

第二,铺设沥青路面,改善路况。由于施工仓促,滇缅公路有些工程未能尽合标准,处于通而不畅的状态,不能满足大量运输的要求。据滇缅公路运输管理局局长谭伯英 1939 年 7 月讲,滇缅公路路基路面“坡度大小不同,往往以限于地势未能尽合标准,惟桥梁涵洞,均经逐渐增强”,尤其是龙陵以西路段“值兹雨季期内,且均系新路,故沿路坍方,在所不免,惟有随塌随修,大概交通不至停顿,行车时间,因此或有延迟之处,一俟雨季过后,拟从事据固工作,俾将来不致再生重大障碍”。[②] 由于滇缅公路路基不坚固,土石松散,导致“风季则砂尘蔽天,雨季则路面泥泞”,公路的通车能力也大受影响,其中永平至保山段仅能通行载重 3 吨的货车。此外,滇缅公路沿线坡度较陡,原有路石因修路松动,易发生塌方,尤其是楚雄镇南一带。[③] 连俞飞鹏也认为滇缅公路“滇境路面太坏,致汽车被损坏者增多一节,确系实在”[④]。

滇缅公路运输管理局于是决定在 1940 年雨季前完成改善工程,使运输量能达到每日进口 600 吨。谭伯英也提出了具体的改善标准:在运输量方面,以每日行车 600 辆为标准;在载重量方面,

① 龚继成、安钟瑞:《抗战期中之滇缅公路工程与管理》,《公路月报》第 4 期,1944 年 1 月,第 9—11 页。

②《谭局长昨招待记者,谈滇缅公路营业方针》,《云南民国日报》,1939 年 7 月 25 日,第 4 版。

③ 佚名:《如何加强滇缅公路之运输》,《抗战与交通》第 60 期,1941 年 4 月,第 1022 页。

④《俞飞鹏对于商震与缅甸首席参议员克罗讨论滇缅公路问题分项叙述意见》(1941 年 7 月 3 日),李凤成主编:《滇西抗战南京档案文献选粹》,昆明:云南大学出版社 2016 年版,第 259 页。

路面及桥涵以至少能载重10吨为原则;在路基方面,平地至少宽8米,山地土方至少为7.5米,石方至少为7米;在路面方面,宽度为5.5米;最大坡度减低至8%,最小半径减低至15米,平地视距不得小于100米,山地不得小于60米。① 根据这一标准,滇缅公路运输管理局对公路进行了改建,按照每日行车量600辆的标准,对路基、路面、纵坡、弯道、桥梁载重等进行了改善。除依靠沿线民工外,有些工程发包交给包商承建。此外另组织机械筑路队,从国外进口开山机6台、压路机16台、自动卸料车2辆、挖泥机2台、平地锻1台、碎石机5台。这是中国大规模实施机械筑路的开端。主要的改善工程如下:一是铺筑弹石路面。为了有效地解决急弯陡坡地段碎石路面旱季松散、跳碴,雨天泥泞、滑车问题,1939年在上海招雇弹街工30余人,1940年初先在第一和第二工程段的一些急弯陡坡处,铺筑弹石路面,取得了良好效果,然后逐步推广到西段。全面抗战时期,滇缅公路共铺60余公里弹石路面,是中国最早铺筑此种类型路面的公路。滇缅公路上的弹石路面,是在泥结碎石路面上加铺,因基础好,不易变形下陷,且使用周期长、养路成本低,具有晴天灰尘少、雨天不泥泞、行车安全舒适等优点。二是铺筑柏油路面。滇缅公路也是中国最早铺筑乳化沥青路面的公路,1940年9月首先在昆明至碧鸡关试铺,1941年3月至1942年5月4日,由畹町向保山方向铺筑,铺到龙陵县以东的黄草坝时,因日军侵略腾龙地区,柏油路面不得不终止。② 据统计,滇缅公路铺设沥青路面约155千米,耗费块石145 555立方米,砂子13 500立方米。③

① 谭伯英:《抗战以来之滇缅公路》,《抗战与交通》第33期,1940年1月,第655页。

② 谢自佳:《滇缅、中印国际公路交通线》,杨实主编:《抗战时期的西南交通》,第94页。

③ 龚继成、安钟瑞:《抗战期中之滇缅公路工程与管理》,《公路月报》第4期,1944年1月,第8页。

第三，加强公路养护管理。由于途经地段地形复杂，滇缅公路容易塌方，因此需要加强养路工作。其养路工作由各工程处主持，下设分段。每分段设监员5人至6人，每人管辖7公里至10公里，指挥及监督工人进行养路工作。所有工人，分为道班、飞班、技工3种，在1942年以前，全线共有道班110班、飞班7班、技工班14班，共有工人2 878名，另编临时工班及临时雇工以应付雨季抢救。1940年和1941年，常工及临时工等养路工人，平均每天有4 500名左右，平均每公里养路约需5人。1942年5月，西段沦陷后，行驶车辆骤减。1942年4月，滇缅公路养路工人的人数为：第一工程段796人，第二工程段641人，第三工程段721人，第四工程段385人，第五工程段477人，第六工程段574人，第七工程段323人，功果桥工队347人，惠通桥工队107人，总计4 371人。①

滇缅公路养路工人的工作标准大体按照《云南全省公路养路员工服务及奖惩细则》执行。这一法规规定了工人、段长等养路人员的基本职责，其中规定工人每日在所管路段内巡查1次，工作时间为每日上午7时至下午5时，工人巡查时应携带必须工具随地整理路面，并灌溉保护行道树。段长每5天到所管路线巡查1周，考察工人工作，并注意督促工人整理路面。段长每5天应将全段工作状况填表报请公路总局查考，不得擅自离开所管路线。②

总之，滇缅公路运输管理局等机构采取了一系列措施加强公路工程管理，管理内容包括公路的抢修、改善和维护，这些管理既有日常工程管理，也有紧急维护管理，以满足战时的需要。应该看

① 龚继成、安钟瑞：《抗战期中之滇缅公路工程与管理》，《公路月报》第4期，1944年1月，第12页。

②《云南全省公路养路员工服务及奖惩细则》，《云南省政府公报》第10卷第29期，1938年4月，第4—5页。

到，这些管理措施的推行，有助于保障滇缅公路运输的正常进行。以清除滇缅公路塌方的土方数量为例，1939 年清除363 000立方米，1940 年清除137 700立方米，1941 年清除223 000立方米，到1942 年，由于该年 5 月滇缅公路国际运输中断，当年清理塌方数量降至72 675立方米，1943 年进一步降至22 230立方米，到了第五年，塌方总量只有第一年的 6%。[①] 塌方问题的及时清除，既保证了滇缅公路的运输安全，也保持了滇缅公路的畅通，从而也提高了公路的运输效率。

第三节 交通运输管理的主要特征

由于处于特殊的历史时期，战时交通管理具有明显的特征：第一，为满足抗战需要，交通管理实行了运输统制；第二，具有应急性特征；第三，由于受战局变化影响，交通管理机构变动频繁；第四，由于受到政治影响，管理机构内部充满了派系斗争，削弱了行政效率，尤其是国民党政治腐败渗透到交通管理部门，管理人员渎职、失职的现象也屡屡存在，更降低了交通管理的行政效率。战时西南国际交通管理的战时特征及其所受的政治影响，反映了战时交通管理的特殊性与复杂性。

一、实行交通运输统制

全面抗战时期，西南国际交通运输管理的显著特点是对运输实行统制。为加强战时运输的领导，军事委员会于 1939 年八九月间成立了军事运输总监部及运输总司令部，并于 11 月公布了《战

① 谭伯英等：《血路》，第 86—94 页。

时公路军事运输条例》及《战时公路运输实施规则》，规定战时公路运输由运输总司令部统筹办理，所有中央及各省公路局，以及公私汽车运输机构的军事运输事宜，均应受运输总司令部的指挥监督。并确定车辆使用原则，规定军事运输所用车辆，应由运输总司令部尽先在军事机关车辆中调拨。如不敷应用，再通知各主管机关斟酌情形分别调拨或征用。①

1940 年 10 月 7 日，西南运输处主任宋子良又拟具了《西南国际运输各公路来往车辆一律加以统制》的计划，该计划认为西南国际运输公路来往车辆“由西南运输处全权支配，出口以装运土产能换得外汇者为主，进口以装运军用品为主”。之所以提议由西南运输处统制西南国际运输，主要原因是之前西南运输处不仅担任国际运输，而且“各军械库之疏散、各兵工厂之抢运，大部分皆系由该处主办，致无余力将运到昆柳之兵工材料运渝”。鉴于现在国外军械弹药来源已断绝，国内各兵工厂也停工待料，“如不立即将车辆统制，增加运输能力，则数月之后，整个械弹，必至完全断绝矣”。② 针对宋子良的提议，10 月 26 日，行政院、交通部、财政部、经济部和外交部代表开会商讨，一致同意在 6 个月内所有由滇缅公路通过汽车内运的商品一律停运，仅棉花棉纱、钢铁五金材料、机器及工具、交通器材及配件、通讯器材及配件、汽油柴油润滑油、医药用品及治疗器材、化学原料和麻袋 9 种商品可以内运。③

---

① 中国公路交通史编审委员会编：《中国公路运输史》第 1 册，第 256—258 页。

②《西南国际运输各公路来往车辆一律加以统制筹西南国际运输提议事项》(1940 年)，台北：“国史馆”藏，蒋中正总统文物档案，002/080103/00043/005/1—2。

③《宋子良关于西南国际运输统制提议审查会概况》(1940 年 10 月 26 日)，台北：“国史馆”藏，国民政府外交部档案，020/011110/0013/28—29。

为实施滇缅国际运输统制，1940 年 10 月 31 日，交通部拟定了《滇缅公路暂停商货运输实施办法》，该办法认为完全禁止滇缅公路商运恐难办到，似宜采取限制运输的办法较为容易，因为棉花棉纱、钢铁五金材料、机器及工具、交通器材及配件、通讯器材及配件、汽油柴油润滑油、医药用品及诊疗器材、化学原料和麻袋 9 种商品为国防和民生必需品，政府应积极购运，或者鼓励商人运入以满足后方需要，其他商品则一律暂停通过汽车由滇缅公路运入中国，暂停时间为半年。① 1941 年 10 月 1 日，经济部与运输统制局拟定了《商货通运暂行办法》，以利于在运输统制期间商业活动的正常进行。该运输办法规定："以商车总数四分之一为商品运输之用"，"商货运价应与军公物资运价相同"，"经济部应派员驻在腊戍，昆明，畹町负责办理商货登记，即规定商货装运之程序事宜，并应派专员驻在管制站，办理联络事宜，所有商货运费、驾费、养路费，及其他应缴各费，均缴由管制站代收代付，不得由货主直接交付车商"。②

为加强滇缅公路国际运输统制，国民政府除规定集中力量运输军用品外，还改组了管理机构，加强统制管理。为了统一西南国际运输，军事委员会设立运输统制局，接管了原由交通部主管的公路管理工作。1940 年 10 月滇缅公路重新开通后，为加强该路运输管理，运输统制局于 1941 年 5 月 1 日在昆明成立了滇缅公路运输工程监理委员会。③ 1942 年底撤销运输统制局，成立公路总局，滇

---

①《滇缅公路暂停商货运输实施办法》，台北："国史馆"藏，国民政府外交部档案，020/011110/0013/40。

②《经部与运输统制局拟定商货通运暂行办法》，《云南日报》，1941 年 10 月 3 日，第 4 版。

③ 龚学遂：《中国战时交通史》，第 42 页。

缅公路运输遂划归交通部领导，由交通部部长曾养甫兼任公路总局局长。战时西南国际运输管理的统制特点，反映了战时国际运输的战时特征，即优先满足军运，以支持抗战。

二、交通管理具有应急性

全面抗战爆发以后，由于战局变化迅速，为适应形势变化，交通管理具有明显的应急性特征。以西南运输处为例，西南运输处运输业务除运输兵工署的进口军械外，还包括航空委员会油料，以及其他军事机关的军用品。1938 年 12 月，滇缅公路开始运营后，西南运输处为集中全力运输从缅甸进口的物资，抽调了大量运输车辆参加滇缅路运输。[①] 军事抢运在西南国际运输中占有很大比重，也体现了战时运输的基本特征。

具体而言，随着中国东南地区的海口相继被封锁，西南国际交通日趋重要。为解决国际运输困难，1938 年 8 月，宋子良派副主任吴琢之先到贵州筹备渝筑桂干线运输，龚学遂被派赴昆明布置滇越、滇缅两线运输。10 月，日军在广东大鹏湾登陆后，为抢运存储在港粤及广州湾各处的物资，西南运输处派曾昭六、张炎元主持抢运。由于华南局势日益紧张，为应对复杂形势，西南运输处进行如下规定：一是将仓库存贮的物资不分昼夜地装船运往梧州，二是先装重要物资，三是将河南芳村、花地等地物资以船装运，广州市区仓库物资以汽车装运，四是另一批装船物资驶往英德，转装火车，五是不必要的人员、眷属分别由水道、陆路往梧州、乐昌退出。1938 年 10 月 16 日，广州情形开始混乱，西南运输处决定将该处人员遣散，并发给川资，随后大批人员、公物向广西、湖南两路撤离。

---

① 黄菊艳选编：《战时西南运输档案史料》，《档案与史学》1996 年第 5 期，第 17 页。

16日，大部分物资均已搬进船内撤离，其余文件、职员、眷属则开始迁往韶关。①

1940年9月，日军在海防登陆，越南局势紧张。西南运输处一面命令田东支处将存贮在岳圩的物资抢运至天宝、龙色岩、福昌等地妥善保管，一面将天保、福昌间存贮的物资抢渡田东大河，运往万岗、东兰等地。等岳圩物资抢运完毕，再陆续装运到六寨、贵阳，先运油料，次运器材，再次运铜、铅等五金。由于此时田东大河正值水涨，车船渡河效率大减，为增强渡河运量，西南运输处另征雇民船日夜驳船渡河。从1940年6月下旬至8月上旬，存储在岳圩的物资均已抢运过河，至10月底，万岗、东兰间物资也运至贵阳、六寨。② 至此，广西田东物资抢运工作基本结束。

除了桂越边境的田东抢运，海防抢运也是西南运输处的重要任务。广州沦陷后，国际运输重心由粤汉铁路移至滇越铁路，海防成立分处，即以抢运物资为首务。但滇越铁路运量有限，每日运输总量仅300余吨，加上滇越铁路货运中约30％为英美烟草公司货物，因此滇越铁路每月货运量仅有200余吨。中国物资除商货外，还包括堆放在海防的数万吨待运物资，加上新的物资源源不断运至海防，物资积压严重。为抢运海防物资，西南运输处筹设那岑、龙州水运，越桂新路运输，红河水运等，以弥补滇越铁路运力不足。尽管西南运输处采取了上述措施，但由于受到军事、环境以及越南局势变化的影响，成效不大。为此，西南运输处与交通部商洽，在香港合租商轮1艘，于1940年3月到达海防，将交通部器材及西南运输处少数物资运至仰光。西南运输处又租用香港2艘商轮于4

① 黄菊艳选编：《战时西南运输档案史料》，《档案与史学》1996年第5期，第17页。

② 黄菊艳选编：《战时西南运输档案史料》，《档案与史学》1996年第5期，第21页。

月及 5 月先后抵海防，将物资运至仰光。1940 年 5 月，由于法国在欧洲节节败退，越南局势日益紧张，而存放在海防的物资不少于 8 万吨，为抢运剩余物资，西南运输处一面将物资疏散至中越边界附近，等待内运，一面与美商信臣洋行商订合同，将中国存放物资移让该行，由中国驻河内总领事及该行函至越南总督备案，并由美国驻越南领事电告华盛顿备查。订约后，即将海防物资移运至河内、边水一带。9 月初，美商信臣洋行在香港租用永华、明生、星格那脱、浦耳 4 艘轮船，先后将海防、边水物资转运至仰光，运输物资 5 000 余吨。①

1941 年 12 月太平洋战争爆发，香港、新加坡相继被日本占领，缅甸海运已处于日军威胁之中。这时日军已从泰国侵入缅甸东南的毛淡棉，仰光岌岌可危，英缅军事运输紧张，缅境铁路、公路、水运的运输工具都不敷用，影响了中国存放在仰光的物资内运。1942 年初，美国租借物资中的汽车被大批运到仰光，中缅运输总局成立“接车委员办事处”驻仰光，先后接收新车3 665辆。铁路运送不及，只能载货沿仰腊公路内驶。当时，司机缺乏成为突出问题。而且缅甸已进入战争状态，仰光在日机空袭下，居民离散，难以招雇印缅人员。最终只招到华侨 729 人，并抽调原在腊戍、畹町段的华侨大队司机，组成仰光接车队和腊戍接车队，分别在仰腊段和腊畹段接运新车。从仰光撤退前，这一接车任务全部完成。当时存仰物资共约70 900吨，实需内运50 600吨。1942 年 1 月 1 日至 2 月 20 日仰光撤退前又新到美国租借物资 8 船共15 800吨，连原有物资共需内运66 400吨。1942 年 1 月运出15 400吨，2 月运出17 700吨，将底盘、车身装配成内驶车辆14 200吨，各机关自行运出4 600

① 黄菊艳选编:《战时西南运输档案史料》,《档案与史学》1996 年第 5 期,第 21 页。

吨,合共运出近52 000吨。在战局紧张、空袭频繁、人心浮动、工人星散、装卸迟缓、运具缺乏的艰难情况下,大量物资在50天内被抢运出来,成为滇缅公路运量的最高峰。之所以获得这样巨大的成果,主要是中缅运输总局成立时,西南运输处国外机构和人员未有变动,能驾轻就熟。2月,日军自毛淡棉向勃固推进,准备切断仰光退路。这时,中国军队出国远征,中缅运输总局兼办兵站,调集国内外车辆送远征军出国,参战车辆进则输送部队,退则抢运物资,随到随卸,随装随开,夜以继日,完成了抢运物资和送出部队的双重任务。同月,仰光失守,仰腊铁路停运,中国远征军与日军在曼德勒地区相持。中缅运输总局组织车辆将存腊物资抢运至遮放。不料战局急转直下,4月下旬日军沿萨尔温江占领腊戍,中国不得已自行破坏了存放在腊戍的万余吨物资,将人员撤至遮放。遮放是中缅运输线的中转站,设有中缅运输总局的遮放总站,并兼办兵站供应。滇西作战部队总部也在遮放,部队的装备、人员、车辆和内运物资的车辆人员都集中在这条公路线上,运输困难。5月1日,日军进至畹町对岸的缅境九谷,形势更急,存放在畹町、遮放、芒市3处的器材仍有4万余吨,油料有3万余吨,共7万多吨。为防止这批物资落入敌手,5月2日至4日,中国将大批物资破坏,仅在芒市抢出物资100车左右。①

总之,在战时西南国际运输管理中,物资抢运工作是其中重要的管理内容。由于战局变动频繁,加之运力有限,大量物资无法内运,有的物资为避免落入敌手,中国被迫自行破坏,造成了巨大损失。在战时物资抢运工作中,除受客观因素的影响外,人为因素的影响也相当大。参与抢运的西南运输处事前考虑欠周,对局势的

---

① 中国公路交通史编审委员会编:《中国公路运输史》第1册,第278页。

应变稍显迟缓，组织调动能力有待提高，这也限制了抢运工作成效的发挥。

三、管理机构改组频繁

全面抗战前期，西南国际运输的主要业务机构是西南运输处，因受战局影响，西南运输处的内部机构改组频繁。1937 年 10 月 1 日西南运输处成立后，内部先设公路运输、航运、工程、总务 4 组及秘书室。12 月将航运组改为水路运输组，增设铁路、仓库 2 组。另视各地交通情形、运输的需要，酌情设立了各项机构，以顺应形势需要，如在香港、河内、桂林、长沙设立办事处等。1938 年 2 月，宋子良继任主任后，因时间与局势的变化，西南运输处工作范围扩大，将内部改组为公路运输、铁路运输、水路运输、警卫稽查、总务 5 组，以及秘书、总会计、总工程司 3 室，另设购料委员会、运输研究委员会。其后西南运输处迁往云南，先后成立运输人员训练所、运输事务所，以及滇缅路医院、遮芒诊疗所、汽车修造总厂、腾冲驮运管理所、汽车各大队、各电台、仓库。此外先后设有汉口、长沙、梧州、重庆、贵阳、柳州、沅陵、畹町、香港、仰光、河内（改为海防）、新加坡等分处，衡阳、常德、南宁、庐州、田东、遮放、同登、腊戍、八莫等支处。自 1940 年底，铁路运输、水路运输已渐渐失去作用，运输工作几乎全集中于公路。为提高运输效率，1941 年 1 月，将铁路、水路 2 组裁撤，将公路运输组改组，分为技术、管理、业务 3 组，总工程司室同时裁并，除保山、下关、曲靖另设分处外，汉口、长沙、沅陵、梧州、河内、衡阳、常德、南宁、田东等分处因战事影响，已先后裁撤或归并。①

① 黄菊艳选编：《战时西南运输档案史料》，《档案与史学》1996 年第 5 期，第 16—17 页。

就滇缅公路而言，管理机构变动频繁。1938 年 10 月，交通部成立了滇缅公路运输管理局，管理滇缅公路运输事宜。后因军事需要，滇缅公路改隶属于军事委员会运输统制局，将其运输部分划出改称滇缅公路工务局，专门管理工务。1941 年 1 月运输统制局撤销后，滇缅公路又改隶属于交通部公路运输总局。[①] 西南国际公路运输的主管机关变动情况如下表所示：

表 3-2 西南国际公路运输主管机关变化表

西南国际运输机构	起止时间	主管机关
西南运输处	1937 年 10 月	军事委员会
滇缅公路运输管理局	1938 年 10 月	交通部
运输统制局	1940 年 4 月	军事委员会
滇缅公路运输工程监理委员会	1941 年 5 月	运输统制局
中缅运输总局	1941 年 11 月	运输统制局
战时运输管理局云南分局	1945 年 1 月	军事委员会

资料来源：龚学遂：《中国战时交通史》，第 13—14 页。

全面抗战时期西南国际运输管理机构不仅改组频繁，而且机构权责重叠，这严重影响行政管理效率。1941 年，参加滇缅公路运输的机关多达 16 个，它们是：西南运输处、军政部交通司、滇缅公路局、财政部中央信托局、中国银行、云南半官办公路汽车公司、云南省政府公路局、云南省政府经济委员会、资源委员会、盐务署、交通部、第五军（机械化部队）、云南省政府财政厅、军政部军需署、中

① 龚继成、安钟瑞：《抗战期中之滇缅公路工程与管理》，《公路月报》第 4 期，1944 年 1 月，第 7 页。

国红十字会和中国运输公司。①

这些运输机构各行其是。西南运输处直属于军事委员会，只要蒋介石的手谕一到，必定完成所交任务，平常"训令"提前起运的物资，不胜枚举。这些都打乱了整个运输部署，制约了滇缅公路运输效率的提高。由于公路运输机构繁多，无权威的统一调度部门，既占用了地方、人员，又耗费国家资产，造成公路运输效率低下。1941年1月10日，蒋介石接见美国海军参赞麦区少校（James M. Mchugh），麦区专门提到了改善滇缅公路交通运输管理问题：

> 第一点本人愿建议者为滇缅公路上之交通组织应加改善。目前交通部、军政部、西南运输处皆得有过问之权，因此颇呈纷乱之象。西南运输问题似应有一最高权力者统辖之，其下先设养路、修车、指挥、行驶等各部。詹森大使曾与本人讨论此项问题，我等结论以为过去之外国顾问，不能予贵国以必要之协助，实系失败。②

美国汽车运输专家安斯丹给罗斯福的助手霍普金斯（Harry Lioyd Hopkins）的报告中也说："在滇缅路上，实际上没有哪些货运吨位达到全线运行的情况，其主要原因是目前沿路各指挥机构的主管人员，对于汽车运输的基本知识一窍不通。目前试着管理沿线卡车的各机构的行政官员和办事人员，人浮于事。没有谁真正了解实际业务运转的最终情况。没有人作出努力确保卡车能得到

---

① [美]安斯丹等：《滇缅公路行车现状及改进建议》，战时运输管理局1941年印，第26—28页。

②《蒋委员长在重庆接见美国海军参赞麦区听其报告如何改善滇缅路上之交通组织及交换关于中国空军人员驾驶能力与美国空军志愿人员派遣问题之意见谈话记录》（1941年1月11日），秦孝仪主编：《中华民国重要史料初编——对日抗战时期》第3编，"战时外交"（1），台北："中央文物供应社"1981年版，第436页。

维护,一清早发车后能全日行驶,装载得恰当,以及应由各站业务主管人亲自留心和观察的其他许多事项……管理整个滇缅路的政府机构目前计有十六个,每一个都充斥着力不胜任的行政人员,而且无论在哪里,没有哪一个机构所装运的吨数是接近于在协作情况下就能达到的数目的。当然,这些机构个个无不都只力图装运它们各自部门特殊需要的东西。"①

直到1944年,管理机构职权重叠、管理混乱的弊病仍没有改变。虽然裁减和改组了一些管理机构,但同时也增添了许多新的机关,所以管理机构之间仍然存在职权重叠的现象。1944年10月,西南督导会议主委龚学遂曾说:"运输命令必须统一,查现在运输机关,可发号施令的竟有七十多单位,指挥分歧,事权复杂。今后首先要做到运输命令的统一,才能争取时间,以付紧急。"②国民政府交通部部长俞飞鹏也清楚交通管理中存在的问题,他指出:

> 中央地方之行政机关或生产建设机关以及金融税收机关与乎企业公司等,为谋运输其自有物质,往往就各公路沿线自设运输机构,或称为运输处,或称为某某某公司。此项运输机构非皆根据法令而设,亦非固定设置,其存废迁移悉属自由。各公路线上此项运输机构为数均不少,不但单位过多,秩序易于混乱;且彼等为谋迅运其自身物资,竟雇车辆,揽致员工,人事不循正轨,金钱格外浪费,结果先获内运者,多属无关重要

---

① [美]舍伍德著,福建师范大学外语系编译室译:《罗斯福与霍普金斯——二次大战时期白宫实录》上册,北京:商务印书馆1980年版,第544页。

② 伍丹戈:《三十三年四川之交通》,《四川经济季刊》第2卷第2期,1945年4月,第71页。

之件,而抗战所需之紧要物资往往落后。①

总之,全面抗战期间,为满足军事需要,国民政府反复进行交通管理机构的调整,但是由于机构变动过于频繁,又造成交通运输管理混乱,无所适从。

四、交通管理人员的派系纷争与腐败严重

国民政府战时交通运输管理体制上存在的诸多缺陷,有学者认为体现在管理机构变动频繁、派系和人治色彩浓厚、特务机关到处插手和受美国影响大四个方面。② 就滇缅交通运输管理来看,交通管理充满了派系纷争,造成了管理的内耗,不利于提高行政效率。

在滇缅公路运输的管理过程中,管理人员派系色彩浓厚,内斗不止。以西南运输处为例,西南运输处的职工队伍,约略可分为六个派别:一是宋子良的亲信,包括宋子良的同学以及他在国货银行任总经理时的班底——广东财政厅的职员;二是向铁道部调来的曾经的交通大学教授和交大的毕业学生;三是吴琢之江南汽车公司的全部人马,其中包括吴琢之于 1933 年任南京交通研究所教官时的一些学生;四是龚学遂任南昌市政主任和江西建设厅厅长时的成员;五是军统成员;六是一部分华侨。在这六个派别中,华侨的力量最弱,他们绝大多数充当司机、技工,间中有些当技佐,力量最强的是军统派。这六派人员的具体分布为:宋子良的同学多被

① 俞飞鹏:《运输问题:公路运输之现状及改进办法》,“中央训练团党政训练班”1942 年印,第 6 页。

② 贾国雄:《论国民政府抗战时期的交通运输管理体制》,《西南师范大学学报》(人文社科版)2005 年第 4 期,第 110—111 页。

安置在分处任处长；国货银行的班底及粤财厅的旧人，多被安置在总处做秘书和科长；铁道部调来及交通大学出身的人员，多放在铁路及航运组里；吴琢之江南汽车公司的全部职员均安置在公路运输组，以及包办处、段及厂三方面的运输和修理；跟随龚学遂的成员，除大部分占据工程司室外，其余分布在各分支处、段、厂；警卫稽查组和各分支处的监查科和专员，则是军统成员。军统后来又招来贺衷寒一派的政工人员进入总分支处的党部里，任国民党区党部或区分部的书记。西南运输处的人事纠纷，以龚学遂领导的工程司室攻击吴琢之领导的公路运输组为开端。工程司室里的人，常向宋子良告发公路运输组成员的贪腐行为，宋子良不便处理，便退给人事科长陈质平处理。军统成员陈质平将告发信原封转给吴琢之，吴对龚便放出些闲言闲语。龚学遂属于熊式辉的政学系，其手法比军统系高明。他对吴琢之的闲言闲语，表面上不与计较，暗地里却策动宋子良的同学——长沙分处处长冯建统和吴死拼。冯建统是宋子良在圣约翰大学时的同学，曾任过铁道部长岳铁路运输段段长。他受宋子良的邀请到西南运输处工作，曾力争要吴的位置，但为吴的势力所压抑，不得已才出任长沙分处处长，对吴早有芥蒂。经龚一挑唆，便做起反吴的急先锋。[①] 由于交通管理中人员任用派系色彩浓厚，导致冗员充斥。美国人安斯丹考察滇缅公路运输后认为：

> 目前货运鲜有能贯彻滇缅路全路者，究其主因，实因沿路各办事处中主持人员完全缺乏汽车运输之基本知识，沿路作

---

① 慕予：《宋子良与西南运输处》，政协广东省委员会办公厅、广东省政协文化和文史资料委员会编：《广东文史资料精编》上编第 3 卷《清末民国时期经济篇》，北京：中国文史出版社 2008 年版，第 199—200 页。

> 行驶卡车尝试之各政府机关，所忙于应付者，惟行政与人事之处理，至卡车之如何保持，如何令清晨出发，俾全日行驶以及装载之如何适当等，皆需各站主持者亲自监临之事件，反无人过问，每一行政人员，皆有助理三四人，秘书若干人，按其实际，就交通观点言，经常事务，并未有人注意。①

管理上的重重弊端也为交通管理人员的腐败大开方便之门。全面抗战期间，同国民政府其他机构一样，交通管理部门中官员腐败的现象也十分严重，主要表现为交通沿线所设的林立机关，对过往车辆进行敲诈勒索、滥收管理费；交通管理部门官员挪用公款或伙同分肥；汽车驾驶员公车私用、损害公物等。这些腐败行为加重了人民负担，也进一步降低了交通建设效率。交通部门官员挥霍无度，利用手中职权损公肥私，大发国难财。抗战时期交通资本极为紧张，但国民政府许多官僚却创办了名目繁多的运输公司，如宋美龄和孔祥熙的华华百货公司等。由于大后方物资紧缺，尤其是日用百货品奇缺，价格猛涨，这些有背景的运输公司便乘机走私，贩运大量消费品从中牟取暴利，严重地影响了后方的交通秩序。美国人安斯丹等在 1941 年考察滇缅公路行车状况时也发现了这一现象：

> 目前卡车作第一次入中国之行程，准其携带商货，因是有若干人谋利，在仰光购新卡车装载商货，纳税甚高，然后当其行程结束之后，即将其卡车在昆明出售，得战时利得之高价，此项卡车在仰光买进约价美金一千五六百元，在昆明售出可得价美金二千八百元，此项买卖一再尝试，获利甚丰。②

---

① [美]安斯丹等：《滇缅公路行车现状及改进建议》，第 6 页。

② [美]安斯丹等：《滇缅公路行车现状及改进建议》，第 17—18 页。

管理不善还为一些人利用交通运输管理的漏洞发不义之财提供了可乘之机。全面抗战期间，由于公路运输十分紧张，许多人乘车非常困难，于是有些人便通过种种非法途径搭乘汽车，如收买、贿赂汽车司机。这些人被称为“黄鱼”。由于搭载“黄鱼”可以获取暴利，于是有些司机冒险从事私载业务，甚至有人专门从事这种高收入的载人运输，“往返浙赣湘黔数次，俨然成为富翁”。当时，国民政府参政员许德珩便指责“近年汽车司机，道德败坏，俨然成为抗战时期社会‘新贵’”①。还有人编造了许多顺口溜讽刺那些不法司机，如“马达一响，黄金万两”“轮胎一滚，钞票一捆”“喇叭一叫，黄鱼乱跳”等，说明当时公路运输中存在各种管理漏洞。② 全面抗战期间，由于交通官员腐败现象比比皆是，《云南日报》发表社论进行了尖锐地批评：“我们的交通机关，还不能完全摆脱衙门的习气，职权混淆不清，人事牵制掣肘，法令烦乱复杂，处事延缓迟滞，使我们可贵的车辆，油料，材料，工具，任其弃置，盗窃，而不能尽运输之用，至于主管人员的失职，办事人选的不健全，往往利用职务，藉发横财，假公济私，为非作恶，敲诈商旅，妨碍运输，不一而足，而某些同志机关，不仅未收强制与分配之效，反而成为束缚事业的桎梏，这一来如何能使我们的运输效率提高！”③《云南日报》的批评意在为提高运输效率营造舆论氛围，迎接中印公路的开通，但战时后方运输管理亟待改善也是刻不容缓的问题。

---

① 秦孝仪主编：《中华民国重要史料初编——对日抗战时期》第 4 编，“战时建设”(3)，第 1038 页。

② 李慕䣭：《滇缅公路开放后的见闻》，云南省政协文史资料研究委员会编：《云南文史资料选辑》第 37 辑，第 61 页。

③《社论：关于运输问题》，《云南日报》，1944 年 8 月 31 日，第 2 版。

第四章　西南国际交通与日军的轰炸与封锁

全面抗战时期，西南国际交通运输线路变动频繁，主要经历了四个阶段：1937 年 11 月上海沦陷至 1938 年 10 月广州沦陷期间，以粤汉、广九铁路为主，辅以公路、水路；1937 年 11 月至 1940 年 5 月，以滇越铁路、桂越运输为主；1940 年 6 月至 1942 年 5 月，滇缅公路是主要运输线，也是全面抗战时期经营时间最长的陆路运输线；1942 年 5 月至 1945 年 10 月，中印空运是主要的西南国际运输路线，其间 1945 年 1 月至 8 月，中印公路的开通进一步推动了西南国际运输的发展。① 尽管战时西南国际交通运输日益困难，但通过国际交通线仍有大量物资输入中国。据美方估计，通过国际交通线运入中国的进口物资每月数量大概为：1937 年 7 月至 1938 年 11 月 6.2 万吨；1938 年 11 月至 1939 年 11 月6 800吨；1939 年 11 月至 1940 年 7 月7 600吨；1940 年 7 月至 1940 年 10 月3 600吨；1940 年 10 月至该年年底5 000吨。② 合计

---

① 龚学遂：《中国战时交通史》，第 85 页。

② Coordinator of Information Far Eastern Section. R & A Report No. 112, *American Aid to China*. *N. d. Department of State*: *Office of Strategic Services/Bureau of Intelligence and Research Intelligence Reports*, *1941—1961*, p. 39, US National Archives. Archives Unbound. Web (26 Feb, 2019).

121.72万吨，其中1938年11月至1940年12月的进口货运量为16.32万吨。可以看出，中国每月的进口货物量趋于减少，主要是日军的交通轰炸与封锁导致的。日军为了切断中国西南国际交通线，不仅频繁轰炸交通线上行驶的火车、汽车、交通设施和枢纽城市，而且发动了地面战争，先后攻占了广州、南宁、龙州等重要交通枢纽以及香港、缅甸、越南等城市和国家，最后封锁了西南国际陆路交通运输线。日机对西南国际交通线的轰炸与封锁，给中国国际交通运输带来了巨大的损失和困难。目前向倩系统研究了全面抗战时期日军轰炸中国国际交通线的问题，本文在此基础上，利用挖掘的日文资料和其他资料，进一步梳理日军轰炸西南国际交通线的史实，并对日军的轰炸进行进一步的量化统计和分析。①

---

① 向倩利用中方资料和部分日方资料，梳理了日军轰炸中国国际交通线的概况，包括华南、中越、中缅和驼峰航线，并统计出整个抗战期间日机轰炸中国国际交通线的次数、投弹量、中方人员伤亡和财产损失情况。具体研究情况参见向倩：《全面抗战时期日军轰炸中国国际交通线研究》，硕士学位论文，西南大学历史系，2018年。向倩的研究工作颇有意义。实际上，对日机轰炸中国国际交通线问题进行精确的量化分析是一项非常困难的工作，其中原因主要是资料问题。由于中方事先难以确定日机的轰炸地点和轰炸规模，中方统计出的日机架次和投弹量等数据因而不完全可靠。相比而言，在日本亚洲资料中心藏的日本海军省和陆军省档案中，有非常详细的战斗详报，根据这些战斗详报统计出的日机轰炸数据相对可靠。但由于参与轰炸的日军部队较多而且复杂，要从大量的军方资料中筛选出参与轰炸的日军部队本身就是一项浩繁的工作，况且日军的作战计划常因天气而更改，大多数作战往往又包含多个小目标，轰炸国际交通线往往和轰炸其他军事目标和民用企业合在一起，日军战报大多只有每次轰炸的综合统计，没有专门针对国际交通线轰炸的完整统计。由于日方资料太庞杂，根据日方战报精确统计日机轰炸国际交通线的架次、投弹量等问题也变得非常困难，甚至不可能。

第一节　粤港运输与日军的轰炸与封锁

1937 年 11 月上海沦陷以后，西南国际交通运输线南移至广九、粤汉铁路线，广州、香港成为西南物资进出口的重要集结地，粤港运输极为重要。1938 年 10 月广州沦陷后，广九铁路运输中断，粤港运输大受影响，但粤港之间仍旧可以通过港韶公路等运输线连接起来，粤港联系仍旧得以维系。直到 1941 年 12 月香港沦陷，粤港运输遂中断。为了阻止粤港国际运输，日军不仅频繁轰炸广九、粤汉铁路，而且先后发动了广州作战、广九作战、港韶路切断作战、香港作战等战役，先后攻占了广州、淡水、香港等交通枢纽，最后封锁了粤港运输线。

一、粤港运输路线变迁与运输状况

1941 年 12 月香港沦陷前，香港连接内地的通道经过了四个阶段:第一阶段以广九通道为主(1937 年 7 月至 1938 年 10 月)。在此阶段，中国中西部各省货物大都趋向广州再出口。第二阶段以汕头、澳门、广州湾三大吞吐港为主(1938 年 10 月至 1939 年)。日军攻占广州及其附近地区后，广九铁路中断，此后内地对外贸易分别群集于汕头、澳门、广州湾三大吐纳港，这三港的对香港贸易趋于繁荣。第三阶段以港韶线为主(1940 年)。华南沿海重要城市相继陷于敌手，但内地货运尚能与香港保持经常接触。1940 年，广东省政府兴筑龙川至河源、惠州，淡水至沙鱼涌的交通线，港韶线南运颇为发达。第四阶段以多头灵活分散为主(1941 年)。日军于 1941 年初对华南沿海地区发动了大规模的“封锁战”，切断了香港至曲江的运输线，但仍未能达到彻底割断粤港交通之目的，香港货物仍能大批转道由四邑三埠及广州湾经遂溪而流入华南内地，或经高要、都城至柳州再转往渝衡等地。①

在上述粤港运输的四个阶段中，1938 年 10 月广州沦陷前，粤港之间的陆路运输主要依靠广九铁路。1937 年 8 月 17 日，在日本侵华的关键时刻，粤港间酝酿已久的广九和粤汉铁路连接线终于贯通，这样，来自海外的物资可以经香港通过广九铁路直达华中地区，大大提高了运输效率和货物运输量。8 月 27 日上午，首列来自汉口的火车到达九龙。此后，广九铁路成为一条快捷方便的国际交通运输线，众多货车和三列客车夜以继日地穿梭往返于九龙和武昌之间长约 791 英里的线路上。随着 1937 年 10 月粤汉铁路和广九铁路英华两段货物联运合约的生效，大量军需民用物资开始经过广九铁路和粤汉铁路源源不断地运往内地。由于广九铁路成为战时华南重要的国际交通运输线，该铁路的运量大增，据香港官方的不完全统计，1938 年 1 月至 9 月，广九铁路的日平均运输量大致维持在 140 吨至 400 吨，总计在 31 周内向内地运输了52 835吨军火。② 从全面抗战爆发到广州沦陷，广九铁路和粤汉铁路作为中国物资进出口运输的重要路线，输入物资近 70 万吨，行车最密时达 140 列，少时也有 70 列至 80 列。③ 另据美方资料，在 1937 年 7 月至 1938 年 10 月间，每月从香港运入中国的物资为 6 万吨，其中超过 70 万吨物资运入汉口，而同期通过滇越铁路运入中国的物资

① 参见张晓辉：《香港近代经济史（1840—1949）》，广州：广东人民出版社 2001 年版，第 385—391 页。

② 张俊义、刘智鹏：《中华民国专题史》第 17 卷《香港与内地关系研究》，南京：南京大学出版社 2015 年版，第 96 页。

③ 张嘉璈著，杨湘年译：《中国铁道建设》，第 148 页。

大约仅为每月2 000吨。[①] 广九铁路在全面抗战爆发前的年货运量一般在10万吨左右，其中1930年为88 676吨，1931年为99 776吨，1932年为108 062吨，1933年为111 912吨，1934年为96 063吨，1935年为108 060吨。[②] 可以看出，在广州沦陷之前，广九铁路由于抗战军运关系，运量大增，有力地支持了中国抗战大业。在参与粤港运输的机构中，西南运输处占有重要地位，自1938年1月至10月广州沦陷，西南运输处共运入物资106 143吨，月平均10 614吨，最高为5月份，有22 076吨；最低为2月份，有3 151吨。除物资外，西南运输处还抢运出大量人员。[③]

1938年10月广州沦陷后，广九铁路线中断，于是粤港运输便趋重于汕头和广州湾两路线。后因汕头陷落，粤港运输线便移至沙鱼涌至韶关线，加之1940年6月滇越铁路国际运输中断，港韶交通线日趋重要。港韶线的重要中转站有沙鱼涌、茜坑、淡水、惠州、河源、老隆、和平、连平、河源、大坑口等。具体路程为：第一段香港至沙鱼涌，多用小轮船运输，航程约6小时；第二段从沙鱼涌到茜坑，运输系用肩挑，步行3小时左右；第三段自茜坑至淡水，用船运输，需时1天；第四段从淡水至惠州，步行需10小时，若用船运输最快1天，平时2天；第五段从惠州至老隆，均为船运，浅水火轮上行需11小时至13小时，下行需8小时至10小时，若用木船则需7天至8天；第六段从老隆至韶关，系用公路汽车，需2天。总之，从香

---

① Coordinator of Information Far Eastern Section. R & A Report No. 112, *American Aid to China*. *N. d. Department of State*: *Office of Strategic Services Bureau of Intelligence and Research Intelligence Report*, *1941—1961*, p. 37, US National Archives. Archives Unbound. Web (26 Feb, 2019).

②《广九铁路运输统计表》,《广东省银行月刊》第1卷第2期，1937年8月，第170页。

③ 中国公路交通史编审委员会编：《中国公路运输史》第1册，第270页。

港至韶关，如果沿途无阻，全程需 13 天至 14 天，但因中途候船和装卸货物，一般需 16 天至 17 天。港韶运输的进口货物以纱布为主，西药、颜料、日用品、纸烟、机器、汽车轮胎次之，出口货物以兴宁出产的土纸最多，也有大量豆类和生猪出口。①

由于港韶线日趋重要，港韶运输业也日趋发达。1939 年 3 月以前，虽有运输公司经营港韶运输，但规模小，运量微不足道。1939 年 3 月成立了三五家港韶运输公司，公司获利甚丰。后因桂南战事发生，雷州半岛公路被破坏，港韶交通线日趋重要。香港运输商人鉴于内地运输价格飞涨，纷纷成立运输公司经营港韶运输，内地商人也纷纷组建运输公司，于是港韶运输业迅速发展起来。到 1940 年 12 月，仅经营沙淡、沙惠、港隆、港韶线运输业务的运输公司便不少于百家，据 1940 年 9 月统计，港韶线的进口值达到 1 500万元。不过，截至 1940 年 12 月，香港经营港韶运输的公司虽然有上百家，不过规模较大、在港韶沿线重要站点设立分公司或办事处的运输公司也只有一二十家，主要是荣泰运输公司、复新联运公司、东利运输公司、南方运输公司、利兴行、齐昌行、悦隆公司、平安公司、联发行、湘粤公司、利安运输公司等。一般而言，经营港韶线的大多数公司能盈利，不过受公司组织不健全、资本薄弱、日机轰炸等因素制约，也有公司倒闭。能够盈利的公司一般具有与政府关系密切、组织健全、公司信誉高等特点。② 由于港韶线的存在，广东与香港之间的对外交通依然畅通，粤港贸易继续存在。③

鉴于港韶线的重要地位，为切断港韶线，日军第十八师团川口支队

---

① 田欣:《港韶运输业概况》,《国货与实业》创刊号,1941 年 1 月,第 46—47 页。

② 田欣:《港韶运输业概况》,《国货与实业》创刊号,1941 年 1 月,第 46—48 页。

③ 张晓辉:《香港近代经济史(1840—1949)》,第 385—391 页。

于2月4日在大亚湾登陆攻占淡水，彻底封锁了大鹏湾和大亚湾。① 但日本发动封锁战未能达到彻底割断粤港交通的目的，香港货物仍能大批流入华南内地。由于运输货物的零散和贸易路线的灵活多头及隐蔽性，粤港贸易的数额已难以统计，但进出口货物品类仍很繁多。据1941年对粤省各县市经济的调查报告，进口货主要有棉纱、布匹、面粉、西药、煤油、汽油、颜料、豆饼、肥料、火柴、纸烟、洋糖等类，出口货则多为矿砂、麻、蒲席、花生油、红糖等。② 另据日军情报显示，仅1940年1月至5月间，通过香港转运内地的货物中，枪支有242箱，弹药有2 578箱，火药有722箱，药品有361箱，机械器具有510箱，电线有8 342卷。③ 直至1941年12月香港沦陷，粤港国际交通运输中断。

二、日军对粤汉、广九运输线的轰炸与封锁

全面抗战时期，为截断中国的粤港运输路线，日军实施大规模的轰炸。鉴于广九铁路和粤汉铁路运输的重要作用，在1938年10月未登陆广东之前，日军便不断轰炸这条国际运输线。仅在1937年11月，中方记载："连日，敌机轰炸广九路，日凡二次，虽以塘头厦、平湖等站为投弹目标，投弹十余枚"，至11月4日，"敌水上机三架，又分上下午进袭，在樟木头、平湖各站投弹十二枚，有三弹被其命中要害，损伤奇重，以致昨日各次客货车均不能开行"。经查，日机轰炸广九铁路的路线有两条："一为经宝安县属永平河口入江，经普安掠过永祥，而至广九路之石鼓站；另一线则为循宝安县沿岸

---

① 日本防卫厅研修所战史室编，天津市政协编译委员会译：《〈大本营陆军部〉摘译》，《日本军国主义侵华资料长编》上册，成都：四川人民出版社1987年版，第621页。

② 张晓辉：《香港近代经济史（1840—1949）》，第385—391页。

③『敵ノ軍需品輸入状況』、JACAR（アジア歴史資料センター）Ref. C12120105700、「仏印問題経緯　其1」

经虎门太平，转向东飞，循莞太公路到达东莞，折经板桥、龙川、东坑而至横沥站。”①

日方对粤汉铁路、广九铁路的轰炸十分频繁②，参与轰炸粤汉铁路和广九铁路的主要是日军第一航空战队。全面抗战时期，日军第一航空战队在珠江口停泊有“龙骧”号航母和“加贺”号航母，2艘航母的舰载机频频轰炸粤汉铁路和广九铁路，企图切断粤港运输通道。1937年12月10日至1938年11月间，日军第一航空战队“加贺”号和“龙骧”号航母舰载机对广九粤汉铁路进行了多次轰炸，具体情况如下表所示：

表4-1 日军第一航空战队轰炸粤汉、广九铁路统计表
（1937年12月至1938年11月）

（单位：次）

年月	“加贺”号航母舰载机		“龙骧”号航母舰载机		合计
	粤汉铁路	广九铁路	粤汉铁路	广九铁路	
1937年12月	12	5			17
1938年1月	10	3	8		21
1938年2月			9	3	12
1938年3月	9	1	5	1	16
1938年4月	12	2			14
1938年5月	6	5			11

① 广东省委党史研究室编：《广东省抗日战争时期人口伤亡和财产损失》，北京：中共党史出版社2018年版，第293—294页。

② 据向倩统计，日军轰炸包括粤汉铁路和广九铁路在内的华南国际交通线4 818架次，投弹9 160枚。参见向倩：《全面抗战时期日军轰炸中国国际交通线研究》，硕士学位论文，西南大学历史系，2018年，第54、56—57页。

续表

年月	“加贺”号航母舰载机		“龙骧”号航母舰载机		合计
	粤汉铁路	广九铁路	粤汉铁路	广九铁路	
1938 年 6 月		1			1
1938 年 7 月	12				12
1938 年 8 月	14				14
1938 年 9 月	2	1			3
1938 年 10 月	4	1			5
合计	81	19	22	4	126

资料来源:『自昭和 12 年 12 月至昭和 13 年 11 月第 1 航空戦隊攻撃情況』、JACAR（アジア歴史資料センター）Ref. C14120378100/C14120378200、自昭和 12 年 12 月 1 日至昭和 13 年 12 月 15 日「第 1 航空戦隊戦斗経過概要　並に戦訓所見」

从上表可以看出,在 1937 年 12 月至 1938 年 10 月间,日军第一航空战队就对粤汉铁路和广九铁路共轰炸 126 次,其中粤汉铁路 103 次,广九铁路 23 次。尤其是日军“加贺”号航母舰载机轰炸粤汉铁路和广九铁路共计 100 次,是日机轰炸粤港运输通道的主要日军部队。除对广九铁路和粤汉铁路交通线进行轰炸外,日军第一航空战队还对南雄、韶关、从化、梧州、柳州、思恩等飞机场以及广东军事设施、兵工厂等实施了轰炸,其中“加贺”号航母舰载机总共投掷各种炸弹6 711枚①,“龙骧”号航母舰载机投弹 964 枚②,日军第一航空战队累计投弹7 675枚。至于日机轰炸粤汉铁路和广九铁路的具体情况,我们以“加贺”号航母舰载机为例,分析其投弹情况:

① 『自昭和 12 年 12 月至昭和 13 年 11 月第 1 航空戦隊攻撃情況』、JACAR（アジア歴史資料センター）Ref. C14120378100、自昭和 12 年 12 月 1 日至昭和 13 年 12 月 15 日「第 1 航空戦隊戦斗経過概要　並に戦訓所見」

② 『自昭和 12 年 12 月至昭和 13 年 11 月第 1 航空戦隊攻撃情況』、JACAR（アジア歴史資料センター）Ref. C14120378200、自昭和 12 年 12 月 1 日至昭和 13 年 12 月 15 日「第 1 航空戦隊戦斗経過概要　並に戦訓所見」

表 4－2　日军“加贺”号航母舰载机轰炸粤汉、广九铁路架次统计表

（单位：架次）

铁路	时间											合计
	1937.10	11	12	1938.1	3	4	5	6	7	8	9	10	
粤汉铁路	21	50	45	62	78	91	65	0	95	148	32	54	741
广九铁路	12	22	51	14	18	43	38	17	15	10	11	7	258

资料来源：参见『戦闘詳報（南支第 2 次）軍艦加賀』、『戦闘詳報（南支第 3 次）軍艦加賀』、『戦闘詳報（南支第 4 次）軍艦加賀』、『南支第 5 次作戦　軍艦加賀戦闘詳報』、『戦闘詳報（南支第 6 次作戦）』、『戦闘詳報（南支第 7 次作戦）』、『南支第 8 次作戦戦闘詳報　軍艦加賀』、『南支第 9 次作戦戦闘詳報　軍艦加賀』、『南支第 10 次作戦戦闘詳報軍艦加賀』、『南支第 11 次作戦戦闘詳報　軍艦加賀』、『南支第 12 次作戦戦闘詳報　軍艦加賀』、『南支第 13 次作戦戦闘詳報　軍艦加賀』、JACAR（アジア歴史資料センター）Ref. C14120555600、Ref. C14120555700、Ref. C14120556500/C14120556600/C14120556700、Ref. C14120557000/C14120557100、Ref. C14120557400/C14120557500、Ref. C14120557800/C14120557900/C14120558000、Ref. C14120558100/C14120558200/C14120558300、Ref. C14120558400、Ref. C14120558600（防衛省防衛研究所）。

说明：在日方战报中，有时并未指出轰炸两条铁路的具体架次，在少数情况下笔者只能根据战报中的经过描述进行大概估计。因此，本表的统计数据并不是完全精确。

从上表可以看出，从 1937 年 10 月 24 日至 1938 年 10 月 10 日，“加贺”号航母舰载机为轰炸粤汉铁路和广九铁路，分别出动飞机 741 架次和 258 架次。“加贺”号航母舰载机的轰炸呈现如下三个特点：第一，从轰炸铁路来看，以轰炸粤汉铁路为主，广九铁路为辅。轰炸粤汉铁路的飞机架次是广九铁路的 287.2%。可以看出，在日军轰炸的华南运输线中，粤汉铁路遭受了更密集的轰炸，这不仅因为粤汉铁路较广九铁路路线更长，运量更大，而且也因为它是华南连接华中的交通要道，战略地位更加重要。第二，从轰炸时间来看，日机轰炸大体集中于 1938 年 4 月、5 月、7 月、8 月，尤其是 8 月的轰炸达到了 158 架次，占轰炸总架次的 15.8%。之所以如此，是因为 1938 年 8 月日军在积极筹备广州和武汉作战，而粤汉、广九铁路是连接华南和华中的最重要国际交通线，显然截断这两条交通线对日军侵占广州和武汉至关重要。第三，从轰炸的具体目标

来看，日机轰炸目标包括铁路、车站、运行货车和大桥，其中大桥更是集中轰炸的目标。粤汉铁路的银盏坳铁桥、乌石铁桥、源潭铁桥，广九铁路的常平铁桥、白石铁桥、塘头厦铁桥等都遭到轰炸，尤其是银盏坳铁桥遭到的轰炸更为密集。据日军战报统计，"加贺"号航母舰载机至少轰炸银盏坳铁桥 15 次，1938 年 8 月更是疯狂轰炸这座大桥，8 月 16 日、20 日和 22 日分别出动飞机 18 架次、13 架次和 15 架次，分别投弹 37 枚、35 枚和 37 枚[①]，在 10 月 6 日和 8 日又专门轰炸这座大桥，分别投掷炸弹 38 枚和 45 枚[②]。事后，日军也进行了总结，认为需要使用大部队轰炸才能截断交通要道，"对铁路线路的仓库、机关库、事务所、码头、列车等进行轰炸，破坏该地交通上的设施，使之陷入混乱，恢复也不容易，效果极大。轰炸粤汉线黄沙、英德段就是照这样的意图进行，攻占广东后，视察黄沙后，破坏确实彻底"[③]。

总之，在 1938 年 10 月前，日军对粤汉铁路运输实施频繁轰炸。据中方统计，日军每月轰炸多至一百四五十次，少时也有 60 余次，每日平均至少轰炸 1 次，总计向粤汉铁路投弹3 256枚，合每英里投弹 5 枚。[④] 由于日军的密集轰炸并未截断粤汉铁路运输，于是他们重点轰炸粤汉铁路的银盏坳铁桥，造成了粤汉铁路工人 200 余人

---

① 『南支第 11 次作戦戦闘詳報　軍艦加賀』、JACAR（アジア歴史資料センター）Ref. C14120558100/C14120558200/C14120558300、自昭和 13 年 7 月至昭和 13 年 10 月「戦斗詳報綴(南支第 10 次作戦 等)」

② 『南支第 13 次作戦戦闘詳報　軍艦加賀』、JACAR（アジア歴史資料センター）Ref. C14120558600、自昭和 13 年 7 月至昭和 13 年 10 月「戦斗詳報綴(南支第 10 次作戦 等)」

③ 『戦訓所見/(2) 鉄道攻撃』、JACAR（アジア歴史資料センター）Ref. C14120377400、自昭和 12 年 12 月 1 日至昭和 13 年 12 月 15 日「第 1 航空戦隊戦斗経過概要　並に戦訓所見」

④ 张嘉璈著，杨湘年译：《中国铁道建设》，第 148 页。

被炸死。① 据中方统计,1937 年至 1938 年间,日军空袭粤汉铁路分别为 119 次和 721 次,死亡人数分别为 63 人和 455 人,受伤人数分别为 82 人和 717 人。② 日军的疯狂轰炸虽然给华南国际交通带来了很大破坏,但仅凭轰炸很难真正切断交通线,日军也认为"某些交通线最初只是空袭,久之连续切断交通,这属于相当困难的事。敌人用尽所有的手段,为了恢复和防御工作而拼命奔走,试图进行顽强的抵抗"。直到 1938 年 8 月 11 日以来,"华南航空部队的集中轰炸粤汉线南部的各铁桥(银盏坳、源潭等),交通终于全部遮断"③。

为彻底切断广九、粤汉铁路交通线,日军还发动了地面作战。鉴于广州是粤汉、广九铁路交通运输的重要枢纽,日军大本营于 1938 年 9 月 19 日下达了第二十一军的动员令,并发布了该军的战斗序列,任命古庄干郎中将为第二十一军司令官,兵力以第五、第十八、第一〇四师团和第四飞行团为基干。同日下达了攻占广州的第 201 号命令,要求日军攻占华南重要根据地,并切断华南对外交通补给线。10 月 12 日,日军在大亚湾登陆,10 月 21 日,第十八师团攻入广州。此外,第一〇四师团以及第五师团及川支队也于 23 日攻入广州。④ 广州沦陷后,粤港国际运输大受影响。

为进一步截断粤港运输线,1939 年 6 月 22 日,日本华南方面

---

① 张嘉璈著,杨湘年译:《中国铁道建设》,第 148 页。

②《粤汉铁路抗战四年来被敌机空袭统计表》,张中华主编:《日军侵略广东档案史料选编》,北京:中国档案出版社 2005 年版,第 80 页。

③『行動及戦闘経過概要/(5)粤漢鉄道及広九鉄道の攻撃』、JACAR(アジア歴史資料センター)Ref. C14120376500、自昭和 12 年 12 月 1 日至昭和 13 年 12 月 15 日「第 1 航空戦隊戦斗経過概要　並に戦訓所見」

④ 日本防卫厅研修所战史室编,天津市政协编译委员会译:《〈大本营陆军部〉摘译》,《日本军国主义侵华资料长编》上册,第 456—457 页。

军发动了广九作战。6月22日，日军第十八师团攻占了深圳，其后该支队驻在深圳、宝安、沙头角等地，完全封锁了英中边境。① 不过，在香港未沦陷前，华南沿海与香港之间还存在联系。

鉴于香港至韶关的港韶交通运输线已成为广九铁路被切断后的另一条重要粤港运输线，日军还发动了香韶路切断作战——C1号作战。1940年9月下旬，日军进驻法属越南北部，暂时切断了华南国际补给线，但中国在华中、华南沿海各地设立海外补给点，尤其以香港为基地，在其东海岸卸下货物，再经陆路通向韶关。日军飞行部队虽不断进行攻击，但这条运输线依然通畅，且运量逐渐增加。于是，日军大本营于1941年1月26日以大陆指令第823号，同意“华南方面军司令官为实施切断香韶公路作战，可暂动用第18师团主力”。为切断香韶公路，华南方面军命令第十八师团川口支队2月4日在大亚湾登陆攻占淡水，命第三十八师团末藤支队由深圳方面进行策应。日军彻底封锁了大鹏湾和大亚湾后，末藤支队于2月12日返回原驻地，川口支队仍继续执行封锁任务。② 由于日军的轰炸和封锁，粤港之间的交通运输越来越困难，给西南国际运输带来了很大影响。

第二节　桂越、滇越运输与日军的轰炸与封锁

1938年10月广州沦陷后，西南国际运输线从港粤运输线西移至桂越、滇越国际运输线，龙南公路、河岳公路、滇越铁路等成为西南重要国际交通运输线，南宁、龙州以及昆明等城市的交通地位也

---

① 日本防卫厅研修所战史室编，天津市政协编译委员会译：《中华民国史资料丛稿 译稿 香港作战》，北京：中华书局1985年版，第14页。

② 日本防卫厅研修所战史室编，天津市政协编译委员会译：《〈大本营陆军部〉摘译》，《日本军国主义侵华资料长编》上册，第621页。

日趋重要。为切断桂越、滇越国际交通线，日军不仅频繁轰炸桂越、滇越运输线的汽车、火车以及南宁、龙州、昆明、蒙自等沿线交通枢纽城市，而且发动了南宁作战，封锁了桂越国际交通线。更为严重的是，1940 年 6 月，日本趁法国在欧洲战败之机，胁迫法属印度支那政府关闭了滇越铁路国际运输，中国西南国际运输愈来愈困难。

一、桂越国际运输路线变迁与运输状况

1938 年 10 月广州沦陷后，越南海防成为中国重要的进出口物资集散港口，中越交通线成为中国西南国际运输的主要通道。中越国际交通线除滇越铁路外，桂越国际交通线也十分重要。桂越国际交通线先后有龙南（龙州至镇南关）、龙水（龙州至水口）、邕镇（南宁至镇南关）、河岳（车河至岳圩）4 条公路，1939 年 11 月南宁沦陷以前，其主要线路是龙南公路和邕镇公路。

1938 年 10 月广州沦陷之后，华南沿海海岸线已基本被日军控制，广西南宁至龙州通往越南海防的这条陆路国际交通运输孔道变得愈加重要，处于这条交通运输线咽喉的龙州繁华起来，每天满载货物过往龙州的汽车有 200 多辆，境内境外各种抗日军需物资、贸易货物，以及各方面的流动人员也频繁进出。1939 年初，西南运输处在上金县沿江设立物资储运仓库，直接受西南运输处南宁支处管理和调拨，从越南进口汽油、柴油、军用毛毯、被服、布匹、水泥等，从国内运出桐油、钨矿等。由于战争局势已发生变化，南宁至龙州至越南的这条国际水陆交通运输线成为西南大后方抗日物资的重要补给线，西南运输处遂在龙州沿江设立物资储存仓库，对保障国内抗日前线的军需物资供应起了很大的作用。① 到 1939

① 陈仕才：《抗战时期的西南交通运输与龙州抗日》，《龙州文史资料》第 13 辑，龙州县政协文史资料研究委员会 1998 年编印，第 57—58 页。

年 11 月 21 日，日军攻占龙州县城，龙南国际公路中断。

除了龙南公路，邕镇路也是重要的桂越国际交通线。西南运输处早在 1938 年 2 月于梧州设立分处，于南宁和柳州设立支处，从事邕镇路国际运输，国民政府各部委和广西省商车也派车参与此线运输。由越南输入中国广西的物资，由海防运至同登，再由中国汽车接运入镇南关，经邕镇路内运至南宁。1939 年 11 月，日军为截断桂越国际运输通道，从钦州、防城登陆，侵犯南宁。1939 年 11 月 24 日，南宁被日军占领后，邕镇线国际通道中断，桂越国际交通大受影响。①

1939 年 11 月 24 日南宁被日军占领后，为保证援华物资的输入，国民政府于 1940 年 2 月拨款改建完成河岳公路，此后，河岳公路成为重要的桂越国际交通线。为抢运物资，西南运输处将十五大队改组为特别大队，派其前往从事运输，在车河至岳圩沿线设立转运站、修车厂等机构，并在田东县设立支处。1940 年 2 月河田公路通车，随即组织力量突击赶运，军政部兵工署即与西南运输处商定，改分段运输为直达运输，将急用的兵工材料装汽车 100 辆，由海防经河岳路直驶重庆，以应急需。至于桂越交通线的运输量，据中方统计，1938 年 10 月广州沦陷后，行驶在广西省境内的汽车不少于3 000辆，从越南共运入油料、器材物资约44 400吨。② 据日本驻河内领事馆总领事铃木电称，1939 年 3 月份海防至广西间输入物资 320 吨，广西至海防间输出物资4 204吨；4 月份广西至海防间输出物资1 507吨；5 月份海防至广西间输入物资 956 吨，广西至海防间输出物资3 530吨。③

---

① 李克平：《广西公路交通史》第 1 册，北京：人民交通出版社 1990 年版，第 133—134 页。

② 李克平：《广西公路交通史》第 1 册，第 133—134 页。

③『海防経由蒋政権の貿易に関する件』、JACAR（アジア歴史資料センター）Ref. C04014750700、昭和 14 年 7 月「壹大日記 10 年存」

二、滇越国际运输状况

自1939年11月日军发动旨在切断桂越交通的桂南战役后，西南国际运输取道镇南关已不可能。此后至1940年6月滇越铁路国际运输中断，滇越铁路更加重要，货运量逐年增加。1936年滇越铁路货运量为392 733吨，1937年增至434 004吨，1938年增至508 030吨，1937年货运运量比1936年增加了10.51%，1938年比1937年增加了17.06%。[①] 在滇越铁路运输中，事关中国国际贸易的运输段是海防码头至云南段和河内至云南段，其中海防码头至云南段货运量在全面抗战爆发以前都在2.3万吨至3.3万吨，但1938年猛增至5万多吨。至于河内至云南段货运量在1937年前则有增有减，但到1938年增至9 700吨。[②] 以下为滇越铁路国际运输的具体货运数量情况：

表4-3 滇越铁路滇越过境与云南境内货物运输量统计表

（单位：吨）

类型	年份		年平均运量
	1937	1938	
出口运量（过境）	15 412	18 054	16 733
进口运量（过境）	27 028	61 372	44 200

资料来源：《滇越铁路货运统计（1925—1938）》，《云南实业通讯》第1卷第3期，1940年3月，第74页。

由于滇越铁路货运运量急剧增加，滇越铁路的货运收入也相

---

① 根据《（表四）滇越铁路运输吨量及延吨公里统计表》相关数据统计而成，参见曹立瀛：《云南之交通》，《经济建设季刊》第1卷第2期，1942年10月，第232页。

② 曹立瀛：《云南之交通》，《经济建设季刊》第1卷第2期，1942年10月，第238页。

应增加。据统计，1937 年滇越铁路的货物与商品货运运费收入为 4 446 467.25元越币，比 1936 年的 3 351 166.5 元越币增加了 32.68%，1938 年的货物与商品货运运费总收入增加至 7 600 602.54元越币，比 1937 年增加了 70.94%。① 另据美方资料，在 1938 年 11 月至 1939 年 11 月，通过滇越铁路运入昆明的物资为每月4 500吨，通过滇越铁路运至同登再通过公路运入广西的物资每月有 1 500 吨。从 1939 年 11 月到 1940 年 7 月，通过滇越铁路运入中国的物资增至每月9 000吨。② 照此推算，从 1938 年 11 月至 1940 年 7 月，滇越铁路在其间往中国共运入物资 15.9 万吨。因此，在广州沦陷以后至 1940 年 6 月滇越国际运输中断期间，滇越铁路成为西南大后方的重要交通运输线。

在滇越铁路国际运输中，西南运输处发挥着重要的作用。1938 年 10 月 27 日，西南运输处香港分处首次将滞留香港的3 000余吨物资运往海防，这标志着印支通道开始取代港粤通道而成为中国当时最为倚重的国际交通线，政府战略物资开始大量涌入越南。1938 年 12 月，仅海防分处经管的各种军工物资已达7 767.886吨。1939 年 1 月，由香港到海防的新购卡车至少有 364 辆，截至 5 月份，海防分处掌管的待运军工物资骤增至10 634.476③吨。1938 年 12 月，中美《桐油借款合约》签订。次年 5 月 12 日，国民政府财政部决定，条款中所

① 根据《（表一）滇越铁路客货运费收入统计表》相关数据统计而成，参见曹立瀛：《云南之交通》，《经济建设季刊》第 1 卷第 2 期，1942 年 10 月，第 220 页。

② Coordinator of Information Far Eastern Section. R & A Report No. 112, *American Aid to China*. N. d. *Department of State: Office of Strategic Services/Bureau of Intelligence and Research Intelligence Reports, 1941—1961*, pp. 37 - 38, US National Archives. Archives Unbound. Web (26 Feb, 2019).

③ 4 446 467吨运出及购料机关自觅货栈者尚不计入。

购美货“尽先由海防进口，万一发生窒碍，临时再改仰光”，印支通道又承担起运输美款购货的重任。8月底，首批运华美油3 922 596加仑中，有2 911 840加仑到越，占总数的74.23%；滞留香港601 596加仑，占总数的15.34%；到仰光仅409 160加仑，占总数的10.43%。除此之外，另有31 202吨的非油美货到越，而仰光至9月底仅到美货6 355吨（不含油料）。至于到越美货总量，因原始记录并不完善，无从得知其确切数字，但据海防分处1940年3月底的调查，尚有23 414吨[①]美货积存在海防。依此推论，至1940年3月底时，连同运出之数量，应有六七万吨美货到达海防，约占当时美款购货总量117 700吨的一半。总之，自1937年11月海防分处成立至1940年6月印支通道被关闭时，经由该通道运入的政府物资至少有89 049.367吨，大于同期内滇缅公路53 002吨的运量。另外，自1940年1月22日至5月11日，由海防进口的汽车达1 028辆。[②]

三、日军对桂越、滇越运输线的轰炸与封锁

广州沦陷后，滇越、桂越交通也日益引起日军的重视。日军认为，在1940年6月以前，法属印度支那的路线有两条，一条是以海防为起点，沿滇越铁路和滇缅公路分别到达昆明，另一条是西南国际路线中运输量最大的路线，以海防和先安（海防东北约100公里的海岸）为起点，穿过中国的南宁，通往内地。日本驻香港领事馆总领事中村丰一于1938年10月14日向日本外相近卫文麿递交了一份法属印度支那报告，汇报了印度支那路线运输的情况，其中海防至云南

① 仅含把仓库、提卸等交给西南运输处的单位，如交通司、兵工署、军医署、军需署、二百师、复兴公司等，其他未交仓库者不计。

② 参见刘卫东：《印支通道的战时功能述论》，《近代史研究》1999年第2期，第175—180页。

间的滇越铁路货物运输量从1936年底的316 986吨增至1937年底的337 465吨，云南至海防间的货运量从1937年1月至3月间的7.5万吨增至1938年1月至3月间的9.3万吨。① 据日军参谋本部估计，在欧洲大战爆发前，印度支那线每月补给量为12 500吨，1940年6月前每月为15 000吨。按上述估计，同1940年6月的补给量作一比较，法属印度支那路线占总数的1/2，缅甸路线占总数的1/3。所以，日本政府及大本营决定倾注一切力量切断法属印支路线。②

鉴于桂越公路是西南重要的国际交通运输线，日军对桂越国际交通线进行了轰炸。据中方不完全统计，1937年至1944年初，日军飞机先后侵袭广西1 666次，机群总量达7 620架次，仅1938年至1942年空袭次数便达615次。其中，桂柳邕梧四地占空袭总数的六成至七成。③ 日军战报也详细记载了日军轰炸情况。为轰炸广东、广西地区，仅1938年12月15日至1939年1月29日，日军第十四航空队和第十六航空队共出动飞机324架次，投掷炸弹共计1 209枚。④ 日机频繁轰炸桂越国际交通线，给桂越交通造成了很大破坏。⑤

---

①『3 昭和13年10月18日から昭和14年8月18日』、JACAR(アジア歴史資料センター)Ref. B02032272000、仏国内政関係雑纂/属領関係/印度支那関係　第二巻(A-6-7-0-1_1_1_002)

② 日本防卫厅防卫研究所战史室著，天津市政协编译委员会译：《中华民国史资料丛稿译稿 缅甸作战》上册，北京：中华书局1987年版，第2页。

③ 李忠杰主编：《广西抗日战争时期人口伤亡和财产损失》，北京：中共党史出版社2014年版，第88—90页。

④『敵航空兵力、軍事施設及交通線撃破戦』、JACAR(アジア歴史資料センター)Ref. C14120511700、自昭和13年12月至昭和14年6月「南支航空部隊戦斗詳報(敵航空兵力　軍事施設及交通線撃破戦)」

⑤ 据向倩统计，日军轰炸桂越交通线共计1 426架次，投弹4 029枚。参见向倩：《全面抗战时期日军轰炸中国国际交通线研究》，硕士学位论文，西南大学历史系，2018年，第81页。

与桂越交通线相比，滇越铁路运输更加重要。为截断滇越铁路运输线，日军频繁轰炸滇越铁路及其枢纽城市。① 日机轰炸滇越铁路滇段的开始时间较早，据中方报告，1939 年 2 月 1 日下午 14 时 50 分至 16 时，27 架日机轰炸了滇越铁路，造成白寨铁桥“桥墩微有损伤”，炸死欧籍乘客 5 名，截至 2 月 2 日，挖掘出尸体 40 多具，炸伤中国籍乘客 82 名，越南籍乘客 24 名。2 月 3 日，27 架日机继续轰炸滇段铁路，所幸第 235 条基罗附近铁桥车站“均未受损”②。1939 年 11 月日军侵占南宁后，从 12 月 30 日开始，日军第十五航空队和高雄航空队对滇越铁路滇段开始实施集中轰炸，据中方观测，12 月 30 日日军出动飞机 39 架，投弹 80 枚。③ 1940 年 1 月至 1940 年 4 月，日机轰炸滇越铁路滇段的具体轰炸情形如下表所示：

表 4－4　日机轰炸滇越铁路滇段桥梁架次统计表(1940 年 1 月至 1940 年 4 月)
(单位:次)

日机	1.1	1.2	1.4	1.5	1.7	2.1	2.3	2.13	2.16	2.17	2.18	4.26	合计
第十五航空队	27	26		26	27	27	25	27	26	26	27	16	280
高雄航空队	11	12	12	12	12								59
合计	38	38	12	38	39	27	25	27	26	26	27	16	339

资料来源:『第 15 航空隊』、JACAR(アジア歴史資料センター)Ref. C14120543600、「支那事変航空機搭乗員特別詮議便覧」;『高雄航空隊』、JACAR(アジア歴史資料センター)Ref. C14120544200、「支那事変航空機搭乗員特別詮議便覧」

从上表可以看出，仅 1940 年 1 月 1 日至 1940 年 4 月 26 日间，日机轰炸滇越铁路滇段达 12 次，共出动飞机 339 架次，每次轰炸出

① 据向倩统计，1938 年至 1940 年，日军轰炸滇越国际交通线共 63 次，共出动飞机 701 架次，投弹1 410枚。参见向倩:《全面抗战时期日军轰炸中国国际交通线研究》，硕士学位论文，西南大学历史系，2018 年，第 54、88 页。

②《二十八年二月一日、二月三日敌机轰炸滇越铁路详情》，台北:“国史馆”藏，国民政府外交部档案，020/011006/0011/122—123。

③《滇越铁路公司滇段沿线被炸情形清单》，台北:“国史馆”藏，国民政府外交部档案，020/011006/0011/92。

动飞机约 28.25 架次。日机的频繁轰炸给滇越铁路滇段带来了很大破坏，导致滇越铁路多处大桥受损，其中表现为：1939 年 12 月 30 日的轰炸，造成第 45 条基罗之铁桥“略有损坏”；1940 年 1 月 1 日的轰炸，造成第 82 条基罗 900 米处的铁桥“南段石墩略有损坏”；1 月 2 日的轰炸，造成第 74 条基罗 100 米地方山石“被震倒甚多，约七十五立方公尺，致交通阻窒”；1 月 4 日的轰炸，造成第 82 条基罗 900 米处的铁桥“南端山石震倒，路轨炸毁数段”；1 月 5 日的轰炸，造成第 235 条基罗 500 米处的铁桥“北端桥墩被炸坏，桥身被炸损，倒落于八达河内”。尤其是 1 月 7 日的轰炸造成的破坏更大，不仅造成第 82 条基罗 900 米处的铁桥被炸，“路轨被毁者约长八十公尺，铁桥支柱两根被炸甚重，桥基略被震摇，支柱之石基亦被震坏数处”，而且造成“湾塘白寨两站间之交通已完全阻断”。① 1940 年 1 月 6 日，龙云报告了日军轰炸滇越铁路的情况，电文称，自 1939 年 12 月 30 日至 1940 年 1 月 6 日，“敌机连日轰炸滇越铁路，每次均有卅架以上。上段桥梁业已被其毁坏，交通略生阻碍矣”②。

日军不仅重点轰炸了滇越铁路的主要桥梁，而且也轰炸了铁路沿线的蒙自、阿迷（今开远）等重要城市。1940 年 12 月 22 日，日军第十四航空队出动 13 架飞机轰炸蒙自县城及芷村车站，其中轰炸芷村车站共投弹 50 枚。③ 1940 年 10 月 1 日，日军第十五航空队

---

①《滇越铁路公司滇段沿线被炸情形清单》，台北：“国史馆”藏，国民政府外交部档案，020/011006/0011/92—94。

② 云南省档案馆编：《抗战时期的云南——档案史料汇编》上册，重庆：重庆出版社 2015 年版，第 176 页。

③『第 14 空機密第 10 号の3　第 14 航空隊（第 201 基地） 戦闘詳報 其の17（蒙自攻撃）』、JACAR（アジア歴史資料センター）Ref. C14120876500、自昭和 15 年 12 月至昭和 16 年 8 月「支那事変戦闘詳報」

轰炸了阿迷，投掷了70公斤燃烧弹。据日军观察，这次轰炸使得阿迷城市街道的3/4被击中，云南当地民众精神大受打击。① 中方也报告，1940年10月1日日机对阿迷的大轰炸，造成当地人员和财产损失惨重。滇越铁路警察总局、开远运输公司汽油库、中央护路高射炮队驻地、省立农校、黎明医院等也遭轰炸，共炸死42人，炸伤28人，炸毁房屋295间。其中，开远铁道警察总局有115间房屋被炸坏。② 12月11日和13日，第十四航空队又先后出动飞机9架和10架再次轰炸阿迷，重点轰炸阿迷发电厂。③ 总之，从1939年4月13日至1944年，据中方统计，日机共出动飞机555架次轰炸滇越铁路及沿线，炸死686人，重伤479人。④

日军虽然对桂越、滇越国际交通线进行了密集轰炸，但仅凭空中打击不可能完全阻止桂越、滇越国际运输。日军认识到南宁是桂越国际交通线的枢纽，南宁至龙州的交通线对于中国抗战具有重要意义。据1939年9月日军谍报估计，通过镇南关输入中国的集装箱货物有7 920吨，石油有2 530吨，通过龙州输入的集装箱货物有1 071吨，石油有696吨。日军进一步估计，在1938年上半年通过龙州输入的货物总值有数十万元，而到了1939年上半年则增

---

① 『昆明偵察、阿迷攻擊』、JACAR(アジア歴史資料センター)Ref. C14120948900、自昭和15年10月至昭和15年10月「支那事変戦闘詳報」

② 云南省委党史研究室编:《云南省抗日战争时期人口伤亡和财产损失》,北京:中共党史出版社2016年版,第202页。

③ 『第14空機密第10号の78 第14航空隊(第201基地) 戦闘詳報 其の15(阿迷攻擊第1、2次、昆明攻擊第10次、滇緬路写真偵察)』、JACAR(アジア歴史資料センター)Ref. C14120864800

④ 云南省委党史研究室编:《云南省抗日战争时期人口伤亡和财产损失》,第209页。

加至1 000万元。[1] 为了彻底封锁桂越国际交通线，日军制订了南宁作战计划。

1939 年 10 月 16 日，日军下达第 375 号命令，令日军加紧切断中国的西南国际交通补给线，同时派一部分海军协作，迅速切断沿南宁至龙州的交通补给线，作战区域大致为南宁、龙州以南。日军第二十一军即以第五、第十八、第三十八、第一〇四、第一〇六师团及台湾、近卫 2 个混成旅团，以及第二十一独立飞行队，在广东、广西进行作战。2 月 9 日，日军编成华南方面军，计划以第二十二军占领南宁，切断中国交通补给线。[2] 1939 年 11 月 15 日至 1939 年 12 月 5 日，日军第二十一军发动了南宁攻略战，日本海军也于 11 月 15 日在天堂角附近及龙门岛北岸登陆，16 日日军台湾旅团在钦县登陆，此后日军第五师团也登陆作战。11 月 24 日攻占南宁后，日军将南宁、钦州附近的集结兵力改编成地方部队，以确保切断中国桂越交通补给线。[3] 随着 1939 年 11 月 24 日南宁的陷落，桂越交通线中断。

桂越交通线的中断，虽给中国西南国际交通运输造成了极大影响，但中国还可以通过滇越铁路运输从法属越南进出口的货物。为切断滇越铁路国际运输，日军除频繁轰炸滇越铁路外，还寻求机会要求法国封锁滇越铁路。1940 年 6 月，法国在欧洲战场战败，为日本彻底切断滇越铁路国际运输提供了机会。为迫使法国封闭滇

① 『南寧攻略経過の概要送付の件（1）』、JACAR（アジア歴史資料センター）Ref. C04121974000、昭和 15 年「陸支密大日記　第 10 号 2/3」

② 日本防卫厅研修所战史室编，天津市政协编译委员会译：《〈大本营陆军部〉摘译》，《日本军国主义侵华资料长编》上册，第 498—500 页。

③ 『南寧攻略戦』、JACAR（アジア歴史資料センター）Ref. C11110442900、自昭和 13 年 12 月 25 日至昭和 15 年 1 月 14 日「支那事変に於ける主要作戦の梗概」

越铁路国际运输，日本对法属越南政府施加军事压力。1940 年 6 月 16 日，驻南宁的第二十二军命第五师团 1 个支队进入法属印支国境。6 月 17 日，法国向德国提出停战要求。6 月 18 日，日本在参谋本部部长会议上讨论了进驻法属印支问题。当天日本米内首相、畑陆相、吉田海相、有田外相组成的四相会议通过了对法属印度支那的施策大纲。下述两案成为主要问题：第一，对援蒋行为提出建议，如法国不应允，即诉诸实力；第二，无须交涉，立即诉诸实力。陆海军大臣认为，不可采取第二案，应迅速实行第一案的前段，等待法国答复后，再决定是否诉诸实力。最后该方针得以通过。①

在向法国施加军事压力的同时，日本加大了对法国的外交施压。早在 1940 年 6 月 4 日，日本外务次官谷正之会晤法国驻日大使亨利（Arsène Henry），谷正之就要求法国政府“采取措施禁止转运一切似在增强蒋政权战斗力的物资”②。鉴于法国对日军轰炸滇越铁路一事耿耿于怀，6 月 6 日，日本外务省欧亚局局长会晤法国驻日领事，欧亚局局长称：“禁止通过云南铁路运送援蒋物资与停止轰炸该铁路两事实为‘平等互换’”，“如若法国无法单独与日本签订关于本国权益的协定，事关法国国威”。③ 日方的言外之意就是法国若答应禁止滇越铁路向中国运输物资，日本将不会再轰炸滇越铁路。不仅如此，日方声称，若法国不与日本签订禁止滇越国

---

① 日本防卫厅研修所战史室编，天津市政协编译委员会译：《〈大本营陆军部〉摘译》，《日本军国主义侵华资料长编》上册，第 558 页。

② 『日佛間諸問題ニ関スル六月四日谷次官「アンリー」大使会談録』、JACAR（アジア歴史資料センター）Ref. C12120102100、「仏印問題経緯 其 1」

③ 『日佛間諸問題ニ関スル六月六日欧亜局長・「フアン」仏大使館参事官会談録』、JACAR（アジア歴史資料センター）Ref. C12120102100、「仏印問題経緯 其 1」

际运输的相关协定，也有损法国国家形象。6 月 19 日，日本外务次官谷正之再次会晤法国驻东京大使亨利，提出："希望法国政府立即实行禁止除武器弹药外、诸种燃料，特别是汽油以及卡车、铁道材料等运输用物资借道法属印支转运，同时采取帝国政府能接受的方案（如法方进行安排，以便帝国派遣相当人数的军事专家实地监察物质禁运情况）来验证其执行结果。"①在日本的外交压力下，6 月 20 日，法国驻东京大使亨利访晤谷正之，称："法属印支总督已于十七日实行禁止运输武器弹药类及汽油、卡车这样的援蒋物资，此外无论日本是否有此要求，我出于自身意愿都将向法属印支总督进言建议其全面封锁印支国境，由总督决定是否执行。"法方同意日本另派遣军事专家团视察禁运情况，但法方认为不可能无限期封锁国境。② 由于法国对日妥协，越南总督卡特鲁（Georges Catroux）同意自 6 月 20 日开始，全面关闭中越通道。③ 为了视察滇越铁路国际运输禁运的情况，6 月 22 日，日本政府提出派出 30 名军事人员和 10 名外交人员进入越南。④

鉴于法国只是答应日本提出的实行滇越铁路禁运的要求，并未彻底封锁滇越国界，7 月 19 日，日本起草了《法属印度支那政治、军事协定及经济协定》，规定："为建立东亚新秩序及妥善处理支那事变，法属印支应协助帝国，特别是眼下批准对支作战的日本军队

---

①『佛印経由軍需品輸送問題ニ関スル六月九日谷次官「アンリー」大使会談録』、JACAR（アジア歴史資料センター）Ref. C12120102100、「仏印問題経緯 其 1」

②『在京仏大使外務次長シ来訪』、JACAR（アジア歴史資料センター）Ref. C12120102100、「仏印問題経緯 其 1」

③［法］安托万・瓦尼亚尔著，郭丽娜、王钦峰译：《广州湾租借地：法国在东亚的殖民困境》下卷，第 214—215 页。

④『仏印関係折衝経緯（自昭和 15 年 6 月 1 日至同 8 月 6 日）』、JACAR（アジア歴史資料センター）Ref. C12120102100、「仏印問題経緯 其 1」

通过法属印支及使用法属印支境内机场(包括为此而派遣地面警备兵力进驻),并为日本军队运送武器弹药及其他物资提供各种便利。”①8 月 1 日,日本外相松冈洋右会晤法大使亨利,松冈希望法属印支在政治、军事及经济方面与日方“开展更广泛的合作”,并表示日军通过印度支那“仅限于以处理支那事变为目的及打倒蒋政权所必要之区域”。②

在日本的外交和军事压力下,9 月 22 日,法属越南对日妥协,接受了日本的要求。法国承诺为妥善解决支那事变,将为日军陆军和海军在印度支那提供一切军事上的便利。③ 当日,法越当局与日本签订了《日越协定》,主要内容是允许6 000名日军在海防港口登陆,允许使用越南的 3 个机场。④ 随着《日越协定》的签订,日本彻底封锁了中越国境。总之,1940 年 6 月以后,日军利用法国在欧洲内外交困之际,对法国步步进逼,不仅胁迫法国答应日本实行滇越铁路禁运的要求,而且与法属越南签署了《日越协定》,扩大了日军在越南的军事力量。因为日本入侵越南,滇越铁路国际运输于是中断。滇越铁路运输中断后,中国西南陆路国际交通线就只剩下滇缅公路。

---

① 『日仏印軍事協定』、JACAR(アジア歴史資料センター)Ref. B02030668100、支那事変関係一件/仏領印度支那進駐問題(1940 年 9 月 4 日、日仏印軍事協定)第一巻(A-1-1-0-30_49_001)

② 『八月一日外相在京仏大使ノ来訪ヲ求メ政治軍事協定』、JACAR(アジア歴史資料センター)Ref. C12120102100、自昭和 15 年 6 月 1 日至昭和 15 年 8 月 6 日「仏印関係折衝経緯(1)」

③ 『佛印問題交渉妥結に関する外務省発表』、JACAR(アジア歴史資料センター)Ref. B02030670100、支那事変関係一件/仏領印度支那進駐問題(1940 年 9 月 4 日、日仏印軍事協定)第二巻(A-1-1-0-30_49_002)

④ 中国社会科学院近代史研究所译:《顾维钧回忆录》第 4 分册,北京:中华书局 1986 年版,第 441 页。

第三节　滇缅公路运输与日军的轰炸与封锁

滇缅公路自1938年12月开通以后，成为西南重要的国际交通线。为切断滇缅公路运输，日军频繁轰炸滇缅公路设施和枢纽城市，尤其是密集轰炸滇缅公路的功果桥、惠通桥等重要桥梁，给滇缅公路运输造成极大损失和困难。为封锁滇缅公路运输，1940年6月至7月，日本还向英国施加外交压力，迫使英国在1940年7月至10月间关闭滇缅公路，这给中国造成极大困难。在中国的强烈抗议以及英国的外交考虑下，滇缅公路于1940年10月重新开放，危机暂告一段落。1941年12月太平洋战争爆发以后，日军发动了缅甸作战，1942年5月，日军攻占了缅甸以及滇西部分地区，滇缅公路国际运输彻底中断，中国西南国际陆路交通线也被完全切断，中国国际交通运输面临着极大困难。

一、滇缅公路运输状况

1939年1月，滇缅公路正式开通后，从仰光港进口的物资主要是7.6万余吨汽油、柴油、润滑油，1 364辆汽车，以及其他交通、电讯器材。1940年，油类在运入物资中所占比重仍在半数以上，其余为军械、弹药、铁路和电讯器材等。[①] 滇缅公路内运物资，属于军政部的兵工署、军需署、军医署、交通司、航空委员会、液体燃料委员会、交通部、复兴公司等单位。

1940年10月，由于滇缅公路重新开放，滇缅公路运输也进入新的高潮。10月份即运入国内物资7 329吨，1940年全年共运入

---

① 中国公路交通史编审委员会编:《中国公路运输史》第1册，第274页。

61 394吨，平均月运5 116吨。1941 年为滇缅公路运输高峰期，在这条公路上行驶的汽车有西南运输处包括新进口车2 001辆，其他军公车3 106辆，商营汽车2 265辆，共计7 372辆。西南运输处全年共运入物资132 193吨，最多为 3 月份13 986吨，最少为 12 月份8 727吨，平均月运11 016吨。①

太平洋战争爆发以后，美国开始向中国提供大批租借物资。1942 年初，美国《租借法案》内的汽车大批运到仰光，中缅运输总局成立“接车委员办事处”驻仰光，先后接收新车3 665辆。由于缅甸形势危急，1942 年办事处从仰光撤退前，将这一接车任务全部完成。除了接车，抢运存放在仰光的物资也很重要。1942 年 1 月 1 日至 2 月 20 日，新到美国租借物资有15 800吨，连原有物资共需内运66 400吨。经 1 月份运出15 400吨，2 月份运出17 700吨，将底盘、车身装配成内驶车辆14 200吨，各机关自行运出4 600吨，合共运出近52 000吨，在 50 天内抢运出仰光的这些滞留物资，成为滇缅公路运量的最高峰。②

至于滇缅公路运输的具体运量，自 1939 年 2 月至 1941 年 12 月间，仅西南运输处运入的外援物资达221 567吨。③ 尤其是 1940 年 10 月滇缅公路重新开通后，运量得以增加。仅在 1941 年 10 月间，通过滇缅公路由缅甸运至昆明的政府物资已超过1.2万吨。若以用车车辆分析，利用商车占 50％，西南运输处车辆占 25％，其他军车及政府机关车辆占 25％。若以机关物资分析计算，航空委员会燃油占 1/6，约4 000吨；兵工署器材占 1/6，约2 000吨；交通司油

---

① 中国公路交通史编审委员会编：《中国公路运输史》第 1 册，第 276 页。

② 中国公路交通史编审委员会编：《中国公路运输史》第 1 册，第 278 页。

③ 中国公路交通史编审委员会编：《中国公路运输史》第 1 册，第 276 页。

料器材占 1/12，约1 000吨；其他各机关物资5 000吨。① 据美方估计，仅 1941 年 3 月到 1941 年 11 月，通过滇缅公路运入昆明的物资合计115 450吨。②

1942 年 5 月，滇缅国际公路中断，直到 1945 年 1 月，中印公路在滇缅公路基础上新修完成，西南国际公路运输线才得以恢复。不过，由于中印公路通车较晚，至 1945 年 8 月抗日战争胜利为止，通过中印公路运入的物资，共约 5 万吨，且多系美军装备，仅有一小部分供应中方军需。载运这些军事装备的车辆共 1 万余辆。事实上从 6 月起，缅甸进入雨季，塌方水毁，道路阻滞，闻名世界的中印公路实际使用的时间仅有半年。③

二、日军对滇缅公路运输的轰炸与封锁

滇缅公路的修通，引起了日军的高度重视，他们已意识到滇缅公路对中国抗战的重要作用。1939 年 4 月 3 日，日本驻香港总领事田尻爱义向日本外相有田八郎报告了滇缅公路的基本情况，称滇缅公路是中国重要的国际交通线，该路分三段，第一段从昆明至下关，第二段从下关至滇缅边境，第三段从滇缅边境至腊戌。该公路的通车对于中华民族解放战争具有积极作用。④ 1940 年 10 月

---

①《陈体诚上呈蒋介石西南国际运输报告》(1941 年 11 月 13 日)，《全面抗战(十一)》，台北："国史馆"藏，蒋中正总统文物档案，002/080103/00044/004/23。

② Coordinator of Information Far Eastern Section. R & A Report No. 112, *American Aid to China*. *N. d. Department of State*: *Office of Strategic Services/Bureau of Intelligence and Research Intelligence Reports*, *1941—1961*, pp. 49 - 50, US National Archives. Archives Unbound. Web (26 Feb, 2019).

③ 中国公路交通史编审委员会编：《中国公路运输史》第 1 册，第 285 页。

④『滇緬公路に関する新聞記事送付の件』、JACAR(アジア歴史資料センター)Ref. C04014724300、昭和 14 年 5 月「壹大日記 10 年存」(防衛省防衛研究所)

滇缅公路重新开放后，日方也称，滇缅公路的开放与中国抗战前途有紧密关系，通过滇缅公路，中国后方往欧洲和南洋各地运送商品的距离缩短了 2 000 海里。[①] 据日军情报，滇缅公路仅从 1938 年 11 月到 1940 年 4 月 30 日间，就运入枪炮弹药629 958箱，飞机器材 1 143箱，其他军需品 1 780 吨，汽车材料 13 268 箱，铁路材料 1 465箱。[②]

为截断滇缅公路运输，日军频繁轰炸滇缅公路沿线城市和桥梁[③]，功果桥与惠通桥是其轰炸的重要目标。参与轰炸的是日军第十五航空队和高雄航空队。据中方观测，1941 年日机轰炸云南的航线分为两路，其中一路由越南河内、谷柳、富寿等地起飞，沿"滇缅公路进袭安宁、下关、功果桥、保山、惠通桥等地"[④]。中方也判断该年日军轰炸云南的重要意图就是破坏云南国际交通线，"如本年一月五日、六日、十九日、二十三日，均以寇机九架轰炸功果桥，二月份又连续侵袭功果桥及惠通桥"[⑤]。另据日军战斗详报，日军轰炸功果桥与惠通桥的具体情况如下：

---

① 『滇緬公路概況』、JACAR（アジア歴史資料センター）Ref. C14060194000、「滇緬公路関係資料」（防衛省防衛研究所）

② 『仏印ノ物資封鎖ノ敵軍補給ニ及ホス影響』、JACAR（アジア歴史資料センター）Ref. C1212010 5 700、「仏印問題経緯　其 1」（防衛省防衛研究所）

③ 据向倩不完全统计，在 1940 年 9 月至 1942 年 5 月，日机共轰炸中缅国际交通线 191 次以上，出动飞机1 674架次以上，投弹5 747枚以上。参见向倩：《全面抗战时期日军轰炸中国国际交通线研究》，硕士学位论文，西南大学历史系，2018 年，第 107 页。

④《民国三十年度全国空袭状况之检讨》，航空委员会防空总监部 1941 年编印，第 27 页。

⑤《民国三十年度全国空袭状况之检讨》，航空委员会防空总监部 1941 年编印，第2 页。

表 4－5　日军轰炸滇缅公路主要桥梁概况表(1940 年 10 月至 1941 年 2 月)

桥梁	时间	架次(次)	投弹量(枚)
功果桥	1940 年 10 月 18 日	34	72
	10 月 20 日	35	204
	10 月 25 日	34	204
	12 月 14 日	9	54
	12 月 15 日	8	52
	12 月 16 日	9	54
	1941 年 1 月 5 日	9	54
	1 月 6 日	9	54
	1 月 19 日	9	54
	1 月 23 日	9	54
	2 月 7 日	27	162
	2 月 12 日	26	156
惠通桥	10 月 28 日	34	210
	10 月 29 日	35	150
	1941 年 2 月 9 日	25	144
	2 月 21 日	28	156
	2 月 22 日	27	156
合计		367	1 990

资料来源:『滇緬公路第 1 回攻撃戦闘詳報』、JACAR(アジア歴史資料センター)Ref. C14120954600、自昭和 15 年 10 月至昭和 15 年 10 月「支那事変戦闘詳報」;『第 2 回功果橋攻撃戦闘詳報』、JACAR(アジア歴史資料センター)Ref. C14120955000、自昭和 15 年 10 月至昭和 15 年 10 月「支那事変戦闘詳報」;『功果橋攻撃戦闘詳報』、JACAR(アジア歴史資料センター)Ref. C14120955100、自昭和 15 年 10 月至昭和 15 年 10 月「支那事変戦闘詳報」;『滇緬公路第 4 次恵通橋第 1 回攻撃戦闘詳報』、JACAR(アジア歴史資料センター)Ref. C14120955300、自昭和 15 年 10 月至昭和 15 年 10 月「支那事変戦闘詳報」;『滇緬公路第 5 次恵通橋第 2 回攻撃戦闘詳報』、JACAR(アジア歴史資料センター)Ref. C14120955400、自昭和 15 年 10 月至昭和 15 年 10 月「支那事変戦闘詳報」;『功懸橋(新橋)攻撃戦闘詳報』、JACAR(アジア歴史資料センター)Ref. C14120465900、自昭和 15 年 12 月至昭和 16 年「高雄航空隊戦斗詳報　仏印派遣隊(昆明攻撃等)」;『功懸橋(旧橋)攻撃戦闘詳報』、JACAR(アジア歴史資料センター)Ref. C14120466000、自昭和 15 年 12 月至昭和 16 年 1 月「高雄航空隊戦斗詳報　仏印派遣

隊(昆明攻擊等)」;『功懸橋(旧橋)攻擊戦闘詳報』、JACAR(アジア歴史資料センター)Ref. C14120465800、自昭和 15 年 12 月至昭和 16 年 1 月「高雄航空隊戦斗詳報　仏印派遣隊(昆明攻擊等)」;『功懸橋(旧橋)攻擊戦闘詳報』、JACAR(アジア歴史資料センター)Ref. C14120466400、自昭和 15 年 12 月至昭和 16 年 1 月「高雄航空隊戦斗詳報　仏印派遣隊(昆明攻擊等)」;『功懸橋(旧橋)攻擊戦闘詳報』、JACAR(アジア歴史資料センター)Ref. C14120466500、自昭和 15 年 12 月至昭和 16 年 1 月「高雄航空隊戦斗詳報　仏印派遣隊(昆明攻擊等)」;『功懸橋(旧橋)攻擊戦闘詳報』、JACAR(アジア歴史資料センター)Ref. C14120466600、自昭和 15 年 12 月至昭和 16 年 1 月「高雄航空隊戦斗詳報　仏印派遣隊(昆明攻擊等)」;『功懸橋(旧橋)攻擊戦闘詳報』、JACAR(アジア歴史資料センター)Ref. C14120466800、自昭和 15 年 12 月至昭和 16 年 1 月「高雄航空隊戦斗詳報　仏印派遣隊(昆明攻擊等)」;『功縣橋(旧橋)攻擊戦闘詳報』、JACAR(アジア歴史資料センター)Ref. C14120475700/C14120476700、自昭和 16 年 2 月至昭和 16 年 3 月「高雄航空隊戦斗詳報(パクセ サラヴァン偵察等)」;『惠通橋攻擊戦闘詳報』、JACAR(アジア歴史資料センター)Ref. C14120478600/C14120479700、自昭和 16 年 2 月至昭和 16 年 3 月「高雄航空隊戦斗詳報(パクセ サラヴァン偵察 等)」;『功縣橋(旧橋)攻擊戦闘詳報』、JACAR(アジア歴史資料センター)Ref. C14120474300/C14120475200、自昭和 16 年 2 月至昭和 16 年 3 月「高雄航空隊戦斗詳報(パクセ サラヴァン偵察等)」;『惠通橋攻擊戦闘詳報』、JACAR(アジア歴史資料センター)Ref. C14120483100/C14120483800、自昭和 16 年 2 月至昭和 16 年 3 月「高雄航空隊戦斗詳報(パクセサラヴァン偵察等)」;『惠通橋攻擊戦闘詳報』、JACAR(アジア歴史資料センター)Ref. 14120487000/C14120488000、自昭和 16 年 2 月至昭和 16 年 3 月「高雄航空隊戦斗詳報(パクセ サラヴァン偵察等)」

说明:向倩根据中方统计资料,统计出日机共轰炸功果桥、惠通桥 367 架次,但在具体时间的轰炸架次与日方资料有出入,而且未能统计出日机投弹数量。参见向倩:《全面抗战时期日军轰炸中国国际交通线研究》,硕士学位论文,西南大学历史系,2018 年,第 130—131 页。

从上表可以看出,从 1940 年 10 月 18 日至 1941 年 2 月 22 日,日机共轰炸滇缅公路主要桥梁 17 次,其中功果桥 12 次,惠通桥 5 次;日军出动飞机 367 架次,共投弹1 990枚,其中 250 公斤炸弹 702 枚,60 公斤炸弹1 276枚,800 公斤炸弹 12 枚。日军平均 7.5 天轰炸功果桥或惠通桥 1 次,每次出动飞机约 21.6 架次,每次投弹 74 枚。中方统计与日方统计则有一定出入。中方统计,1940 年 10 月 20 日至 1941 年 2 月 12 日,日军共轰炸 14 次,其中惠通桥自 1940 年 12 月 28 日至 1942 年 2 月 27 日,遭到日机 6 次轰炸。[①] 另据中方统计,1940 年 10 月到 1941 年 2 月期间,日军轰炸功果桥 16 次,

---

① 龚继成、安钟瑞:《抗战期中之滇缅公路工程与管理》,《公路月报》第 4 期,1944 年 1 月,第 12—13 页。

出动飞机 242 架次，投弹近千枚，8 根钢索被炸断。[①] 相对而言，日军战报的统计更为可信，日机在 1940 年 10 月至 1941 年 2 月轰炸功果桥、惠通桥共 17 次。

除了轰炸滇缅公路的重要桥梁，日军也对滇缅公路的枢纽实施了轰炸。1941 年 1 月 3 日，日本海军高雄航空队原本准备用 9 架日机轰炸功果桥，因功果桥上空天气不良，日机改为轰炸滇缅公路沿线重要城市——保山，投掷炸弹 54 枚。[②] 1 月 22 日，原计划轰炸功果桥的 12 架日机改为轰炸昆明停车场，共投掷炸弹 54 枚。[③] 1 月 29 日，9 架日机原计划轰炸功果桥，因功果桥上空天气不良，改为轰炸昆明街道，包括昆明西边街道、军需局、民政厅、教育局、军训处等重要设施，投掷炸弹 54 枚。[④]

日军第十五航空队总结了 1940 年 9 月 30 日至 10 月 29 日间对滇缅公路的轰炸情况，认为惠通桥、功果桥被完全切断，两三个月内不能使用。[⑤] 但中国很快修复了滇缅公路，于是在 1941 年 1 月至 2 月，日军继续对功果桥和惠通桥实施轰炸。1941 年 2 月 7

---

① 李忠杰主编：《云南省抗战时期人口伤亡和财产损失调研成果选辑》，北京：中共党史出版社 2011 年版，第 224 页。

② 『功懸橋（旧橋）攻撃戦闘詳報』、JACAR（アジア歴史資料センター）Ref. C14120466300、自昭和 15 年 12 月至昭和 16 年 1 月「高雄航空隊戦斗詳報　仏印派遣隊（昆明攻撃等）」

③ 『功懸橋（旧橋）攻撃戦闘詳報昭』、JACAR（アジア歴史資料センター）Ref. C14120466700、自昭和 15 年 12 月至昭和 16 年 1 月「高雄航空隊戦斗詳報　仏印派遣隊（昆明攻撃等）」

④ 『昆明攻撃戦闘詳報』、JACAR（アジア歴史資料センター）Ref. C14120466900、自昭和 15 年 12 月至昭和 16 年 1 月「高雄航空隊戦斗詳報　仏印派遣隊（昆明攻撃等）」

⑤ 『連合航空隊統合戦果並に所見』、JACAR（アジア歴史資料センター）Ref. C14120955700、自昭和 15 年 10 月至昭和 15 年 10 月「支那事変戦闘詳報」

日，日机侦察后发现功果桥左右两岸中弹，桥梁受损，但已经修复。① 1941年2月12日轰炸功果桥后，日机侦察后认为功果桥被完全炸毁，修理十分困难，滇缅公路运输已被切断，这次轰炸效果十分明显。② 1941年2月22日，高雄航空队对惠通桥实施了轰炸，日军认为这次轰炸造成惠通桥桥梁和桥墩被250公斤炸弹命中，破坏很大。③ 2月21日，高雄海军航空队对惠通桥实施轰炸，战报称轰炸效果“极为显著”④。总之，1940年9月至1941年间，日军对滇缅公路功果桥、惠通桥的轰炸的确给滇缅公路造成了极大破坏，也给滇缅公路运输造成了影响，但经过滇缅公路工人的紧急抢修，功果桥被修复，滇缅公路运输并未中断。

为截断滇缅国际运输，日本除采取军事手段外，也试图通过外交手段迫使英国封闭滇缅公路。1939年9月欧战爆发以后，日本利用德国在欧战节节胜利之机，向英国等施加外交压力，要求英国封闭滇缅公路。1940年6月19日，日军参谋部情报部长土桥勇逸向英驻日武官提出了关闭滇缅公路的要求。6月24日，日本外务省通过正式外交途径要求英国政府采取措施，停止通过滇缅公路

---

①『滇緬公路偵察戦闘詳報』、JACAR(アジア歴史資料センター)Ref. C14120470100、自昭和16年2月至昭和16年3月「高雄航空隊戦斗詳報(パクセ サラヴァン偵察等)」

②『功縣橋(旧橋)攻撃戦闘詳報』、JACAR(アジア歴史資料センター)Ref. C14120474600、自昭和16年2月至昭和16年3月「高雄航空隊戦斗詳報(パクセ サラヴァン偵察等)」

③『恵通橋攻撃戦闘詳報』、JACAR(アジア歴史資料センター)Ref. C14120487500、自昭和16年2月至昭和16年3月「高雄航空隊戦斗詳報(パクセ サラヴァン偵察等)」

④『滇緬公路偵察戦闘詳報　高雄海軍航空隊』、JACAR(アジア歴史資料センター)Ref. C14120485300、自昭和16年2月至昭和16年3月「高雄航空隊戦斗詳報(パクセ サラヴァン偵察等)」

运送武器弹药以及诸如燃料、卡车及铁路器材等物资，并声称如果继续让这些物资过境运输，将对英日关系产生严重影响。为了加重这种威胁的力量，日本在毗连九龙租界地的边界上集结了5 000名日军。① 此时，英国正为本土的安危忧心忡忡。在德国的战争威胁下，为避免在两个半球同时进行战争，英国极不愿在亚洲卷入与日本的冲突。同时，它也不愿在压力下顺从日本的要求，遂求助美国，希望美国分担责任。但此时的美国也不愿同日本公开对抗。② 于是英国便于7月18日与日本正式签订《关于封闭滇缅公路的协定》，规定英国政府自7月18日起，在3个月内，“禁止武器、弹药并铁道材料之通过缅甸输送”③。根据这一协定，从1940年7月18日开始，中国无法通过滇缅公路大量运入中国急需的军事物资和铁道器材，这使得中国的抗战形势更加危急。据美方资料，在1940年7月至1940年10月滇缅公路封闭期间，中国西南国际运输大受影响，其间未列入禁运清单的物资每月只有2 000吨能够从缅甸发货。④

由于日本向英国不断施加外交压力，英国最后牺牲中国利益向日本妥协。后来由于日军的侵略严重损害了英国远东利益，英国改变了对日政策，于10月18日重开滇缅公路。滇缅公路的重

---

① 徐蓝：《英国与中日战争(1931—1941)》，第313页。

② 军事科学院军事历史研究部：《第二次世界大战史》第2卷，北京：军事科学出版社1995年版，第585页。

③《英日关于封闭滇缅公路的协定》(1940年7月18日)，复旦大学历史系中国近代史教研组：《中国近代对外关系史资料选辑(1840—1949)》下卷 第二分册，上海：上海人民出版社1977年版，第145页。

④ Coordinator of Information Far Eastern Section. R & A Report No. 112, *American Aid to China*. *N. d. Department of State: Office of Strategic Services/Bureau of Intelligence and Research Intelligence Reports, 1941—1961*, p. 38, US National Archives. Archives Unbound. Web (26 Feb, 2019).

开，标志着日本企图通过向英国施压而封锁滇缅公路策略的破产。为彻底截断滇缅公路，日军加紧采取地面军事行动。1941 年 12 月太平洋战争爆发以后，日军于 1942 年 1 月开始进攻缅甸，1942 年 4 月 26 日，第十五军司令官命令日军第五十六师团主要沿滇缅公路地区向怒江一线进攻，第十八师团主要沿滇缅公路首先向腊戌方面进攻，第五十五师团进攻曼德勒。4 月 29 日，第五十六师团占领腊戌。5 月 1 日，第十八师团占领曼德勒。5 月 2 日，第五十六师团占领缅中边境的南坎，随后一部分于 3 日占领八莫，7 日占领密支那，另一部分主力则攻占了云南的芒市和龙陵，5 日进入怒江沿岸。① 为阻止日军沿滇缅公路长驱直入，中国军队被迫于 5 月 5 日炸毁惠通桥。因此，1942 年 5 月，由于日军侵占缅甸以及滇西部分地区，滇缅公路国际运输完全中断。

第四节　驼峰空运与日军的拦截

1942 年 4 月，在滇缅公路国际运输即将中断以前，中美联合开辟了驼峰航线，以保证西南国际交通的通畅。因为大批美军飞机参与驼峰空运，驼峰运量也逐年增加，所以驼峰航线成为抗战后期中国重要的“空中生命线”。为截断驼峰空运线，驻缅甸日军不仅出动飞机频繁拦截驼峰航线的运输机，而且频繁轰炸沿线的云南驿、昆明等机场，加剧了驼峰空运的危险。②

---

① 日本防卫厅研修所战史室编，天津市政协编译委员会译：《〈大本营陆军部〉摘译》，《日本军国主义侵华资料长编》中册，第 242—244 页。

② 据向倩利用中方资料的不完全统计，日军共轰炸驼峰航线 63 次，出动飞机 724 架次，投弹 425 枚。参见向倩：《全面抗战时期日军轰炸中国国际交通线研究》，硕士学位论文，西南大学历史系，2018 年，第 54、114 页。

一、驼峰空运机构与运量

驼峰航线包括汀昆线(汀江至昆明)、汀宜线(汀江至叙府)、汀泸线(汀江至泸州)和渝加线(重庆至加尔各答)四条线,最早开辟的是汀昆线,汀宜线、汀泸线开辟时间较晚,汀昆线较其他线更重要。全面抗战期间,中国航空公司和航空运输司令部通过驼峰航线向中国运输了大量军用物资。就中国航空公司而言,1942 年 8 月到 12 月期间,中航公司往返飞越驼峰 873 次,运往中国1 804.3吨物资,运返印度1 833.1吨物资。该航空公司运往中国的物资包括 500 多吨钞票、300 吨飞机零件、300 吨铜和钢帽、20 吨美国红十字会的医疗用品、30 吨美国医疗队药品等。运到印度的有1 500吨钨,以及较少量的锡、桐油、茶叶、猪鬃、水银和丝绸。此外,中航公司在 10 月、11 月、12 月期间还空运了7 000多名中国远征军到印度,这些中国士兵将在印度受训,准备参加从缅甸北部赶走日军的战役。[①] 到 1943 年,中航公司从印度越过驼峰飞往中国9 564次,空运了8 436.3吨货物。该公司向西飞行了8 742次,运送了7 575.1吨物资,主要是钨和锡;还运送了14 377名旅客,大多数是中国远征军成员。[②] 1944 年,中航公司在驼峰飞行中虽降为次要角色,但在 1944 年和 1945 年间继续在印度和中国之间空运物资。该公司 1944 年飞越驼峰9 000个来回,飞行1 000万英里以上,载运了大约占世界各航线上所有战略货物的 38%,仅次于美军航空运输司令

---

① [美]小威廉·M. 利里著,徐克继译:《龙之翼——中国航空公司和中国商业航空的发展》,第 152 页。

② [美]小威廉·M. 利里著,徐克继译:《龙之翼——中国航空公司和中国商业航空的发展》,第 159—160 页。

部(The Air Transport Command)。① 到1945年,汀泸线成为中航公司驼峰航线货运量最大的航线,货运量为2 305 709公斤;其次为汀昆线,货运量达到了20 608 634公斤;再次为汀宜线,货运量为1 658 944公斤;渝加线货运量也达到了405 506公斤。以上四线1945年的运量合计为20 978 793公斤,占中国航空公司经营的所有航线总运量的81%。②

在驼峰空运中,美军航空运输司令部所属的印度—中国空运大队才是主要运输力量,其运量远远超过中国航空公司。1944年9月,威廉·H. 特纳(William H. Turner)准将取代哈丁(Thomas O. Hardin)准将时,印中空运队每月运量已超过2万吨。一位空军历史学家写道:"随着载运吨数的增加,就很少谈论到最多可能完成的数字了。特纳将军和他的参谋人员是按照这样的论点行事的,即如果有了必要的设施和人员,实际上能够运输的数量不限。"由于投入了改进型的C-46和有4个发动机的C-54,1944年底,印中空运队每月运量已达3万吨,1945年初每月运输增至4万吨,1945年7月达71 042吨。在全面抗战时期,陆军航空兵空运部经由驼峰运输的总量达65万吨,其中一半是1945年1月至9月期间运输的。③

至于驼峰空运的具体运量,据美方资料,在1942年4月到1945年9月,仅中航公司飞越驼峰达8万次以上,载运了5万吨货

---

① [美]小威廉·M. 利里著,徐克继译:《龙之翼——中国航空公司和中国商业航空的发展》,第165页。

② 《民用航空运输——乘客人数及货物邮件行李公斤数》,交通部统计处编:《交通部统计年报》(民国三十四年),国民政府交通部1946年印,第182—183页。

③ [美]小威廉·M. 利里著,徐克继译:《龙之翼——中国航空公司和中国商业航空的发展》,第164页。

到中国，运出将近2.5万吨，①合计运量为7.5万吨。另据曾任交通部次长的龚学遂的统计资料，在1942年至1945年通过驼峰航线向中国输入的物资数量也不少，见下表：

表4-6　驼峰空运物资分类数量表

（单位：吨）

类别	年份				合计
	1942	1943	1944	1945	
紧急器械				3 000	3 000
兵工器材	538	2 215	6 174	3 554	12 481
钞票黄金印钞器具	616	1 896	2 110	2 659	7 281
军航器材	93	857	659	371	1 980
通讯器材	179	1 549	3 030	1 686	6 444
医药	71	408	1 236	454	2 169
花纱布				3 742	3 742
军需被服		753	898	303	1 954
工矿器材	94	447	863	1 042	2 446
飞机汽油		509	2 250	1 828	4 587
汽车配件				525	525
美军物资		843	472		1 315
救济物资				24	24
其他	167	121	142	139	569
共计	1 758	9 598	17 774	19 297	48 397

资料来源：龚学遂：《中国战时交通史》，第273—274页。

① [美]小威廉·M.利里著，徐克继译：《龙之翼——中国航空公司和中国商业航空的发展》，第166页。

从上表可以看出，自1942年6月至1945年12月，驼峰空运共运输物资48 397吨，平均每月1 125.51吨。以年份计算，1942年为1 758吨，1943年为9 598吨，1944年为17 744吨，1945年为19 297吨。运送物资包括前线作战物资、后方增产物资和民生必需物资三类，其中军用品占80％，非军用品为20％。[①] 在驼峰空运的运输物资中，还包括中国出口苏联的矿产品。1943年，昆明通过驼峰空运的矿产品合计7 122.953 6吨，占出口苏联矿产品全年总销量的40.29％。[②]

另据美方统计，美军航空运输司令部的驼峰空运运量为685 304吨，包括392 362吨汽油和石油。从1943年12月至1945年8月31日，飞越驼峰的飞机为156 977架次，其中1943年12月为3 138架次，1944年为54 926架次，到1945年8月底增至98 913架次，平均每月分配运输架次从165架次增至640架次。[③] 总之，中美联合开辟的驼峰航线成为抗战后期西南大后方最重要的空中运输线，向中国运输了大量物资，支持了中国人民的抗日战争，维持了大后方经济的运转。

二、日军对驼峰空运的拦截和机场的轰炸

随着驼峰空运规模的扩大，日军也意识到了它的重要性。据

---

① 夏光南编著：《中印缅道交通史》，中华书局1948年版，第117—118页。

② 孟宪章主编：《中苏贸易史资料》，北京：中国对外经济贸易出版社1991年版，第484页。

③ Central File, Decimal File 893.796, Internal Affairs Of States, Other Means Of Communication And Transportation. Carrier Pigeons., China, Aerial Navigation. Immunities Of Government-Controlled. Subsidies., January 3, 1945—November 4, 1946. Records of the Department of State Relating to the Internal Affairs of China, 1945—1949. p. 175, US National Archives. Archives Unbound. Web (19 Feb, 2019).

日军判断，以加尔各答为起点向昆明方面的空运情况是，1942 年底每月估计约1 000吨，其中主要物资为重要武器、燃料、重庆政府特需的特殊机械类、纸币等。后来美国根据蒋介石的强烈要求，逐渐增加空运量，终于将空运继续到最后。应中方要求，美国把过去的地面运输路线改为从印度的萨地亚至昆明的空运路线。[①] 由于驼峰航线离缅甸较近，担任缅甸防空任务的是日本第三航空军第五飞行团，飞行团长为小畑英良中将。1942 年 3 月底，驻缅甸的日军战斗机队增加到了 5 个[②]，另外还有 4 个中型轰炸机队。这些战斗机队的飞机绝大多数都是九七式战斗机。到 7 月，多数日机飞回到日本本土、中国台湾或满洲进行更新，整个雨季后半段只留下了装备有较新式的中岛 Ki43“奥斯卡”战斗机的第六十四机队。[③] 1943 年 1 月 15 日，第五飞行团有九七式侦察机、重型轰炸机和轻型轰炸机共 230 架。[④] 美国远东空军司令部（Eastern Air Command）估计日军有 277 架飞机。[⑤]

日本参谋部意识到驼峰空运对日本的严重威胁。1942 年 6 月 13 日，日军作战部部长田中新一说：“由印度向重庆的空运如不能阻止，则重庆地区不久将成为对日空袭的大基地。政府如有困难，

---

① 日本防卫厅防卫研究所战史室著，天津市政协编译委员会译：《中华民国史资料丛稿译稿 缅甸作战》上册，第 178 页。

② 1 个日军战斗机队相当于 1 个美军飞行中队或 1 个德军飞行大队，大约由 25 架飞机组成。

③ [美]约翰·D. 普雷廷著，张兵一译：《驼峰空运》，第 74 页。

④『第 5 飛行集団の作戦準備』、JACAR（アジア歴史資料センター）Ref. C14060473900、自昭和 17 年至昭和 18 年「緬甸航空作戦」（防衛省防衛研究所）

⑤ Charles F. Romanus and Riley Sunderland, *Stilwell's Command Problems* (Washington, D. C. : Office of the Chief of Military Department of the Army, 1956), p. 85.

只有进攻重庆，别无他途。”[1]为阻止驼峰空运，日军对驼峰空运线开始实施空中拦截，占领了驼峰运输线以南的机场，包括猛锡、垒允、腊戍、瑞昌、曼德勒、马圭、东瓜、仰光。这些机场离驼峰空运线240公里到900公里，日军可以用战斗机拦截运输机，也可以用轰炸机轰炸驼峰空运西端的汀江机场和东端的昆明机场。1944年3月中旬，东条英机指示南方军：“缅甸防空部队的最大任务是切断中印空运路线。”[2]全面抗战时期，日军频繁轰炸驼峰沿线机场，给驼峰空运安全造成了很大的威胁。

日军对驼峰空运开展的空袭行动都是以缅甸南部和中部的机场为基地，攻击形式分为两种：一是以轰炸机轰炸美国的运输基地，二是以战斗机攻击在航线上飞行的运输机。日本人的空军基地离驼峰航线有将近500英里，由于中岛Ki43“奥斯卡”战斗机的航程有限，为轰炸机护航时只能在目标上空作短时间的盘旋，甚至不得不再往北飞行至下一个补给基地密支那加油。日军对美国空军基地的攻击比对空中运输机的攻击多得多，因为打击一个固定不变的飞机场比完全靠肉眼发现一架在空中飞行的飞机要容易得多。1943年，美国运输机在驼峰航线上的飞行次数从每天几架次增加到几十架次以后，日本飞机才试图把驼峰航线飞行的飞机作为攻击的重点。与驻缅甸日本航空队相抗衡的是以印度为基地的英国和美国战斗机机队，其中的美国机队属于第十航空队管辖。陈纳德率领的美国志愿援华航空队——“飞虎队”驻扎在中国境内，也能对驼峰空运提供保护。日本人于1942年10月25日在缅

① 日本防卫厅研修所战史室编，天津市政协编译委员会译：《日本军国主义侵华资料长编》中册，第397页。

② 日本防卫厅研修所战史室编，天津市政协编译委员会译：《日本军国主义侵华资料长编》下册，第171页。

甸境内对盟军发起了6个月以来最大的一次空袭行动，同时对汀江和查巴(Chabua)实施轰炸。他们在投入其主要力量对缅甸北部目标实施攻击的同时，还留下了一个以河内为基地的飞行大队保持对缅甸南部的巡逻。①

在1943年至1944年间，日本第四飞行团多次拦截驼峰航线运输机，并对沿线机场实施轰炸，旨在一举摧毁集结在机场的运输机。② 日军认为，前期的准备工作给予了中印驼峰空中运输线以沉重的打击，他们准备将这些军事行动与对加尔各答的进攻同步进行。1943年12月5日，日军第五飞行团和海军航空队共出动飞机161架，大规模轰炸了加尔各答港。③ 在取得了超出预期战果的成效后，日军决定继续实施轰炸驼峰航线各机场的任务，包括轰炸汀江机场、云南驿机场等。执行轰炸任务的是日军第四飞行团，该飞行团有战斗机约50架，轻轰炸机约18架。1943年12月8日，第四飞行团趁中美不备对汀江机场进行轰炸，由于没有遭遇防空战斗机群的抵抗，日机轰炸取得了一定战果，全机返航。12月11日到12日，第四飞行团又连续对云南驿机场实施攻击。第一天虽然美军没有防备，但因下层云层太厚，没有取得十分有效的战果。第二天虽然天气良好，但美军已觉察到日军进攻动向，在进攻之前起飞回避，无果而终。④

---

① [美]约翰·D. 普雷廷著，张兵一译：《驼峰空运》，第87—88页。

② 『緬甸方面航空作戦記録　附録』、JACAR（アジア歴史資料センター）Ref. C16120046000、昭和21年10月「緬甸方面航空作戦記録」（防衛省防衛研究所）

③ Charles F. Romanus and Riley Sunderland, *Stilwell's Command Problems* (Washington, D. C.: Office of the Chief of Military Department of the Army, 1956), p. 85.

④ 『各期に於ける作戦準備並に作戦経過概要（1）』、JACAR（アジア歴史資料センター）Ref. C16120045800、昭和21年10月「緬甸方面航空作戦記録」

除轰炸云南驿机场外，日机重点轰炸了昆明机场。作为驼峰空运最重要的机场，昆明巫家坝机场空运十分繁忙，平均每天要起降运输机70余架次。① 日机于1943年12月对昆明机场实施了2次轰炸，第一次是12月18日，第二次是12月22日。因为要对驻守昆明机场的美军第七飞行大队的战斗机轰炸机联合部队进行大规模攻击，日军新配置了1个重轰炸机队，共计约70架飞机参与轰炸。第一次因为轰炸精度略有不良，没能捕捉到美军飞机的集结地，只破坏了相当数量的机场设备。第二次因为机场云层太厚，加上受到美军防空战斗机的反击，日机掩护战斗队与其进行了激烈的空战，双方均损失惨重。后来轰炸精度虽然大致良好，但因地面上的美军飞机升空回避，日机轰炸并没有取得大的效果。②

1944年1月，日机重点拦截中印驼峰航线的运输机。虽然1943年12月日军对驼峰航线运输基地进行了轰炸，但运行在驼峰航线上的飞机日益增多。通过对驼峰航线、飞行时间等的统计调查，日军开始准备实施空中截击的计划。1944年1月中旬，日军飞行团和全战斗战队统合到一起，在缅甸孙布拉蚌上空多次对中美空中运输队实施截击。此次截击因在美军意料之外，日军一时中断了驼峰空中运输，驼峰航线飞机被迫绕路迂回飞行，或者在战斗队的掩护下飞行。日军认为这次截击达到了消除驼峰航线飞行的威胁或中断驼峰飞行的目的。但是随着中美双方投入超大型远距离运输机参与飞行，汀江到成都的直飞航线开启。1944年5月中国攻占密支那机场，日军再也不能利用密支那机场对驼峰航线飞

① 李定：《抗战时期的昆明机场》，《官渡区文史资料选辑》第8辑，官渡区政协文史资料研究委员会1995年编印，第68页。

② 『各期に於ける作戦準備並に作戦経過概要（1）』、JACAR（アジア歴史資料センター）Ref. C16120045800、昭和21年10月「緬甸方面航空作戦記録」

机进行截击了。①

由于日军战斗机的阻击，仅在 1943 年 10 月 13 日那一天就有 6 架运输机被日机击落。② 1944 年 1 月，日机在对驼峰最后一次大规模的拦截中，击落 15 架运输机。③ 此外，由于担心日机的拦截，1944 年 11 月夜间，驼峰航线沿线的导航台全部关闭，致使在航线上正在飞行的 13 架中美运输机，因不能利用地面导航台定向而迷航失踪。④ 曾担任中国航空公司副驾驶的古江回忆了自己遭遇日机拦截死里逃生的情形：

> 飞机在昆明载运 24 名去印度的远征军。当飞机经过云南驿机场后，机长（美国人）叫我到后舱通知乘客协同搜索在空中的日机，我对他们说明，日机是一架或三架的飞行，美机是两架或四架的飞行，如发现天空里有黑点移动就通知我，我将驾驶舱门打开，便于联系。当天云层有好几层，最低一层接近一些高峰，机长选在4 000公尺两片间隔较大的云层中间飞行。在距离汀江还有一小时左右，突然从飞机后上方射来的日机子弹击中机翼及尾部，幸未击中油箱，机长急忙将飞机钻入云中飞行，过了一会刚钻出云层，就听到后舱左右两边的人都在惊呼有日机，机长猛推驾驶盘冒险朝最下边云层穿出来沿着山谷飞行，才脱离危险。机长笑嘻嘻地摇着头指着山峰惊叹："非常危险！"我们

---

① 『各期に於ける作戦準備並に作戦経過概要（1）』、JACAR（アジア歴史資料センター）Ref. C16120045800、昭和 21 年 10 月「緬甸方面航空作戦記録」

② Jeff Ethell and Don Downie, *Flying the Hump: In Original World II Color* (Osceola: Motorbooks International Publishers & Wholesaler, 1995), p. 11.

③ [美]威廉·凯宁著，戈叔亚译：《飞越驼峰：抗战史上的空运壮举》，第 161 页。

④ 陈汉斋：《抗日战争中的驼峰飞行》，《长宁文史资料》第 7 辑，长宁区政协文史资料研究委员会 1991 年编印，第 157—158 页。

幸运飞机没有撞山仍心有余悸。报务员因未扣保险带，飞机急降时被抛起来，头也撞伤，发报机也弄坏了不能发报。[①]

英国《泰晤士报》也称，在驼峰航线上飞行的运输机，“在没有任何武器的保护下，在日本战斗机作战范围内的近距离飞行，日机击落了其中的几架飞机，更不用说他们对付其他不利因素了”[②]。

1944年5月，中国攻占密支那机场后，日军虽然未拦截驼峰空运的运输机，但并未放弃对驼峰航线机场的轰炸。1944年10月下旬，随着缅甸和云南地区雨季的结束，为达到出其不意的效果，日军开始在夜间偷袭驼峰航线重要机场。其中10月27日，4架日机轰炸了密支那机场，由于美军没有防备，中美飞机损失较大。11月下旬开始，日军继续夜袭驼峰航线机场，于11月24日夜袭昆明机场，25日夜袭密支那机场，28日夜袭云南驿机场。[③] 日机以小规模机群利用夜间对驼峰航线沿线机场实施轰炸，虽然给中美飞机造成一定损失，但不可能中断驼峰空运。

为应对日军对驼峰空运的拦截，中美双方采取了一系列措施。第一是绕道北线飞行。在驼峰航线中，虽然北线飞行困难更多，然而没有日机干扰，危险相对减少。[④] 北线是从印度的汀江起飞，经缅甸的葡萄县进入国内，再经程海到昆明。南线从印度的汀江起

---

① 古江：《飞越驼峰》，云南省政协文史资料研究委员会编：《云南文史资料选辑》第37辑，第361页。

② From Our Special Correspondent, “War Supplies For China”, *The Times*, Jan. 7 (1944), p. 3.

③『各期に於ける作戦準備並に作戦経過概要（2）』、JACAR（アジア歴史資料センター）Ref. C16120045900、昭和21年10月「緬甸方面航空作戦記録」

④ 古江：《飞越驼峰》，云南省政协文史资料研究委员会编：《云南文史资料选辑》第37辑，第363页。

飞，经缅甸的奈卡河汉进入国内，再经云南驿到昆明。这一航线为相对“直线”。北线与南线相比，飞行距离长，而且地形较南线更复杂、险恶，更易遭受暴风雪，但北线的优势在于可以尽可能地避开日本飞机的拦截。① 第二，增强驼峰航线的防卫力量。就在中国航空公司的飞行员们开始穿越驼峰航线的时候，“飞虎队”被改编为美国空军驻华特遣队。这支特遣队是由第二十三战斗机大队补充第十一轰炸机中队组成的，隶属于美国第十航空队。1943 年，特遣队被改编为美国陆军第十四航空队，陈纳德任司令，同时担任驼峰航线空运指挥部总指挥，协助飞越驼峰。

总之，由于日军的截击，加上驼峰航线恶劣的气候，驼峰航线的飞行损失巨大。在驼峰航线运转的 3 年时间中，航空运输司令部共损失飞机 468 架，平均每月损失 13 架。有时机组人员能够跳伞，由美国战略服务处派在缅甸的特工人员组织的钦克族人营救小组解救。其他人或死在丛林里，或被日军俘虏，或降落在树梢上，很久以后才发现他们挂在树枝上已被蚂蚁啃掉的尸体。② 中国航空公司在驼峰飞行中则损失飞机 50 架。③ 有人估计在驼峰航线上，飞行员的年死亡率高达 20%④，其飞行之危险可见一斑。不过，日军拦截驼峰空运飞机和轰炸沿线机场，虽然给驼峰空运造成了威胁和困难，但不可能阻止驼峰空运，况且随着美军第十四航空

① 黄蜀云：《“飞虎”死亡飞行“驼峰”穿越》，云南省政协文史委编：《云南航空纪实》，昆明：云南人民出版社 2013 年版，第 265 页。

② Barbara W. Tuchman: *Stilwell and the American Experience in China 1911—1945* (New York: Macmillan Publishing Co. Inc., 1970), p. 309.

③ 俞飞鹏：《十五年来之交通概况》，第 58—63 页。

④ 王敏：《回忆我在飞越驼峰时一次事故的经过》，《中国民用航空史料通讯》第 93 期，第 9 页，内部资料。

队力量的壮大，中国夺回了制空权，日机的攻势逐渐减弱，最后对驼峰航线机场只能采用夜袭的方式。日军战史也承认，驻缅甸第五飞行师团为了切断驼峰航线，“有时出动战斗机于缅甸北部上空迎击运输机，或向远方迁苏吉亚挺进击地面，但其成果也只是暂时性的”①。

① 日本防卫厅防卫研究所战史室著，天津市政协编译委员会译：《中华民国史资料丛稿译稿 缅甸作战》上册，第178页。

第五章　西南国际交通与中国抗战

国民政府和西南各省地方政府修建西南国际交通线的主要目的就是打破日军封锁，保障军需物资的输入。1939 年 1 月，滇缅公路正式通车以后，输入了大量军用物资。1942 年 5 月，滇缅公路国际运输中断后，为打破日军的封锁，中美两国一方面联合开辟了驼峰航线，另一方面于 1942 年 10 月制订了缅甸作战计划，并在 1943 年 11 月至 1945 年 1 月间，发动了滇缅反击战，打通了中缅印国际交通。西南国际交通线不仅向中国输入了大批军火物资，而且也支持了中国远征军的滇缅作战，配合了美军远程轰炸日本，从而支持了中国抗战大业。

第一节　国际交通与抗日军运

全面抗战时期，由于战局的变化，中国军火物资的输入路线也几经变化：在 1938 年 10 月广州沦陷前，广九铁路是主要军火物资输入线；广州沦陷后，滇越铁路是军火物资输入线；1940 年 6 月滇越铁路国际运输中断以后，滇缅公路是重要物资输入线；1942 年 5 月滇缅公路国际运输中断以后，驼峰航线则成为中国最重要的军火物资输入线。虽然中国军火物资运输越来越困难，但对抗战的支持作用是显而易见的。没有西南国际交通线输入军火物资，中国抗战将难以为继，后果不堪设想。

一、广九、滇越铁路与抗日军运

全面抗战前期，西南地区的广九铁路和滇越铁路输入了大量军火物资。广九铁路本是清末英国驻华公使窦纳乐（Colonel Sir Claude）借芦汉铁路划归比利时承办之机强索获得的五路专利权之一，铁路起点为香港维多利亚港附近，1911 年通车。全面抗战爆发后，中英双方于 1937 年 10 月 4 日正式通过了广九、粤汉货物联运，首班广九铁路军运列车于 12 月 22 日从香港出发，经由香港转运到国内的军用品在 1937 年 7 月至 12 月间已有一定量。例如，以 8 月的 1 周作计算，单是英国战机便有 20 架，另外还有战机引擎及组件 466 箱、航空炸弹36 860枚、爆破炸药（TNT）1 639吨、37 毫米和 20 毫米炮弹 152 吨、各类机枪及步枪子弹3 000万发等全数转运内陆，数量已经达到全中国半年的武器生产总量。除了武器，国民政府在香港订购的 2 万件英国制防毒面具也由广九铁路运至内陆。1938 年 3 月至 5 月间经过广九铁路的军运发车多于 36 次，这些军火物资包括爆破炸药（TNT）、炸药引爆装置和信管、航空炸弹、轰炸机零件、德国毛瑟步枪、俄国制式机枪和弹药等。军事物资源源不断地输入给国民政府的抗战以有力支持，在一定程度上缓解了军火短缺的巨大压力。①

全面抗战前期，除了广九铁路，滇越铁路也承担了重要的军运

---

① 严智德：《论抗战初期广九铁路的军事运输》，《军事历史研究》2016 年第 5 期，第 100 页。

任务。尤其是在1938年10月至1940年6月,大量军用物资从越南运入西南大后方。以1939年为例,5月份滇越铁路运输总量为7 659吨①,7月份为10 008吨②,8月总量为9 889余吨③。1939年通过滇越铁路运入中国的物资的运量和货值见下表:

表5-1　1939年经由滇越铁路运入主要油类、交通器材及配件量值表

	汽油	柴油	煤油	润滑油	马达拉车等	汽车零件	橡胶及制品	汽车
数量(公担④)	325 919	115 710	69 097	20 939	35 220	1 900	619	1 928
百分比(%)	32.29	11.46	6.85	2.07	3.49	0.19	0.061	0.19
货值(金单位⑤)	3 866 598	690 573	809 147	519 920	5 966 905	1 073 490	943 000	769 352
百分比(%)	16.31	2.91	3.41	2.19	25.16	4.53	3.98	3.24

资料来源:根据《经由滇越铁路运出物量值表》相关数据整理而成,瞿世荃:《中国与安南贸易之检讨》,《贸易月刊》第3卷第4、5期合刊,1941年11月,第50页。

说明:原表货值总数有误,实为23 713 876金单位。

从上表可以看出,1939年滇越铁路运入中国的物资以油料、交通器材及配件为主,其中运量占总输入量的56.6%,货值占总货值的61.73%。具体而言,从运量分析,以汽油运量最大,占总货运量的32.29%,加上柴油、煤油和润滑油,油料运量占货运总量的52.67%。从输入货物的货值分析,以车辆货值最大,其中马达拉车等车辆货值占总货值的25.16%,加上汽车零件、橡胶、汽车,交

① 《滇越铁路运输统筹委员会第六次会议纪录》(1939年6月13日),云南省档案馆、红河学院编:《滇越铁路史料汇编》上册,第294页。

② 《滇越铁路运输统筹委员会第七次大会会议纪录》(1939年8月2日),云南省档案馆、红河学院编:《滇越铁路史料汇编》上册,第299页。

③ 《滇越铁路运输统筹委员会第八次常会会议纪录》(1939年10月5日),云南省档案馆、红河学院编:《滇越铁路史料汇编》上册,第303—304页。

④ 重量单位,1公担等于100公斤。

⑤ 用黄金做本位货币的货币制度。

通器材共占总货值的36.91%。虽然各种油类和交通器材不算直接的军火，但其对中国抗战的支持作用显而易见。这些物资的大量输入，为后方汽车运输提供了能源和原材料。另据日方统计，自1937年9月27日对法国提出第一次抗议以来，从法属印度支那运往中国内地的轰炸机有294架，发动机有120台，飞机零件有120架。① 截至1940年国民政府军委会运输统制局成立之际，滇越铁路每月运量为24 000吨。除铁路本身自用2 500吨，其余的21 500吨物资中，中央政府物资有15 600吨，占75%，普通商运物资有5 900吨，占25%。在政府物资运输中，汽油有4 900吨，兵工原料有2 000吨，军需材料有1 100吨，铁路材料有700吨。这些运入中国的物资，对中国抗战发挥了积极作用。②

二、滇缅、中印公路与抗日军运

全面抗战时期，滇缅公路和中印公路是中国重要的国际公路运输线。从1938年底至1942年5月，滇缅公路共运营41个月，对转入战略防御阶段的抗战起了巨大的输血作用。滇缅公路运输大体上以1940年为界分为前后两个阶段：第一阶段从1938年12月至1940年7月英国封闭滇缅公路，为滇缅公路运输的初步发展阶段；第二阶段从1940年10月到1942年5月，即滇缅公路重开到惠通桥被炸毁，为滇缅公路的迅速发展阶段。

第一阶段从通车到英国封闭滇缅公路（1938年12月至1940

① 许文堂：《第二次世界大战时期中、日、法在越南的冲突与交涉》，《“中央研究院近代史研究所”集刊》第44期，2004年6月。

②《何应钦呈蒋中正军事委员会运输统制局筹备经过业务进行情形》（1940年4月20日），《革命文献——国际运输》，台北：“国史馆”藏，蒋中正总统文物档案，020/020300/00015/042。

年7月），属于滇缅公路运输的初步发展阶段。在这一阶段，由于滇缅公路泥泞路滑，塌方频繁，加之滇越铁路还保持畅通，大部分援华战略物资仍通过滇越铁路运入国内，所以滇缅公路的运量还不大，属于初步发展阶段。1938年10月，滇缅公路第一期工程还未完工，由于广州沦陷，原定在香港卸货的苏联军火船改驶仰光，船上有300门炮、2 000挺机关枪、70万发炮弹、4 000万发子弹，总计5 000余吨武器军火。1938年12月，西南运输处主任宋子良由仰光亲自押运第一批重要军品，经腊戍沿滇缅公路到达昆明，这是第一次滇缅公路运输。此后中国重要物资均自缅越两线内运。1939年2月8日，中国和美国签订了《桐油借款合约》，中国用2 500万美元的借款在美国采购了大量交通器材及配件，主要是2.5吨载重汽车。第一次招标，购买美国通用汽车公司的“奇姆牌”汽车500辆，道奇公司的“道奇牌”汽车500辆。第二次招标，采购“道奇牌”汽车1 000辆和福特汽车公司的“福特牌”汽车500辆。这2 500辆汽车运入中国后主要用于滇缅公路运输。① 1939年3月15日，英国向中国提供了18.8万英镑（约合75.2万美元）的信用借款，专门用于购买滇缅公路运输汽车。② 另外，南洋机工组成的“华侨先锋队”也积极参加滇缅公路运输。1940年南洋华侨总会捐赠200辆货车③，1941年捐赠100辆货车④。

由于大量汽车投入滇缅公路运输中，滇缅公路越来越重要，仅

---

① 赵祖康：《旧中国公路建设片段回忆》，全国政协文史资料研究委员会编：《文史资料选辑》第83辑，北京：文史资料出版社1982年版，第216页。

② 陈嘉庚：《华侨司机回国》，《南侨回忆录》，新加坡：怡和轩1946年版，第85页。

③ 陈嘉庚：《“华侨先锋队”货车何处去？》，《南侨回忆录》，第292页。

④ 庄明理：《陈嘉庚与华侨机工》，中国人民政治协商会议全国委员会等编：《回忆陈嘉庚》，北京：文史资料出版社1984年版，第119页。

据 1940 年统计，在畹町核发出口的军车有24 000多辆，民用车有8 300多辆；进口的军车有24 800辆，民用车有10 600辆，核发临时牌照的进口新车有2 800多辆。[①] 仅西南运输处在滇缅公路行驶的车队有第一、第二、第五、第十、第十四、第十五、第十六、第二十、第二十一、华侨第一和第二等 11 个大队，管辖车辆1 166辆。[②]

至于滇缅公路军用物资的运输情况，英国领事史多克莱(G. E. Stockley)在给大使卡尔爵士(Archibald Clark Kerr)的报告中提到，1939 年 2 月 19 日至 10 月底，通过滇缅公路，从腊戍运入中国的武器弹药总数达到17 160吨。其中 1939 年 9 月为4 249箱，1939 年 10 月为10 415箱，合计 645 吨。[③] 据缅甸政府国防部的统计资料，仅 1938 年 12 月 15 日至 1939 年 4 月 23 日，经过仰光海关自缅甸转运到中国的军用物资约值美金1 300万元，主要是机关枪、炮弹和子弹，其中捷克的产品占 30%，法国和苏联各占 22%，美国占 12%，比利时占 9%，丹麦占 3%，英国和德国也有少数产品。[④] 另据缅甸海关统计，仅从 1939 年 10 月 28 日至 12 月 31 日，经仰光转运中国的武器价值总额为 8 352 756 美元，其中购自苏联的为5 418 665美元(火炮、机关枪、步枪及弹药等)，占64.87%；购自比利时、英国、瑞典、捷克、法国的共1 702 923美元(高射机枪、步枪、爆炸器材、炸药、弹药等)，占20.39%；购自美国的共1 231 168美元

① 《抗日战争时期国民政府财政经济战略措施研究》课题组编：《抗日战争时期国民政府财政经济战略措施研究》，成都：西南财经大学出版社 1988 年版，第 289 页。

② 黄菊艳选编：《战时西南运输档案史料》，《档案与史学》1996 年第 5 期，第 19 页。

③ 吴圳义：《滇缅公路与中国抗日战争(1937—1942)》，胡春惠主编：《纪念抗日战争胜利五十周年学术讨论会论文集》，香港：香港珠海书院亚洲研究中心 1996 年版，第 182 页。

④ 吴圳义：《滇缅公路与中国抗日战争(1937—1942)》，胡春惠主编：《纪念抗日战争胜利五十周年学术讨论会论文集》，第 183 页。

（手枪、雷管、子弹、飞机零件、炸药等），只占 14.74%。[1] 总之，在 1939 年的 11 个月中，由滇缅路运入的物资为27 980吨，1940 年为61 394吨，合计89 347吨。[2]

从 1940 年 10 月英国重开滇缅公路到 1942 年 5 月中国炸毁惠通桥，属于滇缅公路运输的迅速发展阶段。由于这一阶段滇越铁路被日军切断，滇缅公路运量大增。就美国对华军事援助物资而言，1941 年 5 月至 1942 年 4 月，输入中国的美国租借物资总量为110 864吨，具体物资数量见下表：

表 5－2 1941 年 5 月至 1942 年 4 月输入中国的美国租借物资数量表

（单位：吨）

	兵工厂	航空	医疗	运输车辆	兵器弹药	油料	铁路器材	机械	纺织品
数量	24 703	2 533	1 138	33 536	11 398	14 927	19 365	1 398	2 613
百分比（%）	22.28	2.28	1.03	30.25	10.28	13.46	17.47	1.26	2.36

资料来源：Charles F. Romanus and Riley Sunderland, *Stilwell's Mission to China* (Washington, D. C.: Office of the Chief of Military Department of the Army, 1953), p. 49, Table 3.

1941 年 12 月日本发动了太平洋战争，大举进攻东南亚。由于大批美援物资滞留仰光，中缅运输局组织了大批车辆抢运这批物资，1 月份运出15 400余吨，2 月份运出17 700余吨，装成车辆内运14 200余吨，另外各机关自行运入4 600余吨，总共有52 000余吨。在 1941 年一年间，从滇缅公路输入的物资数量为132 193吨，至少是第一阶段运量的 1.48 倍。[3]

1942 年 5 月 5 日，中国为阻止日军进攻，被迫自行炸毁了滇缅

---

① 吴景平：《抗战时期中美租借关系述评》，《历史研究》1995 年第 4 期，第 49 页。

② 龚学遂：《中国战时交通史》，第 99 页。

③ 龚学遂：《中国战时交通史》，第 99—100 页。

公路的惠通桥，滇缅公路的中国段物资运输仅限于怒江以东，这时期的滇缅公路运输业务大受影响。1942 年 8 月 10 日，滇缅公路运输局接管滇缅公路运输业务，在滇西未收复前，接管范围仅东起昆明，西至保山，长 668 公里，主要任务为抢运积存在保山、下关一带的物资，并运送部队给养至前线，接运运到云南境内的驼峰空运物资。滇缅公路运输局成立时，交通部拨给“道奇牌”汽车 400 辆，编为 2 个汽车运输大队，分辖 4 个中队，每中队辖车 50 辆，另外有 1 个保养班担任车辆检验保养等工作。后来又接受了中缅运输总局待修理的各种杂牌车 300 余辆，备编第三大队，第一大队驻昆明，第二大队驻下关。经常行驶的车辆约 280 辆，其中 100 辆办理驼峰空运物资的接运和短途运输，其余的 180 辆用于干线行驶。保山一带内运物资为兵工署所有，在保山、永平、下关 3 处共14 700吨，从 1942 年 8 月至 1943 年 4 月，全部运达昆明。[①] 此后，滇缅公路无大宗物资运输。

在全面抗战期间究竟通过滇缅公路输入了多少援华军用物资，目前还没有完整精确的统计数字。大致而言，滇缅公路共运入物资 49 万多吨，包括汽油等油料 20 余万吨，兵工器材、武器弹药、通讯、交通器材、医药、棉纱、布匹等 20 余万吨。[②] 大量军用物资的输入，保证了中国入缅远征军的军事后勤供应，对远征军最后取得的对日作战胜利提供了有力的后勤保障。

军用物资通过滇缅公路源源不断地输入，这增强了中国军队的战斗力。在全面抗战初期，中国军队和日军的战斗力相差悬殊。有人认为中国 1 个师的战斗力仅相当于日军的 1 个师团的 1/3，日

① 龚学遂：《中国战时交通史》，第 104—105 页。

② 浦光宗主编：《云南公路史》第 1 册，第 320 页。

军的 1 个大队对付中国的 1 个师绰绰有余。日本海军的战斗力为中国海军的 30 倍，空军为中国的 9 倍。1938 年武汉会战前，中国的作战兵力大约有 200 个师，但到了 1939 年 10 月，又增加了 61 个师和 50 个独立旅，步枪增至1 564 164支，轻机枪增至68 762挺，重机枪增至17 700余挺，迫击炮增至5 885门，其他火炮增至2 650门。1940 年 6 月，中国军队的战斗力又比前增强了 1/5。1941 年又有增强，而且特种兵的素质比战前增强了 6 倍。1943 年后，中国军用美械装备了 13 个军，中日两军士兵的战斗力由 1∶8 变为 1∶1.2 了。①

除滇缅公路外，中印公路是全面抗战后期西南重要的国际交通运输线。1945 年中印公路修通后，开始运输军公物资和政府核准经营的民生必需品。1 月 28 日，由 120 余辆货车组成的试运车队从密支那出发向昆明开进，2 月 2 日顺利到达昆明。试运成功以后，中印公路投入正式运营，第一批满载着美援军用物资的美方卡车 500 辆到达昆明，以后中印公路的运输量逐渐增加。1945 年 2 月至 7 月，中印公路从缅甸向中国运入货物和汽油数量如下表所示：

表 5-3　中印公路与中印输油管道进口货运统计表(1945 年 2 月至 7 月)

(单位:吨)

	2 月	3 月	4 月	5 月	6 月	7 月
货物运量	1 111	1 509	4 198	8 435	6 985	5 900
汽油			约 439	约5 530	约5 187	约11 601

资料来源：[美]齐锡生：《剑拔弩张的盟友——太平洋战争期间的中美军事合作关系(1941—1945)》上册，第 483 页。

① 张家德、蔡泽军、张愚：《滇缅路的修建及作用》，云南省政协文史资料研究委员会编：《云南文史资料选辑》第 37 辑，第 33—34 页。

从上表可以看出，1945年2月至7月，中国通过中印公路共运入货物28 138吨，中印输油管道从1945年4月至7月共输入汽油22 757吨。这些物资的运量尽管未能达到预期目标，但对于中国的抗战还是发挥了一定的积极作用。

三、驼峰航线与抗日军运

驼峰空运由美军航空运输司令部和中国航空公司共同承担，其中以美军航空运输司令部运输为主，中国航空公司运输为辅。1942年12月1日，航空运输司令部组建了印度—中国空运总队，负责驼峰空运。

在哈丁将军任航空运输司令部司令时，空运队的运载量从1943年9月份的4 624吨增加到1944年8月份的23 675吨。到1944年9月威廉·H.特纳准将接任哈丁时，航空运输司令部飞机数量从249架增加到332架，到1945年夏天航空运输司令部已有C－46型运输机330架，C－47型运输机167架，C－54型运输机132架，C－87型运输机109架，总共738架运输机。① 尤其是1944年10月，美国道格拉斯公司生产的四引擎"空中霸王"C－54型运输机投入驼峰航线运行，该机能够在2万英尺的高空以时速250英里飞行，它的运量是C－47型运输机运量的3倍。C－54型运输机自身携带8个燃料箱，运载3 540加仑汽油，因此它能够从印度飞到中国消耗掉1 000加仑汽油后，再返回印度而不需要重新加油。同C－47型运输机一样，C－54型运输机也是一种全天候飞机，因此

---

① Jeff Ethell and Don Downie, *Flying the Hump: In Original World II Color* (Osceola: Motorbooks International Publishers&Wholesaler, 1995), pp. 13－14.

它是战争期间最成功的四引擎运输机。① 随着运输路线的改变、飞机无线电导航设备的改进以及新式运输机的使用，航空运输司令部空运量逐年提高，到1945年7月达到最高峰，为71 042吨②，这个数字与中国航空公司在驼峰空运中总运量相当，也是滇越铁路1940年6月月运量的4.7倍。③

开辟驼峰空运的中国航空公司主要开辟了汀江至昆明线、汀江至叙府线、汀江至泸州线。汀江至叙府线由中国航空公司于1943年10月开办，仅在1943年10月至12月期间，中航公司飞叙府60次，为军火厂运进113.9吨货物，运出猪鬃112.2吨。到1944年中国航空公司增加了航班，到年底每月飞行近150个来回。④ 该公司参加驼峰空运的空、地勤人员约有1 000人，其中美籍人员约占1/10。⑤ 据统计，在驼峰空运期间，美国向中国航空公司先后提供C－53、C－47和C－46型运输机共90架左右。经常在驼峰航线上维持飞行的“中航”飞机，1942年约有10架，1943年约有20架，1944年底增加到30架左右。随着中航公司飞机数量的增加，中航的运输能力也得到了提高。仅1944年秋天，中航公司越过驼峰的空运量每月达到2 000吨。11月中航公司在印度和中国

---

① Otha C. Spencer, *Flying the Hump: Memories of an Air War* (Texas: Texas A&M University Press, 1992), pp. 145－146.

② Jeff Ethell and Don Downie, *Flying the Hump: In Original World II Color* (Osceola: Motorbooks International Publishers & Wholesaler, 1995), pp. 13－14.

③ 孙代兴、吴宝璋主编：《云南抗日战争史》，昆明：云南大学出版社1995年版，第244—245页。

④ [美]威廉·M.利里著，徐克继译：《龙之翼——中国航空公司和中国商业航空的发展》，第165页。

⑤《当代中国》丛书编辑部编：《当代中国的民航事业》，北京：中国社会科学出版社1989年版，第17页。

之间飞行了1 068个来回，其中145次飞到叙府。中航公司运量最高的月份是1945年7月，运送了2 648.1吨货物到中国。中航公司还执行了其他任务。为支援中印公路的建设，自1944年10月22日至1945年1月21日，中航公司从汀江到保山和密支那，共飞行224架次，载运旅客736名、筑路机械设备等540 719磅。同时，中航公司还进行了523次空中支援飞行，给筑路员工空投了1 836 970磅大米。①

全面抗战期间，中国航空公司和航空运输司令部通过驼峰航线向中国提供了大量军用物资。在货物运输方面，从1942年6月至1945年12月，仅中航公司通过驼峰航线运入的物资中紧急械弹、兵工器材、军航器材、军需被服、飞机汽油、美军物资等军用物资达25 227吨，占总数的52.1%。②

除空运物资外，驼峰空运还运送了大量军事人员。首先是为中国驻印军运输补充兵员。史迪威为训练在印度的中国远征军，于1942年8月26日在印度蓝姆伽尔（Ramgarh）建立了蓝姆伽尔训练所。1943年2月，史迪威将驻印远征军组成2个整编师、3个炮兵团、1个工兵团、1个炮兵营，以及由中国教官编成的1 500名干部的队伍。受训人员一部分是由缅甸撤往印度的中国远征军，其他部分则由驼峰空运进入印度。以1942年10月20日至月末向印度空运4 000人为开端，驼峰空运每日平均空运650人。③ 在把士兵由中国空运赴印的途中，原规定每架运输机要挤进35名至40名

① [美]小威廉·M.利里著，徐克继译：《龙之翼——中国航空公司和中国商业航空的发展》，第165—166页。

② 龚学遂：《中国战时交通史》，第273—274页。

③ 日本防卫厅研修所战史室编，天津市政协编译委员会译：《日本军国主义侵华资料长编》中册，第267页。

士兵,但为了多装载士兵,长官命令士兵们登机前只穿条短裤,手持一个防止呕吐用的纸袋,以尽量多载。罗卓英说:"塞 50 名吧,让他们光着身子就是了,反正只有 3 个小时航程嘛!"由于飞机飞越驼峰的时候气温低,到达印度下飞机的人一开始就冷得发抖,再加上晕机,要在印度的强日光下坐上个把小时,才能恢复过来。① 从 1942 年 10 月 20 日到 30 日,利用运输军火的回程运输机运官兵 4 000名。史迪威要求增加人数,改为每天空运官兵 458 人,共为新三十八师、新二十二师运送补充兵员13 000名。1944 年初,又将新三十师空运至印度。1944 年 4 月,印缅边境危急,第十四师、第五十师被空运至印度参战。1944 年总计补充驻印军25 014名。② 从 1943 年 5 月至 1945 年 9 月,仅中国航空公司在驼峰航线上累计运载的旅客便有33 477人次,其中大部分是去印度参战的中国远征军。③ 通过驼峰空运,中国远征军不断得到补充,受到了正规的训练,战斗力大大加强,成为日军的有力对手。

其次,抗战后期驼峰空运积极投入抗战军运,支援了抗日前线。1945 年日军发动进攻,试图打垮美军第十四航空队。1 月 29 日,日军攻占了江西遂川,7 日攻占了赣州,25 日攻占了老河口,这些都是第十四航空队的飞行基地。为阻止日军进攻,3 月,美军航空运输司令部驼峰运输队、北方战区司令部(The Northern Combat Area Command)、中国战区司令部开始运送军队入华参战。"火星"行动任务是将中国远征军第三十师、新三十八师、第五十师通过驼峰运入中国,到 5 月 14 日共运送6 235人。在 4 月份,

---

① Barbara W. Tuchman, *Stilwell and the American Experience in China 1911—1945* (New York: Macmillan Publishing Co. Inc., 1970), p. 327.

② 徐万民:《战争生命线——国际交通与八年抗战》,第 341 页。

③《当代中国》丛书编辑部编:《当代中国的民航事业》,第 19—20 页。

“公鸡”行动空运了25 136人、2 178匹马、1 565吨装备。航空运输司令部为完成任务总是超载，每架C－47型运输机超载40人，C－46型运输机超载60人，C－54型运输机超载80人。[①] 为保卫昆明，美军执行了被称为“阿尔法计划”的军事行动，从1944年12月4日航空运输司令部从西安空运18 000名国军士兵至云南沾益。魏德迈(Wedemeyer)对这支来自西安的部队的战斗力怀有疑虑，所以寄希望于第二天开始从萨尔温江地区空运回国的第六军。航空运输司令部将他们此次承担的运兵行动称作“棉尾兔行动”，但是驼峰飞行员参与军事行动时受第十航空队的指挥，而第十航空队又把这次行动命名为“毛虫行动”。所以，“毛虫行动”中的“棉尾兔行动”始于12月13日，总共从密支那向沾益空运了12 000名士兵。航空运输司令部和战斗物资运输中队共运送14 000名士兵以及近1 600匹马。[②] 驼峰空运运送了大批军用物资和军事人员至中国，有力地支持了中国抗战。

第二节　滇缅、中印公路与中缅印作战

滇缅公路和中印公路不仅是抗日军运的重要运输线，也对中国远征军的第一次和第二次作战产生了重要影响。1942年2月，为解救缅甸被围英军，应英国要求，中国远征军第一次入缅作战，而滇缅公路则是中国远征军入缅的重要通道。远征军兵败以后，滇缅公路也成为部分远征军退入中国的通道。1942年12月，为打

① Otha C. Spencer, *Fling the Hump: Memories of an Air War* (Texas: Texas A&M University Press, 1992), p. 161.

② [美]约翰·D. 普雷廷著，张兵一译：《驼峰空运》，第189页。

通中缅印交通，中美在列多动工修筑中印公路。到 1943 年 11 月，随着列多至新平洋段公路通车，中国驻印军发起了胡康作战，中缅印反击战开始，到 1945 年 1 月，中国远征军中缅印反击战获得胜利，中印公路通车。中国远征军第二次中缅印作战不仅对滇缅战局产生了重大影响，而且对中国抗战全局也产生了一定影响。

一、滇缅公路与中国远征军第一次入缅作战

除运输军事物资外，滇缅公路也是中国军队进入缅甸的重要通道。太平洋战争爆发后，中国派遣远征军入缅参战。入缅参战前，第五军驻昆明近郊，负责防卫昆明；第六军驻开远，为滇南总预备队。1941 年 12 月 16 日，蒋介石命令第五军立即往祥云、大理、保山地区集结，限 18 日集中完毕，“准备入缅，协力英军作战”①，第六军向保山、芒市地区集中，限 22 日集中完毕。但由于英国的犹豫不决，中国远征军入缅时间一再拖延。到 1942 年 2 月 25 日，新加坡陷落，日军在缅甸已强渡萨尔温江，第五军还在国内，第六军除支队及九十三师主力已到达景东地区外，其余均在国内。1942 年 2 月 27 日，蒋介石下达命令，第五军第二〇〇师于 3 月 1 日“急行入缅，在平满纳、同古间地区占领阵地，掩护该军主力集中”。第五军在第二〇〇师之后入缅，集中于杂泽南北地区，准备协同英军迎击日军。第六军以第九十三师担任景东方面防守任务，第四十九师担任猛畔方面防备。②

1942 年 2 月，中国远征军奉命入缅时，司令长官先是卫立煌，

---

① 中国第二历史档案馆编：《滇缅抗战档案》上册，北京：中国文史出版社 2019 年版，第 51 页。

② 中国第二历史档案馆编：《滇缅抗战档案》上册，第 60 页。

后由罗卓英继任。下辖第五军，军长为杜聿明，该军由第二〇〇师、第二十二师、第九十六师组成，师长分别是戴安澜、廖耀湘、余韶；第六军军长为甘丽初，辖第四十九师、第九十三师、第五十五师(暂时)，分别由彭璧生、吕国铨、陈勉吾任师长；第六十六军军长为张轸，辖新三十八师、新二十八师、第二十九师，分别由孙立人、刘伯龙、马维骥任师长，共约10万人入缅。①

中国远征军第一次入缅作战时，滇缅公路是重要的输送通道。就第六军第四十九师而言，1941年5月起开赴滇缅公路担任警戒监护任务，历时8个月。后因中国军队应英军要求入缅作战，第四十九师于是在1942年1月中旬集中于芒市和畹町之间。因英军优柔寡断，全师入缅时间也推迟了1个多月。② 到2月上旬，第四十九师先遣步兵团第一四七团从保山出发，沿滇缅公路经腊戍、雷列姆等处进入猛吞，接替英军防务。③ 在第四十九师入缅过程中，由于英军的犹豫和联络不畅，进入缅甸的过程中发生了一系列问题。1942年2月10日，第四十九师第一四七团在遮放附近乘坐英军派来的120辆汽车向预定集中地大高出发。因车辆不足，英军准备的240辆汽车分2次来回输送，因此第四十九师师部及直属队于16日出发，第一四五团和一四六团分别于20日和26日出发。第四十九师入缅运输车辆由英军派人指挥，但这些人之前均为在中国经商人员，毫无军事知识，导致第四十九师入缅时在住宿、给养和行军方面都发生了一系列困难。到达缅甸后，又由于英军的优

① 郑汕：《中国远征军抗战始末》，云南省政协文史资料研究委员会编：《云南文史资料选辑》第27辑，昆明：云南人民出版社1986年版，第75页。

② 中国第二历史档案馆编：《滇缅抗战档案》上册，第206—207页。

③ 中国第二历史档案馆编：《滇缅抗战档案》上册，第188页。

柔寡断，联络不畅，第四十九师原定集中地点为大高，后变更至芒畔。[①]

第六军入缅后，第五军通过滇缅公路到达腊戍，然后分批乘坐缅甸铁路火车到达预定集结地点。1941年12月26日，第五军第二〇〇师抵达保山，集结滇南待命。1942年2月16日，蒋介石下令第五军按第二〇〇师、第九十六师和新二十二师的顺序开始用汽车输送，先向畹町集中，再等候英军接运入缅。[②] 由于缅甸南部战况紧急，作为第五军先遣师，第二〇〇师在1942年2月21日从保山到达遮放，在3月2日至5日间，从遮放乘坐英方500辆汽车到达腊戍，然后再用火车运送，先头部队第五九八团于4日到达平满纳，第二〇〇师第五九九团、第六〇〇团于8日到达同古。[③] 第五军其他各师于3月5日在畹町、龙陵间集中完毕，3月14日，第九十六师、新二十二师仍旧在国境龙陵、遮放一带待命。第五军炮兵团、装团、轻战车由昆明向缅甸境内输送。[④] 3月19日，同古战役打响后，第五军新二十二师、第九十六师等部队相继通过滇缅公路入缅参战。其中第九十六师于3月18日从芒市通过乘坐滇缅公路汽车进入缅甸，3月23日抵达腊戍，然后改乘缅甸铁路火车，于3月29日到达平满纳。第九十六师第二八七团原来担任畹町、腊戍警卫任务，归参谋团指挥，到达平满纳后归还第九十六师建制。[⑤]

相对第六军和第五军，第六十六军入缅作战时间最晚。1942年4月9日，第六十六军第二十八师将集中于安宁的部队，于10日

① 中国第二历史档案馆编：《滇缅抗战档案》上册，第206—207页。

② 中国第二历史档案馆编：《滇缅抗战档案》上册，第90页。

③ 中国第二历史档案馆编：《滇缅抗战档案》上册，第131页。

④ 中国第二历史档案馆编：《滇缅抗战档案》上册，第91页。

⑤ 中国第二历史档案馆编：《滇缅抗战档案》上册，第159页。

起分4个梯队按第八十三团、师司令部及直属队、第八十四团和第八十二团的顺序，沿滇缅公路逐日通过汽车运输至腊戍。4月18日，第二十八师第八十三团到达腊戍后，转乘缅甸铁路火车向曼德勒开拔。此后，第二十八师其余部队也渐次乘汽车通过滇缅公路到达腊戍后，转乘火车到达曼德勒。①

在中国远征军第一次入缅作战的部队中，除了第五、第六、第六十六军，还包括其他部队，其中野战重炮兵第二旅第十三团第一营也参加了缅甸战役，该营入缅路线也是滇缅公路。1942年3月20日，该营从昆明出发，沿滇缅公路进入缅甸，其中中缅运输总局运输了该营部分弹药和器材。由于汽车行驶速度较快，中缅运输总局运输车辆于20日达禄丰，21日达下庄，22日达太平铺，23日达瓦窑，24日达保山，25日和26日停留保山修理车辆和等候故障车辆，27日从保山出发，到达龙陵，28日达芒市，卸下弹药器材。野战重炮兵第二旅第十三团第一营的卡车和炮车于20日至草铺，21日至一平浪，22日至镇南，23日至祥云，24日至漾濞，25日至山头草铺，26日至保山，29日到达芒市。该营卡车则在30日至31日陆续到达芒市。4月1日起，该营从芒市出发，由于这段滇缅公路为柏油路面，行车速度较快，弹药器材仍由中缅运输局代运，炮车当天也达遮放。该营于2日过畹町进入缅境九谷，3日抵达腊戍。② 通过滇缅公路，野战重炮兵第二旅第十三团第一营的弹药器材、炮车仅花费10余天就从昆明抵达腊戍。

通过滇缅公路，第五军、第六军、第六十六军等入缅参战，协助英军打击日军，取得了一定战绩，尤其是第五军第二〇〇师表现突

---

① 中国第二历史档案馆编：《滇缅抗战档案》上册，第256页。

② 中国第二历史档案馆编：《滇缅抗战档案》上册，第309—310页。

出。1942 年 3 月 18 日至 30 日，第二〇〇师在同古与日军激战 12 天，击毙日军4 000余人。① 后又于 4 月 23 日至 25 日在棠吉与日军激战，击毙日军1 000余人。② 5 月在康卡地区与日军激战，击毙日军二三百人。但在 5 月 19 日，师长戴安澜不幸中弹，于 26 日殉国。③ 远征军虽然作战英勇，但第一次入缅作战还是以失败告终。

远征军失利后，一部分进入印度，另一部分回国。在回国途中，为阻击日军沿滇缅公路追击，远征军又在滇缅公路沿线地段与日军激战。第六十六军第二十八师于 1942 年 4 月入缅作战后，先后在曼德勒、南孟、施恩、新唯与日军战斗。4 月 28 日以后，远征军各部队纷纷沿滇缅公路向国内撤退，滇缅公路沿线的遮放、芒市、龙陵各地均无军队防守。由于滇西一带防务空虚，日军进攻速度很快，5 月 3 日，日军第十八师团主力攻占畹町后，继续沿滇缅公路向龙陵追击。为阻击日军进攻，5 月 4 日，第二十八师收容各部撤退官兵和中缅运输局警卫大队后，在龙陵以西地带布防。5 月 4 日午后 4 时 30 分，中缅运输总局警卫第二、第三中队与沿滇缅公路进攻的日军先头部队交火，中国军队坚持到 5 月 8 日撤退。在龙陵战役中，中缅运输总局警卫大队利用有利地形阻击日军，阵亡官兵 40 余人，为龙陵城内医院、仓库、车辆、物资的撤退赢得了一定时间，否则中国损失将更大。④

与此同时，第十一集团军也在滇缅公路惠通桥、龙陵一带与日军激战。5 月 5 日，为阻止日军过河，中国炸毁惠通桥。同时，第十

① 中国第二历史档案馆编：《滇缅抗战档案》上册，第 145 页。

② 中国第二历史档案馆编：《滇缅抗战档案》上册，第 153 页。

③ 中国第二历史档案馆编：《滇缅抗战档案》上册，第 156—157 页。

④ 中国第二历史档案馆编：《滇缅抗战档案》上册，第 287—291 页。

一集团军第三十六师与日军第五十四师团在惠通桥附近遭遇，双方激战。6月1日，蒋介石下令第十一集团军预备二师及刘伯龙部“在怒江西岸游击，并破坏龙陵、腾冲、惠通间公路”，第八十八师一部“守备惠通桥，主力控置于保山”。于是，第十一集团军重新进行布置，将预备二师第五团留在怒江西岸，在滇缅公路以北及龙陵、腾冲道路以东担任游击，第三十六师除留一营在惠通桥以北地区游击外，主力配置于惠通桥东岸。[①] 至此，中日军队相持于滇缅公路惠通桥两岸。

由于日军已攻至滇缅公路惠通桥，为防止日军沿滇缅公路进攻滇西地区，中国军队除炸毁惠通桥外，还陆续破坏了滇缅公路。1942年5月12日，蒋介石部致电云南省政府主席龙云，要求破坏滇西各段公路，具体实施方案为：一是破坏惠通桥至畹町公路；二是惠通、保山段公路中的桥脚至山顶段酌情施工，由山顶向东30公里段公路应适时彻底破坏，东至保山段公路仅留单车道，能够输送粮弹，并在险要处完成破坏准备；三是保山、下关段除功果、义龚量间各大桥及沿路险要应完成破坏准备；四是破坏滇缅铁路路基及滚弄至祥云间的汽车便道。为破坏滇缅公路滇西段，由军需署拨付100万元用作破路用款，破坏公路所用炸药由保山军火库库拨付。[②] 5月15日，蒋介石又致电龙云，要求加速破坏保山经云县至滚弄间公路，电文称：“滚弄至云县之间，仅猛勇至吴家寨之四十公里不通汽车，余均可通车。又云县至保山亦可通车。查此路在我侧背，极为危险，纵腾龙克复，敌若由此路进袭，亦属前功尽弃，

① 中国第二历史档案馆编：《滇缅抗战档案》上册，第341—342页。

② 云南省档案馆编：《抗战时期的云南——档案史料汇编》上册，第422—423页。

故应彻底予以破坏。”①

由于蒋介石的一再催促，云南地方政府也加紧破坏滇缅公路，以阻止日军沿滇缅公路长驱直入云南。1942年6月2日，云南省公路总局局长杨文清汇报了惠通桥至保山段公路的破坏进展情形，电称：“职三十日到保山，即与马处长赴惠通桥查勘惠保段公路情形，并决定实行破坏，已于东日调到民工八百余人，开始工作，限六月十日完工，再继续准备保山漾濞间破坏工作。”②1942年6月29日，杨文清再次汇报了滇缅公路及保云公路的破坏准备和实施情况，其中准备破坏的公路包括惠通桥东岸至龙洞段、保山至功果桥段、功果桥至下关段和保山至云县段，已经破坏的公路为龙洞704公里至764公里段公路，龙洞764公里至680公里段也已破坏一半路基。③ 1942年8月25日，宋希濂也汇报了惠通桥至保山段公路破坏情况，电文称：“查709至惠通桥边公路修复一步小径，其余破坏情形以掘坑破坏为多，斜坡破坏次之，积土破坏较少。在本月中旬可以竣工。709至保山段现正开始实施破坏中。”④滇缅公路保山至惠通桥段的破坏，客观上有助于阻止日军沿滇缅公路深入云南。

总之，滇缅公路是中国远征军第一次入缅作战的主要通道。中国远征军第一次入缅作战，虽然取得了一定战果，但由于各种原因，以失利告终，远征军损失巨大。对于第一次入缅作战的失败，第五军总结为英军“战略不定，毫无作战计划”，加之中国军队“指挥紊乱，朝令夕改”，反被日军牵制，后被日军切断后路，大军陷于

① 云南省档案馆编：《抗战时期的云南——档案史料汇编》上册，第423页。

② 云南省档案馆编：《抗战时期的云南——档案史料汇编》上册，第429页。

③ 云南省档案馆编：《抗战时期的云南——档案史料汇编》上册，第434页。

④ 云南省档案馆编：《抗战时期的云南——档案史料汇编》上册，第437页。

绝境,“忽略交通要素,置车炮于死地”,中国远征军第一次入缅作战因而失利。① 史迪威把远征军入缅作战失利归结为中国军队装备的劣势、缅甸老百姓的敌对情绪、日军的积极主动、蒋介石的插手、英国人铁路管理工作的混乱、联络系统不中用、英国人的失败情绪、盟军在技术上处于挨打的境地等。② 诚然,中国远征军第一次入缅作战失利中国负有不可推卸的责任,但缅甸英军同样也要对中国远征军的失利负责。由于英军战略频繁改动,中国远征军第五、第六军作战行动“一再拖延,未能先期至缅,集中联合力量,制敌机先”。远征军入缅后,“英方准随情况,逐次需索军队,以致联合军双方事先未能就其所预定使用之兵力,共同预立全般作战计划,陷尔后作战于支节应付之境”③。英军只顾自身需求,要求中方顺从,造成远征军入缅作战时疲于奔命,结果陷于被动,这是中国远征军第一次入缅作战失败的重要原因。中国远征军第一次入缅作战失利也一定程度上影响了中英关系。此后,蒋介石对英国充满了不信任。在第二次缅甸战役前,蒋介石为避免重蹈覆辙,一定要求英国人提出决定保证之后,才肯让中国出兵作战。④

二、胡康缅北作战与中印公路缅印段的打通

1942 年 5 月滇缅公路被切断后,西南国际交通运输大受影响。中国抗战已逾五年,所需“物资之补充须仰给于外国,然大量物资

---

① 中国第二历史档案馆编:《滇缅抗战档案》上册,第 127 页。

② [美]巴巴拉·塔奇曼著,陆增平译,王祖通校:《史迪威与美国在华经验(1911—1945)》,北京:商务印书馆 1985 年版,第 427 页。

③ 中国第二历史档案馆编:《滇缅抗战档案》中册,第 55—56 页。

④ [美]齐锡生:《剑拔弩张的盟友——太平洋战争期间的中美军事合作关系(1941—1945)》下册,第 513 页。

之输入，有赖于缅甸之收复”。虽然中美两国联合开辟了驼峰空运线，但运量有限，“若缅甸交通恢复，则中国自可得到其改组军队所需之器材也”[①]。为恢复中缅印交通，1942 年 10 月军令部拟定了《中英美联合反攻缅甸方案大纲》，规定中英美三国联合出兵反攻缅甸的理由之一就是“打通中印交通，使美国援华物资大量输入，及早完成中国总反攻之准备”[②]。1942 年 11 月，军令部又拟定了《收复缅甸作战计画》，规定了作战目的就是中国联合英美反攻缅甸以“恢复中印交通”[③]。11 月 28 日，军事委员会下达了反攻缅甸的训令，命令驻滇西军队以 3 个军和 1 个师沿滇缅公路及其以北地区进攻腾冲、龙陵后，一部分向密支那、八莫进攻，主力向畹町、腊戍方向进攻。[④] 中国制订的反攻缅甸计划也得到了美国积极支持。1942 年年底，史迪威表达了美国关于缅甸作战计划的态度，他也认为通过反攻缅甸，“若中国能切实恢复交通”，美国海军部和陆军部“对于改善援华物资之供应，将感义不容辞”，美国对于中国为恢复中印交通的努力，“应尽量使其坚强及有效”。[⑤] 可以看出，在缅甸被日军占领后不久，中国就计划联合英美反攻缅甸，以打通中印交通，保障美国援华物资的大量输入。

中国反攻缅甸作战的重要目标之一就是恢复中印交通，因为它对盟军反攻缅甸具有重要的战略价值。中印公路在胡康及缅北地区途经新平洋、八莫、密支那等重要军事地点，它的修建有力地支持了中国驻印军的胡康及缅北作战。1942 年 12 月 10 日，中印

---

① 中国第二历史档案馆编:《滇缅抗战档案》中册，第 423 页。

② 中国第二历史档案馆编:《滇缅抗战档案》中册，第 403 页。

③ 中国第二历史档案馆编:《滇缅抗战档案》中册，第 413 页。

④ 中国第二历史档案馆编:《滇缅抗战档案》中册，第 417 页。

⑤ 中国第二历史档案馆编:《滇缅抗战档案》中册，第 423 页。

公路开始在印度列多破土动工，由于胡康及缅北地区崇山峻岭、森林茂密、人迹罕至，工程十分艰难。为修建中印公路，1943 年 3 月，中国驻印军工兵团 2 个团与美军筑路工兵团 3 个团及独立营开始修建列多至新平洋段公路，同时由新三十八师派兵担任掩护。[①] 实际上，在中印公路动工不久，1943 年 1 月 17 日，为掩护列多基地和中印公路的修筑，新一军第三十八师第一一四团到达列多，其后第一一二团、师指挥部、直属营连、第一一三团依次陆续向列多出发，掩护筑路部队，聚集军需物品，为中国军队反攻缅甸作准备。[②] 1943 年 11 月，列多至新平洋段公路通车后，中国驻印军开始向胡康地区的日军进攻。1943 年 10 月 16 日和 10 月 24 日，新三十八师第一一二团分三路向大洛、新平洋、宁便前进，10 月 29 日中路第一营占领新平洋。[③] 此后，新一军相继占领了大洛、新平洋、宁便等地，1944 年 2 月又进攻胡康重镇孟关，重创日军第十八师团主力，击毙日军1 400余人。3 月，新一军进攻瓦鲁班，其中廖耀湘师主力沿公路南追，战车部队利用强大火力重创日军，到 3 月 15 日，中国军队攻占了高沙坎。在瓦鲁班战役中，中国驻印军共击毙日军1 500人以上，伤敌3 000人，胡康地区日军被肃清。在胡康河谷战斗中，通过中印公路，中美联军源源不断地进入胡康河谷前线。史迪威将指挥部和前进基地推进到新平洋，总指挥部利用汽车、飞机源源不断地运送供应物资。“故我军任至何处，粮弹不虞缺乏，即令深入敌后被敌包围，亦可利用空军投掷补充，亦不致发生断绝之危险。总之，物资多，运输便利，后方之补给圆滑，前方之战力自可

① 中国第二历史档案馆编:《滇缅抗战档案》中册，第 461 页。

② 中国第二历史档案馆编:《滇缅抗战档案》中册，第 487 页。

③ 中国第二历史档案馆编:《滇缅抗战档案》中册，第 467 页。

发挥。此足证明补给运输实为战胜之最要条件。”①

胡康地区战役结束后，中国驻印军于 1944 年 3 月 29 日占领沙杜渣，进入缅北境内。中国军队开始进攻缅北猛拱、卡盟等重镇。为打通缅北中印公路，不待攻下卡盟、猛拱，中国军队奇袭密支那。密支那为缅北重镇，是中印公路的重要站点，南通八莫至腊戍，与滇缅公路相通。密支那也是缅甸北部最大的城市，市区有 1 万人以上，商业繁荣。为达到出其不意的进攻效果，新六军第五十师第一五〇团于 4 月 21 日从孟关出发，经过秘密行军，于 5 月 17 日拂晓到达密支那机场，经过激战，于当日中午 12 时占领机场。密支那机场的占领具有重要意义，不仅便利了驼峰空运，也便利了中印公路运输。在之后中美联军向密支那城内日军发动进攻的战斗中，尽管遭到日军的顽强抵抗，但通过驼峰空运和中印公路运输，中国军队物资和兵员得到保障，经过苦战，中美联军终于在 8 月 3 日攻占密支那。

中美联军攻占密支那时，恰逢缅北雨季，道路运输大受影响。1944 年 10 月雨季结束后，中国驻印军第一军于 10 月 15 日由密支那发动了第二期攻势，以打通中印公路印缅段。第一军沿中印公路直下，于 12 月 15 日攻克八莫，1944 年 1 月 15 日攻占南坎，1 月 27 日占领芒友，与滇西国军会师。② 中国驻印军又于 2 月 8 日占领了腊戍，至此中印公路印缅段打通。③ 在缅北战役中，据中方统计，

① 中国第二历史档案馆编：《抗日战争正面战场》下册，南京：凤凰出版社 2005 年版，第 1472 页。

② 中国第二历史档案馆编：《滇缅抗战档案》中册，第 604 页。

③ 中国第二历史档案馆编：《滇缅抗战档案》中册，第 615—627 页。

中国军队共伤亡官兵12 729人，而日军官兵伤亡则为23 845人①，中国军队在缅北地区大获全胜。

在1944年10月至1945年2月的缅北作战中，中国驻印军相继收复胡康河谷、孟拱河谷和密支那，使得由列多经新平洋、于邦家、孟关、孟拱到密支那的中印公路印缅段成功修通。1945年1月10日，从列多至密支那长265英里的双线公路筑成通车，运输队每月可以载运7万至8万吨物资到中国。另外，随着中印公路印缅段的建成与通车，直径为4英寸的中印输油管道也得以迅速延伸。该输油管道从加尔各答起，经汀江、列多、密支那、八莫、畹町至昆明，全长3 000多公里。据统计，中印输油管道自1945年5月至11月，共向中国输入航空汽油、柴油等油料10万多吨。②

同时，中印公路印缅段的陆续修通，也为中美军队缅北作战提供了后勤保障。新一军在与日军激战中，重伤员通过驼峰空运运达后方医院救治，而在公路沿线作战中，"则有救护车至团收容所接运伤病后送事宜，其减少官兵之痛苦与死亡者，实以此为主因也"③。在八莫战役中，为保证新一军弹药兵员的输入，1944年10月13日，新一军命令修筑密支那至八莫间道路，甘道阳以北段暂时归新三十师工兵营负责，以南段由新三十八师修筑人马通行路。④ 中印公路缅印段道路的修建为军队弹药补给提供了方便，从而也支持了中美联军的印缅作战。

---

① 章伯锋、庄建平主编：《抗日战争》第2卷《正面战场与敌后战场》下册，成都：四川大学出版社1997年版，第2172—2173页。

② 张宪文主编：《抗日战争正面战场》，北京：世界图书出版公司2015年版，第325—326页。

③ 中国第二历史档案馆编：《滇缅抗战档案》中册，第633页。

④ 中国第二历史档案馆编：《滇缅抗战档案》中册，第645页。

三、滇西反击战与中印公路滇西段的打通

在中国驻印军发动印缅作战的同时，为策应友军，打通中印公路，中国军队发起了滇西作战，对滇西的日军发动了反攻。在滇西战役中，中国军队大致分为攻击军和防守军，攻击军由第二十集团军担任，防守军由第十一集团军担任。攻击军第二十集团军于 1944 年 5 月渡过怒江后相继攻克南北斋公房、桥头、马面关、瓦甸、江苴等地，于 6 月底到达腾冲，并于 9 月 14 日歼灭腾冲城守敌。在 5 月至 9 月 14 日间，第二十集团军经历大小战役 40 余次，击毙日军军官 100 余名，士兵6 000余名。①

在攻击军第二十集团军对怒江、腾冲之敌发动进攻时，防守军第十一集团军以一部进攻松山，主力进攻龙陵和芒市之敌。1944 年 7 月，在发起松山战役前，第八军从滇南移驻滇西，其中第一〇三师 5 月中旬由云南驿、祥云、下关等地通过汽车运输，于 6 月上旬到达指定位置。第三团归第七十一军指挥，负责进攻松山。松山在怒江西岸，距惠通桥西北 6 公里，可俯视惠通桥及其两岸，并控制滇缅公路约 70 公里，军事位置十分重要。② 从 7 月 5 日至 9 月 7 日，松山战役用时 2 个多月，经过 9 次攻击，中国军队伤亡6 000余人，歼敌3 000余人，终于攻占松山。③ 其后，第十一集团军主力于 9 月向龙陵地区日军发动进攻，11 月 3 日攻占龙陵，11 月 20 日攻克芒市。紧接着第十一集团军以第五十三军、七十一军为主力向遮放进攻，12 月 1 日攻克遮放，1945 年 1 月 20 日攻克畹町，1 月 27

① 中国第二历史档案馆编：《滇缅抗战档案》下册，第 810 页。

② 中国第二历史档案馆编：《滇缅抗战档案》下册，第 1132 页。

③ 中国第二历史档案馆编：《滇缅抗战档案》下册，第 1161 页。

日与中国驻印军会师芒市，至此，中印公路完全打通。[①] 整个滇西反攻战役自 1944 年 5 月 11 日至 1945 年 1 月 27 日，共费时 8 个月又 16 天，中国远征军伤亡官兵48 598名。[②]

在滇西反击战中，为配合中国的军事反攻，滇缅公路部门也积极配合。在中印公路北线施工过程中，为配合远征军对腾冲、松山的军事进攻，1944 年 5 月间，滇缅公路工务局组织了“滇缅公路抢修总队”，由局长龚继成兼任总队长，随军抢修滇缅公路。在南线公路施工中，由于中国远征军 1944 年 6 月占领了腊勐街和阴登山，6 月中旬滇缅公路工务局桥渡工程处副主任工程师黄京便率队到惠通桥架设起轻便吊桥，便于军队和吉普车通行。同时在桥下游 400 米处，修便道码头，用汽油桶渡船渡运。8 月 1 日至 18 日惠通桥成功修复，便利了前后方的运输。在滇西反攻期间，滇缅公路工务局除修复惠通桥外，还组织了抢修总队和 3 个抢修分队，即惠畹抢修队、畹腊抢修队和畹八抢修队，逐座修复了被日军破坏的桥涵，使前后方的公路通畅无阻。[③] 此外，滇西人民对滇西反击战的胜利作出了巨大贡献。参加滇西反攻作战的军队有 16 万人之多，粮食由昆明运往接济者甚少，绝大部分由滇西人民供应。滇西交通仅有滇缅公路到达保山，由保山到腾冲、松山、龙陵所有粮秣弹药，均需大量民夫运送到军队所在地。怒江东岸的粮食弹药由南保山及附近各县民众负担输送，怒江西岸的粮食弹药则由腾冲、龙陵县及邻近各设治局的民众负担搬运。在滇西反击战期间，被征调参加战役运输的滇西民众不少于 30 万人。滇西民众的同仇敌

---

① 中国第二历史档案馆编：《滇缅抗战档案》下册，第 807 页。

② 杜聿明等：《远征印缅抗战》，北京：中国文史出版社 2015 年版，第 355 页。

③ 谢自佳：《滇缅、中印国际公路交通线》，杨实主编：《抗战时期的西南交通》，第 102—103 页。

忾和尽力支援，是滇西反攻获胜的重要原因。①

1944年5月滇西反击战打响前，龙陵、腾冲等被日军占领，阻碍了中印公路滇西段的修建。而滇西反击战中国军队的节节胜利，为中印公路滇西段的修通奠定了基础。在保密公路抢修过程中，龙陵城郊便线于1944年7月开工，同月20日通车。龙腾支线及腾冲高田段于10月23日开工，11月8日通车。高田至古永段于11月17日开工，12月3日通车。古永至猴桥段于11月25日开工，12月15日通车。猴桥至国界37号桩段于12月6日开工，同月27日通车。中印公路缅甸段全长133公里，修建有瓦桑、洒鲁、太平等大桥，其中宛俔至洒鲁河畔段于11月15日修复通车，洒鲁至鲁甸段于12月31日修通，鲁甸至国界37号桩段于1945年1月19日打通，中印公路全线通车。中印公路是中印间有史以来的第一条公路，首批2辆卡车和1辆救济车于1945年1月19日从密支那开出，于22日到达昆明。后来载运大批物资的卡车车队经过中印公路于2月4日抵达昆明。②

中印公路也为中国抗战的最终胜利作出了一定的贡献。1945年2月中印公路全线通车后，西南陆路国际交通线重新打通，仅7月就有75支车队、4 745辆卡车运载5 900吨物资抵达昆明，平均每天有153辆满载物资的卡车到达昆明。从陆路输入中国的这些战略物资，与驼峰航空线空运的战略物资一道，一定程度支援了中国战场反攻阶段的对日作战。③

不过，我们也不能夸大中印公路的作用。实际上，中印公路通

---

① 郑洞国等：《粤桂黔滇抗战》，北京：中国文史出版社2015年版，第339页。

② 云南省委党史研究室编：《云南省抗日战争时期人口伤亡和财产损失》，第509—511页。

③ 徐康明：《中国远征军战史》，北京：军事科学出版社1995年版，第427页。

车后，远未达到预期效果。究竟有多少物资通过中印公路输入中国，目前主要有两种说法：一种认为1945年2月至7月间，通过中印公路输入中国的物资总数为28 138吨，平均每月运量为4 689.7吨。[①] 另一种认为1945年2月至8月间，通过这条公路向中国运送了8万多吨物资[②]，月平均运量1万多吨。就算每月的运量为1万多吨，但是由于这条公路通车时间过短，作用也很有限。相反，为修建和打通中印公路，中美付出了巨大代价。就修建中印公路而言，截至1945年1月，对盟国来说，它的总成本约为1.489亿美元，大约有17 000名美国工程师在公路上工作，1 133名美国人牺牲。[③] 至于中国为修建中印公路付出的代价则更大，很难具体统计。不仅修建这条公路需要投入大量人力、物力和财力，而且公路建成后需要投入大量卡车，但由于中国的燃油供应有限，大量卡车不得不闲置，从而造成了巨大的浪费。陈纳德就认为中印公路的修建得不偿失，他回忆道：

> 这条路是按单车道设计、修筑的，而卡车是唯一可载货的交通工具。中国的燃油只能供应一万辆新车使用，当新卡车运送完毕后，公路管理人员面临这样的抉择：要么承认这是一条失败的公路，并继续这微不足道的运输，要么继续运送新车，让它们在中国闲置、锈蚀。他们采取了后面的做法，因此当战争结束时，昆明停放着许多过剩的卡车，恰似座座高不可

① [美]齐锡生：《剑拔弩张的盟友——太平洋战争期间的中美军事合作关系(1941—1945)》上册，第483页。

② 徐康明：《滇缅战场上中印公路的修筑》，《抗日战争研究》1995年第1期，第58页。

③ Guangqiu Xu, "The Issue of US Air Support for China during the Second World War, 1942—1945", *Journal of Contemporary History*, Vol. 36, No. 3 (2001), p. 483.

及的史迪威公路的纪念碑。①

特纳少将也认为修建中印公路是一种浪费，如果美国陆军、空军从1942年开始在驼峰行动中投入大量资金和人力，那么空中运输系统将更有效。② 齐锡生也对中印公路的价值提出了质疑，他认为中印公路的作用有限，对抗战胜利的贡献不大。与驼峰空运相比，中印公路运量过小。1945年的空运量是陆地运输量的4倍，到1945年7月间，空运租借物资量占中国租借物资总输入量的80%，而中印公路运量仅占其中的6%。若从1942年开始美国决定把同样的人力物力财力投入到改善驼峰空运，是否效果比修筑中印公路的效果大得多?③ 大量时人和学者质疑中印公路的价值，直接关系到中缅印战役的评价，笔者将在结语进一步讨论这一问题。

第三节　驼峰空运与中美联合抗战

作为太平洋战争爆发以后中国的"战争生命线"，驼峰空运对中国抗战的支持作用主要体现在三方面，一是为中国远征军的中缅印反击战运送了大批军火物资和战斗人员，并提供了医疗保障，在一定程度上保障了中国远征军战斗力的发挥，为中缅印反击战的胜利奠定了物质基础；二是为美国驻华空军运送了大批军火物资和燃油，壮大了美军在华空军力量，不仅沉重打击了日军，而且

① [美]陈纳德著，王湄等译：《飞虎将军陈纳德回忆录》，杭州：浙江文艺出版社1998年版，第381页。

② Guangqiu Xu, "The Issue of US Air Support for China during the Second World War, 1942—1945", *Journal of Contemporary History*, Vol. 36, No. 3 (2001), p. 483.

③ [美]齐锡生：《剑拔弩张的盟友——太平洋战争期间的中美军事合作关系(1941—1945)》上册，第482—485页。

也支持了中国军队的地面作战;三是为美国第二十航空队运送了大批军火物资和燃油,保障了1944年美军对日远程轰炸的实施。驼峰空运在中国抗战中发挥了重要作用,它是战时中美军事合作关系的重要体现。

一、驼峰空运与中缅印反击战的后勤保障

据国民政府参谋总长何应钦称,自1942年4月至1944年7月,驼峰空运入华的军火物资,除大部分供给在华美国空军使用外,一部分用以装备远征军。截至1944年9月,通过驼峰空运交付给中国远征军使用的军火包括手提机关枪2 724挺、机关枪663挺、战车防御炮70门、火箭筒524具、迫击炮284门、战车防御枪651挺、山炮302门、子弹1.64亿发。① 这些军火物资加强了中国远征军的战斗力,为抗战后期中缅印反击战的胜利奠定了一定基础。

1943年11月至1944年7月,中国驻印军发动了胡康及缅北作战,仅新一军就歼灭日军第十八师团,重创日军第二师团第四联队、第十六师团第九和第三十八联队、第五十三师团第一二八联队、第五十六师团第一四六和第一四八联队,击毙日军1.39万人,伤亡日军3万人以上。中国军队能够在缅北作战中获胜的原因之一就是空中运输补给充足,如新一军的战报便分析道:

> 战时之弹粮补给,除一部由地面运输外,多有美方运输机空投补给,无粮弹缺乏之虞,故常孤军挺近,不忌敌之包围。又伤病兵之后送,亦多以飞机输送后方,且医院设备完善,治

---

①《中央社发表军事委员会参谋总长何应钦谈美国对华军火援助情形电讯》(1944年10月7日),秦孝仪主编:《中华民国重要史料初编——对日抗战时期》第3编,"战时外交"(1),第513—514页。

疗迅速。①

可以看出，正是通过驼峰空运，中国军队获得了源源不断的物资弹药补给，同时及时将伤病员运往后方医院，保证了新一军缅北战役的获胜。截至 1944 年 10 月 25 日，美国空军共向中国远征军第二十集团军空投粮食弹药2 119.5吨，火焰喷射器、黄色火药5 000个；向第十一集团军空投粮食弹药2 037吨。② 此外，驼峰空运还将大批兵力运到缅北地区，壮大了中国驻印军力量，对于扭转不利战局也发挥了积极作用。1944 年 4 月 21 日至 5 月 3 日，中国驻印军同缅北孟拱的日军作战，由于日军在缅西攻陷英法尔，中国军队的战略态势极为危急，“幸我最高统帅部由云南驿用飞机急调两师至列多与盟关等地增援，虽未直接参战，但战局实赖以转危为安”③。因此，通过驼峰空运，中国远征军获得了粮食弹药补给和人员补充，为中国军队滇缅战役的获胜创造了有利条件。

尤其在 1944 年 5 月至 8 月间的密支那战役中，驼峰空运的作用表现得更为明显。1944 年 5 月 17 日，中国军队占领密支那机场后，驼峰航线运输机从此有了中转机场，极大便利了驼峰空运。5 月 18 日，美军空运了2 500名战斗部队和 250 名机场工程技术人员，以及推土机、拖拉机和其他设备到密支那。④ 其中，新一军第三十师、第十四师和廖耀湘第二十二师山炮兵部队，在美军战斗机掩护下，乘坐美军运输机和滑翔机降落在密支那机场。⑤ 在 5 月到 8 月的密支那战役中，共有飞机14 000架次降落密支那机场，运送了

---

① 中国第二历史档案馆编：《滇缅抗战档案》中册，第 483 页。

② 中国第二历史档案馆编：《抗日战争正面战场》中册，第 1558 页。

③ 中国第二历史档案馆编：《滇缅抗战档案》中册，第 507 页。

④ [美]威廉·凯宁著，戈叔亚译：《飞越驼峰：抗战史上的空运壮举》，第 171 页。

⑤ 中国第二历史档案馆编：《滇缅抗战档案》中册，第 481 页。

大量兵员、武器,运走了大量伤员,仅运输的器材一项就达 4 万吨。[①] 中国驻印军的获胜,也进一步保障了驼峰空运的安全,扩大了驼峰运量。仅 8 月份,美军通过驼峰空运,将 145 名军官和2 389名士兵运送到印度,这批抵达印度的官兵调拨给中国驻印军新三十八师、利多总部和兰姆伽总部。[②] 10 月,中国通过驼峰空运将 21 名国军军官、5 100名士兵运至印度。[③]

通过驼峰空运,中美联军不仅获得了充足的弹药补给和兵员补充,而且也及时将重伤兵用飞机运往后方医院治疗,使得中美联军获得了必要的卫生医疗保障和精神鼓舞。中国驻印军在缅北作战报告中总结获胜经验时称:

> 重伤者以飞机运送后方医院医治,并用输血救治方法,故虽重伤,而死者极少。此不独不减少战斗力,且与官兵精神上以莫大鼓励。曾听士兵常言:"打伤了还有飞机坐,还不勇敢去打吗?"足见卫生设备齐全,战场上救护周到,实与士气有绝大关系。[④]

中国驻印军占领密支那后,密支那成为驼峰空运的中转站,密支那机场也成为航空运输司令部运行链条上最繁忙的机场之一。曾有记录,到 1944 年末,一天有 284 架运输机在机场起降,还不包括 24 小时在机场起降的战斗机和联络机。在 10 月份的一天中,曾有 566 架次飞机起降,包括 195 架次运输机。[⑤] 不仅如此,占领密

① 吴相湘:《第二次中日战争史》下册,台北:综合月刊社 1974 年版,第 978 页。
② 中国第二历史档案馆编:《滇缅抗战档案》中册,第 586 页。
③ 中国第二历史档案馆编:《滇缅抗战档案》中册,第 597 页。
④ 中国第二历史档案馆编:《滇缅抗战档案》中册,第 464—465 页。
⑤ Otha C. Spencer, *Flying the Hump: Memories of an Air War* (Texas: Texas A&M University Press, 1992), p. 132.

支那机场后，美军还可以选择靠近南面的航线而不必担心日军战斗机的拦截，从而缩短了驼峰航线的飞行距离，降低了飞机的飞行高度，有利于提高驼峰空运运量。1944 年 6 月，驼峰空运物资仅为 1.8 万吨，到 7 月增加到 2.5 万吨，8 月为 2.9 万吨，9 月为近 3 万吨，10 月达到了 3.5 万吨，11 月为 3.9 万吨。① 因此，驼峰空运与中国驻印军缅北作战是相辅相成的关系：一方面，驼峰空运为驻印军缅北作战运送了大批弹药和人员，保障了中国军队战斗力的发挥；另一方面，中国军队在缅北地区连连获胜，尤其是占领了密支那机场后，使得驼峰运输机有了中转机场，从而也提高了驼峰空运运量。

二、驼峰空运与中美空军力量的壮大

驼峰空运物资主要供应在华的美军空军。从 1944 年 7 月至 1944 年 10 月，经过驼峰自印度运往中国的物资总量为247 156吨，其中大约 80%供给驻华美军使用，20%交付给中国使用。② 在驻华美军中，部分物资分配给美军第十四航空队。早在 1941 年 4 月 15 日，美国总统便批准美国陆海军的航空官兵志愿参加中国抗战，8 月 1 日，陈纳德上校指挥的“中国空军美国志愿大队”正式成立。因志愿大队的飞机机身和人员服装上均绘有鲨鱼嘴作为标记，人称“飞虎队”。太平洋战争爆发后，美国空军第十航空队将“飞虎队”改组为下属的第二十三战斗机大队。早期由于驼峰空运运量有限，美国在华空军的战斗力受到制约。1943 年 3 月美国驻华空军升格为美军第十四航空队后，美军获得物资的数量有所增加。

① Barbara W. Tuchman, *Stilwell and the American Experience in China 1911—1945* (New York: Macmillan Publishing Co. Inc., 1970), p. 484.

② [美]齐锡生：《剑拔弩张的盟友——太平洋战争期间的中美军事合作关系（1941—1945）》下册，第 772 页。

其后，美国驻华空军的实力也不断壮大。据统计，第十四航空队在 1943 年 8 月、9 月、10 月共获得驼峰空运物资11 838吨[①]，占驼峰空运物资总数的 50%。1944 年，通过驼峰空运的补给，美军第十四航空队得到物资125 146吨，平均每月为10 428.8吨，平均每月占总量的 56%。[②] 从 1944 年 6 月开始，驼峰空运量迅猛增加。具体如下：

表 5－4　1944 年至 1945 年 5 月驼峰空运量与美国第十四航空队分配物资表

（单位：吨）

序号	1944 年		1945 年	
	驼峰空运量	第十四航空队分到物资	驼峰空运量	第十四航空队分到物资
1	13 399	7 601	44 099	23 888
2	12 920	7 017	40 677	21 730
3	9 587	4 379	46 545	22 355
4	11 555	6 757	44 254	21 095
5	11 383	6 231	46 394	18 207
6	15 845	12 537		
7	18 975	13 213		
8	23 676	13 871		
9	22 315	13 245		
10	24 915	13 014		
11	34 914	14 476		
12	31 935	12 805		

资料来源：徐康明、刘莲芬：《飞越“驼峰”：第二次世界大战中最著名的战略空运》，第 203 页。

① 王正华：《抗战时期外国对华军事援助》，台北：环球书局 1987 年版，第 267 页。

② 王正华：《抗战时期外国对华军事援助》，第 293 页。

从上表可以看出，1944 年 1 月至 1945 年 5 月，经驼峰航线空运的物资共453 388吨，第十四航空队共获得物资232 421吨，占驼峰空运物资的 51.26%。大量驼峰空运物资被分配给第十四航空队，壮大了它的力量，使其在抗战后期成为支援中国人民抗战事业的重要空中力量。美国驻华空军在抗日战争最后的 3 年战斗中，虽然损失了 500 架飞机，但摧毁了2 600架日本飞机，击沉或损坏了25 万吨日本船只、44 艘海军船只和13 000艘 100 吨以下的内河船只。[①]

驼峰空运物资除了供应美国在华空军，也补给中国空军。1942 年 4 月至 1943 年 2 月，中国空军赴卡拉奇接飞美国租借的驱逐机。由美国飞至印度的驱逐机有 263 架，飞至卡拉奇的仅有 237 架，中国在卡拉奇接飞的飞机有 189 架，而实际到达中国的飞机只有 136 架，为到达印度飞机总数量的一半左右。[②] 虽然中国空军通过驼峰空运获得的驱逐机数量不多，但还是促进了中国空军的发展。

驼峰空运壮大了中美空军力量，从而也配合了中国军队的地面作战。在 1943 年 11 月至 1944 年 7 月的胡康缅北作战中，中国军队取得了节节胜利，其中原因之一就是中国驻印军得到了美国空军的空中支持。新一军在缅北地区作战的战报中对此有详细分析：

> 森林地区，由空中侦察、搜索、射击、轰炸，以支持地面部队之战斗，固属不易，唯于敌我决战之际，若以飞机在地方盘

---

① Guangqiu Xu, "The Issue of US Air Support for China during the Second World War, 1942—1945", *Journal of Contemporary History*, Vol. 36, No. 3 (2001), p. 464.

② 王正华:《抗战时期外国对华军事援助》，第 262 页。

> 旋,使敌之炮兵不敢射击,敌之部队不敢行动,予以精神上之威胁尚大。此外,轰炸敌后方根据地、破坏其交通及其仓库、扰乱敌运输等,间接促使战斗成功者,亦甚伟也。此次作战,我军即赖美方空军之协同,而获得更大之成功。①

在新一军的缅北作战过程中,美军空军对中国军队的支持体现在两方面:一方面,美军对日军地面部队的射击和轰炸,沉重打击了日军士气;另一方面,美军对日军后方交通、仓库等设施的轰炸,破坏了日军的后勤供给,削弱了日军战斗力。在滇缅反击战中,美军轰炸机利用驼峰空运之机也参与了战斗。由于密支那是缅北重镇,美军多次轰炸密支那。1943年9月29日,美国驻华空军9架B-24型轰炸机在赴印运输途中,每架各带100磅炸弹4枚,轰炸了密支那。② 10月12日,3架B-24型轰炸机在自昆明赴印度运输途中轰炸密支那。10月13日,1架B-24型轰炸机自昆明起飞,在赴印运输途中轰炸密支那。③ 除了密支那,美军飞机也多次轰炸龙陵、芒市等地的日军,配合了中国远征军的滇西反攻。1943年10月9日,美军8架P-40型飞机袭击芒市机场附近的仓库,炸弹直接命中。10月10日,美军出动8架P-40型飞机,每机各带30磅炸弹6枚,袭击龙陵,命中城内器材库,3处起火。④ 10月27日,出动6架B-24型飞机,每架各带250磅炸弹10枚,于赴印运输的返途中袭击龙陵。⑤ 11月11日,6架B-24型飞机于赴印运输途中,由卡崩(在印度)返航时,每架各带1 000磅炸弹3枚,

① 中国第二历史档案馆编:《滇缅抗战档案》中册,第483页。
② 中国第二历史档案馆编:《抗日战争正面战场》下册,第2766页。
③ 中国第二历史档案馆编:《抗日战争正面战场》下册,第2773页。
④ 中国第二历史档案馆编:《抗日战争正面战场》下册,第2772页。
⑤ 中国第二历史档案馆编:《抗日战争正面战场》下册,第2778页。

轰炸龙陵西3公里范围的滇缅公路。[1] 美军通过空中支援，与中国军队实行步兵与空军协同作战，保证了中国军队滇缅作战的胜利。新一军在总结缅北第二期作战经验时，也指出步兵与空军协同作战的重要性：

> 在使用空军时，最好能有空军前进对空连络组随步兵指挥官行动，俾随时通报目标与获得适时适切之支援。如本军攻击八莫时，当敌之坚强顽抗与反扑，偶遇空军到达，获得适时支援，使攻者精神上得到莫大之鼓励，适时予敌以致命打击。[2]

美国空军对中国军队缅北作战的空中支援，既保证了中国军队的胜利，也保障了驼峰空运的安全。在1944年4月21日至5月23日的缅北作战中，驻防滇西的美军第十四航空队也给予中国军队有力的空中支援，“所有飞机皆出动，以轰炸机每日出击敌泰、越、柬之空军基地，以驱逐机拦击敌之驱逐机，不使北窜，将敌机赶往海上基地躲避，我运输机得[以]安全达成运输任务”[3]。由于美国驻华空军获得大批驼峰空运物资，战斗力大大提高，从而也支持了中国军队的滇缅反击战。

三、驼峰空运与美军对日远程轰炸

依靠驼峰空运物资补给的美军，除了陈纳德的第十四航空队，还有美军第二十航空队。早在1944年2月，美国陆军航空兵第二十航空队便从本土转移到了印度加尔各答。它下辖第五十八轰炸

① 中国第二历史档案馆编：《抗日战争正面战场》下册，第2783—2784页。

② 中国第二历史档案馆编：《抗日战争正面战场》中册，第1519页。

③ 中国第二历史档案馆编：《滇缅抗战档案》中册，第507页。

机联队和第七十三轰炸机联队，共 10 个大队，拥有 B－29 型重型轰炸机，由沃尔夫任司令。它的任务是执行“马特霍恩计划”(Operation Matterhorn)，让美军 B－29 型轰炸机以印度为基地，靠自身供给的武器从中国中转起飞摧毁日本的钢铁工业。① 而它在中国的中转机场就是成都的机场。

美军“马特霍恩计划”由来已久。1943 年，日军虽在太平洋战场节节败退，但仍困兽犹斗，负隅顽抗，给美军以很大伤亡。为了尽快结束战争，打败日本，美军需要摧毁日本的军事工业，瓦解日军斗志。1943 年 8 月，美国陆军航空队的策划者们建议用拥有巨大威力的重型轰炸机从中国基地起飞轰炸日本，并由从印度起飞的运输机供应物资。② 罗斯福总统欣然接受了这一建议，并要求美军在 1944 年 3 月 1 日前在中国四川成都地区建成 5 个拥有配套设施的机场，并提出如果中国提供劳动力和建筑材料，美国将给中国必要的工程施工指导，并增加租借资金。③ 1943 年 11 月 12 日，美国总统罗斯福致电蒋介石，告知美军为轰炸日本本土，“须在成都区域，有 5 个长型之轰炸机机场，以供新式强力飞机之用，并需少许房屋之设备”④。1943 年 12 月 29 日，罗斯福又致电蒋介石，同意

---

① Charles F. Romanus and Riley Sunderland, *Stilwell's Command Problems* (Washington, D. C.: Office of the Chief of Military Department of the Army, 1956), p. 17.

② Charles F. Romanus and Riley Sunderland, *Stilwell's Command Problems* (Washington, D. C.: Office of the Chief of Military Department of the Army, 1956), p. 15.

③ Charles F. Romanus and Riley Sunderland, *Stilwell's Command Problems* (Washington, D. C.: Office of the Chief of Military Department of the Army, 1956), pp. 16－17.

④《美国总统罗斯福自华盛顿致蒋委员长请协助在成都区域完成五个长型之轰炸机机场及设备电》(1943 年 11 月 12 日)，秦孝仪主编:《中华民国重要史料初编——对日抗战时期》第 3 编，“战时外交”(3)，第 285 页。

在中国成都地区修建远程轰炸机机场的同时需要有一定数量的战斗机保护，电文称："对于在华长距离轰炸机之根据地，极需有足数之战斗机保护一节，实甚同意，故参谋长等已研究此事，而将因保护此等机场所需之充分战斗机包括其中。"①为加速建成5个战略机场，1944年2月7日，罗斯福总统专门拨出了5亿美元的经费。②国民政府也在1943年底开始在成都地区修建重型轰炸机机场和战斗机机场，以便美军飞机能从成都地区起飞轰炸日本本土。这项代号为"特种工程"的机场修建和扩建工程包括在成都扩建新津、邛崃桑园和新建广汉、彭山机场，用作大型轰炸机机场。此外，还扩建或新建了双流、凤凰山、温江、大邑、德阳共5个战斗机机场。从1943年12月开始筹备，到1944年5月完成的"特种工程"，共动员四川29个县的民工150多万人参加修建。③"特种工程"完成后，轰炸机机场主要是作为美国陆军航空兵第二十航空队远程轰炸日本的中转机场，同时为保卫B-29型轰炸机在成都的基地，由陈纳德指挥的第十四航空队派战斗机驻守。

要保证"马特霍恩计划"取得成功，除在成都修建机场外，还必须通过驼峰空运将大批物资从印度运至成都机场，供美军第二十航空队使用。为保障物资供应，陆军航空兵司令阿诺德将军在1944年6月底7月初向第二十航空队调派第二和第三空中运输中

---

①《美国总统罗斯福自华盛顿致蒋委员长同意在华长距离轰炸机根据地极需有足数之战斗机保护并说明反攻缅甸战事虽已展期但仍请利用各种机会电》(1943年11月29日)，秦孝仪主编：《中华民国重要史料初编——对日抗战时期》第3编，"战时外交"(3)，第292页。

② Otha C. Spencer, *Fling the Hump: Memories of an Air War* (Texas: Texas A&M University Press, 1992), p. 109.

③ 四川省地方志编纂委员会编：《四川省志·军事志》，成都：四川人民出版社1999年版，第252页。

队。7月,第二十航空队约有60架C－46型飞机和B－29型飞机从事物资运输,运量为3 000吨。为了解决中缅印战场及第二十航空队的供应和驼峰空运物资分配问题,阿诺德将军于7月向参谋长联席会议提出,增加驼峰空运运量,使12月份的驼峰运量增加到31 000吨,建议参谋长联席会议保证第二十航空队在增加的运量中分到足以保证每月飞行225架次的物资。第二十航空队愿意把该部的运输机交给航空运输司令部,以换取每月大约2 700吨运量。但问题仍没有得到解决。于是,陆军航空兵在10月初给第二十航空队派来33架C－109型飞机以运输燃油。10月运量为10 830吨,其中7 301吨为航空运输司令部运输。根据航空运输司令部统计,到1944年年底,航空运输司令部运输了约34 400吨物资到成都,供第二十航空队使用。① 在整个“马特霍恩计划”实施过程中,美军第二十航空队向日本投下4 730吨炸弹。为此,第二十航空队和航空运输司令部共向中国运输了69 000吨物资,也就相当于驼峰空运最初20个月的运输总吨位。②

由于从成都地区起飞轰炸日本属于远程轰炸,B－29型轰炸机受作战半径的限制,还不可能对日本东部实施有效轰炸,所以轰炸地点主要集中在日本西部,尤其是日本的北九州地区。北九州是日本工业的心脏,出产日本60%的煤,最著名的筑丰煤田、三池煤田及柏层煤田,都毗连在这一带。另外,日本的八幡钢铁厂也在此,这里于是被称为“日本的鲁尔”。③ 1944年6月16日,由68架B－29重型轰炸机组成的轰炸机编队在成都机场加油后起飞,远程

① 徐康明、刘莲芬:《飞越“驼峰”:第二次世界大战中最著名的战略空运》,第216—217页。

② [美]约翰·D.普雷廷著,张兵一译:《驼峰空运》,第170页。

③《超级空中堡垒轰炸日本》,重庆《大公报》,1944年6月17日,第2版。

轰炸了日本九州的八幡钢铁厂，这也是自 1942 年美军杜立特(James Harold Doolittle)中校率机首次从美军“大黄蜂”号航空母舰起飞轰炸日本东京后，美军第一次轰炸日本本土。① 这次轰炸日本八幡钢铁厂，美军轰炸机共投下 221 吨炸弹。② 通过对它的轰炸，一定程度削弱了日本的军事工业，更大程度上是对日本国民信心的打击。随军出征的美军伍甫(K. B. Wolfe)准将轰炸日本九州归来后，立即接见中央社记者，对于中国人民抵御侵略的抗战颂扬备至，对于中国成都地区 50 万农民于 1944 年初暂离农作，协助建立此巨型轰炸机机场一事，亦倍加赞誉。伍甫声称：“余得以超级空中堡垒对吾人之共同敌人作战，实感荣幸。此一役之成就，应特别感谢美陆军航空队之人员，盖吾人借此已能补偿吾人对于抗战七年英勇中国民众之负咎也。今日中国民众亦应与吾人同感愉快。盖非有五十万之中国爱国农人离其农作建造机场，则此一出袭必不可能也。”③

1944 年下半年，美军 B-29 重型轰炸机多次从成都机场起飞远程轰炸日本本土。根据日方零星记载，1944 年下半年美军对日本本土的空袭除了前面提及的，还有以下几次：1944 年 8 月 20 日，“数十架 B-29 以波状空袭北九州”④；11 月 21 日，从成都起飞的 B-29 大举出击，“从海州、淮阴之线东进，九八架左右飞入九州北部

① 《广播电台市民欢声，鲍德君告随征经过》，重庆《大公报》，1944 年 6 月 17 日，第 2 版。

② Charles F. Romanus and Riley Sunderland, *Stilwell's Command Problems* (Washington, D. C.: Office of the Chief of Military Department of the Army, 1956), p. 369.

③ 《伍甫远征归来发表谈话，谓此仅摧毁日本之开端》，重庆《大公报》，1944 年 6 月 17 日，第 2 版。

④ 日本防卫厅研修所战史室编，李坤海译：《日军对华作战纪要丛书之十八：关内陆军航空作战》，台北：“国防部史政编译局”1988 年版，第 672 页。

及济州岛”[①];12 月 19 日,B-29 数十架从信阳附近东进,“其一部轰炸南京及上海,主力经过徐州及个个镇附近,进入北九州大村附近”[②]。曾任日本大本营陆军部作战科长的服部卓四郎在其所著的《大东亚战争全史》中记载,从 1944 年 6 月至 1945 年 1 月 6 日,在中国大陆的美国空军[③]主要以日本九州的八幡钢铁厂和长崎造船厂为目标,前后轰炸 10 次,以 40 架甚至七八十架的大编队轰炸。[④]这些从成都机场起飞的对日远程轰炸,尽管规模与后来美军飞机从太平洋岛屿机场起飞轰炸日本本土的规模不能相提并论,但也一定程度上震慑了日本政府,打击了日军士气。

除了轰炸日本本土,美军飞机还从成都起飞轰炸了日本殖民统治下的东北地区和台湾。轰炸东北的首要目标是位于鞍山的日本第二大钢铁厂——昭和制钢所,以及鞍山焦炭工厂。焦炭工厂年产焦煤达3 793 000吨,占日本年产焦煤的 1/3,其半数用于昭和制钢所本身的钢铁工厂。第二目标是秦皇岛,因为它承担将开滦煤矿的煤运往日本的任务。第三目标是作为煤、铁砂及生铁贸易港的天津大沽口海港。[⑤] 对鞍山昭和制钢所的第一次轰炸是在 1944 年 7 月 29 日,从成都机场起飞的 B-29 重型轰炸机对昭和制钢所实施轰炸。关于轰炸飞机的数量,曾任日本参谋部作战部长

① 日本防卫厅研修所战史室编,李坤海译:《日军对华作战纪要丛书之十八:关内陆军航空作战》,第 717—718 页。

② 日本防卫厅研修所战史室编,李坤海译:《日军对华作战纪要丛书之十八:关内陆军航空作战》,第 722 页。

③ 主要指美军第二十航空队。——作者注

④ [日]服部卓四郎著,易显石等译,林鼎钦校:《大东亚战争全史》,北京:商务印书馆 1984 年版,第 1533 页。

⑤ 日本防卫厅研修所战史室编,曾青贵译:《日军对华作战纪要丛书之十七:关外陆军航空作战》,台北:“国防部史政编译局”1988 年版,第 754 页。

的真田少将在日记中记载："来袭敌机 B－29 型三三、B－24 型五架，合计三八架。"[①]但据 7 月 31 日日军第五航空军参谋长的报告，轰炸东北地区的 B－29 合计有 51 架。[②] 在这次轰炸中，昭和制钢所被 75 枚 200 公斤的重磅炸弹命中，炼炭炉受损 1/5，熔铁炉虽未受损，但其附属设备遭受损害，9 座熔铁炉中有 3 座可在 1 月内修理恢复，1 座需要半个月以上时间，厂内被炸死约 100 人，炸伤约 170 人。经过这次轰炸破坏，昭和制钢所至少减产 30 万吨。[③] 1 个多月后，美军第二十航空队于 1944 年 9 月 8 日第二次大规模轰炸鞍山昭和制钢所。当天从成都各机场起飞的 B－29 型重型轰炸机共 108 架，其中 98 架由第二十航空队司令李梅少将率领到达鞍山，90 架对鞍山昭和制钢所投下了爆破炸弹 206.5 吨。这次轰炸使鞍山的熔铁炉、动力工厂部分受损，焦炭炉、加工工厂被 50 多枚炸弹命中引起大火，倒塌房屋 500 间，人员被炸死 267 人。[④] 据美军的侦察报告，昭和制钢所经此 2 次轰炸，焦炭炉的 16 组电源有 3 组在 1 年内不能使用，另外 3 组在半年内不能使用，焦炭炉生产能力损失 35.2%，这样日本的碾压钢板总产量减产 9.3%。[⑤]时隔不久，1944 年 9 月 26 日，美军第二十航空队的 117 架 B－29 型重型轰炸

① 日本防卫厅研修所战史室编，曾青贵译：《日军对华作战纪要丛书之十七：关外陆军航空作战》，第 730 页。

② 日本防卫厅研修所战史室编，曾青贵译：《日军对华作战纪要丛书之十七：关外陆军航空作战》，第 731 页。

③ 日本防卫厅研修所战史室编，曾青贵译：《日军对华作战纪要丛书之十七：关外陆军航空作战》，第 731—732 页。

④ 日本防卫厅研修所战史室编，曾青贵译：《日军对华作战纪要丛书之十七：关外陆军航空作战》，第 747 页。

⑤ 日本防卫厅研修所战史室编，曾青贵译：《日军对华作战纪要丛书之十七：关外陆军航空作战》，第 756 页。

机在成都机场集结轰炸东北，其中 88 架到达目标上空，有 73 架直接轰炸鞍山昭和制钢所。鞍山，尤其是昭和制钢所连续遭到 3 次大规模轰炸，损失巨大，生产能力下降。

从成都机场起飞的美军轰炸机除轰炸鞍山外，还重点轰炸了沈阳的日本军工厂、沈阳车站以及本溪钢铁厂等军事和交通设施。在 1944 年 9 月 8 日的轰炸中，日本大仓财团的本溪钢铁厂特殊钢厂附近被 20 多枚炸弹命中，需要 1 个月以上才能修好。1944 年 12 月 21 日从成都机场起飞的 49 架 B－29 重型轰炸机，其中有 40 架轰炸了沈阳，目标是沈阳铁路调车场与东塔的飞机工厂和兵工厂。① 此外，美军轰炸机还从成都机场起飞轰炸了台湾，日方也记载："十月十四日、十六日两天从成都基地起飞之 B－29 为呼应美特遣舰队空袭琉球及台湾，攻击台湾之冈山。"②

总之，1944 年 7 月到 1944 年 12 月，美军 B－29 重型轰炸机轰炸了日本东北鞍山的昭和制钢所、九州岛、苏门答腊岛巨港炼油厂、冈山飞机装配厂、台湾高雄港和新竹机场、九州长崎飞机制造厂。美军的远程轰炸，一定程度上打击了日军，但对缓解中国东部地区危机没有明显影响。③

由成都机场起飞实施对日轰炸的美军第二十航空队，其大多数补给物资是通过驼峰航线从印度的阿萨姆邦空运到成都。从

---

① 王辅：《日军侵华战争（1931—1945）》第 4 册，沈阳：辽宁人民出版社 1990 年版，第 2269—2273 页。

② 日本防卫厅研修所战史室编，李坤海译：《日军对华作战纪要丛书之十八：关内陆军航空作战》，第 701 页。

③ Charles F. Romanus and Riley Sunderland, *Stilwell's Command Problems* (Washington, D. C.: Office of the Chief of Military Department of the Army, 1956), p. 370.

1944 年 2 月至 10 月，航空运输司令部通过驼峰空运运到成都的供应物资达到17 931吨，这个数字等于从 1942 年 5 月至 1944 年 10 月美国经过驼峰空运给中国陆军的供应品的总数。① 仅在 1944 年 7 月至 9 月，将近12 000吨燃油和炸弹从加尔各答和阿萨姆河谷地区被运到成都，这些物资被用于执行了 7 次对日轰炸行动，投下了总量为 813 吨的炸弹。换一句话说，也就是在日本每投掷 1 枚 500 磅常规炸弹，就意味着通过驼峰航线向中国运送了 1 架满载的 C－46型运输机的物资。②

大量物资空运到成都供美军第二十航空队轰炸日本使用，占用了美军第十四航空队的补给物资。结果在 1944 年 5 月，第十四航空队只增加了1 500吨燃油，驼峰航线所增加的运量被第二十航空队用去。③ 美军第二十航空队之所以耗费惊人，主要在于美军远程轰炸日本耗费巨大。仅以汽油为例，B－29 重型轰炸机每运载 1 加仑汽油到中国，自身将消耗 7 加仑汽油。为执行第一和第二次轰炸日本的任务，美军通过驼峰航线运载了 70 万加仑汽油到中国。④

战后，美军战略轰炸调查部门总结了在华 B－29 型飞机的使用价值，认为“这不能确保其所承担的牵制作用，如果把 B－29 型机所使用的燃油及供应物资提供给第十四航空队，用以扩充它的战术进攻及攻击敌人舰队，可能更有效”⑤。同时，美军调查报告还

---

① Charles F. Romanus and Riley Sunderland, *Stilwell's Command Problems* (Washington, D. C.: Office of the Chief of Military Department of the Army, 1956), p. 115.

② [美]约翰·D. 普雷廷著，张兵一译：《驼峰空运》，第 170 页。

③ [美]陈纳德著，王湄等译：《飞虎将军陈纳德回忆录》，第 387 页。

④ Otha C. Spencer, *Flying the Hump: Memories of an Air War* (Texas: Texas A&M University Press, 1992), p. 110.

⑤ [美]陈纳德著，王湄等译：《飞虎将军陈纳德回忆录》，第 385 页。

指出,从中国基地起飞的B-29型轰炸机对日本钢铁厂的轰炸,其结果对减少日本"钢材生产,排除电材钢,不超过2%,成品钢不超过1%"①,轰炸效果微弱。因此,1944年11月美军占领太平洋的关岛、塞班岛和提尼安岛后,美军飞机便主要改由这些岛屿的机场起飞轰炸日本本土,"特种工程"的任务也就基本结束。

① Charles F. Romanus and Riley Sunderland, *Stilwell's Command Problems* (Washington, D.C.: Office of the Chief of Military Department of the Army, 1956), p. 370.

第六章　西南国际交通与战时外交

为保证西南国际交通运输的通畅，在太平洋战争爆发以前，国民政府与英国和法国分别就滇缅公路、滇缅铁路和滇越铁路问题进行了交涉。一方面，英法两国对中国的抗战较为同情，在西南国际交通线的修建、运输等问题上给予了一定支持；另一方面，由于国际局势突变，英法出于维护本国利益考虑，相继对日妥协，分别于 1940 年 6 月和 7 月先后封闭了滇越铁路和滇缅公路，这对中法和中英关系又造成负面影响。太平洋战争爆发以后，中美两国围绕驼峰航线的开辟、驼峰空运的运量、物资的分配等问题进行了交涉。由于中美同盟关系的确立，美国帮助中国开辟了驼峰航线，但受美国大战略影响，美国对驼峰空运的支持力度有限，从而也引发了中美两国的矛盾。总之，战时中国与英法美三国围绕西南国际交通问题的交涉，体现了战时中国对外关系的复杂性和特殊性。

第一节　滇缅公路与中英缅交涉

滇缅公路分为滇段和缅段，涉及中英两国利益。全面抗战爆发后，国民政府与云南地方政府主持修建滇缅公路滇段，为了与缅段相通，中英两国围绕公路路线衔接问题不断进行交涉。在滇缅公路即将建成通车前，中英两国又围绕互惠通车办法、缅段运输统制等问题再次进行交涉。虽然中英双方存在一定分歧，但两者的共同利益需求促成了滇缅公路的建成和运输正常化。相较于中英围绕滇缅公路危机问题的交涉，中英关于滇缅公路修建和运输问题交涉的层级相对较低，主要是在中国外交部秘书与英国驻华大使馆参赞之间进行，而两国的高层外交人士直接出面较少。围绕滇缅公路的修建所进行的外交努力是国民政府在抗战爆发后的一次成功的外交实践。同时，这也说明，在全面抗战初期，英国的远东政策并非一味“绥靖”日本，而是具有双重性。①

一、中国修建滇缅公路的外交努力与英缅的配合支持

1937 年 7 月全面抗战爆发以后，中国东部沿海地区形势日益危急。1937 年 10 月，虽然中国仍可以通过香港、越南两地运输进出口物资，但若新加坡以东被日军封锁，香港和越南通道将会被堵塞。为防万一，时任广州市市长的曾养甫致电宋子文，建议修建滇缅公路。鉴于昆明至弥渡公路已通，只需修建弥渡至缅甸腊戍段 560 公里的公路，曾养甫建议未修建的路段“最好请外交部向英方交涉，由中缅双方接通公路，则半年以后即可通车”。宋子文将曾养甫电文转致蒋介石后，蒋介石于 10 月 6 日致电外交部部长王宠惠，“希查明该路线是否适当，迅向英方交涉进行为要”②。为了洽谈修通滇缅公路，10 月 11 日，外交部秘书段茂澜会晤英国驻华大

① 崔巍：《国民政府的外交努力与滇缅公路的修建》，《江海学刊》2013 年第 6 期。

②《蒋介石致外交部部长王宠惠电》(1937 年 10 月 6 日)，台北：“国史馆”藏，国民政府外交部档案，020/011110/0005/6—7。

使馆参事包克本(Blackburn),段茂澜希望英国"秉援助中国抗战之义,即日兴修自拉〔腊〕戍至中缅交界之公路,俾能由缅直通于中国公路"。包克本答应将中国的提议电告英国外交部,再由英国外交部转商专管缅甸事务的部长商讨此事。① 11 月 6 日,英国驻华大使馆秘书祎德本(H. Prideaux-Brune)拜会外交部次长徐谟,称"英国政府及缅甸政府对于中缅接通公路之提议在原则上可以同意"②。

鉴于英国已同意中国修建滇缅公路的提议,中英双方围绕滇缅公路的具体路线进行交涉。经过交涉,双方同意滇缅路线为龙陵至芒市至腊戍,滇缅段的衔接处确定在畹町河。③

就滇缅公路衔接点问题达成一致后,双方均需在各自境内修建公路。缅甸由于经济落后,公路路况较差。据军事委员会派往滇缅公路督工的工程师赵履祺称,鉴于国界至八莫及腊戍公路雨天不能行车,路基桥涵均需改善,请求"缅甸同时赶修,加铺路面"④。因此,中方希望缅甸政府首先将缅甸境内公路路况加以改善。1938 年 1 月 14 日,外交部致电驻英大使馆,"希转达缅甸政府即予同意办理"⑤。缅甸政府也积极响应中方请求,改善了缅甸境内公路。4 月 8 日,郭泰祺称,"缅方公路已加改善,由腊戍以达边

---

①《外交部秘书段茂澜会晤英国驻华大使馆参事包克本谈话记录》(1937 年 10 月 11 日),台北:"国史馆"藏,国民政府外交部档案,020/011110/0005/9。

②《王宠惠就接通中缅公路事致宋子文电》(1937 年 11 月 16 日),台北:"国史馆"藏,国民政府外交部档案,020/011110/0005/14。

③ 参见崔巍:《国民政府的外交努力与滇缅公路的修建》,《江海学刊》2013 年第 6 期,第 172—173 页。

④《军事委员会致外交部电》(1938 年 1 月 12 日),台北:"国史馆"藏,国民政府外交部档案,020/011110/0005/32。

⑤《外交部致驻英大使馆电》(1938 年 1 月 14 日),台北:"国史馆"藏,国民政府外交部档案,020/011110/0005/33。

界至路基晴湿均可使用”,“沿路桥梁载重分量亦可达七吨半”,并且缅段全路工程“五月底可告完竣,同时并将路面加宽为十六英尺以利两地往返”。①

为了按时顺利修通滇缅公路,中方在加快修建滇段公路的同时,也不断询问缅方的工程进度。8月23日,交通部部长张嘉璈致函外交部,称滇缅公路工程中国境内段即将次第完成,请外交部“转达英方赶速进行,以利国际交通”,其中“畹町至腊戍段工程进展情形如何,何时方可完工”。② 8月25日,英国外交部代理东方司司长告诉郭泰祺,称中国“境内有数处被山崩毁坏,修理不易,不知已否完竣”,并提议最好“由永昌分两路,一面至腊戍与铁路衔接,一面经旧有之公路加以改造,通至八莫,与河道衔接,俾使水陆并用”。英国答应催问缅甸“畹町腊戍段工程”③。由于7月和8月正值雨季,缅甸境内腊戍至畹町段工程进展受阻。8月25日,郭泰祺又向英国外交部询问缅段公路的施工情况,英国告知畹町至腊戍段工程“刻正按期计划顺利进行”④。在中英双方的共同努力下,滇缅公路工程终于在1938年12月全线竣工。

1939年1月滇缅公路虽正式通车,但缅段腊戍至畹町间桥梁路面较窄,限制了中国大型货车的通行。1939年12月26日,交通部致电王宠惠,称中国进口的“万国”牌半拖车车宽7.2尺,而缅甸

---

①《郭泰祺致外交部电》(1938年4月8日),台北:“国史馆”藏,国民政府外交部档案,020/011110/0005/89。

②《张嘉璈致函外交部请转询英方关于滇缅公路畹町至腊戍段工程情形》(1938年8月24日),台北:“国史馆”藏,国民政府外交部档案,020/011110/0005/118。

③《郭泰祺致外交部电》(1938年8月26日),台北:“国史馆”藏,国民政府外交部档案,020/011110/0005/120。

④《郭泰祺致外交部电》(1938年10月11日),台北:“国史馆”藏,国民政府外交部档案,020/011110/0005/145。

境内腊戍至畹町之间的南溪河吊桥宽仅 7.5 尺，因此拖车行经桥梁困难，于是请求外交部“转商缅方，将南溪河吊桥及该路其他窄狭桥梁一律改宽至四公尺，最低限度以能容该项拖车通过为度，并希将路基加宽至七公尺半，俾可行驶双车，以策安全”[①]。1940 年 1 月 3 日，外交部次长曾镕浦致电外交部，汇报了与缅方交涉拓宽缅境南溪吊桥及桥梁的情况，缅方皆承认接受，“惟据称吊桥材料须向英国采购。以前虽经定货，现时战争发生，能否于雨季以前运到，殊无把握。至行驶汽车一节，加宽路基经费浩大，缅方愿逐渐改良。又据称现时八莫木姐之路已通半拖车，或可改用此路”。交通部驻仰光专员杨恒曾提议将驶入缅境的半拖车外轮及车身一部分拆下后，在遮放、腊戍再改走八莫，但曾镕浦认为这一提议“窒碍殊多，不易办到”[②]。经过中缅交涉，1940 年 2 月 25 日，曾镕浦称西南运输处已将进口车车身拆卸，陆续通过南溪河桥。缅甸方面也搭建了一座轻便桥，专门供中国进口卡车经过。[③]

1940 年 10 月滇缅公路重新开放后，为满足大量物资运输的需要，中缅双方就缅境八莫至木姐段公路的改善问题进行了交涉。1941 年 2 月 20 日，军事委员会运输统制局致电外交部，称八莫经邦坎至南坎段路况很差，雨季期间自南坎至木姐段桥梁失修，不能通行，因此运输统制局“请外交部转商缅府，赶修该段路基与桥梁”[④]。

---

①《张嘉璈致王宠惠电》(1939 年 12 月 26 日)，台北：“国史馆”藏，国民政府外交部档案，020/011110/0006/141。

②《曾镕浦致外交部电》(1940 年 1 月 3 日)，台北：“国史馆”藏，国民政府外交部档案，020/011110/0006/150—151。

③《曾镕浦致外交部函》(1940 年 2 月 25 日)，台北：“国史馆”藏，国民政府外交部档案，020/011110/0006/177。

④《运输统制局致外交部电》(1941 年 2 月 22 日)，台北：“国史馆”藏，国民政府外交部档案，020/011110/0006/249。

为此，曾镕浦与缅甸参议员考罗（H. H. Grow）进行交涉。考罗称八莫至邦坎段公路已改善竣工，雨季也可行车。缅方已决定将全路路面加铺柏油，预计雨季后兴工，4 个月可以完工。至于邦坎至木姐段公路，因沿河两岸夏季时有淹没，暂时不加以改善。考罗还称八莫至畹町段公路，按照目前计划，中缅双方各负一半责任，缅方已完成改善任务，希望了解中方修筑垒允至邦坎公路的情况。①

总之，在围绕滇缅公路缅段的修建改建问题上，经过中方的积极交涉，英国基本上积极配合，尤其是缅甸当局同意中方提出的改建扩建公路的提议，并在中方要求下改建了缅段公路，基本上保障了滇缅公路的通畅。

二、中缅关于滇缅公路互惠通车办法的争议与确立

在滇缅公路还未正式通车前，中缅双方围绕运输问题也开始进行交涉。滇缅公路的开通不仅对中国有利，也对缅甸有利。1938 年 11 月 15 日，曾镕浦称缅甸政府对于开通滇缅公路态度较为积极，“其目的皆在开辟中缅商务之新途径，而尤以互惠为注意”②。由于通过滇缅公路实现两国的互利互惠是中缅双方关心的重要问题，双方于是围绕互惠通车问题进行交涉。不过，双方在过境运输物品征税和过境汽车管理问题上存在争议。首先，双方在过境运输物品的征税问题上有一定分歧。中方希望缅方对滇缅公路运输物品实行免税，因为“缅甸税则甚高，我方之物，其税则皆在百分之五十至百分之二十不等，平均在百分之三十”。经过与缅甸

---

①《曾镕浦致外交部电》（1941 年 3 月 12 日），台北：“国史馆”藏，国民政府外交部档案，020/011110/0006/256—257。

②《曾镕浦致外交部电》（1938 年 11 月 15 日），台北：“国史馆”藏，国民政府外交部档案，020/011110/0010/54。

交涉，缅方答应按 1/16 抽税。① 其次，双方在管理过境运输车辆问题上存在分歧。由于滇缅公路分成滇段和缅段两部分，如何管理进入缅段的中方车辆，是中方关心的问题。在滇缅公路正式开通后，交通部准备让滇缅公路运输管理局在腊戍设站，以管理驶入缅境的中国客货车辆。经过外交部与缅甸政府的交涉，1939 年 2 月 12 日，缅甸政府“赞成此议，但以互惠为原则”，曾镕浦分析缅甸此举“意在援引通航办法，使彼此皆有一家运输公司得在对方路上设站营业”。得知缅甸方面意见后，张嘉璈马上致电曾镕浦，表示对缅甸方面的提议“原则上可赞同”②。中国政府之所以原则上接受缅甸方面提出的国际通行汽车办法，除它对中国并未构成损失外，更重要的是中国希望早日解决双方分歧，以增强滇缅公路的运输能力。据曾镕浦 1939 年 2 月的汇报，中国急需将大批桐油及其他物资运送出口，目前中国各运输机构在缅甸仰光有2 000余辆卡车，但西南运输处在缅甸租用的印度公司卡车仅有 180 辆，加之零星揽载的卡车，至多可凑 60 辆。曾镕浦担心“倘通车之议不决，则一段有车二千辆，一段有车二百辆，该公路运输能力只可按照二百车计算，似非打通滇缅公路运输之初意”③。

1939 年 8 月 16 日，行政院、财政部和交通部代表专门开会商讨滇缅公路通车互惠办法，会议最后决定如下：第一，关于互惠通车终点问题，为了使滇缅公路运输与缅甸铁路运输衔接起来，中国

① 《曾镕浦致外交部电》(1938 年 11 月 15 日)，台北：“国史馆”藏，国民政府外交部档案，020/011110/0010/51。

② 《曾镕浦致外交部电》(1939 年 2 月 27 日)，台北：“国史馆”藏，国民政府外交部档案，020/011110/0006/12—13。

③ 《曾镕浦致孔祥熙电》(1939 年 2 月 27 日)，台北：“国史馆”藏，国民政府外交部档案，020/011110/0006/21—23。

“暂以缅境腊戌为我车过境通行之终点，缅车入境即以保山为其终点”。理由是通车里程越短，越容易管理。自腊戌至保山长 291 公里，1 天可达。至于旅行小客车则不限制互惠通行地点。第二，关于互惠车辆数目问题，缅甸政府同意通过缅甸铁路每日输给中国 800 吨物资，按照这一标准，中国行驶缅境的车辆至少需要 500 辆，并应保证将来铁路运输量增加时，中国也相应增加通行缅境的车辆。至于驶入中国境内的缅甸车辆，应参照滇段和缅段的里程比例决定互惠车辆数目。例如，通车里程全长 250 公里，在中国境内 200 公里，缅甸境内 50 公里，则中国互惠车辆与缅甸互惠车辆数目比例以 4∶1 为标准。第三，关于用油问题，鉴于缅甸政府目前只允许汽油过境，中国行驶缅境车辆数量大，用油需求量也大，如果缅甸政府要求中国车辆在缅甸购用汽油，“则其对于油料之税价较我方昂贵，损失殊大，应与缅方商得统一互惠及同等条件”。至于缅甸参议院考罗的建议，中方“自可以互惠原则接受”，在入境费（包括牌照、养路等费）方面，中国“当以缅方拟征数目作参考，洽商定一标准，能交涉双方免费更好”。① 这次会议形成的《滇缅公路通车互惠办法》在行政院一致通过。8 月 28 日，行政院院长孔祥熙命令外交部派曾镕浦负责与缅甸政府交涉通车互惠办法问题，同时由交通部及水陆运输联合委员会各派 1 人协助办理交涉。②

曾镕浦在与缅甸交涉滇缅公路通车互惠办法时，在退税问题和车辆互惠问题上发生了分歧。在退税问题上，中国最初提出进入缅甸境内的中国车辆返回到中国境内时不征收 25％的税费，而

---

①《滇缅公路通车互惠办法案会商纪录》(1939 年 8 月 16 日)，台北："国史馆"藏，国民政府外交部档案，020/011110/0006/36—37。

②《孔祥熙训令外交部》(1939 年 8 月 28 日)，台北："国史馆"藏，国民政府外交部档案，020/011110/0006/38。

只征收1%的过境税，条例也规定享受退税物品再入缅甸境内时需补交完进口税的规定。因此，对于没有补交税费的车辆不许再入缅甸境内。但缅甸政府不肯让步，后由缅甸国防部出面调停，缅甸政府不再提纳税问题，而是仿照国际汽车协定办法，以简单手续征收少量费用，使中缅双方汽车都可行驶在中国与缅甸境内，但缅甸政府对此尚未提出具体议案。在互惠原则上，对于中国决定缅甸车辆以保山为终点的原则，缅甸认为"如此办理，是华车已通至铁路，缅车仍在半路，竟议我用心太巧"。而曾镕浦认为中方必须坚持，否则缅甸方面"提出车辆若干给予补税，转走缅段，以大部分之车在华界接运，二者皆足以塞其口也"①。

1939年10月16日，缅甸方面向曾镕浦递交了参议院拟定的《华车行驶缅段公路行车办法》，该办法共12条，主要内容是：第一，中国车辆必须有中国牌照，司机必须有中国执照；第二，行驶缅段的中国车辆分一次车辆和常川车辆，对于一次行驶车辆，缅甸方面对普通汽车每次收费5卢比，公共汽车和卡车收费10卢比，对于常川行驶车辆，普通汽车每年收费10卢比，公共汽车和载重2吨卡车收费20卢比，2吨以上卡车收费40卢比；第三，不出境的中国车辆或在缅甸出售的车辆，车主和买主负责补交税费；第四，中国车辆来往缅段须在腊戍购买往来缅段所需的汽油；第五，本办法所指的中国车辆限定行驶在腊戍至中国边境缅段公路车辆，但在必要时需加上行驶于腊戍至南坎段车辆。② 在此基础上，缅甸国防部拟

---

①《曾镕浦致外交部电》(1939年10月3日)，台北："国史馆"藏，国民政府外交部档案，020/011110/0006/42—46。

②《曾镕浦致外交部电》(1939年10月16日)，台北："国史馆"藏，国民政府外交部档案，020/011110/0006/51—52。

定了《华车行驶滇缅公路缅段办法草案》。① 根据这一草案，缅甸方面的主要原则是：第一，缅方希望中国车牌照及司机执照附有英文；第二，缅方收费标准以卡车2吨为基数，以此类推；第三，该草案适用于行驶缅甸国境至腊戌段车辆，必要时扩展至南坎段，但不能抵达八莫；第四，可以在缅甸的谷概、熊卫两地增设加油站；第五，如果中国急于通车，缅方允许按照草案先行办理，待中国制定出相关章程后再照互惠原则执行。② 对于缅甸参议院拟定的《华车行驶缅段公路行车办法》，交通部基本同意，但建议常川行驶的公共汽车及卡车收费标准改为“叁吨以下者，每年纳贰拾卢比，叁吨以上者肆拾卢比”③。

1939年11月14日，曾镕浦致电外交部，称鉴于西南运输处有大批物资运至仰光，急需增派卡车行驶缅段，以增加运力。中国已雇佣缅甸车辆180辆，此外，还急需由中国再派卡车行驶于缅段公路。缅方同意在中国与缅甸签订通车章程以前，暂时按照缅方的通车草案办理，但缅甸方面“要求我方去一书面信件，声明我政府不日亦据互惠原则拟具缅车行驶华段公路章程”④。11月18日，外交部致电曾镕浦，称对于缅甸提出的中国先出具一个书面声明

① 《缅甸国防部拟订华车行驶滇缅公路缅段办法草案（译文）》，台北：“国史馆”藏，国民政府外交部档案，020/011110/0006/62。

② 《曾镕浦致外交部电》（1939年10月16日），台北：“国史馆”藏，国民政府外交部档案，020/011110/0006/68—69。

③ 《交通部致外交部电》（1939年11月10日），台北：“国史馆”藏，国民政府外交部档案，020/011110/0006/91。

④ 《曾镕浦致外交部电》（1939年11月14日），台北：“国史馆”藏，国民政府外交部档案，020/011110/0006/97—98。

的提议，“交通部张部长认为可照办”①。为此，1939 年 11 月 25 日，行政院召开了有西南运输处、外交部、财政部和交通部等部门代表参加的会议，专门讨论了滇缅公路通车办法。会议对于缅甸国防部制定的《华车行驶滇缅公路缅段办法草案》基本同意，同意将缅甸车辆驶入中国境内的终点由保山改为昆明，对于常川行驶车辆的收费标准，“如缅方有争执时，可酌量减少”②。在此基础上，交通部也制定了《缅甸汽车行驶滇缅公路华段暂行办法》，明确规定了行驶中国境内的缅甸车辆的具体管理办法。其中第 2 条规定：“凡缅车领有缅甸政府颁发之汽车号牌及行车执照，驾驶人并领有缅甸政府发给之驾驶执照者，得依本办法之规定，在滇缅公路华段内行驶。”缅甸车分为常川车辆和临时车辆，常川行驶车辆首次驶入中国时，需在入境时向国民政府设立的海关或国境汽车牌照管理机关领取汽车入境申请书。临时行驶的缅甸汽车需要按照规定缴费后领取中国临时牌照，乘人小汽车每次缴纳海关金5.522 5金单位（或 10 卢比），大客车及货车为海关金 11.045 金单位（或 20 卢比）。常川行驶的缅甸车辆照规定缴费后领取中国正式牌照，乘人小汽车每年缴纳海关金16.567 5金单位（或 30 卢比），大客车及 3 吨或不足 3 吨货车每年为海关金33.135金单位（或 60 卢比），超过 3 吨货车则为海关金66.27金单位（或 130 卢比），行驶滇缅公路华段以昆明为终点的缅甸车辆，往返日期不得超过 30 天。③ 交通部

① 《外交部致曾镕浦电》（1939 年 11 月 18 日），台北：“国史馆”藏，国民政府外交部档案，020/011110/0006/102。

② 《滇缅公路通车办法审查会纪录》（1939 年 11 月 25 日），台北：“国史馆”藏，国民政府外交部档案，020/011110/0006/109。

③ 《缅甸汽车行驶滇缅公路华段暂行办法》，台北：“国史馆”藏，国民政府外交部档案，020/011110/0006/110—111。

制定的《缅甸汽车行驶滇缅公路华段暂行办法》在 11 月 29 日经过行政院开会讨论后，由外交部转交给曾镕浦以向缅甸交涉。

但曾镕浦在与缅甸交涉的过程中，状况不断。原来缅甸参议考罗也急于同中国达成一致意见，期望在短期内按照双方拟定的通车办法办理，“不料缅方车主恐我车过境或将失其生计，顿生误会。英商以汽车为业者亦恐失其生意，而腊戍二三侨棍不明事理者更大肆鼓惑，或则上书缅督反对其事，或在腊戍控告，或在会议攻击，以致考罗参议游移不决，缅督复有先用缅车再来华车之讽示。同时西南运输总公司复有不再雇佣当地卡车之训令”①。因此，曾镕浦在与缅甸交涉滇缅公路通车事宜过程中，倍觉“极其曲折延宕，关系复杂异常”②。

除了缅甸国内车主的顾虑以及极少部分华侨的鼓噪导致缅甸当局犹豫不决，缅甸政府对缅甸车辆驶入中国境内后缴纳的税额也有异议。1940 年 1 月 5 日，曾镕浦在致外交部的电文中称，“缅方以我方拟收年捐较诸缅方所拟加一倍至四倍，又以国内车捐年仅三十余元，缅车入境须缴年捐国币四百圆有奇，认为有失互惠原则，很不承认路长费贵理由。并谓缅车除代中国服务外，自动过境机会甚多，前拟章程意在平息物议，并无取巧之议。我方章程若经接受，必增反对口实。若讨债还债，更失协助精神”。缅甸方面提出取消之前的议定，订立简单办法，“准行华车不必补交关税，照普通缅车捐则领取牌照在掸人地行驶，但此事须得商部同意”。对于缅甸方面的答复，曾镕浦认为缅甸现在提议的办法“倘能实行，于

---

①《曾镕浦致外交部电》(1939 年 12 月 11 日)，台北：“国史馆”藏，国民政府外交部档案，020/011110/0006/130—132。

②《曾镕浦致外交部电》(1939 年 12 月 29 日)，台北：“国史馆”藏，国民政府外交部档案，020/011110/0006/144。

我尚属有利，但恐将藉口缅阁不允，以便推翻前议”①。经过双方交涉，中国同意了缅甸方面提出的新建议，即中国收取的33元牌照费率是季捐，而非年捐，载重4.5吨以上卡车每季应缴纳35元。②

由于缅甸仰光机汽车公会反对中国车辆入境，缅甸政府有推翻原来提案的意思。鉴于中国“经缅入境物资日益增多，华车难于悉数运载互通车辆办法实行，后仍须借助缅车协运。对于缅方商车利益并无妨碍”，交通部也要求曾镕浦向缅甸政府“切实解释，维持原案”。③

纵观中缅两国围绕滇缅公路互惠通车交涉的过程，实在曲折。外交部于1939年1月26日让曾镕浦与缅甸当局洽商中缅过境运输管理问题以及在腊戍设站事宜，缅方提出以互惠为原则，并援用通航办法办理。中国接受了缅方提出的互惠原则，让曾镕浦继续与缅方交涉。双方在交涉过程中，缅甸国防部拟定了《华车行驶滇缅公路缅段办法》，中国政府也根据互惠原则拟定了《缅甸汽车行驶滇缅公路华段暂行办法》。根据互惠原则，原拟定缅甸车辆行驶华段终点为保山，因为缅甸方面的反对，而将缅车通车终点延长至昆明，中国车辆行驶缅甸终点为腊戍。双方车辆往来过境都不缴纳关税。不过，双方行车执照、汽车牌照及驾照等每年需缴少量费用。在具体交涉过程中，缅甸提出了反对意见。1939年12月17日，据交通部驻仰光专员杨恒报告，仰光汽车公司向缅甸总督提出

①《曾镕浦致外交部电》(1940年1月5日)，台北：“国史馆”藏，国民政府外交部档案，020/011110/0006/145—146。

②《外交部致曾镕浦电》(1940年1月11日)，台北：“国史馆”藏，国民政府外交部档案，020/011110/0006/172。

③《外交部致曾镕浦电》(1940年1月20日)，台北：“国史馆”藏，国民政府外交部档案，020/011110/0006/157。

抗议,反对中国车辆进入缅甸境内。中国认为中国经过缅甸入境物资甚多,中国车辆难以全部运载。若按照互通车辆行驶办法施行,中国仍需借助缅甸车辆协助运输,对缅甸商业利益并无妨害。12 月 28 日,曾镕浦向缅甸方面作出了解释,维持原案。互惠办法由于缅甸商人的反对而拖延,悬而未决。中国购自美国的器材运抵畹町后,需要利用汽车接运,中国作出书面声明,由西南运输处先行派车行驶,并租用缅甸车辆 200 辆行驶该段。这项事宜改由西南运输处与缅甸当局商洽。因此,在互惠通车办法尚未商妥以前,为了方便双方车辆顺利过境,中缅双方暂时无条件通行。①

1940 年 10 月,滇缅公路重新开放,中缅双方围绕互惠通车办法继续进行交涉。鉴于在 1940 年 7 月英国实行滇缅公路禁运以前,中缅双方尚未完全谈妥,1940 年 10 月滇缅公路重新开放后,缅甸方面对于中国"禁运商货之议又起",但 10 月到 12 月的商谈并未解决这个问题。因此,曾镕浦提出中缅双方重新商洽互惠通车办法。② 1941 年 1 月 16 日,张嘉璈与考罗及英国大使馆参事包克本等在交通部就中缅交通问题进行了洽谈。在滇缅公路方面,张嘉璈认为中国可于本年雨季以前修建完成垒允至畹町段公路,希望缅方同时修筑八莫至垒允段,考罗表示缅方可全线修筑。在公路运输方面,张嘉璈本着互惠原则,希望登记车辆在双方公路段分别行驶,考罗询问中国租用缅甸卡车 200 辆及运价计划是否有意修

---

①《滇缅公路中缅互惠通车节略》,台北:"国史馆"藏,国民政府外交部档案,020/011110/0006/202—203。

②《曾镕浦致外交部电》(1940 年 12 月 26 日),台北:"国史馆"藏,国民政府外交部档案,020/011110/0006/187。

改,张嘉璈回答中方并无此意。[1] 经过中缅双方反复交涉,双方基本达成一致。

总之,中缅两国在围绕滇缅公路互惠通车问题的交涉过程中,并未有原则上的分歧,只是在如何实现互惠通车的问题上有不同意见,诸如过境物品征税、过境车辆管理、过境车辆收费标准等经济层面的纠纷。由于中方更依赖滇缅公路,中方作出的让步更多,如同意缅甸提出的采用国际通行汽车办法管理过境车辆,降低缅甸入境车辆的车捐征收数额,并将缅甸入境车辆的终点由保山延至昆明。当然缅甸也作出了一定让步,同意降低中国过境物品的征税标准。由于双方互有让步,滇缅公路互惠通车办法得以确立。

三、滇缅公路危机前国民政府阻止英国对日妥协的努力

1939 年 1 月滇缅公路的正式通车,这不仅支持了中国抗战,而且也对大后方经济产生了积极影响。正因为如此,日本想方设法企图截断滇缅公路运输。除了军事手段,他们也企图通过外交手段让英国封锁滇缅公路。从 1940 年 6 月开始,日本频频向英国施加压力,要求英国封锁滇缅公路。为阻止英国对日妥协,国民政府积极与英国交涉,表达中方立场,希望英国拒绝日本的要求。[2]

同时,国民政府也积极与美国交涉,希望美国政府支持英国。7 月 6 日,王宠惠致电驻美大使馆,称外交部获悉"英国为日方威逼缅甸停运军火事正与美政府商洽中",要求驻美大使馆迅速探询

---

①《三十年一月十六日下午五时交通部于缅甸代表团在该部谈话计划》,台北:"国史馆"藏,国民政府外交部档案,020/011110/0006/215。

② 参见左双方:《未严格执行的禁运:滇缅路封锁前后的中英缅关系》,《民国档案》2021 年第 1 期,第 120—124 页。

“美政府对于英方如何表示其意见”。① 7月10日，外交部又要求驻美大使馆迅速与美国商洽，希望“美方迅即有所表示，藉壮英国声势，美方似可坚持其物资有自由运输缅甸及中国之权，倘此项运输因日方之行动而发生障碍，则美国可对日本严格实行禁运（包括铁与汽油）。美苟于此时作此表示，敌不无忌惮，英方亦不致对敌屈服”②。

此外，外交部还积极寻求苏联的支持。7月13日，外交部得知英国因受日本威胁，有意停止滇缅公路某种货物运输的消息后，要求驻苏大使馆迅速与苏联政府商洽，“以苏联经缅货运关系，表示其立场，对我为有利之声援”③。

为阻止英国对日妥协，国民政府作出了外交努力，尤其是郭泰祺积极与英国交涉，仅在6月14日至7月11日间，便先后与英国外相、外交副大臣围绕缅甸问题会晤了7次。④ 应该讲，国民政府阻止英国对日妥协的外交努力还是产生了一定效果，尤其是国民政府积极与苏联交涉，希望苏联出面阻止英国对日妥协，加重了英国政府的顾虑。7月8日，英国驻日大使克莱琪（R. Craigie）电称：“苏联认为重庆抵抗的继续存在是出于国防利益，并且坚决反对削弱该抵抗。苏联因此是解决问题的关键，因为尽管英国可能希望与‘日本友好相处，但她也最渴望改善与俄国的关系’。必须征询

---

①《外交部致驻美大使馆电》（1940年7月6日），台北：“国史馆”藏，国民政府外交部档案，020/011110/0009/47。

②《外交部致驻美大使馆电》（1940年7月10日），台北：“国史馆”藏，国民政府外交部档案，020/011110/0009/49。

③《外交部致驻苏大使馆电》（1940年7月13日），台北：“国史馆”藏，国民政府外交部档案，020/011110/0009/76。

④《郭泰祺致外交部电》（1940年7月12日），台北：“国史馆”藏，国民政府外交部档案，020/011110/0009/81。

其他有关政府的意见。”①

在英国实行滇缅公路禁运前，英国政府内阁也存在分歧。贾德干(Alexander Cadogan)在1940年7月4日的日记中写道：封闭滇缅公路“这件事在好几个内阁中进行了辩论。总的说来，参谋长们自始至终都赞成妥协，丘吉尔、张伯伦和劳埃德也是如此，理由是英国无力与日本以及德国和意大利作战。当然，由于法国舰队无法控制地中海，妥协的论点得到了进一步加强”②。哈利法克斯(Lord Halifax)和贾德干判断，德国正试图将英国与日本牵扯在一起，它只会玩弄它的把戏让位于日本。贾德干本人不同意封闭滇缅公路，他私下称：“我相信，即使冒着战争的危险，我们也必须反对封闭缅甸公路。如果我们让步，美国人就会放弃我们，结果是毫无希望的，不仅在太平洋地区，而且在这一边。”③7月15日，贾德干与英国内阁成员进一步讨论缅甸公路问题。贾德干认为，“比以往任何时候都强烈地感到我们不应该让步。除了中国人的感受，如果我们这么做了，美国人或者大部分人会说‘英国人被打败了’。我们不想那样。内阁和温斯顿走错了方向，老是想着对日战争的种种不必要之处。好吧，我们都看到了这一点，即使我们真的相信日本会宣战”④。即使滇缅公路重开后的1941年5月1日，贾德干仍然对丘吉尔答应日本要求实行滇缅公路禁运的行为大为不满，他在日记中写道：“他⑤曾说服日本去年参战，并坚持关闭缅甸公路

---

① Telegram from Sir R. Craigie (July 8, 1940), FO. 371/24667, F/3270/27/10.

② *The Diaries of Sir Alexander Cadogan, O. M., 1938—1945* (July 4, 1940), pp. 310 - 311.

③ *The Diaries of Sir Alexander Cadogan, O. M., 1938—1945* (July 4, 1940), p. 310.

④ *The Diaries of Sir Alexander Cadogan, O. M., 1938—1945* (July 5, 1940), p. 311.

⑤ 指丘吉尔。——作者注

(一个重大失误)。”[1]尽管英国政府内部对封闭滇缅公路问题的认识有分歧,但英国为维护自己在缅甸的利益,还是最终选择牺牲中国的利益,答应了日本的要求,宣布于7月18日开始实行3个月的滇缅公路禁运。

在得知英国答应日本的要求,即将开始实行滇缅公路禁运后,国民政府也并未放弃,而是试图探明真相。7月13日,为了弄清事态发展,王宠惠要求驻英大使馆探询滇缅公路“停运究系何物,所谓雨季究指何时,是否容许日人检查,有无全部或局部挽回余地”[2]。7月15日,王宠惠又要求驻英大使馆迅速与英国外相交涉,严重抗议英国的做法,“惟目前仍盼英方与我最少之损害,而及早完全恢复原有路线,故应要求至少现已积存缅甸之各种物资尽数运入国内。至由海道运缅军火(限于军火),我方可于八九两月内暂行停止,但以自十月起仍待自由经缅运华为条件”。外交部希望通过与英国外相交涉,“以期得到实际上为害最轻之了解”[3]。国民政府在无力改变英国对日妥协的态度后,仍然与英国交涉,希望尽量减少滇缅公路禁运对中国造成的危害。

同时,国民政府又积极与美国交涉,希望美国帮助中国挽回外交困局。7月13日,驻美大使胡适得知英国的态度转变后,“即竭力向美外部陈说缅路危机,请其设法挽救”[4]。7月14日,王宠惠

---

① *The Diaries of Sir Alexander Cadogan, O. M., 1938—1945* (May 1,1941), p. 375.

②《王宠惠致驻英大使馆电》(1940年7月13日),台北:“国史馆”藏,国民政府外交部档案,020/011110/0009/77—78。

③《王宠惠致驻英大使馆电》(1940年7月15日),台北:“国史馆”藏,国民政府外交部档案,020/011110/0009/98—99。

④《驻美大使胡适致外交部电》(1940年7月14日),台北:“国史馆”藏,国民政府外交部档案,020/011110/0009/90。

要求驻美大使馆迅速与美国政府商洽，希望美国对滇缅公路禁运一事应有“有效表示，实为今援助中国与英国之举”①。1940年7月18日滇缅公路被封闭前，国民政府尽管进行了一系列外交努力，试图阻止英国的对日妥协，但无功而返。英国宣布从1940年7月18日至10月18日封闭滇缅公路，这也引发了全面抗战时期中英两国的重要外交危机，即滇缅公路危机。

四、国民政府高层解除滇缅公路危机的内部争议与对英交涉

为解决滇缅公路危机，国民政府需要国际社会的支持，但如何争取国际社会的支持，国民党高层有一定的分歧，出现了联德、联苏和联美的不同阵营。1940年7月14日，滇缅公路危机刚发生时，蒋介石在纪念周报告中就认为解决危机“于此只有美俄二途，以为我之出路”②。因此，在危机之初，蒋介石对美国和苏联寄予希望。全面抗战前期，苏联的确给予了中国抗战支持，因此滇缅公路危机发生后部分高层提出联合苏联以摆脱当前困境建议也在情理之中。但实际上苏联并未积极声援中国，这让中国颇为失望。7月17日夜，英国停止滇缅公路运输的协定在东京发表，第二天蒋介石希望苏联发表宣言反对，但苏联并未有此行动，他深感耻辱，感叹道：“弱国处处受人轻侮，看人颜色，听人欢气，应忍之。”③7月20日，驻苏联大使馆致电外交部，称“苏对英封闭缅路事认为英苏关系未甚良好，苏不便向英忠告，且英于决定办法后通知苏方，劝告亦无益”，至于公开表示反对，“苏向有一贯主张反对侵略，不必特

---

①《王宠惠致驻美大使馆电》(1940年7月14日)，台北：“国史馆”藏，国民政府外交部档案，020/011110/0009/86。

②《王子壮日记》第6册，台北：“中央研究院近代史研究所”2001年版，第197页。

③《蒋介石日记》(手稿)，1940年7月18日，斯坦福大学胡佛研究所档案馆藏，下同。

别声明”。[①] 随着时局的发展，联苏的想法越来越不现实。8 月 10 日，苏联拒绝了美国机械假道海参崴（今符拉迪沃斯托克）接济中国的提议，并拒绝提供中国飞机，蒋介石认为“此为抗战以来，外交上一大变”[②]。因此，蒋介石放弃了联苏的主张。

除了联苏主张，还有人提出了联德的主张，即联合德国。国民党中央组织部部长朱家骅、孙科、邓家彦、张厉生等曾提出和赞同联德的主张。但王世杰等人力拒此议，并说服蒋介石基本维持原外交策略，尤其是随后国际局势的变化使联德之议最终被放弃。[③]

此外，还有人主张联美以解除滇缅公路危机。7 月 20 日，在蒋介石的黄山寓所，孙科、王宠惠、王世杰、何应钦、孔祥熙、白崇禧等商讨外交政策。宋子文认为美国政府愿意向中国贷款，向苏联购置军火，或出售军械，通过海参崴运往中国。[④] 为得到美国支持，国民党高层密切关注美国的动向。7 月 26 日，美国对日本实行汽油与废铁禁运，蒋介石得知此消息后认为“此举虽晚，然亡羊补牢，仍于我有效益也”[⑤]。8 月 1 日，王宠惠在国防最高委员会报告说，美国政府正式通知中国，“将助我到底，惟须在实际上可能范围以内”，并说“美国政府深信中国抗战必获胜利，而使中国得到重大势力”。[⑥] 9 月 26 日，王世杰听闻美国政府将给予中国3 500万美元的

---

① 《驻苏大使馆致外交部电》(1940 年 7 月 20 日)，台北：“国史馆”藏，国民政府外交部档案，020/011110/0009/176。

② 《蒋介石日记・上星期反省录》(手稿)，1940 年 8 月 10 日。

③ 参见左双文：《转向联德，还是继续亲英美？——滇缅路事件后国民党内曾谋划调整外交路线》，《近代史研究》2008 年第 2 期；吴东之主编：《中国外交史(中华民国时期 1911—1949)》，郑州：河南人民出版社 1990 年版，第 478—480 页。

④ 《王世杰日记》第 2 册，台北：“中央研究院近代史研究所”1990 年版，第 312 页。

⑤ 《蒋介石日记》(手稿)，1940 年 7 月 27 日。

⑥ 《王世杰日记》第 2 册，第 318 页。

贷款以稳定法币，认为“此事之成，未始与敌军侵越相关”①。应该讲，在滇缅公路危机发生后，美国的确给予了中国一定的支持。7月27日，美国驻华公使詹森(N. T. Johnson)将美国政府的训令当面转达给蒋介石，即：第一，美国仍将继续援助中国，但应在适宜及可能范围内；第二，美国同情中国抗战及现在的境遇，并设法实现这种同情；第三，美国重要官员正在不断研究中国情况；第四，美国希望并相信抗战结果，并支持中国的独立和发展。② 9月27日，美国政府宣称于10月12日起，除英国外，禁止一切钢铁出口。王世杰认为“此系美政府对日侵越南之又一反击”③。美国对中国抗战的支持使得联美逐渐成为国民政府争取国际社会支持的主流看法。

由于滇缅公路危机是英国对日妥协引起的，如何处理英国的对日妥协问题，在国民政府高层内部也存在一定分歧。听闻英国对日妥协后，众多国民政府官员最初的感受是十分气愤。蒋介石就极为愤怒，痛斥“英国老奸巨猾，无信违法，只顾其本身利害，而毫无公理与公法可言”④。国民党中央监察委员会秘书长王子壮也对英国表示极大不满，认为“最可恨者英人以缓和日人，免攫其远东殖民地，则以吾国为牺牲，断我交通以制我，希望在此时期以与日本议和，狡狯险恶，何以加此。此种人类祸患不除，国家永无安定之日”⑤。9月29日，王子壮又指出英国通过实施3个月的滇缅

①《王世杰日记》第2册，第350页。

②《美大使馆参赞拜会外交部徐次长》(1940年7月19日)，台北：“国史馆”藏，国民政府外交部档案，020/011110/0009/267。

③《王世杰日记》第2册，第350—351页。

④《蒋介石日记》(手稿)，1940年7月14日。

⑤《王子壮日记》第6册，第201页。

公路禁运,“以便利日本打击我国,解决中日战事,其心狠毒,蔑以复加”①。正是对英国屈服于日本深感气愤,有的国民政府高层官员甚至提出与英国绝交。7月17日,孙科主张撤回驻英大使,退出国联。7月18日,孙科进而在国防最高会议中提出与英法断绝邦交。不过,与英绝交的激烈手段并未得到蒋介石的赞成。7月20日,在蒋介石的黄山寓所,孙科、王宠惠、王世杰、何应钦、孔祥熙、白崇禧等商讨外交政策,讨论结果是蒋介石不主张召回中国驻英大使,也不主张退出国联。② 蒋介石之所以不赞成与英国绝交,王子壮认为是蒋介石“仍不愿变更目前之外交政策也”③。具体而言,国民政府并未因滇缅公路危机与英国绝交,主要基于三方面的考量。

第一,判断英国对日妥协属于权宜之计,并未表明中英关系决裂。英国对日本妥协并不证明二者之间关系紧密,有学者研究后就认为英国实行滇缅公路禁运只是权宜之计,并未有长期禁运的打算。④ 英国封闭滇缅公路的时间为3个月,这期间也正值雨季,对中国的影响相对不大。王子壮揣测了英国的意图,他认为英国封锁滇缅公路“适当雨季,即使交通亦不能多所运输,是则故作善意之解释以为缓和”,或者是当前英国忙于英德战争,“目前西方难顾之际,故以此搪塞日本”。⑤ 王子壮判断英国对日政策日后可能有所变化,他的看法也代表了一部分国民政府官员的看法,他们对

---

①《王子壮日记》第6册,第273页。

② 参见左双文:《转向联德,还是继续亲英美?——滇缅路事件后国民党内曾谋划调整外交路线》,《近代史研究》2008年第2期,第42页。

③《王子壮日记》第6册,第201页。

④ 参见王建朗:《试评太平洋战争爆发前的英美对日妥协倾向——关于“远东慕尼黑”的考察之二》,《抗日战争研究》1998年第1期;杨东:《再谈滇缅公路的关闭——英国外交部决策过程》,《中央社会主义学院学报》2013年第5期。

⑤《王子壮日记》第6册,第205页。

英国对日妥协的认识更加深刻。因此，王子壮等人的类似看法，不能不对国民政府的对英政策有所影响。

事实上，王子壮的看法也是正确的。贾德干就称，英国封闭滇缅公路3个月，“这不仅是因为中国在与日本的总体竞争中受到的打击，而且也因为中国政府对国际贸易的兴趣，这没有任何好处，英国同意在10月18日之前关闭这条道路，那只是为了雨季”①。7月至10月属于雨季，受天气影响，运量较正常时间小得多。7月11日，缅甸《新光报》发表社论称，按照1939年的纪录，滇缅公路在雨季运量“与正常时比较只有十分之一”②。英国也称，据1939年的数据，滇缅公路在雨季3个月的运输量只是平时的1/10。③ 按照这样的标准，雨季期间的滇缅公路禁运对中国的实际影响较为有限。

第二，英国在危机后对中国表示了歉意，并未完全实行公路禁运。在英国宣布实行滇缅公路军火禁运以后，面对中国政府的抗议，英国也自觉理亏。7月15日，英国政务次长巴特勒(R. A. Butler)向中国驻英大使郭泰祺表示歉意，“谓英方实出不获已，但仅为迁延待时办法，不妨害其将来之行动自由”④。7月19日，巴特勒会晤郭泰祺时再次表示，英国实行滇缅公路军火禁运，“实为在此关

---

① *The Diaries of Sir Alexander Cadogan, O. M., 1938—1945* (July 15, 1940), p. 314.

② 《缅文新光报社论(译文)》(1940年7月11日)，台北：“国史馆”藏，国民政府外交部档案，020/011110/009/255。

③ 杨东：《再谈滇缅公路的关闭——英国外交部决策过程》，《中央社会主义学院学报》2013年第5期，第114页。

④ 《驻英大使郭泰祺致外交部电》(1940年7月15日)，秦孝仪主编：《中华民国重要史料初编——对日抗战时期》第3编，“战时外交”(2)，第115页。

头不能与日为敌，英外部亦均感觉痛苦，盼望以后仍能助中国”[1]。英国政府的歉意表明英国对日妥协的确有一定苦衷。

另一方面，滇缅公路禁运期间也不是禁运一切物资。自从7月18日英国正式宣布实行滇缅公路禁运以后，中国政府积极与英国交涉，英国政府立场有所松动，答应可以运输一部分所谓的“禁运”物资。8月6日，郭泰祺致电外交部，称英国外交部准备按照郭泰祺的提议致电缅甸政府，与中国商洽“将汽油作为医药救护物品之一部分，酌运若干，由我方保证专为救护运输之用”[2]。

第三，国民政府获悉英国国内部分民众和政要对英国的对日妥协存在异议，英国政府感受到了一定的舆论压力。郭泰祺在滇缅公路危机发生后密切关注英国国内民众对政府实行滇缅公路军火禁运的反应，并不断向外交部反馈英国国内的舆论情况。7月17日，英国国内报纸进行了评论：《标准晚报》称，日本企图称霸远东，“当今中国实为阻止该项独霸之堡垒，故英美苏等国应协力帮助中国”；《每日快讯》称，“当中国与日本继续抗战之际，日本统治者自不敢向我国公开进攻，英国地位之强，足可不比对日让步”。[3] 7月18日，英国国内报纸和国会对于英国停止滇缅公路运输一事“颇多批评，其论调大都注重赫尔宣言，盼美国有所主张，并承认欧洲局势，在以后三月内之重要及紧张。惟暂时和缓日本办法，是否

①《郭泰祺致外交部电》(1940年7月19日)，台北:“国史馆”藏，国民政府外交部档案，020/011110/0009/171。

②《郭泰祺致外交部电》(1940年8月6日)，台北:“国史馆”藏，国民政府外交部档案，020/011110/009/287。

③《郭泰祺致驻外交部转述英国各报评论电》(1940年7月17日)，台北:“国史馆”藏，国民政府外交部档案，020/011110/009/142。

有益，多表示疑问”[1]。7月19日，在丘吉尔发表滇缅公路声明后，英国“各方仅勉强接受，且对其所持理由亦相当怀疑，三个月以后英国究将采取何种态度，各方均表忧虑”。英国普通民众认为“英国拥护中国抗战所可得到之利益必远胜于收买日本或竟实行贿赂，以免其公开反对英国”[2]。

不仅英国国内部分民众对政府的对日妥协有所不满，英国政界也有异议。7月19日，郭泰祺拜访了英国前首相劳合·乔治(David Lloyd George)。乔治表示他一直反对英国对日妥协，准备在英美报纸撰文，劝告美国援助中国，并准备在国会发言声援中国。[3] 8月2日，郭泰祺向外交部汇报了英国贵族院和下议院先后开会商讨滇缅公路的情况：英国外长哈利法克斯认为封闭滇缅公路“可缓和激烈份〔分〕子增加银行实业家力量，而避免正面冲突”；丘吉尔首相认为“终不能避免，只冀稍缓时日”，但贵族院坎特伯雷大主教兰格(Cosmo Gordon Lang)发表“强有力之助华演说”，除巴恩比(Barnby)及森皮尔(Sempill)外，所有人“均袒华，即政府发言人亦未谋迴护掩饰”。[4] 9月15日，王世杰在日记中写到，“英国援华委员会已有30万人要求政府开放滇缅公路”[5]。

英国对滇缅公路实施军火禁运不仅遭到国内部分民众和政要

---

①《郭泰祺致外交部转述英国各报评论电》(1940年7月18日)，台北：“国史馆”藏，国民政府外交部档案，020/011110/009/159。

②《郭泰祺致外交部转述英国各报评论电》(1940年7月19日)，台北：“国史馆”藏，国民政府外交部档案，020/011110/009/183。

③《郭泰祺致驻外交部电》(1940年7月19日)，台北：“国史馆”藏，国民政府外交部档案，020/011110/009/165。

④《郭泰祺致外交部电》(1940年8月2日)，台北：“国史馆”藏，国民政府外交部档案，020/011106/0007/34。

⑤《王世杰日记》第2册，第343页。

的批评，还引起了英国殖民地印度、缅甸以及英联邦国家等国家政要或报纸的批评。印度国大党主席尼赫鲁（Nehru）致电伦敦印度联盟，表达印度对于英国实施滇缅公路禁运的不满，电文称“缅路停运与和平建议，实系出卖中国独立，鼓舞侵略，并违背民主及自由”①。听闻日本对英国提出滇缅公路停运的消息后，缅甸当地报纸也于7月11日发表社论，《新光报》称“中国为一独立国，其政治无论如何腐败，西方皆无干涉之权，依此立场论之，他国干涉中国内政实为一种不公道”②。

正是由于英国封闭滇缅公路遭到了国内外部分民众和政界的质疑甚至反对，英国存在放弃其错误主张的可能，为此，国民政府进行了外交努力。首先，英国封闭滇缅公路后，国民政府向英国政府提出抗议，并施加压力。早在7月13日，当王世杰得知英国准备对日妥协限制滇缅公路运输若干货物后，就于当天以发言人的名义发表谈话，警告英国政府。③ 7月14日，国民党机关报《中央日报》发表社论，“指责英国对日让步之趋向”④。7月15日，王世杰、王宠惠等人在蒋介石住处商议，决定由外交部向英国表示严重抗议，对于缅甸交通“至少应请英政府维持陆交通，不得中断。至于海路，我可声明在一二月暂停军火运输”⑤。7月15日，郭泰祺拜访巴特勒，以中国政府名义面交中国的书面抗议，称“八年来致力

①《郭泰祺致外交部转述尼赫鲁电》（1940年7月24日），台北：“国史馆”藏，国民政府外交部档案，020/011110/009/211。

②《缅文新光报社论（译文）》（1940年7月11日），台北：“国史馆”藏，国民政府外交部档案，020/011110/009/255。

③《王世杰日记》第2册，第307页。

④《王世杰日记》第2册，第308页。

⑤《王世杰日记》第2册，第309页。

增进中、英友谊，所有对我政府报告，总以英国重道义绝不负我为言，此次英方处置，使祺痛惜深于愤懑”①。7 月 19 日，郭泰祺再次拜会巴特勒，对丘吉尔于 7 月 18 日发表的滇缅公路军火禁运声明表示不满，称英国“软弱态度含混，对侵略者与被侵略者无所区别，其引及去岁一月十四日牒文时竟不基于九国公约，而仅及枝节”②。

除了对英国封锁滇缅公路的行为表示强烈的抗议，国民政府还对英国政府晓之以理，希望英国放弃错误的做法。7 月 29 日，郭泰祺拜会巴特勒，称实行滇缅禁运后，“英对远东不但不与美并行，且往往背道而驰，英向后退，美向前进，至深遗憾。缅路让步之结果徒为在日英侨被捕与其要求接受新秩序”③，巴特勒默然接受。国民政府的外交抗议显然给英国政府也带来了一定的外交压力，况且英国也自觉理亏，这对解决滇缅公路危机产生了积极效果。

其次，国民政府还通过舆论宣传对英国施加舆论压力。为促使英国放弃错误做法，国民政府发动了舆论宣传。9 月 26 日，王世杰致电驻英大使郭泰祺，“告以宣传部正发动国内外发动舆论，谋滇缅公路之重开”④。中国政府还向英联邦国家表达了中国对英国的不满。7 月 25 日，外交部驻澳大利亚悉尼总领事馆发表声明，认为“英方举动不独极不友谊，且属违法，无异帮助中国之敌人与侵

---

①《驻英大使郭泰祺致外交部电》(1940 年 7 月 15 日)，秦孝仪主编:《中华民国重要史料初编——对日抗战时期》第 3 编，“战时外交”(2)，第 115 页。

②《郭泰祺致外交部电》(1940 年 7 月 19 日)，台北:“国史馆”藏，国民政府外交部档案，020/011110/009/171。

③《郭泰祺致外交部电》(1940 年 7 月 29 日)，台北:“国史馆”藏，国民政府外交部档案，020/011106/0007/41—42。

④《王世杰日记》第 2 册，第 350 页。

略者,并使在远东拥有重大商业利益澳国共蒙灾害”①。国民政府发动国内外舆论宣传,表达了中国政府的立场和态度,这无疑对英国政府转变态度产生了积极影响。

五、时局转变与滇缅公路危机的解除

解铃还须系铃人,要解除滇缅公路危机,关键要看英国的举措。实际上,英国不顾中方的抗议答应日本实行滇缅公路禁运的要求,也与英国当时面临的严峻局势有密切关系。7 月 10 日开始,德国空军开始攻击英国船只和南部港口,不列颠空战爆发,英国自顾不暇,对日本在远东咄咄逼人的态势,英国采取了息事宁人的做法。据新加坡《自由西报》7 月 18 日社论称:“英国远东政策以欧洲及地中海问题为依归,德意威胁不除,远东永久和平无望。不论日本对英日谈判之态度如何,亦不论中国对滇缅路暂时停运之态度如何,英国决不变更,以全力对德。”②为了全力对付德国,英国倾向于对日妥协。7 月 22 日,与郭泰祺私交甚厚的英国海相与其详谈,称英国本应拒绝日本要求,“嗣因据驻日大使报告日本有作战决心,而美政府复无丝毫援助表示,英海军须以全力应付。地中海、北海自波赛以东无一大战舰,实无力兼顾远东。而澳大利亚南非联邦复主退让,致有此议决,实出不得已,绝无意卖友”③。因此,1940 年 7 月不列颠空战的爆发,显然是英国对日妥协的重要原因。

---

①《外交部驻雪梨总领事馆致电外交部》(1940 年 7 月 25),台北:“国史馆”藏,国民政府外交部档案,020/011110/009/205。

②《新加坡总领事馆总领事高凌百致外交部电》(1940 年 7 月 20 日),台北:“国史馆”藏,国民政府外交部档案,020/011110/0009/186。

③《郭泰祺致外交部电》(1940 年 7 月 23 日),台北:“国史馆”藏,国民政府外交部档案,020/011110/0009/219。

随着时局的发展,英日围绕侨民问题矛盾逐步激化,英国对日本的态度开始趋向于强硬。8 月 2 日,郭泰祺得知日本逮捕英国侨民的消息后,就预言英国民众对此"反感颇烈,日内或有报复行为"[①]。果然很快英国就在伦敦及新加坡等地逮捕日侨。8 月 5 日,王世杰听闻消息后认为此举"显系对日报复,英日关系日趋紧张"[②]。王子壮得知消息后,也认为"英日互捕侨案之发生,反证日本国策之无定而苦闷"[③]。随着时局的变化,英日之间的矛盾难以协调。日本与美国的关系也影响了英日关系。日本外相松冈洋右、首相近卫文麿发表谈话,称美国如果参加欧战,日本必定宣战。美国如果坚持维持东亚现状,日本也将与美国发生武力冲突。[④] 日本政要的此番言论不管是恐吓美国还是虚张声势,都说明日美关系趋于紧张。10 月 8 日,美国决定撤退留在日本、香港、东北、上海及日军在华占领地的美侨,王世杰认为美国此举"显系准备对日为进一步之对抗,形势严重"[⑤]。由于美日关系渐趋紧张,英国对日态度也渐趋强硬。对于英美合作的加强,日本显然无力公开对抗英美两国。因此,在英国决定重开滇缅公路以后,日本政府"竟不敢作激烈共计之言,与日本政府一星期前态度,显然不同"[⑥]。10 月 11 日,王世杰预言,"今后日美关系必日趋严重"[⑦]。

英德战局也影响着滇缅公路危机的走向。1940 年 7 月至 8

---

①《郭泰祺致外交部电》(1940 年 8 月 2 日),台北:"国史馆"藏,国民政府外交部档案,020/011110/0007/34—35。

②《王世杰日记》第 2 册,第 320 页。

③《王子壮日记》第 6 册,第 221 页。

④《王世杰日记》第 2 册,第 356 页。

⑤《王世杰日记》第 2 册,第 358 页。

⑥《王世杰日记》第 2 册,第 359 页。

⑦《王世杰日记》第 2 册,第 360 页。

月，英德交战激烈，战局结果未明。对于英德交战，国民政府十分重视，也密切关注战局演变。8 月 29 日，王子壮认为英德空战中，德国的空军势力强于英国，“但英有美按月三千架之供给，且不受空袭之危险，故是否英人必败，未可逆睹”①。8 月 31 日，英德空军交战激烈，王世杰言：“关心世界文明之前途者，大有陆沉之慨。”②不过，由于英国得到了美国支持，英德战局向有利于英国方向发展。9 月 5 日，王世杰得知英美协定签订后，美国援助英国驱逐舰 50 艘，英国向美国每月购置飞机 700 架，他认为“英国地位，显较一月以前大形强固。此种变化于我之抗战形势亦有利”③。9 月 10 日，驻美大使胡适电告王世杰，美国政府已促使英国政府严重关切滇缅公路，自从英国获得美国 50 艘舰艇后势力有所增强，“惟关键仍在目前英伦大战之结束”④。9 月 23 日，驻英大使郭泰祺拜访巴特勒，探询英美澳在华盛顿开会讨论滇缅公路的情况，“据答美国国务卿此次竟不讳言双方协商，且向报界表示较前此所谓平行动作为一大进步”。郭泰祺又询问英美两国关于远东地区的谈话情况，巴特勒称“英美在情感、道德、政治立场均认独立完整之中国为一大需要，一面不愿欧战演成世界战，同时两国舆情亦反对日本在远东之无穷侵略行为”。郭泰祺遂提出了希望英国重开滇缅公路的要求，巴特勒称英国封锁滇缅公路“不特伤中国之友感，同时且妨害美苏对华共同友邦之援助，乃不获已出此，致受各方责难”。英方虽然没有肯定答复，但对于滇缅公路对中国抗战的重要性也

---

①《王子壮日记》第 6 册，第 242 页。

②《王世杰日记》第 2 册，第 334 页。

③《王世杰日记》第 2 册，第 338 页。

④《王世杰日记》第 2 册，第 340 页。

深以为然。[①]

更为重要的是，随着德日之间关系日益紧密，英国需要改善对华关系。1940年9月28日，德意日公布《德意日三国同盟条约》，美国政府表示了强硬态度，开始对日本实行钢铁禁运，并贷款2 500万美元给中国，王子壮称"世界两大壁垒从此森严，殆将逐步引起世界大战"[②]。因此，《德意日三国同盟条约》的签订对中国则是好消息，蒋介石听闻此消息后认为，"如果此说果确，则我抗战之困难又减少一层，倭寇之失败，当可指日可待"[③]。10月3日，王子壮记载："自三国宣布军事同盟，国际形势顿为改观。如英美关于太平洋之会商，美国除二千五百万元，尚欲继续对我借款，英国即拟开放滇缅路等。盖国际之阵容完成明朗，我立场分明，在东亚为一重要支柱，英美欲牵制日本，不在太平洋上过于猖獗，非于军事上财政上予我以接济不为功。"[④]10月7日，王宠惠在纪念周报告中也称，《德意日三国同盟条约》签订以后，国际形势逐渐明朗，于我抗战有利。[⑤]

由于英日矛盾激化，德意日三国同盟正式形成，国际局势已十分明朗，于是英国决定重开滇缅公路。10月6日，驻英大使郭泰祺电称，丘吉尔面告决定于10月18日恢复滇缅公路交通。[⑥] 10月8日，丘吉尔向英国国会宣告恢复滇缅公路之一切交通。[⑦] 10月18

①《郭泰祺致外交部电》(1940年9月23日)，台北："国史馆"藏，国民政府外交部档案，020/011106/0007/27—28。

②《王子壮日记》第6册，第272页。

③《蒋介石日记》(手稿)，1940年9月27日。

④《王子壮日记》第6册，第277页。

⑤《王子壮日记》第6册，第281页。

⑥《王世杰日记》第2册，第356页。

⑦《王世杰日记》第2册，第358页。

日英国开放滇缅公路，王子壮认为“在英美既已显明与三极权国对立”，美国为维护在东亚的利益实行对日禁运，“英美与日寇已不能再妥协，我利用时机积极反攻，必能在将来之国际上占得极重要之地位也”。①《德意日三国同盟条约》的签订，标志着轴心国集团的形成，客观上促使英国与中国接近，对解决滇缅公路危机极为有利。

滇缅公路危机虽然只持续了3个月，但它发生在中国抗战十分艰难的1940年，对国民政府也是一次极大的考验。滇缅公路危机最后能够得以解决，除了英国自身利益的需要、美国的支持以及《德意日三国同盟条约》的签订等外界因素，与国民政府的坚持也紧密相关。英国对日妥协并答应封锁滇缅公路，虽然对中国是一个沉重的打击，但也并不出乎许多人的意料。蒋介石在滇缅公路危机发生后，已经做了最坏的准备。1940年7月13日，当蒋介石听说英国已允许封闭滇缅公路的消息后，表示“此当在意中，然决不能影响我抗战之意志”②。7月31日，蒋介石记载道：“英国断绝我滇缅公路运输，从此汽油与军用原料来路完全断绝，然我无甚忧虑于此也。”③时为委员长侍从室第六组少将组长的唐纵听闻英国对滇缅公路禁运的消息后，也认为“英日之妥协，早在意料当中”④。为消除危机对民众的负面影响，国民政府在危机期间还积极宣传。7月22日，蒋介石在军事委员会大礼堂举办扩大纪念周讲话，称英国封锁了滇缅公路，引起了许多人的惶恐，但抗战胜利应该由我们

---

①《王子壮日记》第6册，第292页。

②《蒋介石日记》(手稿)，1940年7月21日。

③《蒋介石日记·本月反省录》(手稿)，1940年7月31日。

④ 公安部档案馆编注：《在蒋介石身边八年——侍从室高级幕僚唐纵日记》，北京：群众出版社1991年版，第141—142页。

坚持，只有没有外部援助，才能求得真正的独立与平等，而靠外援获得的胜利未必能获得完全的独立。[①] 蒋介石的讲话意在坚定民众的抗战信心，渡过难关。

虽然滇缅公路危机不出许多人意料，但毕竟给中国抗战带来了巨大困难。1940 年 7 月 30 日，蒋介石记载："自七月起以后之三个月内，实为我抗战最大之难关"，"安南与缅甸交通皆断绝，此后外交、经济、交通，皆必困难益甚"。[②] 黄炎培得知英国封锁滇缅公路的消息后，也认为"时局更严重了"[③]。无独有偶，王子壮也认为英国封锁滇缅公路后，"我国抗战至此，实已达最危困之境"[④]。9 月 29 日，王子壮进一步分析，中国已同日军交战 3 年，"当我与越南交通既已断绝，英人复断我仅余之西南交通线，假使我无相当之储蓄，则战事立濒于危，国本行将动摇"[⑤]。1940 年 7 月，继滇越铁路国际运输中断后不到 1 个月，英国又实施了滇缅公路军火禁运，对中国抗战无异于是雪上加霜，中国处境异常艰难。正因为滇缅公路危机对中国的影响，不仅是物资输入的影响，更是对中国抗战信心、政治的影响[⑥]，它也给战时中英关系带来了负面影响，使中英两国关系趋于疏远。

---

①《王子壮日记》第 6 册，第 204 页。

②《蒋介石日记》（手稿），1940 年 7 月 30 日。

③ 黄炎培著，中国社会科学院近代史研究所整理：《黄炎培日记》第 6 卷，北京：华文出版社 2008 年版，第 310 页。

④《王子壮日记》第 6 册，第 197 页。

⑤《王子壮日记》第 6 册，第 273 页。

⑥ 参见王建朗：《试评太平洋战争爆发前的英美对日妥协倾向——关于"远东慕尼黑"的考察之二》，《抗日战争研究》1998 年第 1 期，第 84 页。

六、滇缅公路重开后中缅关于商运统制的分歧与交涉

1940 年 10 月滇缅公路重新开通以后，鉴于中国已在缅甸积压大量物资，加之随后将有大批物资运往缅甸，中国急需抢运这批物资。国民政府决定在滇缅公路滇段“停止以汽车载运商货，所有我方商有运货汽车由运输机关切实统制”，同时对于在缅段行驶的商车“亦应设法使其供我利用，以增强运输力量”。于是行政院召开了第 488 次会议，通过了所有缅甸商车由中国运输机关包租支配的决议，并由外交部迅速与英国政府接洽。[①] 为此，10 月 31 日，王宠惠就暂停滇缅公路商运一事同英国驻华公使卡尔举行会晤，王宠惠认为重开滇缅公路以后中国政府急需抢运堆积在缅甸的物资，准备租用缅甸所有商运车辆，请英国大使转达英缅政府予以协助，卡尔大使答复乐于协助，以弥补滇缅公路封锁期间中国政府蒙受的损失。[②]

1940 年 11 月 4 日，曾镕浦与缅甸政府商谈，缅甸方面大致同意缅段公路运输进行有秩序的统制，但不同意禁止商运，尤其认为实行 6 个月的商运统制时间过长。[③] 11 月 9 日，曾镕浦致电外交部，称缅甸总督不太赞成停运 6 个月商运的提议，主要理由有三：一是认为西南运输处在 7 月 18 日至 10 月 18 日滇缅公路禁运期间已将物资抢运回国，11 月起已将物资运至目的地路上，允许汽车商

---

① 《行政院训令外交部迅与英方接洽》(1940 年 10 月 30 日)，台北：“国史馆”藏，国民政府外交部档案，020/011110/0013/34。

② 《部长会晤英国卡尔大使谈话纪录》(1940 年 10 月 31 日)，台北：“国史馆”藏，国民政府外交部档案，020/011110/0013/35。

③ 《曾镕浦致外交部电》(1940 年 11 月 4 日)，台北：“国史馆”藏，国民政府外交部档案，020/011110/0013/52。

运不会导致滇缅公路拥挤；二是认为在缅段行驶的西南运输处车辆有500余辆，在中国段西部有卡车200辆，东部有100余辆，允许汽车商运不会影响西南运输处的物资抢运；①三是认为中方迄今为止没有详细的商运统制方案，缅甸方面无法协助中国实行商运统制，加之“禁运消息报端登载已久，各商纷乘未实施前抬价抢雇，影响车运綦重”②。总之，缅甸政府不赞成中国实行禁止缅甸公路商运的理由主要是认为中国没有必要实行商运统制，更多强调中方的原因，而对缅甸的原因则只提及商人问题，对缅甸政府的真实意图避而不谈。

缅甸政府不仅不赞成中国政府实施滇缅公路商车统制，而且对中国实施商车统制的缘由也感到困惑不解。鉴于英国也想知道滇缅公路商运停止的理由以及运输物品的限制种类，英方提议在防止商运拥挤及降低商人损失的具体办法实施以前，暂行延缓商运限制。③ 针对英方的疑问，1940年12月14日，外交部回电应英国驻华大使馆，向英方解释中国实施滇缅公路商运统制的目的，即“尽量利用商车，尽先内运久经积存及将来续到缅甸之大量政府物资，俾应抵抗侵略之需要”，并希望英国大使馆“迅电缅甸政府惠予查照办理”。④

由于缅甸政府对于中国实施缅甸公路商车统制的疑虑颇多，

---

①《曾镕浦致外交部电》（1940年11月9日），台北：“国史馆”藏，国民政府外交部档案，020/011110/0013/61—62。

②《西南运输处处长陈质平致外交部电》（1940年11月26日），台北：“国史馆”藏，国民政府外交部档案，020/011110/0013/67。

③《驻英大使馆致外交部电》（1940年12月11日），台北：“国史馆”藏，国民政府外交部档案，020/011110/0013/80。

④《外交部致英国驻华大使馆电》（1940年12月14日），台北：“国史馆”藏，国民政府外交部档案，020/011110/0013/83。

加之缅甸境内的商人听闻中国将统制滇缅公路商运的消息后，也纷纷向中国驻仰光领事馆询问具体的统制办法，驻仰光总领事馆因“无案可稽，颇感难以置答”[①]。因此，为回答缅方提出的疑问，以便早日实行统制缅甸公路商运办法，12 月 11 日，西南运输处拟定了《包租缅境商车内运政府物资办法》，规定西南运输处统制的缅甸车辆为“凡行驶腊戍畹町段之缅商车辆”，“暂驶至遮放为止”，车辆的“所有商货暂时停运”，原来各机关租用的缅甸商车“移交西南运输处办理”，且从 1940 年 12 月 10 日起开始实行。[②] 通过颁布这一规定，中方租用缅甸商用车辆参与滇缅公路运输，扩大运输力量，以抢运缅甸物资。

为消除缅方的疑虑，以赢得缅方的支持，1940 年 12 月 13 日，西南运输处代主任陈体诚偕同曾镕浦拜会了缅甸上下院英籍议员领袖，议员称禁止缅甸公路商货运输“有碍邦谊，请再考虑”。同日，二人又拜访了缅甸国防部代表考罗，考罗认为实行商货禁运必将影响中缅邦交，为兼顾中缅两国利益，他提出了两点建议：一是缅甸在腊戍组建管制商车机关，除中国自有商车外，每天拨给中国卡车 60 辆；二是卡车运价由缅甸政府规定，命令缅甸商车照此办法，那么中国政府运货吨位可有保证，而不必完全中断商运。考罗希望中国收回禁止商运的命令。对于考罗的提议，二人基本同意，认为“这种办法可以使我政府运输达到预期7 500吨之数，将来尚可增加。倘此次执行禁运不得彼方合作，恐尚难有此效果”。陈体

① 《驻仰光总领事馆致外交部电》(1940 年 12 月 6 日)，台北：“国史馆”藏，国民政府外交部档案，020/011110/0013/73。

② 《包租缅境商车内运政府物资办法》，台北：“国史馆”藏，国民政府外交部档案，020/011110/0013/76。

诚、曾镕浦建议中国商运统制“暂缓执行”①。12 月 15 日，曾镕浦致电外交部，也转达了缅方的意见，称缅甸政府认为暂停商运必将引起重大纠纷，势将伤及中缅感情或影响中英友谊，但为协助中国实现每月7 500吨运量的目标，缅方同意在腊戍设立卡车管理局，担保供给中国卡车 200 辆，每日 60 辆，并降低运价，每吨每英里收费 5.25 安那，商运照旧。曾镕浦认为按照这种办法可实现每月7 500吨的运输目标。②

缅甸政府之所以反对中国停止滇缅公路缅段商运的提议，据曾镕浦分析，主要理由如下：第一，缅甸政府修筑完成缅段公路和开放滇缅公路是以商业为中心，缅甸各界的反对也均出于商业考虑。现在中国提出禁止商运使缅甸政府失去了应有立场，导致反对者有所借口；第二，缅甸、印度、澳大利亚、马来西亚等国商人在中缅商务中都有大量投资，一旦禁止商运，必将带来商业损失，因此商人极力反对；第三，中国政府的进口物资大多由美苏两国生产，禁止商运之后，英商不能营业，而美苏货物仍旧源源不断输入，这会导致缅甸公路不能运输缅甸的商品，而中国的商品却能畅通无阻；第四，缅甸境内由于少部分奸商挑拨离间，发生政治风潮，而汽车业的无知或导致害路举动，这对中国和缅甸都不利。曾镕浦还认为由西南运输处包租缅甸境内商车也使中缅之间产生颇多纠纷。缅甸政府向来赞成中国运输归任何机关统辖，不能造成彼此竞争的局面，但目前商车分运输商品车和受雇车两种，自运商品的车辆在实行禁运之后，必不能受雇于中方。中方雇佣车辆虽号称

① 《驻仰光总领馆领事陈体诚致外交部电》（1940 年 12 月 13 日），台北：“国史馆”藏，国民政府外交部档案，020/011110/0013/85—87。

② 《曾镕浦致外交部电》（1940 年 12 月 14 日），台北：“国史馆”藏，国民政府外交部档案，020/011110/0013/89—90。

有500辆，其中200辆原与西南运输处订有合同，年底期满，西南运输处目前尚无续订合同的表示，其他车辆大多数是零星车辆，由别处迁移过来，他们平时大多感到西南运输处装卸迟缓，往来地点不定，付款也不及时，大多是视运输中国货物为畏途。若实行禁运之后，势必使得西南运输处包租的零星车辆是否够数成为问题。[①] 曾镕浦的分析不无道理。当初缅甸政府积极配合中国修建并开通滇缅公路，最大的原因是考虑到滇缅公路的开通会促进中缅贸易发展，推动缅甸工商业的发展，而对于这条公路对中国抗战的意义，缅甸政府虽能理解，但不可能感同身受。因此，中缅双方对缅甸公路实行商车禁运的提议考虑的重点不同，中方侧重军事价值的考虑，缅方侧重经济利益的考虑，自然中缅双方难免出现争议。

受运输统制局指派，西南运输管理处代主任陈体诚与缅甸参议员考罗谈判多次，请求他协助。得知军事委员会运输统制局要求在两三个月内每月需由腊戍运往遮放、芒市物资的数量为7 500吨的消息后，考罗认为滇缅公路的承载力与车辆运力都远超出每月7 500吨以上，如果中国不禁止商货入境，西南运输处将装卸和付款方式加以改良，缅甸政府可以专门设立卡车管理局，担保每月雇给西南运输处的卡车达到200辆，连同自有车辆可实现超过7 500吨运量的目标。同时，考罗同意厘定车价，按每英吨每英里标准支付给西南运输处。曾镕浦也同意考罗的提议，他认为这一提议既可以达到每月7 500吨运量的目的，又可以免除国际纠纷。曾镕浦进一步认为现在中国正在进行全面抗战，沿海各港都被封锁，运输十分困难，滇缅公路更加重要，尤其是现在"国内物价腾涨，若禁入

---

①《曾镕浦致外交部电》(1940年12月15日)，台北："国史馆"藏，国民政府外交部档案，020/011110/0013/91—95。

口之商运，物价更将上涨。如果运输统制局目的既达之后，亦许商货内运，使国家人民同享精神安慰线之好处”。鉴于行政院已通过了所有缅甸商车由中国运输机关包租支配的决议，院令一时难以收回，曾镕浦建议只要中方进行解释，“谓商货由国外备有车辆直运目的地，无须国内商车为之接运者不在禁止之列”①，这样就可免去收回成命的困难。此外，曾镕浦也得知缅甸在3个月内领有入境执照的卡车总数有1 200余辆，其中华生公司的300辆、华侨许善明的100辆以及竹朋的100辆已与西南运输处签订合同，2个月以后陆续可以行驶。曾镕浦认为这些缅甸车辆都可以为我所用，听说国内政府所订运价为每吨每公里国币2.06元，而缅甸车辆运价为每英吨每英里5.25安那，缅境车价不到国境车价一半。如果中国规定这些车辆禁运商品，车商也不敢增加车辆。② 总之，曾镕浦同意缅甸参议员考罗的建议，认为缅甸政府可以专门设立卡车管理局，担保每月向西南运输处提供雇佣卡车200辆，同时厘定车价。

在得到缅方的答复和曾镕浦的分析后，1940年12月21日，军事委员会运输统制局开会商讨此事，并议决如下：第一，为增加运量起见，由缅方在腊戍每日拨付中国车辆数量增至120辆；第二，以中国政府规定的商品为准开放商运；第三，缅甸车辆行驶至畹町、遮放或芒市为止。③ 运输统制局通过这三项议决以期改善滇缅

---

①《曾镕浦致外交部电》(1940年12月15日)，台北：“国史馆”藏，国民政府外交部档案，020/011110/0013/95—100。

②《曾镕浦致外交部电》(1940年12月15日)，台北：“国史馆”藏，国民政府外交部档案，020/011110/0013/101—102。

③《军事委员会运输统制局致曾镕浦电》(1940年12月22日)，台北：“国史馆”藏，国民政府外交部档案，020/011110/0013/108。

公路商运办法，行政院也认为这三项“意见尚属可行”，并于12月17日电告外交部“迅与缅方进行商议”。① 至于第二项规定中所提到的开放商运后以运输中国政府规定的商品为准，中国政府准予进口的商品计14种，包括米谷、小麦、杂粮、棉花、棉织品、钢铁五金器材、机器工具、交通器材及配件、通讯器材及配件、水泥、汽油等油制品、医药用品及医疗器械、化学原料、农药、食盐、酒精、麻袋等，另外再加上教育文化必需品。②

为加速滇缅公路运输统制问题的解决，1941年1月23日，交通部部长张嘉璈与缅甸代表团代表考罗围绕限制运输商品种类、设立检查站、成立中缅联合委员会、运价等问题进行了会谈。具体而言，双方在限制运输商品种类的问题上达成一致，考罗赞同中方禁运奢侈品及不必要之商品的做法，但双方在设立检查站、成立中缅联合委员会、运价等问题上存在异议，一是考罗对中国设立检查站以防止私运的提议表示异议，他认为路上检查愈多，交通愈慢，对中国似乎不利；二是考罗认为成立中缅联合委员会以处理边境运输问题需要相当时间，而且缅甸方面缺乏公路运输人才，张嘉璈称成立中缅联合委员会的事情可以暂缓考虑，所有重要事项由外交部次长曾镕浦随时与缅甸商洽进行；三是考罗认为中国雇佣缅车行驶至芒市为止，每吨货物每英里收费5.5安那，但由于卡车及零部件价格上涨，请求中国提高运费。张嘉璈认为原来缅车运费为5.25安那，现在已提高至5.5安那，本无加价之理由，“但中国政府在合理之环境下允予考虑增加运费，但盼缅车能行至保山，而且

① 《行政院致外交部电》(1940年12月27日)，台北：“国史馆”藏，国民政府外交部档案，020/011110/0013/111。

② 《运输统制局致外交部电》(1941年1月4日)，台北：“国史馆”藏，国民政府外交部档案，020/011110/0013/136。

自芒市至保山之一段我方准备随时提高运费”①。

纵观中缅双方围绕缅段公路商运统制问题的交涉，虽然双方有所分歧，但由于中缅关系还算和谐，这些分歧也不难解决。就中缅关系而言，据外交部驻仰光领事馆总领事梁长培观察，在 1940 年 2 月前，缅甸政府“尚无十分不利于我抗战之趋势”，“政府中上自总督下至各部秘书均一致援助我方，对我之要求亦愿极力设法促其实现”。② 在滇缅公路未通车前，缅甸政要并未反对滇缅公路的修建，一般普通民众对此也漠不关心。不过，由于滇缅公路的开通支持了中国抗战，对日本不利，为阻止滇缅公路运输，日本人在缅甸散布谬论，以激起缅甸民众对英国政府的不满，挑拨中英关系。尤其是日本前任驻仰光领事公开发表谈话，大肆造谣，蛊惑人心。他认为滇缅公路通车全系英国支持中国抗战，便于运输军火。日本对于缅甸向来友好，但由于中国军火运输关系，日机不得不实施轰炸，缅甸政府因此遭到损失，这是英国导致缅甸遭到损失，不是日本有意破坏日缅关系。日本领事的谈话造成了很大的负面影响，甚至有人要求缅甸政府禁止中国运输军火过境。鉴于前任日本驻仰光领事的谈话对中国抗战极为不利，缅甸英文报纸《仰光公报》著文驳斥日本领事谈话，梁长培也“一面驳斥，一面请求当地政府对日领事前项谈话应加取缔，同时由代我宣传之理骂日报著论详为批驳，人心渐就安定”③。因此，中英围绕滇缅公路商运统制的

① 《三十年一月二十三日上午十时交通部在新村四号与缅甸代表团谈话计划》，台北："国史馆"藏，国民政府外交部档案，020/011110/0013/153—154。

② 《缅甸现状报告》（1940 年 2 月），台北："国史馆"藏，国民政府外交部档案，020/011110/0018/55。

③ 《缅甸现状报告》（1940 年 2 月），台北："国史馆"藏，国民政府外交部档案，020/011110/0006/60。

一系列交涉，由于掺杂日本以及中英双方的利益冲突，波折不断。由于中英对滇缅公路问题的共识大于分歧，两国之间的矛盾最终得以解决，这也在一定程度上支持了中国抗战。

第二节 滇缅铁路与中英交涉

修建滇缅铁路的提议由来已久。早在清末，英国政府就试图修建从缅甸到中国云南的铁路，但由于云南绅商各界的反对及清政府的抵制，英国未能获得滇缅铁路的修筑权。进入民国以后，由于政局动荡、云南地处西南边陲、财力有限等，直到 1937 年，滇缅铁路并未动工修建。[①] 1937 年全面抗战爆发以后，为加强西南大后方的对外联系，国民政府在修建滇缅公路的同时，决心修建滇缅铁路。由于滇缅铁路主要涉及缅段铁路和中缅界务问题，1938 年至 1941 年，国民政府围绕这两个问题与英国和缅甸政府进行了交涉。经过国民政府的外交努力，这些问题陆续得到解决，促成了滇缅铁路的开工修建。虽然滇缅铁路最后因国际局势的变化半途而废，并未对中国抗战产生实际的影响，但中英围绕滇缅铁路问题的交涉既是国民政府战时外交的组成部分，也是战时国际交通建设的组成部分，具有重要的研究意义。

一、中国修建缅段铁路的提议与英国和缅甸政府的疑虑

滇缅铁路分为滇段和缅段，为促成缅段的建成，早日与滇段衔接，从而实现滇缅铁路全线通车，国民政府积极与英缅交涉。由于缅甸属于英国殖民地，滇缅铁路缅段的修建首先需要得到英国政

① 参见朱昭华：《不同历史时期的中缅铁路议案》，《东南亚研究》2007 年第 2 期。

府的支持。1938 年 7 月 2 日，交通部部长张嘉璈致电外交部，希望外交部迅速与英国大使馆接洽，“转商缅甸政府将腊戍至中缅边境一段铁路即日动工兴修，俾早衔接”①。7 月 6 日，驻英大使郭泰祺拜访英国外交副大臣贾德干，贾德干称英国就缅段铁路修建问题，“已与缅甸政府商洽”，英国外交部也“极为赞成”。② 7 月 14 日，交通部再次致电外交部驻汉口办事处，让外交部转告英方，希望英国在 1939 年 10 月前完成缅段铁路铺轨，以便运输筑路材料。③ 国民政府与英国积极主动交涉，表明了中国修建滇缅铁路的急切心理。

对于中国政府提出的修建滇缅铁路缅段的请求，英国政府也十分重视。由于滇缅铁路问题涉及政治、经济、外交等多重因素，1938 年 9 月 18 日，英国政府专门开会讨论了这一问题，出席会议的代表来自缅甸事务部、陆军部、空军部、外交部、印度和缅甸事务部、出口信用局和财政部。综合各方意见，会议主席李滋-罗斯(Erederick Leith-Ross)指出，英国在发展与中国的交通时，不应该有太多的反对意见。他进一步认为，如果中国人知道英国政府出于战略原因而反对修建滇缅铁路，政治效果可能会非常糟糕。最后，李滋罗斯总结道：“从政治和经济角度看，改善中缅之间的交通似乎是可取的。”④

会议结束后，英国相关部门进行交涉，继续商讨是否修建缅段

---

①《张嘉璈致外交部电》(1938 年 7 月 2 日)，台北：“国史馆”藏，国民政府外交部档案，020/011110/0022/24。

②《郭泰祺致外交部驻汉口办事处电》(1938 年 7 月 6 日)，台北：“国史馆”藏，国民政府外交部档案，020/011110/0022/29。

③《交通部致外交部驻汉口办事处电》(1938 年 7 月 14 日)，台北：“国史馆”藏，国民政府外交部档案，020/011110/0022/32—33。

④ Burma Yunan Railway Note of meeting held in the Treasury Library (12th Sep, 1938), FO. 371/22135, F10032/279/10.

铁路事宜。1938 年 9 月 26 日，陆军部威多斯（A. E. Widdows）致电缅甸事务部，称陆军委员会认为修建缅段铁路的提议“需要在财政、商业和技术方面进一步调查，才能从纯粹的经济角度作出任何有用的决定”①，至于其战略价值，应该提交给国防委员会的参谋长小组委员会讨论决定。9 月 30 日，缅甸事务部蒙蒂斯（D. T. Monteath）回电也称：“陆军部和空军部应该向缅甸事务部提供他们关于滇缅铁路项目战略方面的共同看法。我们认识到，如果这两个部门不能达成一致意见，这个问题就必须提交给参谋长小组委员会。”②由于修建缅段铁路的最终决定权属于国防委员会参谋长小组会议，因此，参谋长小组会议的意见至关重要。10 月 26 日，参谋长小组会议经过研讨后得出结论：从战略角度看，修建滇缅铁路对英国有利，主要原因是“万一英日两国之间发生战争，通过缅甸通往华南的铁路交通，可以使我们用战争物资来支援中国军队的对日作战。中国部分的转移可以帮助我们遏制日军”。因此，“无论在任何情况下，参谋长小组委员会出于战略考虑，赞成修建滇缅铁路”③。10 月 29 日，英国驻日大使克莱琪密电英国驻上海领事馆，也认为，“通过扩大英国在中国重要的西南省份的影响，可以在某种程度上弥补我们在中国东部影响的不足，并为我们提供与日本抗衡的杠杆。无论滇缅铁路计划的经济价值如何，它的政治优势都是显而易见的”。克莱琪进而认为，“如果我们正在为未来而建设，并为整个中国继续提供具体的鼓励，那么面对日本的不满情绪是值得

① Telegram from A. E. Widdows(26th Sep,1938),FO. 371/22135,F10184/279/10.

② Telegram from D. T. Monteath(30th Sep,1938),FO. 371/22135,F10650/279/10.

③ Telegram from Offices of the Cabinet and Committee of ImperiaI Defence(26th Oct, 1938),FO. 371/22135,F11470/279/10.

的"①。从英国的内部讨论情况来看，英国意识到了滇缅铁路在维护英国在华利益方面具有积极的战略意义，参谋长小组会议支持修建缅段铁路。

缅段铁路的建成，除了需要得到英国支持，也需要缅甸政府的配合和支持。1939 年 11 月，在英国在华铁路投资公司工作的澳大利亚人莫理循向英国外交部递交了一份滇缅铁路报告，报告中写道：修建缅段铁路的一个巨大障碍是"缅甸人民的态度，特别是由于给予了一种有限形式的自治，使他们在一定程度上控制了自己命运"②。1937 年，英国颁布了一套关于缅甸统治的宪法，即缅甸具有一定的自治权，缅甸政府控制本国内政，因此缅甸政府的态度对缅段铁路的建成也十分重要。但缅甸政府对修建缅段铁路却顾虑重重。简单而言，缅甸政府修建缅段铁路的顾虑主要包括宪法因素、防御考虑、种族歧视与恐惧、金融与商业考虑、国内"公路修建"等多种因素。③ 具体而言，主要顾虑有以下三方面：

首先，担心滇缅铁路修通以后大量华人移民缅甸，从而影响缅甸当地民众的生计。缅甸政府认为，滇缅铁路的修建有利于移民，"缅甸政府有权在其认为合适的情况下立法，以控制和制止来自中国的移民，这使得缅甸对缅甸与中国内地之间的铁路联运可能带来的移民风险采取了更为合理的态度"④。1939 年 8 月 21 日，缅甸总督参议考罗与国民政府外交部次长曾镕浦会谈时，就担心滇缅

---

① Telegram from Sir R. Craigie(29th Oct，1938)，FO. 371/22136，F12146/279/10.

② The Burma Railway(December，1939)，FO. 676/415/56.

③ Government of Burma's attitude to The Kunming-Lashio Railway project(February，1940)，FO. 676/448/1—9.

④ Government of Burma's attitude to The Kunming-Lashio Railway project(February，1940)，FO. 676/448/3—4.

铁路接轨后，或可造成大批华人涌入缅甸。[①] 1941 年 5 月，英国驻华公使卡尔也电称，缅甸政府在考虑滇缅铁路问题时，“将首先考虑他们对缅甸和缅甸人民利益的影响，他们充分意识到，有必要消除该国免受因开放交通而带来的潜在危险”[②]。缅甸政府对铁路建成后中国人移民缅甸心存不安，这抑制了缅甸政府修建缅段铁路的积极性。

其次，对缅段铁路的经济价值表示疑虑。缅甸政府认为，由于缅甸境内多山，而滇西“商业前景很渺茫，甚至没有商业前景，它由一座座又一座的山脉组成，人口稀少，人民极度贫困”[③]，这条铁路的商业价值并不大。据缅甸缅中联合小组委员会报告，1940 年缅段铁路的建设成本估计为 1 875 000 英镑，随着成本的上升，到 1941 年 1 月，修建成本将不低于 250 万英镑。不仅缅段铁路筑路成本高昂，筑路材料也十分缺乏。[④] 1939 年 5 月 10 日，缅甸总督柯克南（Archibald Douglas Cochrane）与张嘉璈会谈时，柯克南甚至直截了当地说：“此铁路无任何经济价值，如无伦敦援助，缅甸政府无此财力。”[⑤]由于担心铁路的经济价值不大，缅甸政府修建缅段铁路问题的顾虑加深。

第三，日本在缅甸的恶意宣传。全面抗战爆发以后，为阻止缅

---

① 《曾镕浦致外交部呈文》（1939 年 9 月 3 日），台北：“国史馆”藏，国民政府外交部档案，020/011110/0022/177。

② Telegram from Sir A. Clark Kerr(March,1941),FO. 371/27611,F/1888/29/10/3—4.

③ Government of Burma's attitude to The Kunming-Lashio Railway project(February, 1940),FO. 676/448/4—6.

④ Sub-commtttiee on burima-china communications report(6th Jan, 1941), FO. 371/27610/12.

⑤ 姚崧龄编著：《张公权先生年谱初稿》上册，台北：传记文学出版社 1982 年版，第 220 页。

甸支持中国，日本煽动缅甸民众反对中国，离间中缅两国关系。国民政府驻仰光总领事梁长培在报告中就指出，全面抗战爆发后，日本人“在缅之活动益为活跃”，日本在缅甸积极宣传，“对我抗战军事常有违背事实之叙述”。[①] 日本在缅甸的活动虽难以左右缅甸对华政策，但也造成了一定的负面影响。1939 年 5 月 10 日，缅甸总督柯克南也告知张嘉璈，日本在缅甸进行恶意宣传，“甚谓如英国帮助中国建筑铁路，缅甸将遭轰炸。有谓铁路建成，中国将有大量移民入缅剥夺缅民生计”[②]。日本在缅甸的挑拨也加重了缅甸政府修建缅段铁路的顾虑。

客观而论，缅甸政府的部分顾虑也不无道理，毕竟缅甸处在中印大国之间，有一种不安全感。莫理循也认为，缅甸人认为他们“处在印度与中国之间，每个国家都代表着一个遥远的文明和包含着数以亿计的人口”[③]。缅甸因为国力弱小，担心铁路建成后中国移民大量迁入。实际上，在滇缅公路修建过程中，缅甸民众也曾担心公路修通后大量华人移民缅甸，“事经缅政府发表公告，认为不足忧虑”，后来张嘉璈也在缅甸发表书面谈话，表示中国西南建设需要大量人手，“在最近数年决不致有移民来缅之事”。经过中方的积极宣传，“故缅人此种忧虑，又可冰释”[④]。随着滇缅铁路开工，缅甸政府担心“若再有铁路，际此中国人群趋西南之时，将来盈千

① 《前任代理驻仰光总领事梁长培呈送缅甸现状报告》，台北：“国史馆”藏，国民政府外交部档案，020/011110/0018/63。

② 张嘉璈著，杨湘年译：《中国铁道建设》，第 184 页。

③ The Burma Railway(December，1939)，FO. 676/415/56.

④ 《前任代理驻仰光总领事梁长培呈送缅甸现状报告》，台北：“国史馆”藏，国民政府外交部档案，020/011110/0018/60。

累百迁徙入缅，缅人生计必受压迫”[①]。此外，修建缅段铁路需要大量投资，筹措巨额资金也确属不易。1941年1月4日，交通部路政司司长杨承训也称：“缅方一段内约需建筑费一百五十余万镑，缅甸政府以财政困难，盼望我方在战时及战后担负此项费之息金。”[②]缅甸政府的种种顾虑，使得他们在缅段铁路的修建问题上裹足不前。

为消除缅甸政府的顾虑，国民政府进行了积极的交涉。针对缅甸政府对修路建成后或有大量中国移民的疑虑，国民政府向缅甸政府作出了解释。1939年5月12日，张嘉璈向缅甸国务总理宇普(U. Pu)解释，称中国云南人口稀少，况且中国当前正在大力推进各项建设事业，云南已经人工短缺，“对于增加移民一点，请其不必顾虑”[③]。为消除缅甸民众的误解，外交部次长曾镕浦建议中国应加强对缅甸人民的宣传工作。5月20日，曾镕浦致电外交部次长徐谟，称鉴于“缅人朝野莫不反对”修建滇缅铁路，为顺利推行滇缅铁路建设，中国“似宜于目下选派贤能，宽养经费，使之驻居缅甸，专向缅之社会人民尽量宣传，以坚定信仰”。曾镕浦进一步认为：“英人之助我者非有爱于我也，更国策如是也。缅人之反对我者，非有恐余我也，感于自身利益受害之忧也。”[④]曾镕浦认为中国当务之急是派人赴缅甸宣传中方政策，承诺滇缅铁路的修建不会

① 《曾镕浦致外交部函》(1939年5月20日)，台北：“国史馆”藏，国民政府外交部档案，020/011110/0022/124。

② 《筹组会商中缅间各种悬案代表团谈话纪录》(1941年1月4日)，台北：“国史馆”藏，国民政府外交部档案，020/011110/0021/120。

③ 姚崧龄编著：《张公权先生年谱初稿》上册，第221页。

④ 《曾镕浦致徐谟电》(1939年5月20日)，台北：“国史馆”藏，国民政府外交部档案，020/011110/0022/101—104。

损害缅甸民众的利益，从而赢得缅甸民众的支持和配合。

为打消缅甸政府对铁路价值的顾虑，1941 年 1 月 17 日，张嘉璈向考罗参议表示，修建滇缅铁路除经济价值外，“尚有重大之政治意义，势在必筑”①。1 月 23 日，经济部部长翁文灏也告知考罗，滇缅铁路建成后，可便利矿石货运和客运，云南的桐油丝茶业也发展迅速，经济情景当无问题。② 翁文灏的言外之意是缅方根本不用担心滇缅铁路的经济价值。国民政府对缅甸政府所做的解释和说明，对于消除缅甸政府修建铁路的顾虑不无积极意义。

二、日本觊觎缅甸与英国同意修建缅段铁路

缅甸虽然是英国的殖民地，但日本对缅甸觊觎已久。在 1937 年 4 月 1 日缅甸脱离英属印度前，日本“为促进两国国民之间的友好交流，同时考虑到构建未来两国的友好关系”，召集了有影响力的缅甸政治家、实业家、新闻记者，以及部分在缅日本人，牵头商议成立了日缅协会（Burma-Japan society）。在曾留学日本、仍在日本活动的缅甸人中，选出具有一定社会、经济地位的人士共约 29 人，作为日缅协会内部的工作人员，于 1936 年 9 月商讨制订日缅协会组织架构的具体方案。③ 日缅协会 1936 年成立后，积极在缅甸活动，扩大日本在缅甸的影响。1939 年 7 月，日缅协会会长冈村访问缅甸，其活动行程如下表所示：

---

①《卅年一月十七日下午五时半交通部与缅甸代表团在该部第二次谈话计划》，台北：“国史馆”藏，国民政府外交部档案，020/011110/0021/136。

②《三十年一月二十三日下午五时交通部与缅甸代表团在新村四号谈话计划》，台北：“国史馆”藏，国民政府外交部档案，020/011110/0021/137。

③ JACAR（アジア歴史資料センター）Ref. B04012369100、各国ニ於ケル協会及文化団体関係雑件/英国ノ部（属領地ヲ含ム）第二巻

表 6－1　日缅协会会长冈村访问缅甸活动内容表(1939 年 7 月至 8 月)

日期	地点	活动内容
7 月 11 日	仰光	拜访领事馆、当地有名的日侨、缅甸议会上议院议长以及内阁总书记。
7 月 27 日	仰光	参观仰光近郊的精米所、陶瓷器工厂、国民学校及其他公共设施,收集文化教育方面的政府发行刊物及相关资料。
7 月 28 日	仰光、曼德勒、冒苗	自仰光出发,乘坐火车,经曼德勒前往冒苗,视察曼德勒,并在冒苗听取当地日侨的土地情况。
8 月 1 日	仰光	拜会政府首相及下属官员。
8 月 13 日	仰光	举办茶会,招待留学日本的缅甸人及留学人士的家属。
8 月 19 日	仰光	于东方俱乐部举办晚宴,招待现任内阁官员、次长级别官员及司法方面的缅甸人高级官员共计 39 人。
8 月 20 日	仰光	于东方俱乐部举办午宴,招待前任内阁官僚等有影响力的缅甸人共计 30 人。

资料来源:JACAR(アジア歴史資料センター)Ref. B04012378600、本邦ニ於ケル協会及文化团体関係雑件　第四巻

日缅协会代表与缅甸高层和社会名流举行会晤,视察缅甸各地,搜集情报,竭力扩大日本对缅甸的影响。日缅协会在其 1939 年的汇报中也称:"在缅期间,注重收集缅甸文化相关的研究资料,开展了视察,达成了访问缅甸的使命。"①

除日缅协会外,日本驻仰光领事馆也派员在缅甸积极活动。在卢沟桥事变爆发以前,领事馆人员就"因缅甸贸易会谈、缅甸独立等

① JACAR(アジア歴史資料センター)Ref. B04012378600、本邦ニ於ケル協会及文化团体関係雑件　第四巻

诸多问题,需要收集及协调诸多资料,非常繁忙”。卢沟桥事变爆发后,日本缅甸领事馆“精力多倾注于对抗宣传及舆论引导”。由于领事馆人数有所增加,1938 年 7 月,日本驻仰光领事馆向外务省“决定再次申请旅行事宜”①,决定派员以旅行为名深入调查缅甸情况。

为扩大日本在缅甸的影响,日本还派员与缅甸德钦党频频接触。1939 年 12 月起至 1940 年 1 月,日本驻仰光领事馆领事久我成美采访了德钦党首领德钦吞欧(Thakin Tun Ok)和德钦党组织部长、外交部长兼义勇军司令德钦拉培(Thakin Hla Hpay)。1940 年 1 月至 2 月,久我成美采访了德钦党正统派长老德钦哥都迈(Thakin Kodaw Hmaing)及副首领德钦拉茂(Thakin Lay Maung)。通过采访得知他们的意见大同小异,即缅甸“只有脱离英国的限制,成为独立国家。为达到此目的,不得不依赖于其他强国的援助,目前除了依靠日本之外别无他法”②。日本积极与倡导缅甸独立的德钦党联系,寻找日本在缅甸的代理人。

随着时局的发展,日本还密谋计划支持缅甸独立。1940 年 9 月 12 日,陆军部、参谋总部、军令部、外务省代表在外务省举行会议,商讨支持缅甸独立问题,会议一致认为:“援助缅甸独立事宜原则上是适当的。”日本支持缅甸独立的真正目的是企图取代英国在缅甸的统治地位。日方认为:“作为牵制英国,谋划相关举措的地点,缅甸在诸多方面都是最佳地点”,“缅甸亲日排英气氛浓厚,在

---

① 『亜南/(21)在蘭貢領事館』、JACAR(アジア歴史資料センター)Ref. B14091192200、本省並在外公館員出張関係雑件　第一巻(M－2－2－0－1_001)(外務省外交史料館)

② 『緬甸「タキン」党ノ現状』、JACAR(アジア歴史資料センター)Ref. B02032215500、英国内政関係雑纂/属領関係/緬甸関係/分離運動(A－6－6－0－1_1_7_1)(外務省外交史料館)

缅甸掀起独立运动并成功是必要的”。[①] 日本计划通过支持缅甸独立,“推翻亲英派内阁,成立亲日内阁”[②],具体举措之一就是任命亲日的吴巴拜为新内阁长官,为呼应新内阁的成立,引导大众舆论,动员僧侣,以统一共识。太平洋战争爆发前,日本向缅甸渗透,阴谋筹划缅甸独立,无疑侵蚀了英国在缅甸的利益。

实际上,日本在缅甸的渗透也是日本“南进”战略的一部分。1940年7月,日本正式确立了“南进”战略,并于9月武力进驻印度支那北部,迈出了南进的第一步。日本的“南进”战略,激怒了英美,英国于1940年10月重开滇缅公路。[③] 滇缅公路危机结束后,英国对滇缅铁路问题的态度也更为积极。1940年12月30日,英国驻日大使克莱琪致电驻华公使卡尔,称:“就铁路建设鼓励蒋介石继续抵抗日本而言,它可能会阻止日本的南进运动。因此,我希望我们可以在这方面帮助中国。”[④]1941年1月30日,英国远东委员会审议了滇缅铁路问题,委员会也认为,“从政治角度来看,人们一致认为这条铁路是非常可取的。从战略上讲,必须使日本人最大限度地陷入中国战场,而对中国要求我们支持铁路建设的要求作出积极回应,将给中国人以非常必要的道义鼓励”[⑤]。

---

① 『ビルマ独立援助ニ関スル件(調書)』、JACAR(アジア歴史資料センター)Ref. B02032946200、大東亜戦争関係一件/緬甸問題/緬甸独立ト日緬同盟条約締結関係(A-7-0-0-9_39_2)(外務省外交史料館)

② 『ビルマ独立援助ニ関スル件(調書)』、JACAR(アジア歴史資料センター)Ref. B02032946200、大東亜戦争関係一件/緬甸問題/緬甸独立ト日緬同盟条約締結関係(A-7-0-0-9_39_2)(外務省外交史料館)

③ 参见军事科学院军事历史研究部:《第二次世界大战史》第2卷,第507—526页。

④ Telegram from Sir R. Craigie(30th Dec,1940),FO. 371/27610,F5645/4/10.

⑤ Burma-Yunnan Railway Project (30th Jan, 1941),FO. 371/27610,F468/29/10.

基于修建滇缅铁路有助于抵制日本南进的考虑，英国答应提供缅段铁路的修建资金。1941 年 2 月 14 日，英国政务次长巴特勒告诉郭泰祺，英国政府已议决拨款修筑自腊戍至边境的一段铁路。① 3 月，英国大使馆财政顾问贺尔-弼兹（又译霍伯器，E. L. Hall-Patch）也向滇缅铁路督办公署督办曾养甫表示，英国政府已决定拨款 200 万英镑修建缅甸境内腊戍至边境段铁路，希望“我国同时并进，早日筑通”②。

由于英国已经答应出资修建缅段铁路，中国也表示愿意协助缅甸政府修建缅段铁路。1941 年 2 月 17 日，外交部致英国驻华大使馆照会，称为解决缅段铁路材料问题，中方将存放在仰光的 132 公里的钢轨用作修筑缅段铁路，并提议经由滇缅铁路工程处与缅甸铁路公司洽谈钢轨的移交办法。在必要时，中国政府可将现存在香港的桥梁钢料让给英国政府或缅甸政府应用。鉴于缅甸缺乏铁路技术人员，国民政府同意“将中国之干线工程师借给缅方，由一中国主任直接领导，与缅甸总工程师协同工作”③。3 月 6 日，外交部正式致函英国驻华大使馆，称中国政府拟在条件允许范围内将现存仰光的 132 公里的钢轨用作修筑缅段铁路，并且中国政府可将现存香港的桥梁、钢料让与英国政府或缅甸政府使用。④ 虽然中国政府借与缅甸当局修建缅段铁路的钢轨存在“大小不一，且锈

---

①《郭泰祺致外交部电》（1941 年 2 月 14 日），台北：“国史馆”藏，国民政府外交部档案，020/011110/0021/205。

② 宓汝成编：《中华民国铁路史资料（1912—1949）》，第 829 页。

③《外交部致英国驻华大使馆照会》（1941 年 2 月 17 日），台北：“国史馆”藏，国民政府外交部档案，020/011110/0021/187—188。

④《外交部致英国大使馆节略》（1941 年 3 月 6 日），台北：“国史馆”藏，国民政府外交部档案，020/011110/0021/230—231。

蚀甚钜”等问题，但毕竟解决了缅甸修建铁路筑路材料不足的问题。因此，英国表示会督促缅甸总督，在尽可能范围内“利用此项钢轨，俾此工程，不致因缺乏材料，而致稽延”①。

由于英国政府已同意拨款修建缅段铁路，加之中国表示会在筑路材料和技术力量等方面提供支持，缅甸政府修建缅段铁路的部分顾虑得以消除。1941 年 4 月 1 日，缅甸铁路委员会开会，缅籍委员对修建滇缅铁路计划“一致表示满意”②。4 月 3 日，缅甸众议院开会商讨缅甸铁路的修建问题，虽然缅甸劳工代表坚决反对，但大多数代表还是赞成，英方代表考罗认为修建滇缅铁路“对缅商业大有裨益，绝无招侮之虞”③。经过国民政府的外交努力，缅甸政府修建缅段铁路的顾虑基本消除。

三、中缅界务问题与滇段筑路方案的调整

出于抵制日本南进、维护英国在远东利益的考虑，英国同意出资修建缅段铁路，解除了修建滇缅铁路的一大外交障碍。不过，修建滇缅铁路还涉及中缅南段未定界务问题，这一问题更为棘手。英国驻美大使哈利法克斯称：“与缅甸公路不同，铁路将通过无界区域，并且出于实际原因，例如移民控制和线路的军事保护，在铁路运行之前有必要解决边界问题。”④实际上，中缅南段界务问题由

① 《英国驻华大使馆致外交部函》(1941 年 6 月 12 日)，台北：“国史馆”藏，国民政府外交部档案，020/011110/0021/299—300。

② 《驻仰光总领事馆致外交部电》(1941 年 4 月 5 日)，台北：“国史馆”藏，国民政府外交部档案，020/011110/0021/273。

③ 《缅议会对修建滇缅铁路之争执与我方之策动》(1941 年 4 月 26 日)，台北：“国史馆”藏，国民政府外交部档案，020/011110/0021/284。

④ Telegram from Viscount Halifax (16th Mar, 1941), FO. 371/27611, F1477/29/10.

来已久，早在1894年清政府便与英国签订了《滇缅界约》，随后又对其进行修订，前后条约中关于滇缅南段界务的条款完全相同，规定英国所属琐麦与中国所属孟定的分界线以萨尔温江及湄江支流为界限，将耿马、猛董和猛角划归中国。1899年冬至1900年春，中英会同进行了中缅勘界，英方所划定分界线为红线，中方所划分界线为黄线。由于英方所划定的红线使得中国丧失大片领土，在中方的要求下，英方后来又拟定了分界线以做出让步，这条分界线称为绿线，中方也拟定了相应的分界线请求办理，称为蓝线。不料英方推翻了绿线分界线的提议，坚持按照先前的红线作为分界线。由于英方的反悔，中英双方争执不下，中缅界务问题悬而未决。中英双方约定在红黄两线区域中双方不得干预地方事务。到1933年冬天，缅甸政府派人勘查班洪(Pang Hung)西至炉房(Lufang)的矿产，中方认为炉房在中缅未定边界区域附近，两国应先将此段界务问题解决，英方表示同意，于是中英双方于1935年4月9日订立了《滇缅南界会勘委员会任务大纲换文及附加谅解》，此后双方派人分别于1936年和1937年勘查边界，1937年4月勘查完毕后，滇缅南界会勘委员会撰述了总报告书并分别报告两国政府。这份报告书将中缅分界线分成天然线和政治线，将二者等同看待，因此仍旧存在错误，中缅界务问题仍未解决。[①] 中缅界务问题成了中英两国的悬案。

中缅南段界务问题悬而未决，影响了滇缅铁路的修建。1938年12月，滇缅铁路滇段开工后，为便于运输材料，交通部准备修建一条辅助公路，即苏达至滚弄的公路。但这段公路经过中缅未定

---

① 《滇缅南段未定界节略》，台北："国史馆"藏，国民政府外交部档案，020/011109/0078/101—104。

国界，中国需要与英方进行交涉。1939年3月，滇缅铁路工程局副局长张海平上呈交通部次长彭学沛，称腊戍至滚弄一段已通公路，“惟由滚弄至南大一段，长约十余公里，系属未定界区域，至今当无公路可通”①。为便于运输筑路材料，张海平希望外交部出面，就苏达至滚弄段公路工程究竟由中国修建还是英国修建问题与英方交涉。3月25日，外交部政务次长徐谟致函彭学沛，称根据中英会勘委员会所订立的条约，苏达至滚弄段公路大部分在中英会勘委员会所决定的条约线以外，外交部认为这段公路“似可由英方兴修”②。3月28日，徐谟再次致函彭学沛，称苏达位于南大河流入南定河的交口处，按照中英勘界委员会所划定的条约线（即绿线），苏达应归中国，但英国如果以蛮卡河附近的红线为中缅分界线，苏达则属缅甸。③ 由于苏达处于未定国界，滚弄至苏达公路的修建问题变得复杂。

为解决苏达至滚弄公路的修建问题，外交部积极与英方交涉。1939年3月30日，外交部致英国驻华大使馆备忘录，称中国政府希望早日建成苏达至滚弄段公路，“如英国政府准备修筑此路，或同意由中国政府修筑，中国政府当极赞成。惟无论何方从事此项工作，均不影响界务问题之最后解决”④。5月19日，外交部致电交通部，也认为目前解决滇缅铁路修筑的关键问题“在彼不在我，

---

①《张海平上呈彭学沛呈文》（1939年3月25日），台北：“国史馆”藏，国民政府外交部档案，020/011110/0022/76。

②《徐谟致彭学沛函》（1939年3月25日），台北：“国史馆”藏，国民政府外交部档案，020/011110/0022/79。

③《南大地位及滇缅南段未定界兴铁路线有关部分情形》（1939年3月28日），台北：“国史馆”藏，国民政府外交部档案，020/011110/0022/85。

④《外交部致英国驻华大使馆备忘录》（1939年3月30日），台北：“国史馆”藏，国民政府外交部档案，020/011110/0022/86—87。

滇缅铁路路线经过未定界部分长短，如界线一时不能划定，则照修筑苏达滚弄公路案向英方提明先行筑路，保留界务问题亦无不可，至万不得已时，即另行改道，避去未定界，谅亦非绝对不可能”①。

对于中方在未定国界修建公路的提议，1939 年 4 月 17 日，缅甸事务大臣致电缅甸总督，认为“应该拒绝中国的要求，因为双方的合作，特别是中国人的默许，会削弱中国人考虑合理解决边界争端的努力，而铁路计划的进展将为解决边界争端提供机会”②。英方认为中国政府也应当征得缅甸政府的同意，“在缅甸政府认真考虑中方的这项提议之前，他们希望边境问题能得到他们满意的解决，并就铁路的路线问题征求他们的意见”③。5 月 22 日，英国驻华大使馆参事裨德本访晤欧洲司司长刘师舜，就修筑苏达至滚弄公路一事，裨德本转达了英国政府的意见。裨德本称鉴于中缅“界务问题尚未解决”等四方面因素，“英政府认为此事应暂从缓”。④因此，无论英国政府还是缅甸政府，都认为在修建苏达至滚弄公路前，需要解决中缅南段界务问题。

由于中缅界务问题短时间内难以解决，为避免中缅界务问题影响滇缅铁路的施工进度，1939 年 8 月 21 日，交通部调整了筑路方案，即准备将靠苏达一段 60 厘米轨距的铁路线由南定河（Nam Ting Ho）南岸改为北岸，暂时以九十七号界椿作为滇缅铁路滇段

① 《外交部致电交通部》（1939 年 5 月 19 日），台北：“国史馆”藏，国民政府外交部档案，020/011110/0022/91。

② Telegram from Secretary of State to Governor of Burma（17th Apr，1939），FO. 371/23465，F 3796/122/10.

③ Telegram from Burma Office （25th Apr，1939），FO. 371/23465，F4006/122/10.

④ 《英大使馆参事裨德本访晤欧洲司刘司长》（1939 年 5 月 22 日），台北：“国史馆”藏，国民政府外交部档案，020/011110/0022/92。

的终点，以回避南定河南岸苏达附近的中缅未定国界问题。至于南定河南岸则留作将来的正式路线，自滚弄至九十七号界椿，现有大路长约20公里，系在缅界，为方便将来运输材料，交通部希望外交部与英国交涉，允许中方铺设滚弄至九十七号界椿段轨道，若英方不允许，等材料运输任务完成后，再行拆除。① 8月23日，外交部随即致函英国驻华大使馆，告知中国准备将滇缅铁路滇段的终点从南定河南岸改为北岸，以避免界务问题影响铁路施工进度。8月31日，英国驻华公使禅德本致电刘师舜，对于交通部改变滇缅铁路接轨地点的做法，英国表示不能明确滇缅铁路永久接轨及滚弄至九十七号界椿间铺轨问题。② 实际上，英方并不赞成中国改变铁路接轨地点的做法。不仅英方不同意中国滇缅铁路改道接轨的主张，缅甸政府也对中国提出在南定河以北修筑铁路一事大为不满，“以为我方有意躲避界务问题”③。

英国和缅甸政府反对的理由有以下两点。一是出于经济和政治的考虑。英方认为，选择接轨地点在南定河北岸有种种弊端，“该处地面险峻，铁路利用之公路应在河流之南方，如在北方，则对于缅甸无用，而公路如在南方，则不仅可通达缅甸政府要求为所有之边境各城市，且可通达其他通过潞江(Salivan)未发生争执之区域，亦即缅甸政府候边界确定后亟欲归并入行政范围之区域”④。

---

①《交通部致外交部电》(1939年8月21日)，台北:“国史馆”藏，国民政府外交部档案，020/011110/0022/167—168。

②《外交部致交通部电》(1939年9月2日)，台北:“国史馆”藏，国民政府外交部档案，020/011110/0022/175—176。

③ 姚菘龄编著:《张公权先生年谱初稿》上册，第252页。

④《英国大使馆关于在Hsoptap兴Kunlong间建筑公路一案的节略》(1940年4月26日)，台北:“国史馆”藏，国民政府外交部档案，020/011110/0021/19—20。

由于改线对英缅没有经济好处，英国不同意中国提出的改线主张。二是英国和缅甸政府拒绝的深层次原因是试图迫使中方在中缅界务问题上让步。实际上，英国尤其是缅甸政府本来对修建缅段铁路就顾虑重重，缅甸政府即便后来同意修建缅段铁路，一定程度上也是想解决中缅南段界务问题。1938 年 12 月 6 日，缅甸事务大臣称，在缅段铁路建设开始前，"应先解决边境地区的问题，这是合理的，也是一个具有现实意义的问题。这一点的重要性来自在腊成—滚弄铁路线上修建铁路的可能性（据了解，这是普遍赞成的），因为这条铁路实际上会穿过或靠近有争议的边界"①，因此有必要修改边界线。1941 年 1 月缅甸小组委员会也认为，由于修建滇缅铁路对缅甸的经济价值有限，缅甸要修建缅段铁路，"重庆政府应在某种程度上接受缅甸政府的要求，以解决缅甸与云南的边境争端"②。由于英国和缅甸政府坚持中缅界务问题优先解决的立场，国民政府提出的南定河北岸接轨的筑路方案并未得到英缅支持，国民政府不得不考虑调整滇缅铁路交涉的策略。

四、铁路优先策略的确立与"1941 年线"的划定

英缅政府拒绝国民政府提出的滇缅铁路接轨地点改在南定河北岸的方案后，滇缅铁路交涉一度陷入僵局。鉴于中缅界务问题短期内难以解决，1940 年 4 月 29 日，外交部希望交通部对滇缅铁路工程应"重予考虑，详为规划"③。5 月 13 日，外交部常务次长曾镕浦拟定了《滇缅铁路筑至九十七号界椿意见书》，分析了滇缅铁

---

① Letter from Burma Office(6th Dec,1938),FO. 371/22136,F12985/279/10.

② Sub-commtttiee on burima-chtna counicattons (6th Jan,1941),FO. 371/27610/89.

③《外交部致交通部电》(1940 年 4 月 29 日)，台北："国史馆"藏，国民政府外交部档案，020/011110/0021/10—11。

路修建与中缅界务问题的关系，曾镕浦分析道：缅甸方面试图在修通缅甸铁路问题中获取划分边界的重大利益，英方的态度也是先解决中缅界务问题再讨论修建铁路。中方将滇缅铁路改线为南定河北岸修建，“以为改线计划可以避免定界问题，殊不知彼方以接线为定界之要求。我方愈求避免定界之纠纷，彼方愈求牵连定界之条件。我避免之计划成功即彼要求之工具失效。欲于避免定界之下求其助，我铁路完成不啻与虎谋皮也，况缅督之目光自始至终皆注在定界”。曾镕浦建议国民政府“应将铁路定界两事通盘筹画。如以铁路为重，自应于定界中让步，如以界务为重，似宜缓行，改路留些希望，使彼继续助我。现时斗巧，不仅于路无益，徒伤感情”①。曾镕浦的分析较为中肯，结合英国和缅甸政府的态度，中国很难兼顾滇缅铁路的修建和界务问题，只能在这二者之间作出选择，要么通过对界务问题的妥协实现铁路的正常建设，要么坚持界务立场不妥协而暂缓修路。

曾镕浦的建议产生了明显效果。1940 年 5 月 25 日，外交部拟定了意见书，认为中国的当务之急是尽快修筑滇缅铁路。鉴于解决界务纠纷需要较长时间，为避免界务问题影响铁路修建进度，外交部决定接受英国政府的建议，“将路线移至南定河以南”，改动滇缅铁路路线以后，“英国政府必更乐于协助中国政府”。外交部认为“界务问题之性质比较复杂，欲求解决，势必仍须往复行文或竟尚需长时间之讨论，实非短期内可望结束。同时中国抵抗日本侵略战事之胜利赖该铁路之完成，关系至为重大。因此，中国政府亟须从事兴筑该铁路，且通海运输关系，该铁路必须自西首，即自边

---

①《滇缅铁路筑至九十七号界桩意见书》(1940 年 5 月 13 日)，台北：“国史馆”藏，国民政府外交部档案，020/011110/0021/35—38。

界,开始修筑。如中国政府必须待至界务问题之解决以后再行开始建筑该铁路,则对于中国政府及英国在远东之利益均为最大之不幸”①。经过慎重考虑,外交部提议由中国政府或英国政府兴筑自苏达至南定河南岸来兴山以北地区一点的一段铁路,越过此点之铁路工程则由中国政府担任。同时,英国政府不需等到界务问题解决,立即兴筑滚弄至苏达之间的公路。外交部认为这样“无论何方担任兴筑未定界区内之铁路或公路,对于界务问题之最后解决不发生任何影响。在国界最终划定以后,如上述铁路或公路所占之地区最后不属于担负建筑费用之一方,则此项费用应由对方予以价还”②。5 月 28 日,外交部将这份建议书转交给英国驻华公使卡尔,表明了中国政府的立场。同时,也令中国驻英大使馆与英国政府交涉。

中方不愿因滇缅界务问题而影响滇缅铁路的修建,开始考虑在滇缅界务问题上作出适当让步。1940 年 6 月 3 日,外交部向英国驻华公使口头表示,“中国政府亦亟愿解决界务问题,如英方表示同样让步精神,中国政府准备再度让步,并放弃现有要求之一部分并洽”③。同时,6 月 28 日,交通部路政司司长杨承训致函外交部次长徐谟,称为加速滇缅铁路工程建设事宜,交通部已电令滇缅铁路工程局局长杜镇远采用南线布置施工。④ 由于英方强烈反对

---

①《外交部致交通部提议节略》(1940 年 5 月 25 日),台北:“国史馆”藏,国民政府外交部档案,020/011110/0021/46。

②《外交部致交通部提议节略》(1940 年 5 月 25 日),台北:“国史馆”藏,国民政府外交部档案,020/011110/0021/47。

③《外交部致驻英大使馆电》(1940 年 6 月 3 日),台北:“国史馆”藏,国民政府外交部档案,020/011110/0021/53。

④《杨承训致函徐谟》(1940 年 6 月 28 日),台北:“国史馆”藏,国民政府外交部档案,020/011110/0021/98。

北线施工，中方被迫放弃了北线施工的铁路方案。中国在中缅界务问题上的让步，无疑有利于问题的解决。

由于时局在不断转变，日本开始实施“南进”战略。1940 年 6 月，日本胁迫法国全面关闭中越通道。鉴于保障中缅通道的畅通更加重要，国民政府修通滇缅铁路的需要也越来越迫切。对于中国而言，加快中缅南段界务问题的解决是加快铁路修建进度的重要前提。1941 年 1 月 31 日，国民政府外交部、交通部、农林部等代表在行政院开会审查中英滇缅划界问题，会议审查意见为：“外交部可根据最近谈判中之假定线继续交涉，以期滇缅南段边界能完全划定，炉房矿权及永广区域两问题，外交部应设法使英国让步，但不必作为全案解决之先决条件。外交部并应向英表示，中国此次所以急欲解决边界问题，尤其希望英国即时兴建滇缅铁路之缅段。”①会议审查意见表明，为加快滇缅铁路早日通车，中方已经开始在中缅界务问题上做好了让步的打算。

在中英围绕界务问题交涉时，1941 年 1 月缅甸代表团访问重庆，其中谈及中缅南段界务问题，主要涉及炉房、野卡佤、永广地区的归属问题。1941 年 1 月 20 日，外交部次长徐谟与缅甸代表团考罗参议就中缅南段界务问题进行会谈。考罗坚持炉房“当属英方”，且英方“愿以较南之地交换较北之突出区域”，同时以缅甸法律禁止外人投资开矿为由拒绝中方提出的共同开采炉房矿产的提议。中方称如缅甸同意中英共同开采炉房矿产，“则我方易于考虑让出北部之大突出地区，并声明此事应与班洪附近之地区等同时

---

①《中英滇缅划界问题案审查会纪录》(1941 年 1 月 31 日)，台北：“国史馆”藏，国民政府外交部档案，020/011109/0078/133。

洽谈，不能分离”[①]。1 月 22 日，徐谟与考罗参议再次就界务问题进行会谈，考罗仍主张以南项河东北两支流为起点，及南洒河至南徐河区域划归英方，“俾野卡佤土人均归英方统治”。徐谟以中国管理野卡佤“尤较英方为易”拒绝了英方提议，并坚称“永广与新厂为姊妹乡，历来即经国人重视，二者不可分离”，中国坚持对永广地区的所有权。[②] 可以看出，中英在中缅南段界务问题上，主要的分歧是卡佤山的归属和炉房矿产的开采问题。缅甸政府主张坚持卡佤地区所有权的主要理由是这些地区的居民多年来一直把自己视为英国人，如果缅甸放弃这一地区，“这对英国政府在更广泛的范围内的权威是一个沉重的打击区域”。至于中方坚持对炉房矿产开采权的问题，缅甸方面判断是中国“强烈希望这些地区含有有价值的矿物”[③]。在这次会谈中，中方虽然在中缅界务问题上坚持一定原则，但还是希望通过界务谈判促进滇缅铁路的修建，连英方也有觉察。1941 年 1 月 29 日，英国驻华公使卡尔致电英国外交部称：“中国人无疑希望通过对边界的问题采取包容的态度，为他们的许多愿望，特别是他们所下定决心的滇缅铁路轨道项目提供理想的氛围。”[④]

1941 年 2 月 17 日，英国驻华公使卡尔致函蒋介石，表示英国政府已决定资助修筑缅段铁路，“对于滇缅界务悬案同意依照缅甸

---

① 《徐次长接见缅甸代表团考罗参议谈话记录》(1941 年 1 月 20 日)，台北："国史馆"藏，国民政府外交部档案，020/011102/0003/71—73。

② 《徐次长会晤缅甸代表考罗参议谈话记录》(1941 年 1 月 22 日)，台北："国史馆"藏，国民政府外交部档案，020/011102/0003/95—96。

③ Government of Burma's attitude to The Kunming-Lashio Railway project (February, 1940)，FO. 676/448/8.

④ Telegram from Sir A. Clark Kerr (29th Jan, 1941)，FO. 371/27612，F3781/29/10.

政府原提办法予以解决"[1],即按照一月份缅甸代表团的提议解决中缅南段界务问题。鉴于英国认为修筑滇缅铁路的先决条件是解决中缅南段界务问题,2 月 25 日,外交部部长王宠惠、交通部部长张嘉璈也认为英方在原提办法以外,"似难再行让步,如我对炉房矿权及永广区域两点加以坚持,深恐影响筑路问题之解决"。对于是否接受英方的提案,王宠惠、张嘉璈联名提议公决。[2] 王宠惠、张嘉璈主张中方可以通过放弃炉房矿产权和永广地区所属权,以加快铁路修建进度。2 月 25 日,对于王、张二人的联名提议公决,行政院第 505 次会议经决议,"英提方案可予接受"[3]。3 月 6 日,外交部致函英国驻华大使馆,表示对一月份外交部次长与缅甸代表团商谈后缅甸总督参议考罗所拟定之节略,中方"在原则上可予接受",不过中方强调了两点,一是"永广归入中国领土问题",二是"炉房矿产问题",中方希望英国政府和缅甸政府"予以善意之考虑"。[4] 也就是中方在界务问题上特别关注获取炉房的矿产开采权和永广地区的归属权。对于中方要求开采炉房矿产的利益诉求,英国也考虑部分接受。1941 年 4 月 29 日,缅甸总督柯克南致电英国驻重庆全权代表称,英国同意中国参与炉房矿产的开发,"条件是中国企业资金额不超过总数的 49%"[5]。实际上,英方之所以允

---

① 《三十年二月十七日英国卡尔大使致蒋介石函》,台北:"国史馆"藏,国民政府外交部档案,020/011110/0021/210。

② 《王宠惠、张嘉璈就修建滇缅铁路界务问题提请公决》(1941 年 2 月 25 日),台北:"国史馆"藏,国民政府外交部档案,020/011110/0021/209。

③ 《蒋介石训令外交部》(1941 年 2 月 27 日),台北:"国史馆"藏,国民政府外交部档案,020/011110/0021/223。

④ 《外交部致英国驻华大使馆节略》(1941 年 3 月 6 日),台北:"国史馆"藏,国民政府外交部档案,020/011110/0021/229。

⑤ Telegram from A. D. Cochrane(29th Apr,1941),FO. 371/27677,F5762/319/10.

许中资参与炉房矿产开采，原因之一是炉房矿产的价值并不大，缅甸公司的地质勘测员陪同探险队在1933年至1934年前往卡佤邦，调查有关矿藏，“没有发现可开采矿床的踪迹”①。

经过双方交涉，1941年6月18日，外交部部长王宠惠致英国驻华公使卡尔照会，称中国政府同意以重新划定的中缅南段界线代替1897年2月4日清政府与英国在北京签订的《中英续议缅甸条约》附款第3条第3节和第4节所叙述之界线。② 就炉房矿产的问题，缅甸政府允许中国参加英国在炉房经营的矿产企业，但中国投资不得超过每一企业总资本的49%。③ 1941年6月18日，国民政府与英国划定了悬搁多年的滇缅南段未定界线，这条界线通常被称为“1941年线”。“1941年线”的划定，将野卡瓦及北部邻近野卡山区划归英缅，班洪区域猛角猛董西南之猛卡、拱弄、拱勇、蛮回等乡，以及永广、猛梭、西盟各区将近2 000平方公里划归中国，焦山、永广、炉房银矿三厂，除炉房中英共同开采外，其他两厂均归中国。④

随着1941年6月中英就中缅南段界务的换文，双方在中缅界务问题上达成了一致，中缅南段界务悬案问题得以解决。中缅南段界务悬案问题的解决，清除了修建滇缅铁路的最大外交障碍，10月10日，滇缅铁路滇段全面复工。但就在滇缅铁路建设之际，太

---

① Government of Burma's attitude to The Kunming-Lashio Railway project(February, 1940),FO. 676/448/8.

②《外交部部长王宠惠致英国驻华大使卡尔照会》(1941年6月18日)，台北：“国史馆”藏，国民政府外交部档案，020/011109/0006/14—15。

③《外交部部长王宠惠致英国驻华大使卡尔照会》(1941年6月18日)，台北：“国史馆”藏，国民政府外交部档案，020/011109/0006/21—22。

④《中英滇缅界务概述》，台北：“国史馆”藏，国民政府外交部档案，020/011109/0008/36。

平洋战争爆发，1942 年 3 月日军攻陷仰光，中国存放在仰光的 130 多公里轨料被日军夺走，筑路材料供应切断，4 月滇缅铁路奉命停修，仅完成 36 公里长的昆明至安宁段，国民政府花费巨大人力、物力和财力修建的滇缅铁路也被迫半途而废。

1938 年至 1941 年，国民政府不仅与英国和缅甸政府围绕缅段铁路修建和中缅界务问题进行了交涉，还与英国围绕滇段铁路借款问题进行了交涉。① 纵观国民政府与英国和缅甸政府围绕滇缅铁路问题的交涉过程，可以得出以下结论：

第一，国民政府的滇缅铁路交涉兼具一定的灵活性和合理性。国民政府在与缅甸政府围绕缅段铁路修建问题进行交涉时，为消除缅甸政府的顾虑，国民政府不仅进行了耐心的解释和说明，而且在筑路材料极为缺乏和技术人才不足的艰难情况下，仍答应向缅甸提供材料和技术支持。在与英国进行界务问题交涉时，国民政府初期试图通过调整筑路方案以回避界务问题，但英国坚持界务问题优先解决，使得国民政府不得不调整策略，在筑路优先策略的指导下被迫在滇缅界务问题上作出了一定妥协。在界务问题交涉上，国民政府面临如何兼顾领土利益和抗战大局的两难选择，最后在服从抗战大局的前提下作出一定妥协，国民政府的滇缅铁路交涉因而具有一定的灵活性。国民政府通过与英国划定“1941 年线”，解除了修建滇缅铁路的最大外交障碍，推动了滇缅铁路的开工修建。从中国抗战大局角度而言，滇缅铁路的建成通车比界务问题的解决更加急迫，国民政府在界务问题上选择妥协也具有一定的合理性。

第二，国民政府的滇缅铁路交涉具有弱势外交的特点。国民

① 具体交涉过程，参见马陵合：《外债与民国时期经济变迁》，第 221—225 页。

政府在滇缅铁路交涉过程中较为积极主动，但毕竟中方有求于英方和缅甸政府居多，加之中英两国的国力差距，使得中英滇缅铁路交涉并不对等。尤其是国民政府与英国在划定“1941 年线”的过程中，英方虽然也作出了一定妥协，包括允许中方投资炉房矿产开采、永广地区划归中国等，但中国作出的妥协更大，主要是让出了3/4的卡佤山区。因此，朱昭华认为“1941 年线”基本上是以 1937 年勘界委员会确定的条约线为基础，按照英缅政府的意图划定的国界线。① 实际上，战时中国在中缅界务问题上之所以作出更大的让步，也是弱势外交的无奈选择，因为无论从现实角度，还是法理角度和历史角度，中国不可能抛弃 1937 年勘界委员会确定的条约线。从现实角度而言，如前所述，中英滇缅铁路交涉并不对等，国民政府不具备按照自己意图划界的实力。从法理角度而言，1936 年和 1937 年中英在会勘中缅南段边界的过程中，成立了 5 人组成的中英会勘委员会，其中中方委员和英方委员各 2 人，由国际联盟委派的中立委员伊斯兰(F. Iselin)担任委员长，在中英双方发生分歧且数量相等时，中立委员拥有最终裁决权。对于中立委员伊斯兰在 1937 年中英会勘过程中的表现，中方也认为他在处理中英双方争执时“理智清明，态度公正，对双方尚无任意偏袒之处”②。由国际联盟代表任中英滇缅南段界务会勘委员会委员长，从法理上讲最后形成的会勘报告具有法律效力。中方虽然对会勘结果并不满意，但不可能单独修改，这给国民政府维护中国权益带来了困难。1941 年 3 月 16 日，哈利法克斯子爵致电缅甸事务部蒙蒂斯，

① 朱昭华:《中缅边界问题研究》，第 257 页。

②《滇缅南段未定界节略》，台北:“国史馆”藏，国民政府外交部档案，020/011109/0078/104。

也称：关于中缅边界问题，“商定的路线是基于由国际联盟理事会任命的中立主席主持的临时委员会的调查结果，目前的谈判是为了对该路线进行调整，以适合两国的便利”①。从历史角度看，滇缅界务问题从晚清时期就开始出现。1899 年冬至 1900 年春，中英虽然会同进行了中缅勘界，但中方的分界图与英方的分界图有出入，存在地址不清、山川地名混淆、经纬度错误等问题，且清政府未及时更正，给了英国可乘之机。时人也认为，当时若“将经纬度数、山川部位，一一商酌而改正之，订约立石以奠正之，则界务早已划清”②。由于清政府在中缅划界问题上也存在失误，使得后来的中英界务谈判呈现为中国力主修约、英方力主维约的特点，这对中方不利。1937 年 4 月 24 日，中英会勘委员会中立委员长伊斯兰也表示，中英双方在边界问题上存在很大分歧，“在此种情形之下，欲从事修改边界，使成一条界线，殊不可能”③。由于 1937 年条约线的形成具有深刻且复杂的历史和国际背景，加之在战时特殊的情况下，国际政府急于建成滇缅铁路，尽管中国对划定中缅分界线并不情愿，但最后只得大体按照英方的提议划定，这也是国民政府弱势外交的体现。

第三，国民政府与英国围绕滇缅铁路交涉的曲折过程，也是 1938 年至 1941 年中英复杂关系的体现，即援助与妥协的相互纠缠。一方面，英国虽对滇缅铁路的经济价值表示怀疑，但出于牵制日本的战略考量，还是给予了一定支持，包括同意出资修建缅段铁

---

① Telegram from Viscount Halifax(16th Mar,1941),FO. 371/27611,F1477/29/10.

②《滇缅界务交涉节要》(1941 年 1 月 27 日)，台北："国史馆"藏，国民政府外交部档案，020/011109/0014/80。

③《中英滇缅界务概述》，台北："国史馆"藏，国民政府外交部档案，020/011109/0008/58。

路，并答应向中国提供修建滇段铁路的贷款等。另一方面，英国在向中国提供一定支持的同时，也是优先考虑本国利益。尤其是英国在中缅界务问题上反复纠缠，谋取界务利益。中英滇缅铁路的交涉，与中英滇缅公路交涉、缅甸防卫问题交涉等一起加深了中国对英国的不信任。① 尤其是太平洋战争爆发后，由于英国在缅甸的迅速溃败，中国修建滇缅铁路的一切努力功亏一篑，中国为此而投入的大量人力、物力、财力也基本付之东流。这既反映了战时交通建设具有一定的不确定性和风险性，也是英国在远东力量下降的体现，进一步加速了英国在中国外交战略地位中的下降，中英关系在中国外交战略中的主导地位被后来的中美关系取代也就不足为奇。

第三节　滇越铁路与中法交涉

1910 年滇越铁路全线通车，但由于路权归属法国，中国使用滇越铁路需要得到法国的许可。尤其是 1937 年 7 月卢沟桥事变以后，随着沿海港口逐渐陷落，滇越铁路运输日渐重要。为保障滇越铁路运输中国物资，国民政府与法国就借道运输问题进行了不断的交涉。其间，虽然法国曾实行了滇越铁路军火物资禁运政策，但在实际执行过程中也采取了一定的变通，法国并未完全禁止中国物资过境运输。1940 年 6 月法国战败后，在日本的外交压力下，法国同意实行滇越铁路禁运，滇越铁路国际运输中断。为维护中国西南大后方的军事安全，9 月 10 日国民政府控制了滇段铁路调度

① 参见于宁：《中英关于共同防卫缅甸问题的交涉（1940—1942）》，《抗日战争研究》2020 年第 3 期；左双文、叶鑫：《战时围绕英缅当局扣留过境援华租借物资的中英交涉》，《抗日战争研究》2019 年第 2 期。

权。随着中法关系恶化，1943 年 8 月 1 日，国民政府在宣布与维希政府绝交的同时，正式接管了滇段铁路，事实上收回了滇段路权。全面抗战时期，围绕借道运输、滇越铁路滇段运输安全、滇段铁路调度权、接管铁路等问题，中法进行了不断的交涉，这也成为战时中法关系的重要组成部分，诠释了中法关系的复杂性和特殊性。

一、中国借道滇越铁路运输与法国的顾虑和变通

1937 年卢沟桥事变以后，中日全面开战，国民政府担心日本封锁中国港口，急需知道法国对中国物资过境越南运输的态度。在全面抗战初期至 1938 年 10 月广州沦陷前，中国物资过境越南的运输路线有两条，一条是滇越铁路国际运输线，另外一条是经过桂越交通线再到广州。1937 年 7 月 30 日，驻法大使顾维钧试探了前任印度支那总督瓦伦纳（Alexander Varenne）的看法。瓦伦纳称，如果允许中国武器和军火物资过境，可能使法国和日本人发生纠纷，他建议中国军火物资从香港转运。[①] 8 月 8 日，顾维钧偕同孔祥熙访晤了法国总理卡米耶·肖当（Camille Chautemps），就 8 月 6 日向法国外长德尔博斯（Yvon Delbos）提及中国假道滇越铁路运输的问题询问法方意见。法方称滇越铁路系单轨，运力究竟如何还需法国殖民部长加以研究。他们认为战争一旦开始，所有军用品的供给与运输都牵涉到中立问题。顾维钧认为运输军火原为《中越条约》允许，按照《国联盟约》，对于日本的侵略，“亦无中立可言”。法方称国联一再失败，显然已不可靠，如果因供给物品与假道运输而引起对日纠纷，“不得不直接当冲，此系实际问题，不能不

① 中国社会科学院近代史研究所译：《顾维钧回忆录》第 2 分册，北京：中华书局 1985 年版，第 520 页。

从长考量”①。法国由于担心允许中国军火物资假道滇越铁路运输会影响法国所谓的“中立”立场，进而造成“法日纠纷”，因此对中国军火假道滇越运输顾虑重重。尽管中国政府作出了外交努力，法国还是于1937年10月13日作出了如下决议：“中国军械如在一九三七年七月十三日以前由欧购办，或十月十三日以前由欧启运者方得由越南通过。”②也就是说，凡是不符合上述条件的中国军火，概不得由越南过境。

得知法国政府禁止中国军火假道越南运输的消息后，10月18日，顾维钧问及已运出且在路途中的物资是否能假道越南运输，法方也不同意，并建议这批物资最好改运香港。顾维钧对法国外交部禁止中国军火物资转运越南的通知“表示诧异失望，并声明中国抵抗违约及不法之侵略，实为维护国际和平安全及条约之神圣。法国亦素来重视盟约非战公约九国公约之义务”。顾维钧引用1903年中法签订的《滇越铁路章程》中第23条、第24条和《中越专约》第6条的规定，证明中国军火物资假道越南运输符合规定。同时，他还引用1937年中立国在国联通过的决议，要求法国政府对于中国物资假道越南运输的问题重新考虑。③ 顾维钧的表达有理有据，符合中法签订的相关条约及国联决议。1903年，清政府与法国签订的《滇越铁路章程》第23条规定：“凡有运送中国各色兵丁

① 《顾维钧电蒋中正偕孔祥熙访法总理谈中日问题假道越南运输事》（1937年8月8日），台北：“国史馆”藏，蒋中正总统文物档案，002/020300/0015/002/1。

② 参见刘卫东：《论抗战前期法国关于中国借道越南运输的政策》，《近代史研究》2001年第2期，第198—199页。

③ 《顾维钧电蒋中正本年中立国国联通过议决要求法国对假道越南重加考量》（1937年10月21日），台北：“国史馆”藏，蒋中正总统文物档案，002/020300/00015/005/1—2。

以及兵丁所用枪械、火药、粮饷，并中国赈抚各处偏灾之粮，均尽先运送，其运费减半。”[①]国民政府与法国于1930年5月16日签订的《中法规定越南及中国边省关系专约》第6条也规定：“凡中国政府所装运之一切军用物品以及军械、军火，通过东京（越南北部）境内时，均应免纳任何税捐。”[②]可以看出，全面抗战爆发以后，中国提出军火物资借道滇越铁路运输的确符合相关条文规定，有法理依据。同时，日本侵略中国的行为违反了《九国公约》。1937年10月6日，国联大会通过一项决议，指出“国联各会员国当不采取任何足以削弱中国抵抗力量之行动，同时当考虑如何能个别的援助中国”[③]。因此，法国禁止中国军火物资借道滇越铁路运输的举措不仅不是援助中国，而且削弱了中国抗战的力量，这与国联大会的决议背道而驰。

对中国军火物资借道滇越铁路或桂越交通线，法国顾虑的原因主要是担心得罪日本，从而损害法国利益。顾维钧认为法国此举“全为日方恐吓所逼成”[④]。当然，法国不会完全承认，而是寻找冠冕堂皇的理由。1937年10月18日，顾维钧与法国外交部秘书长莱热（Alexis Leger）交涉了1个小时，莱热告诉顾维钧，法国实行军火禁运主要有三方面原因：一是“越南每遇中国内战，必禁止军用品假道，且此次亦从未实行假道”；二是“法如单独假道，势必当日之冲，破坏假道之举。而法在越南既无有力舰队，又无空军。

① 王铁崖主编：《中外旧约章汇编》第2册，第207页。

② 王铁崖主编：《中外旧约章汇编》第3册，第807页。

③ 曹未风：《现代国际关系史纲》，上海：上海杂志公司1948年版，第92页。

④《顾维钧电蒋中正本年中立国国联通过议决要求法国对假道越南重加考量》（1937年10月21日），台北：“国史馆”藏，蒋中正总统文物档案，002/020300/00015/005/1—2。

现在英美俄与法尚无具体谅解，不得不持之审慎”；三是“如日本实行轰炸滇越铁路，系损害法国资本。中日双方既不能允赔偿，势必为法国股东之损失。且如炸毁桂越边境道路，破坏运输，虽允假道，仍于中国无益”。可以看出，法国禁止中国军火物资借道滇越铁路运输的理由有三：一是将中国抗战混同于此前中国的内战，认为内战期间法国已禁止军火假道运输，那么抗战期间也可禁止军火假道运输；二是法国在越南的军事力量薄弱，法国与英美苏之间在借道运输的问题上没有达成一致意见，允许中国军火假道运输对法国不利；三是担心允许中国军火假道运输，会招致日机轰炸滇越铁路，从而造成法国的损失。顾维钧对此进行了回应。针对法国将抗战等同于内战的观点，他说道：“抗日侵略，不能与内战并论，嗣后日方加强封锁，故有假道之必要”；针对法国担心日机轰炸滇越铁路，顾维钧解释道：“此系防空问题，如沪宁路之被敌机轰炸日有数起，并未遭毁。”①顾维钧的言外之意是只要加强滇越铁路沿线的防空力量，就可避免日机轰炸滇越铁路。

此外，全面抗战初期不利的国际形势也是法国实行军火禁运的重要原因。顾维钧认为关于中国物资过境越南运输的问题，法国政府一直在尽最大的努力加强合作，并且表示只要它能从华盛顿和伦敦取得某种协同行动的保证，它就决心保持这条路线畅通无阻。但是英美拒绝作出这种保证。伦敦方面表示，只要华盛顿同意，英国是愿意作出保证的；但在美国，尽管罗斯福总统也对中国表示很大的同情，可是由于受到《中立法案》明文规定的限制，美国政府还是认为不能随便行动。另外，中国要求苏联进行一次陆

① 《顾维钧电蒋中正与法次交涉军货假道越南问题之结果》(1937 年 10 月 18 日)，台北：“国史馆”藏，蒋中正总统文物档案，002/020300/00045/003/1—2。

上军事示威行动也存在同样的困难。莫斯科并不反对这一要求，并且暗示如果由于示威而引起日本方面的报复行动时，能够获得可靠的支援，它就愿意行动。但这种保证英国和美国却又都不愿意提供。总而言之，中国为了抗战事业而向列强寻求有效的支援的严肃问题，至此却变成了与中国和远东有密切利害关系的三大强国之间互相踢皮球的一场游戏，这三个国家就是英国、美国和苏联。①

法国也深知禁止中国军火物资借道滇越铁路和桂越交通线运输，会损害中国的利益，因此也面临左右为难的窘境。1939 年 8 月 11 日，驻河内总领事许念曾道出了法国的这一窘境，他认为，“中日战起，法国极愿援助我国，而一方面又畏惧日本，加以越政府内有二三人员倾向于日本者，是以对我政策朝三暮四，意志不定，致我方特种物品之输入大受阻碍”②。1939 年 10 月 18 日，法国殖民部部长孟戴尔（Georges Mandel）对国民政府委员李石曾讲道，法国在中国军火物资借道运输问题上设置障碍，主要目的是“以免日本借口致法处境困难，渴望中国谅解”，又称“法绝不作中日妥协运动，致碍抵抗前途”。③ 法国殖民部长的此番谈话意在换取中国的谅解，不过也道出了法国采取这一政策的难言之隐，即法国实行这一政策并非对抗中国，而是迫不得已。

正是由于法国实行禁止中国借道的政策属于迫不得已，因此

---

① 中国社会科学院近代史研究所译：《顾维钧回忆录》第 3 分册，北京：中华书局 1985 年版，第 3—4 页。

②《驻河内总领事馆总领事许念曾致外交部电》(1939 年 8 月 11 日)，台北：“国史馆”藏，国民政府外交部档案，020/011004/0057/6。

③《李煜瀛电蒋中正据法国殖部长谓假道越南一切如旧实际绝不留难》(1939 年 10 月 18 日)，台北：“国史馆”藏，蒋中正总统文物档案，002/020300/00045/058/1。

法国在执行这一政策过程中也有所变通。1938 年 9 月 7 日，莱热就告诉顾维钧："法国政府一直同情并且愿意帮助中国，但是，从法国方面考虑，这种帮助必须在暗中进行。因为法国和英国一样，都要继续保持形式上的中立政策，以免把他们和日本的关系弄僵。然而这并不意味着他们不愿意帮助中国，实际上英、法都想通过外交途径安排对中国提供援助。"①1938 年 10 月广州陷落以后，桂越交通运输线大受影响，滇越铁路运输线更加重要。1938 年 11 月 25 日，法国突然放松了对中国所购交通工具的过境限制，即非军用卡车均可通过。此时法国在对华借道政策上趋于积极，一是因为美英有限援华的政策逐渐明朗，二是因为法日关系出现一定程度的恶化。② 具体而言，在 1938 年下半年，国际社会尤其是英美开始积极支持中国抗战，促使法国对中国军火物资借道越南运输问题的原则有所放宽。1938 年 9 月 30 日，国际联盟行政院通过决议，宣布对日本实行制裁，在中国力促英美等国勿与日本妥协，并依《国联盟约》，对日本实行禁运等抵制措施。美国于 1938 年 10 月 6 日对日本提出照会，抗议日本破坏门户开放政策，英国也随之提出相同的抗议照会。在美国的干预之下，法国对中国军火转运一事作出善意的回应。③ 更为重要的是，在此期间法日关系趋于恶化，进一步促使法国在借道滇越铁路运输问题上放宽原则。1939 年 2 月，日本攻占海南岛，对法属越南形成压力，法国政府对华政策开始发生微妙的变化。1939 年 8 月 11 日，熟知越南形势的驻河内总

---

① 中国社会科学院近代史研究所译：《顾维钧回忆录》第 3 分册，第 180 页。

② 参见刘卫东：《论抗战前期法国关于中国借道越南运输的政策》，《近代史研究》2001 年第 2 期，第 207—213 页。

③ 参见许文堂：《第二次世界大战时期中、日、法在越南的冲突与交涉》，《"中央研究院近代史研究所"集刊》第 44 期，2004 年 6 月，第 73—77 页。

领事许念曾致电外交部，指出了日本入侵海南岛对法日关系的影响。许念曾分析道：1939 年 2 月，“日本占据海南岛后，法方深知仅予敷衍日本于事无益，且主张亲日者因而陆续召回，而法外部素主对日缓和者，亦无从再为藉口，故殖民部部长可一仲其助我之主张，最近五六月来积极援我”。许念曾进一步断言，“目下越南政府实为对我最后诚意助我之政府，而其中尤以新任之秘书长为最尽力。故对特种物品之通过只须我方办理周密，即可详为不知予以通融”①。在许念曾看来，日本入侵海南岛引起了法国政局的变化，法国政府内部亲日派势力被削弱，法国对华政策趋于积极。因此，中方只要加强与法越当局交涉，禁止军火物资借道滇越铁路运输的政策可以通融。

1939 年 10 月 30 日，顾维钧致电外交部，汇报了与法国就借道滇越铁路运输交涉的情况：应中国要求，为运输中国积存越南的物资，法国殖民部长已训令越南总督：第一，恢复官运免税办法，不加以限制；第二，取消官运清运期限；第三，对于清运商品期限酌量当地需要妥为设法，至中途运输的德货则依从战时法令，凡请求例外办法，需将战前付价证明文件送达法国外交部附设之例外委员会审核接洽办理。至德货以外货物假道，需由购买国驻巴黎代表出具声明书，保证专为本国使用，并不直接或间接以原货或改造后运往德国。② 可以看出，法国在中国货物过境滇越铁路运输的问题上，已经恢复免税运输，对于德国货物也不禁止运输，只需出具相关证明或声明书就可。11 月 16 日，顾维钧就出口到德国邻国的中

① 《驻河内总领事馆总领事许念曾致外交部电》(1939 年 8 月 11 日)，台北：“国史馆”藏，国民政府外交部档案，020/011004/0057/6。

② 《顾维钧致外交部电》(1939 年 10 月 30 日)，台北：“国史馆”藏，国民政府外交部档案，020/011004/0057/11—12。

国货物借道滇越铁路运输一事致电外交部，指出法国亚洲司司长表明“如系运往与德毗连之各邻国，须由承购国政府出具不转运德国之声明书方能准其出口，避免扣留”①。因此，由于国际形势的变化，加之中国的积极交涉，法国在借道越南运输问题上的政策明显放宽。

虽然法国同意中国可以借道滇越运输进出口德国的货物，但中国需出具相关证明才予以放行，过程较为烦琐。为此，中国与法国围绕在巴黎办理进出口德国货物的运输手续问题进行了交涉。1939 年 11 月 7 日，驻法大使馆提议就近在重庆办理，这样不但可以照顾双方的困难，而且可以增加运量。驻法大使馆拟定的提议内容主要是认为提交付款证据以及在巴黎提交均有困难：第一，大半德货订立合同及付款日期为时甚久，而承购机关又多，国民政府经过两次迁都，所有证件不易找齐，而且难免遗失，因此不能提交；第二，中德贸易大半根据以货易货原则，中国运德货物之价值已超过欠德之数量，现在运输的德国货物为陆续抵消欠华之数，故双方均无付款证据；第三，即便证据齐全，邮寄迟缓，且在目前状态亦有遗失可能；第四，即使证据寄至巴黎审查，证据与在越南起运缓急先后时间不易符合。鉴于以上困难，中国提议：第一，由中国驻法大使馆出具一个付款的总声明书，至于可提出的证据由中国在重庆与法国驻华使馆接洽办理；第二，经过越南运往中国的货物，由驻法大使馆以政府名义声明不再转运德国；第三，至于经过越南出口的中国货物分两种，一种为外国官方或私人承购，或可由承购国声明不转运德国，一种为中国运往外国市场出售的货物，大部分系

---

①《顾维钧致外交部电》(1939 年 11 月 16 日)，台北：“国史馆”藏，国民政府外交部档案，020/011004/0057/13。

运往伦敦和纽约，或由中国声明不转运德国。①

在中国出口至德国的货物中，钨砂为大宗物资，而关于钨砂的运输问题，中法双方存在一定分歧。1940 年 1 月，中国提出将积存在越南海防的钨砂中的1 000吨售与法国，1 000吨售与英国，400 吨售与苏联，1 279吨售予美国。法方同意运往英法的2 000吨钨砂即刻装运，运往美国的1 279吨钨砂由法国与美国商洽转购，但法国不同意装运运往苏联的钨砂。中法分歧的焦点是法国认为钨砂数量太大，除运往英法两国的2 000吨外，还需要运输美国的1 200余吨。此外，法国还提出每年购买7 000吨钨砂。实际上，中国运往英法两国的钨砂已达海防存放物资总数的 1/3，不可能每年出售7 000吨钨砂。至于法国不同意钨砂运往苏联，则是因为法国认为这部分钨砂有可能转运德国。为此，中方向法方解释道：中国运往苏联的钨砂系中国履行欧战爆发以前《中苏易货贸易协定》的义务，以换取中国抗战所需的物资，而且苏联也曾作出书面保证，不转运他国。如果中国的钨砂不能运往苏联，则是中国违反了《中苏易货贸易协定》，而且也使中国无法获取所需的抗战物资。② 法国之所以刁难苏联钨砂过境越南运输，主要是担心苏联钨砂会运往德国，这不利于与法英联合对德国实施经济封锁。

除了运输手续的交涉，中法双方还围绕交通通讯器材等物资的检查等问题进行了交涉。1940 年 1 月 13 日，驻河内总领事馆致电外交部，称军政部驻防运输专员郑方珩报告称，近来越南海关对中国起运的器材逐一开箱检查，而每运 1 车器材费时甚久，在海防

①《驻法大使馆致外交部电》(1939 年 11 月 17 日)，台北："国史馆"藏，国民政府外交部档案，020/011004/0057/14—16。

②《钨砂案最近交涉节要》，台北："国史馆"藏，国民政府外交部档案，020/011004/0057/32—33。

报关手续繁杂，因此导致军政部交通通讯器材上半月内仅运入 100 吨，影响军用。① 为此，军政部部长何应钦致函外交部，请外交部向法方交涉，希望法方为中国存放在海防的器材运输提供便利，以增加中国物资内运的数量。② 由于法国并未禁止中国物资过境越南运输，使得大批物资运入中国，这有力地支持了中国抗战。

二、法方维护滇段铁路运输安全的要求与中方响应

在中法两国围绕中国军火物资借道滇越铁路运输问题交涉的同时，双方就滇越铁路滇段的保护问题也进行了交涉。由于滇越铁路滇段途经桥梁众多，极易遭到人为破坏，行车安全存在很大隐患。1939 年 6 月 19 日，法国驻华公使戈斯默(Henri Cosme)在大使馆约见外交部政务次长徐谟，提及了滇越铁路的保护问题。戈斯默称，滇越铁路滇段有三四处大桥，"如被人破坏，颇不易修复。截至现在幸未出事。但该路管理人员深虑随时有人暗算，如藏置炸弹或拆除路钉，列车即可颠覆，甚至桥身炸断，交通中止"。鉴于此，戈斯默请求中国"派警保护各桥，以免事故"。由于滇越铁路事关中法双方共同的利益，徐谟"允即与有关系当局商洽办理"③。鉴于滇越铁路与中国后方交通的关系极为密切，法方的担心也不无道理，6 月 20 日，外交部部长王宠惠分别致电交通部和云南省主席

① 《驻河内总领馆致外交部电》(1940 年 1 月 3 日)，台北："国史馆"藏，国民政府外交部档案，020/011004/0057/17。

② 《军政部为存防器材内运困难请向法方交涉以便利俾得速运致外交部函》(1940 年 1 月 3 日)，台北："国史馆"藏，国民政府外交部档案，020/011004/0057/18。

③ 《法大使戈斯默与徐次长就保护滇越铁路事的谈话记录》(1939 年 6 月 19 日)，台北："国史馆"藏，国民政府外交部档案，020/011006/0011/10—11。

龙云，要求交通部“查照接办”，并请龙云“迅予转饬办理”。[①] 龙云于 6 月 24 日迅速回电王宠惠，称已命令“滇越铁道警察总局切实遵办”[②]。

由于法方并未明确重点保护滇越铁路三四处大桥的具体名称和地点，1939 年 6 月 27 日，交通部致电外交部，希望法方向外交部转告具体名称和地点，以便交通部向军事委员会和云南省政府转告设法保护问题。[③] 后来法方向中国提供了滇段铁路途经桥梁的地点和名称，以供中国加强防护。8 月 5 日，龙云致电外交部，汇报了云南地方政府加强保护滇越铁路的具体情况。龙云电称，滇越铁路路警总局已“分别指派附近各分局长选派得力长警对于全线及一切险要工程常川驻防守护，并严定惩处办法。如分局长督责不力，即予撤职查办，如巡警擅离职守致发生意外，即予枪毙”[④]。

虽然云南省地方政府已加强警力，以保护滇越铁路滇段运输的安全，但法方仍不满意。尤其是日本企图破坏滇越铁路运输，因此滇越铁路的保护工作更显重要。11 月 23 日，王宠惠致电龙云，告知法国驻华公使戈斯默的意见。戈斯默称越南政府已大力支持中国物资借道滇越铁路运输，预计从 1939 年 12 月起每月运量可增加至 2.5 万吨，“惟查该路中国界内之桥梁隧道总数各在一百以上，如有一桥或一隧道发生意外，全路交通立即停顿”。目前中国

---

① 《王宠惠致云南省主席龙云电》(1939 年 6 月 20 日)，台北:“国史馆”藏，国民政府外交部档案，020/011006/0011/13。

② 《龙云致王宠惠电》(1939 年 6 月 24 日)，台北:“国史馆”藏，国民政府外交部档案，020/011006/0011/14。

③ 《交通部致外交部电》(1939 年 6 月 27 日)，台北:“国史馆”藏，国民政府外交部档案，020/011006/0011/16。

④ 《龙云致外交部电》(1939 年 8 月 5 日)，台北:“国史馆”藏，国民政府外交部档案，020/011006/0011/21。

虽已加强了保护滇越铁路滇段的警力，“但每处仅二三人，不敷甚远，且驻扎地点亦多非扼要。近来日方收买奸人，无所不为，对于破坏交通难免有所企图”。戈斯默建议中国加强警力，“严加防范，以免发生八月卅一日土匪破坏路轨，致令火车出轨更为严重之事态”①。法方的担忧也有一定道理。日本为了破坏滇越铁路运输，除了采用空袭破坏，也收买汉奸企图暗中破坏。11 月 31 日，外交部就接到密报，称日本近来雇佣汉奸企图炸毁铁路桥梁，尤其企图炸毁阿迷附近最大的凌空铁桥，即人字桥。鉴于此，王宠惠致电龙云，希望“多派干练路警前往守护，以防意外”②。为响应法方的要求，龙云进一步加强了警力。12 月 4 日，龙云致电外交部，称目前已与滇越铁路当局商量防护办法，“问其应派兵守护地点，共有若干地点，想不致困难”③。为了切实加强滇越铁路滇段桥梁的防护，法国滇越铁路公司驻云南特派员巴杜(A. Patou)于 1939 年 12 月也将铁路沿途桥梁列表发给云南省各级政府，以配备防护兵力。云南省政府派滇越铁路警察总局局长刘发良和第一独立大队队长曹观典按照列表派兵保护。④ 根据法方的列表，滇越铁路警察总局在滇段铁路的 44 座重要桥梁加派了警力，其中河口大桥、白寨大

---

①《王宠惠致龙云电》(1939 年 11 月 24 日)，台北：“国史馆”藏，国民政府外交部档案，20/011006/0011/22—23。

②《王宠惠致龙云电》(1939 年 11 月 30 日)，台北：“国史馆”藏，国民政府外交部档案，020/011006/0011/26。

③《龙云致外交部电》(1939 年 12 月 4 日)，台北：“国史馆”藏，国民政府外交部档案，020/011006/0011/30。

④《交通部致外交部电》(1940 年 1 月 2 日)，台北：“国史馆”藏，国民政府外交部档案，020/011006/0011/38。

桥、人字桥等重要桥梁各派兵1班保护。①

中方在法方的要求下加强了滇越铁路沿线桥梁的保护力量，以防止敌人破坏。但1939年12月30日以来，为截断滇越铁路运输，日机连续对滇越铁路滇段重要路段实施轰炸，造成了铁路桥梁的损毁。据中方统计，仅在1939年12月30日至1940年1月7日间，日机先后在12月30日、1月1日、1月2日、1月4日、1月5日和1月7日共6次轰炸滇越铁路滇段重要桥梁，对铁路设施造成了破坏。② 由于日机连日轰炸滇越铁路桥梁，1940年1月5日，国民政府驻河内总领事馆致电外交部，建议“宜添置高射炮效广九铁路办法妥为防护”③。1月9日，法国驻华大使馆参事康栋（Gandon）访晤外交部欧美司司长刘师舜。康栋也称，鉴于日军轰炸滇越铁路桥梁，并造成部分桥梁损毁，“请中国政府特别注重沿路空防”。刘师舜称外交部已经上呈蒋介石，“该路空防力量业已充实”。康栋认为中国目前在滇越铁路布置的防空力量不够，仅有5挺防空高射机枪，他认为滇越铁路滇段有40座桥梁，至少需要高射机枪40挺，听闻龙云已从法国购得高射机枪40挺，康栋建议这批机枪“似应放置沿该路各铁桥应用”。刘师舜称将呈请军事委员会照办。对于在滇越铁路加派警力的问题，刘师舜称龙云已增强了防护力量，但数量还是不够，外交部已致电龙云继续增强力量。④

---

①《滇越铁路各桥梁工程防护表》，《交通部致外交部电》（1940年1月2日），台北：“国史馆”藏，国民政府外交部档案，020/011006/0011/39。

②《滇越铁路公司滇段沿线被炸情形清单》，台北：“国史馆”藏，国民政府外交部档案，020/011006/0011/92—94。

③《河内总领馆致外交部电》（1940年1月5日），台北：“国史馆”藏，国民政府外交部档案，020/011006/0011/48。

④《法国大使馆参事康栋访晤外交部欧美司刘司长情形》（1940年1月9日），台北：“国史馆”藏，国民政府外交部档案，020/011006/0011/58。

应该讲，日机轰炸滇越铁路沿线桥梁，不仅对法国造成了损失，而且也对中国不利。因此，迅速修复被炸毁的桥梁、加强铁路防护力量是中法双方共同的需要。1940 年 1 月 12 日，王宠惠在官邸接见了戈斯默，就日机轰炸滇越铁路一事进行交涉。戈斯默称滇越铁路的防护十分重要，“最近日方对该路屡肆轰炸，已有一桥（卅六公尺长）完全炸毁，又有一桥（十六公尺长）三部被炸落水中，修理费时。闻中国政府近已加设高射炮五尊，但仍不敷正远”。由于防御力量不足，不但铁路的安全毫无保障，而且修理工作也无法进行，这将对中国影响巨大。戈斯默称按照铁路合同，华段护路工作不能由法国办理，应由中国政府负责。戈斯默还告知：“据本人所得消息，日方对于该路之轰炸，将有加重也。此项消息极为可靠。饬请转知军事当局特予注意。”对于戈斯默的提议，王宠惠表示外交部已两次提请军事当局注意，并且已加强了滇越铁路的防御力量。① 根据法国的要求，中国加强了滇越铁路重要桥梁的防空力量。1940 年 1 月 16 日，据龙云汇报，已在滇越铁路离河口 13 公里（白寨）、112 公里（波渡箐）和开远等处铁桥各配置了 1 连高射炮。但鉴于滇越铁路桥梁太多，云南本省防空力量有限，龙云请求航空委员会另派 1 连高射炮和 3 个机枪连赴滇。②

虽然国民政府加强了滇越铁路沿线重要桥梁的防空力量，但仍未能阻止日军的轰炸。日军肆意轰炸滇越铁路，不仅给中方带来了巨大损失，也使法国遭受损失。滇越铁路被炸一事在法国国内也引起了法国民众的不满，法国报纸《巴黎晚报》《小巴黎人报》

---

①《王宠惠与戈斯默会谈情形》（1940 年 1 月 9 日），台北：“国史馆”藏，国民政府外交部档案，020/011006/0011/80—81。

②《龙云致外交部电》（1940 年 1 月 16 日），台北：“国史馆”藏，国民政府外交部档案，020/011006/0011/84。

等报纸均有长篇社论，认为日本此举不但损害法国利益，而且妨碍中法贸易。鉴于日本称日军轰炸滇越铁路系法方私运军火物资所致，法国提议组织混合委员会进行调查。[①] 如果真的组织混合委员会调查滇越铁路运输问题，中国借道滇越铁路的军火运输恐将被迫中止，这将对中国抗战大为不利。为此，顾维钧2月8日访晤了孟戴尔，称法国组织混合委员会调查滇越铁路运输的提议，"将来对于滇越铁路所运我方物品定多指摘，反滋纠纷"[②]。2月9日，顾维钧拜访了法国外交部政务次长，表达了中方对法国提出组织日法混合委员会的顾虑。法国政务次长告知，日本坚称滇越铁路运输中国军火物资，为避免给日本口实，法国才提出组织混合委员会以调查事实，但目前这事情还处于争论阶段，还没有正式提议，日本也未明确答复。针对日本曾要求派遣军官团赴越南调查滇越铁路运输的情况，法国以破坏主权为由拒绝了，但法国同意日本可以派驻日本驻越南领事馆人员进行调查。对于法国的这项主张，顾维钧提出异议，他认为中国"抗战正酣，材料接济有关军事如将此项消息听我敌人查悉，实有碍我抗战，深望注意"。顾维钧告诉法国外交部政务次长，法国同意日本派驻越南外交人员调查滇越铁路运输，日本"非但毫无感意，反认为示弱"[③]。总之，顾维钧在滇越铁路被炸后积极与法国交涉，希望法国阻止日方的调查，以维持滇越铁路运输的照常进行。

---

①《顾维钧致外交部电》(1940年2月6日)，台北："国史馆"藏，国民政府外交部档案，020/011006/0011/125。

②《顾维钧致外交部电》(1940年2月8日)，台北："国史馆"藏，国民政府外交部档案，020/040899/0001/92。

③《顾维钧致外交部电》(1940年2月10日)，台北："国史馆"藏，国民政府外交部档案，020/011006/0011/138—139。

鉴于日机轰炸滇越铁路造成了铁路损毁和人员伤亡，国民政府进一步加强了滇越铁路的防空力量。1940 年 2 月 7 日，据外交部驻云南特派员王占琪汇报，滇越铁路的防空力量进一步增强，航空委员会已调出高射炮 14 门、高射机枪 18 挺，云南省也调出高射机枪 16 挺，尤其是在重要路段添置了防空武器和配备了更多人员。重要路段的防空配备情况为：小龙潭至开远间有步兵 3 班，高射炮兵 1 连，配备高射炮 4 门；倮姑至波渡箐间共配备步兵 10 班，高射机枪兵 5 排；湾塘至白寨间有步兵 4 班，高射炮兵 1 连，配备高射炮 4 门。① 滇越铁路防空力量的加强，有利于减少日军轰炸的损失。尽管此后日机又多次轰炸滇越铁路，但由于滇越铁路防空力量加强，加之中方组织人力迅速抢修毁坏路段，滇越铁路运输线并未中断，日军通过空中轰炸手段彻底截断滇越铁路运输的企图落空。

三、法国对日妥协与铁路调度权的控制

1940 年 6 月 20 日，在日本的外交压力下，越南总督卡特鲁同意并关闭中越通道。在法越当局实行滇越铁路禁运后，日本得寸进尺，进一步要求在越南驻军，并使用越南的军事设施。

由于日本入侵越南将严重威胁西南大后方安全，国民政府试图通过外交手段阻止法国对日妥协。6 月 23 日，外交部部长王宠惠发表宣言，称法国停止中越运输，尤其日本如果侵占越南，将威胁到国民政府的生存独立，国民政府可以采取“一切必要之自卫措施”。8 月 8 日，外交部又发表声明，强调日本若入侵越南，将威胁

---

①《滇越铁道（滇段）防护兵力配置表》，台北：“国史馆”藏，国民政府外交部档案，020/011006/0011/162—163。

中国领土安全，国民政府“当立即同样派遣武装队伍进入越南俾得采取自卫措置”①。国民政府不仅向法国政府提出了严厉抗议，而且让驻法大使顾维钧游说法国高层，试图阻止法国对日妥协。8月21日，顾维钧向法国政府副总理皮埃尔·赖伐尔（Pierre Lava）表示，中国政府对法国政府允许日军在印度支那登陆以进攻中国一事深为关注。23日，顾维钧分别与法国外交部部长博杜安（Francois Baudouin）和法国殖民部部长莱默里（Lemery）会谈，顾代表中国政府郑重声明：只要法国政府允许日本武装部队通过或驻屯在印度支那，中国政府出于自卫的需要，将会采取一切必要的措施来应付这种局势。② 但顾维钧的外交努力并未奏效，9月8日，国民党中央宣传部部长王世杰得知，维希政府已允许日军假道由海防乘火车至中越边境，人数以3万人为限，并以海防附近为空军根据地。③ 至此，法国允许日军假道越南进攻中国，这严重威胁到中国的军事安全。

鉴于法国已对日妥协，国民政府不得不采取军事紧急处置措施，以维护中国军事安全。9月10日，根据《滇越铁路章程》第24条规定④，军事委员会成立了滇越铁路线区司令部，控制了滇越铁路滇段调度权。线区司令部“直接指挥滇越铁路公司，并管制该铁

① 《中国对法国封锁滇越路及出卖越南等事件之声明（1940年6—11月）》，郑洪泉、常云平主编：《中国战时首都档案文献·战时外交》上册，重庆：西南师范大学出版社2017年版，第702页。

② 中国社会科学院近代史研究所译：《顾维钧回忆录》第4分册，第386、393、399页。

③ 《王世杰日记》第2册，第339页。

④ 1903年10月18日，清政府外务部与法国签订了《滇越铁路章程》，该章程第24条规定：“万一中国与他国失和，遇有战事，该铁路不守局外之例，悉听中国调度。”参见商务印书馆编译所编：《国际条约大全》第3卷《铁路》下编，北京：商务印书馆1914年版，第38页。

路昆明至河口间之行车、通信、材料、工程及军用车辆之支配、线上秩序之维持以及各项安全处置”①。线区司令部成立后，对滇段铁路开始实行军事管理，以应对战争需要。由于滇越铁路公司有大量法越籍职员，为保护军运安全，提高运输效率，9 月 16 日，线区司令沈昌发布布告，要求所有法越籍职员与中国员工“努力工作”，“如有自相惊扰造谣生事者，以及怠忽职务贻误军运或泄露机密者，定当依照军法严加惩处不贷”。② 线区司令部要求法越籍职员服从线区司令部的管理，实际上取消了这些外籍职员的在华部分特权。为保证中国的军事安全，防止日军沿滇越铁路进攻云南，国民政府还于 9 月 10 日炸毁了滇越铁路河口大桥，并急电线区司令部限期拆除滇越铁路河口至芷村段，线区司令部决定由工务科长翁筱舫亲任拆轨队长，全权负责拆轨及有关事宜。③ 总体而言，国民政府控制了铁路调度权，并炸毁了河口大桥，拆除了路轨。这一行为是防止日军假道越南进攻中国的军事防卫举措，具有战时的临时性质。

但是国民政府控制铁路调度权的举措遭到了维希政府的抗议。法国驻昆明领事馆领事认为云南境内并未发生战争，国民政府控制调度权因而不符合《滇越铁路章程》第 24 条之规定。④ 对国民政府要求滇越铁路公司法籍、越籍职员遵守中国政府军事法令

---

①《何应钦致王宠惠函》(1940 年 9 月 16 日)，台北：“国史馆”藏，国民政府外交部档案，020/011006/0032/7。

②《国民政府军事委员会委员长昆明行营滇越线区司令部布告第一号》，台北：“国史馆”藏，国民政府外交部档案，020/011006/0018/46—47。

③ 云南省档案馆、红河学院编：《滇越铁路史料汇编》下册，第 245 页。

④《滇越铁路线区司令沈昌致何应钦电》(1940 年 9 月 15 日)，台北：“国史馆”藏，国民政府外交部档案，020/011006/0018/56。

的做法，维希政府也大为不满，要求撤销这项决定。12月17日，法国驻华公使戈思默与外交部部长王宠惠会谈，戈思默称，中国要求法籍、越籍职员遵守中国军事法令，结果“甚为严重，盖此事牵涉法国在华之领事裁判权”，并称“中国政府此项举措似有与法方断绝邦交之倾向”，进而威胁说：“如中法邦交发生裂痕，适足予日方机会。”①12月21日，戈思默拜会蒋介石，再次就法籍、越籍职员需遵守中国法令一事商谈，希望中方“设法纠正”，并强调滇越铁路“为法国政府在远东之主要产业，故法政府非常注意”。②

为维护其路权，法方提出了换文的要求。1940年9月14日，法大使馆参事康栋向中方提议，中法双方需要就铁路调度权问题订立临时办法③，企图保留法国的调度权。

12月21日，戈思默认为：“滇越铁路问题根据中法所订《滇越铁路章程》，在某些情况之下，中国对于该路得以节制，惟如何节制，中法间须谋一合作处置办法。”④戈斯默提议根据章程第24条规定，中法双方就中国控制铁路调度权的依据问题成立换文。1941年6月3日，法大使馆参事彭固尔(Paul Boncour)再次提出换文要求，“即先由外交部书面通知法国大使馆，中国政府在中日战事期内适用铁路章程第二十四条，并采取依据该条现已规定应有之步骤，再由法国大使馆覆文，以对于目前事实上情势加以宽大之

①《王宠惠会晤法大使戈思默谈话纪录》(1940年12月17日)，台北：“国史馆”藏，国民政府外交部档案，020/011006/0018/38。

②《蒋委员长会晤法大使馆戈思默谈话纪录》(1940年12月21日)，台北：“国史馆”藏，国民政府外交部档案，020/011006/0018/24。

③《外交部致驻法国大使馆电》(1940年9月17日)，台北：“国史馆”藏，国民政府外交部档案，020/011006/0018/53。

④《蒋委员长会晤法大使馆戈思默谈话纪录》(1940年12月21日)，台北：“国史馆”藏，国民政府外交部档案，020/011006/0018/23。

解释，同意上述条文之适用”[①]。法方反复就铁路调度权问题提议与中方换文，以图束缚中国，防止中国日后接管甚至没收铁路。

对法国换文的要求，国民政府予以拒绝。1940年9月24日，外交部致电中国驻法大使馆，认为中国在战时控制铁路调度权完全符合《滇越铁路章程》，“无庸法方谅解”，并作出指示：“如法方再谈此事，希即驳覆。”[②]1941年6月13日，外交部次长徐谟致函交通部次长彭学沛，再次指出，既然《滇越铁路章程》第24条已规定中国在战时具有完全处理该路的权利，因此对法方换文的要求，“我方应坚决拒绝”[③]。国民政府拒绝法方的换文要求，表明了中国维护战时铁路调度权的坚定立场。从法理角度而言，国民政府在战时控制铁路调度权并未违背《滇越铁路章程》第24条的规定，反而是遵守这一规定的表现，因而具有合法性。相反，法方根据自身利益需求提出换文要求，企图修改相关规定，不具合法性。因此，国民政府拒绝法方的换文要求无可非议。

不过，为避免中法关系破裂，国民政府也采取了相应举措。首先，发布布告保障法籍、越籍职员的正当利益，并就这些职员的管理问题向法国作出了解释和说明。9月16日，滇越铁路线区司令沈昌表示中方会“尽力保障”滇段铁路法籍、越籍职员的利益，并要求法国滇越铁路公司对这批职员“照常支薪”，如果铁路公司不能完全办到，“仍当由本司令负责维持，另行设法，决不使一人遭受失

① 《欧洲司刘司长会晤法大使馆参事 Paul Boncour 谈话纪录》（1941年6月3日），台北：“国史馆”藏，国民政府外交部档案，020/011006/0032/19。

② 《外交部致驻法大使馆电》（1940年9月24日），台北：“国史馆”藏，国民政府外交部档案，020/011006/0018/62。

③ 《徐谟致彭学沛函》（1941年6月13日），台北：“国史馆”藏，国民政府外交部档案，020/011006/0032/21—23。

业之痛苦”。[①] 针对法方对中国要求法籍、越籍职员服从中国政府军事法令的抗议，王宠惠向戈思默解释道，国民政府这一举措，不仅不会影响领事裁判权，反而会维持这一地段的安宁与秩序。[②] 在开始拆除滇段路轨后，为获得法方的谅解，12 月 2 日，国民政府要求顾维钧向维希政府解释，即中国拆除铁路系为防止日军假道越南进攻中国，中国“不得不基于正当之防卫计划，将该路拆至计划中规定之距离”[③]。国民政府的这些举措意在缓解法方的不满，以缓和中法关系。

其次，搁置了接管铁路的提议。鉴于法国已对日屈服，10 月 8 日，军事委员会后勤部部长俞飞鹏致电蒋介石和何应钦，主张滇段铁路“应由我国径行接管”，具体由交通部“另设专局负责管理”，“原有法籍高中级职员，概予变动，低级越籍人员尽量容纳”。[④] 俞飞鹏接管铁路的提议虽然理由充足，但国民政府高层对此提议十分谨慎。王宠惠称接管铁路“仍以先由本部向法方说明其必要为宜”[⑤]，交通部部长张嘉璈也称如有必要接管滇段铁路，请外交部“先将外交方面究应采取如何步骤及将发生如何影响与其应付办

---

①《国民政府军事委员会委员长昆明行营滇越线区司令部布告第一号》(1940 年 9 月 16 日)，台北：“国史馆”藏，国民政府外交部档案，020/011006/0018/46。

②《王宠惠会晤法大使戈思默谈话纪录》(1940 年 12 月 17 日)，台北：“国史馆”藏，国民政府外交部档案，020/011006/0018/39。

③《军事委员会致王宠惠电》(1940 年 12 月 2 日)，台北：“国史馆”藏，国民政府外交部档案，020/011006/0009/35。

④《俞飞鹏致蒋介石、何应钦电》(1940 年 10 月 8 日)，台北：“国史馆”藏，国民政府外交部档案，020/011006/0018/70。

⑤《王宠惠致蒋介石电》(1940 年 10 月 29 日)，台北：“国史馆”藏，国民政府外交部档案，020/011006/0018/69。

法分别规划”①，连军事委员会参谋长何应钦也认为接管铁路“在军事上确有必要，惟事先必须经过外交步骤及准备手续”②。尽管接管铁路的提议具有军事合理性，但为避免刺激法国，这一提议也被暂时搁置。

控制铁路调度权后，国民政府在坚持维护中国合法权益的同时，也采取了相应措施以避免中法关系破裂。法方虽提出了抗议，但并无充足理由驳斥中方，况且维希政府此时也不愿与国民政府绝交，法方只得接受既成事实。因此，1940 年的中法关系虽因法国对日妥协和国民政府控制铁路调度权而出现波折，但并未破裂，中法关系得以维系。

四、国民政府与维希政府绝交和铁路的正式接管

1941 年 12 月 7 日，太平洋战争爆发，12 月 8 日，日本正式对美英宣战，国际局势进一步发生剧变。鉴于“民主轴心阵线鲜明，法越声明支持寇军作战，则事实上即属中国之敌”，12 月 9 日，军事委员会军令部次长林蔚致电蒋介石，再次请示“滇越铁路滇段是否应由我国无条件收回”，蒋介石于是在 12 月 14 日致电外交部部长郭泰祺，要求外交部讨论收回滇段铁路的具体事宜。③ 这表明国民政府重拾搁置已久的接管铁路提议，开始筹划接管事宜。不过，国民政府要正式接管铁路，必须要切割滇段铁路与维希政府的关系，外

① 《张嘉璈致王宠惠电》(1940 年 11 月 9 日)，台北：“国史馆”藏，国民政府外交部档案，020/011006/0018/14。

② 《何应钦致王宠惠电》(1940 年 10 月 11 日)，台北：“国史馆”藏，国民政府外交部档案，020/011006/0018/67。

③ 《蒋介石致郭泰祺电》(1941 年 12 月 14 日)，台北：“国史馆”藏，国民政府外交部档案，020/011006/0029/15。

交部部长郭泰祺就认为，中国收回铁路主权，“按照国际公法，在我国未与法国宣战以前，未便迅予施行”[①]。因此，国民政府与维希政府之间的外交关系，已经成了实施铁路接管的外交障碍。

太平洋战争爆发后，国民政府之所以仍维持着与维希政府之间的外交关系，主要是基于越南问题的考量。1942 年 12 月 12 日，何应钦、王宠惠、宋子文和吴铁城联名致电蒋介石，称：“我国与维琪之所以继续维持正常关系，并非因其在欧洲或非洲之地位，而在于其在越南之地位。我与越南接壤，而越南名义上仍在维琪统治之下，故今后我外交方针应筹拟以越南问题为中心之政策。”由于越南问题在中法关系中占有重要地位，何应钦等 4 人强调中国对法外交政策不能追随英美两国，“无论维琪政局如何变化，于我并不发生绝交问题”[②]。1943 年 6 月 21 日，国防最高委员会在讨论对法态度问题时，军事委员会参谋总长何应钦和副总参谋长白崇禧仍然认为维希政府在越南尚有军事力量，不可断然绝交。[③] 出于对越南军事问题的顾虑，国民政府迟迟未能下定决心与维希政府绝交。

不过，随着中法关系日益恶化和国际局势的变化，也有人建议与维希政府绝交。1942 年 11 月 10 日晚，王世杰认为国民政府如果与维希政府绝交，或可同时宣布废弃中法不平等条约，即在与维希政府绝交或宣战时，中方可单方面废弃条约。[④] 1943 年 6 月 21

---

① 《郭泰祺致军事委员长侍从室电》(1941 年 12 月 17 日)，台北：“国史馆”藏，国民政府外交部档案，020/011006/0029/18。

② 《何应钦、王宠惠、吴铁城、宋子文联名致蒋介石电》(1942 年 12 月 12 日)，台北：“国史馆”藏，国民政府外交部档案，020/011006/0029/122。

③ 《王世杰日记》第 4 册，第 95 页。

④ 《王世杰日记》第 3 册，第 389 页。

日,由于法国驻华公使戈思默早与南京汪伪组织勾结,加上英国、美国、苏联也早与维希政府绝交,王世杰“力主对维琪绝交”①。尤其随着中方对越南军事问题的顾虑基本消除,国民政府最后下定决心与维希政府绝交。越南总督德古统帅1万多名法军,国民政府曾担心与维希政府绝交后,德古有可能进攻中国,但随着轴心国的节节败退,国民政府判断若日本逼迫德古太甚,“德古也会看清现在轴心国家已无胜利希望,不会接受日本要求,甚至被逼而来倾向我们也颇可能”。除此之外,国民政府与维希政府绝交后,中法仍有交涉的途径,因为龙州和昆明两地还有法国领事馆,表面上听命于维希政府,实际上和法兰西民族解放委员会早有联络。② 因此,即使国民政府与维希政府绝交,中法就越南问题“还有联络途径,互通声气,或者边界发生小纠纷,还有中间人可为调停之计”③。基于上述判断,1943年8月1日国民政府发表宣言,正式宣布“自即日起,中国与法国维琪政府之外交关系即行断绝”④。

国民政府在宣布与维希政府绝交的同时,正式接管铁路,首先

---

①《王世杰日记》第4册,第95页。

② 戴高乐领导的自由法国虽然是抵抗德国的组织,但在很长时期里没有被国民政府承认为法国的合法政府。1942年1月,中国国民党中央执行委员会秘书长吴铁城与自由法国驻中国代表爱司加拉上校(Commandant J. Escarra)以秘密换文方式就中国与自由法国之间的关系达成谅解,中国以国民党名义承认1941年9月在伦敦成立的自由法国的领导机构——法兰西民族委员会。1943年6月3日,戴高乐领导的自由法国与吉罗德(Giraud)将军领导的北非法国抵抗组织实行联合,在阿尔及尔宣告成立法兰西民族解放委员会(Comitéfran ais de la Libération nationale,简称C. F. L. N.),宣布民族解放委员会为“法国的中央政权机关”。参见葛夫平:《抗战时期法国对于废除中法不平等条约的态度》,《抗日战争研究》2003年第3期,第34—36页。

③《外交部吴次长国祯报告关于对法国维琪政府断绝邦交之意见》(1943年7月26日),台北:“国史馆”藏,国民政府外交部档案,014/020200/0087/6—7。

④《我政府发表宣言与维琪政府绝交》,重庆《中央日报》,1943年8月1日,第2版。

由交通部和军事委员会联合派遣人员接管滇越铁路公司，新成立滇越铁路滇段管理处。8月1日上午9时，交通部路政司司长杨承训会同新派遣的滇越铁路滇段管理处处长萨福均、副处长陇体要、兼副处长万国宾及各部分接收人员，前往滇越铁路局接收。经与滇越铁路公司滇段经理巴杜洽谈后，局内外即同时实行接收工作。同日10时，原滇越铁路局、沿线各站、机厂等建筑物前升挂党国国旗。随后杨承训率领滇段管理处新任主管人员赴滇越沿线视察各项设备、储存材料及可保村煤矿，并在沿途各大站召集在华越籍员工训话，宣布接管后的管理方针。[①] 其次，辞退法籍职员。接管铁路前的1943年4月，滇越铁路滇段有高级法籍职员39人[②]，接管铁路后，这批法籍职员全部被辞退，由中国职员取代。随着滇越铁路滇段管理处的成立和法籍职员的被辞退，中国事实上收回了路权。

不过，国民政府接管滇段铁路和辞退法籍职员的举措，引起了法兰西民族解放委员会驻重庆代表的不满。1943年8月5日，法兰西民族解放委员会驻渝代表团代表顾亚法(J. Coiffard)致函外交部政务次长吴国桢，对国民政府接管铁路一事大为不满，他认为中国政府接管铁路的行为损害了法国的利益，并声称中国此举“武断无理”。为维护法国的路权，顾亚法建议该路“应由中国与战斗法国共同实行一种联合军事管理，各法越人员犯法，可采用现在中国

---

①《曾养甫抄送杨承训接收滇越铁路经过详情报告呈》(1943年9月2日)，中国第二历史档案馆编:《中华民国史档案资料汇编》第5辑第2编，“财政经济”(10)，第326页。

②《处理滇越铁路计划方案》(1943年4月)，台北:“国史馆”藏，国民政府外交部档案，020/011006/0019/201。

境内之美国远征军办法，将其解送军事法庭”①。对中国辞退滇越铁路法籍职员的举措，10 月 21 日，法兰西民族解放委员会代表团副代表罗琅(Laurent)也认为这一举措不符合现行条约规定，并称中国辞退法籍人员“岂非有意歧视法籍人民”②。法兰西民族解放委员会的不满，表明它与维希政府一样，并不愿放弃滇段铁路主权。不过，在 8 月 27 日以前，即使法兰西民族解放委员会并未得到国民政府的承认，它仍希望通过谈判修改中法间的不平等条约，如 8 月 19 日，它便在阿尔及尔通过决议，声明一经中国政府承认，即考虑修改过去法国在中国保存的特权。8 月 27 日国民政府承认法兰西民族解放委员会③，中法关于铁路问题的交涉主体也随之发生转移。

由于国民政府接管铁路引起了法兰西民族解放委员会的不满，为缓和中法关系，国民政府也采取了积极措施，首先是在越南问题上作出表态，以解除法方最大的顾虑。鉴于越南是法国在远东的核心利益，1943 年 8 月 4 日，外交部部长宋子文在伦敦表示中国“决不因中越曾有血缘，遂具有染指越南的心理”④。国民政府的表态对改善中法关系产生了积极影响，9 月 6 日，外交部次长胡世泽在会晤前战斗法国代表桂博(A. Guibaut)时，桂博就说：“铁路问题仅属次要，不难解决。宋部长在伦敦称中国对安南无领土野

---

①《法国民族解放委员会驻渝代表顾亚法致外交部政务次长吴国桢函(译文)》(1943 年 8 月 5 日)，台北：“国史馆”藏，国民政府外交部档案，020/011006/0019/23—27。

②《欧洲司梁司长与法代表团副代表罗琅谈话录》(1943 年 10 月 21 日)，台北：“国史馆”藏，国民政府外交部档案，020/011006/0021/34。

③ 葛夫平：《抗战时期法国对于废除中法不平等条约的态度》，《抗日战争研究》2003 年第 3 期，第 37—38 页。

④《我们的合理愿望》，重庆《中央日报》，1943 年 8 月 7 日，第 2 版。

心，此点则较滇越铁路问题更加重要也。”[①]桂博的言论，清楚表明法方更介意越南问题，这一问题才是影响中法关系的关键因素。

其次，国民政府就辞退法籍职员的举措向法方进行了解释，并妥善解决了法籍职员的善后问题。1943 年 10 月 21 日，针对法国对中方辞退法籍职员举措的不满，外交部欧洲司司长梁龙解释道，中国接管滇段铁路符合《滇越铁路章程》，即中国与第三国交战时，滇段铁路“应归中国完全处置，所谓完全处置，当然包括对于该路之用人权”，况且这批法籍职员“为维琪政府所任用，直接受越南总局命令，中国既与维琪断绝邦交，为慎重起见，当然不能不将彼等辞退”。[②] 实际上，接管铁路后国民政府辞退法籍职员合情合理，一方面中国此举并未违反中法《滇越铁路章程》，另一方面国民政府已与维希政府绝交，出于军事安全考虑需要辞退维希政府任命的法籍职员，也符合中国利益。不过，国民政府还是采取积极措施解决被辞退的法籍职员离滇前的生活问题。1943 年 8 月 3 日，交通部杨承训司长在与滇越铁路公司前经理巴杜举行会谈时，杨承训就答应补助解职法籍人员生活费及旅费国币 150 万元，允许其居住原住房 3 个月。[③] 到 11 月，交通部已向法籍职员拨付了 3 个月的生活费和津贴，共计国币 240 万元，并且延长他们居住原有住房 1 个月，但仍有 74 人滞留云南。[④] 与此同时，应中方要求，11 月 26

---

①《胡次长会晤前战斗法国代表桂博谈话纪录》(1943 年 9 月 6 日)，台北：“国史馆”藏，国民政府外交部档案，020/011006/0019/72。

②《欧洲司梁司长与法代表团副代表罗琅谈话录》(1943 年 10 月 21 日)，台北：“国史馆”藏，国民政府外交部档案，020/011006/0021/34。

③《交通部杨司长承训与巴杜先生谈话纪录》(1943 年 8 月 3 日)，中国第二历史档案馆编：《中华民国史档案资料汇编》第 5 辑第 2 编，“财政经济”(10)，第 327—330 页。

④《外交部驻云南特派员王占琪上呈外交部部长宋子文呈文》(1941 年 11 月 24 日)，台北：“国史馆”藏，国民政府外交部档案，020/011006/0021/76。

日，法兰西民族解放委员会向外交部提供了在滇法籍职员的姓名、职务及家属名单，称这些职员已向北非阿尔及尔委员会输诚，也已在昆明代表分团登记。[①] 由于被辞退的法籍职员已被证明归属于法兰西民族解放委员会公民，国民政府一再延长他们在滇居留时间，1944 年 5 月他们才基本离华，退出住房，而巴杜则到 1946 年 1 月才退出其住房。[②] 国民政府妥善解决法籍职员的善后问题，既是人道主义的体现，也是维护与法兰西民族解放委员会之间关系的需要。

对法兰西民族解放委员会而言，虽对国民政府接管铁路心有不甘，但由于中国国际地位的提高，加之国民政府已作出了不插手越南事务的表态，并积极处理法籍职员的善后问题，法方在中国接管铁路问题上也不便过多纠缠。因此，1943 年 8 月至 1944 年 6 月，国民政府与法兰西民族解放委员会的关系并未因接管铁路问题而受到明显影响。

1943 年 8 月 1 日，中国虽接管了滇段铁路，但尚未在法律层面真正收回路权，滇段路权成了中法两国间的悬案之一。全面抗战胜利以后，中法围绕滇段路权问题进行谈判，由于双方在越南问题上相互妥协，1946 年 2 月 28 日中法签订了《中法关于中越关系之协定》，规定"滇越铁路在中国境内昆明至河口一段之所有权及其材料暨设备，照其现状移交于中国政府，由其提前赎回"[③]。国民政府终于在法律层面真正收回了滇段铁路路权，滇段铁路悬案问题

---

① 《法国民族解放委员会致外交部电(译文)》(1943 年 11 月 26 日)，台北："国史馆"藏，国民政府外交部档案，020/011006/0021/67。

② 《交通部致外交部关于巴杜已离滇请转将房屋交还电》(1946 年 3 月 6 日)，台北："国史馆"藏，国民政府外交部档案，020/011006/0020/143。

③ 云南省档案馆、红河学院编：《滇越铁路史料汇编》上册，第 338 页。

最终得以解决。

第四节　驼峰空运与中美交涉

1942 年 1 月，由于缅甸局势日益危急，为便于向中国运送外援物资，宋子文向美国提出了中美联合开辟中印空运线的建议。在宋子文的外交努力下，1942 年 4 月，中国航空公司首先开辟了驼峰航线，随后美军也参加了驼峰空运。美国通过驼峰空运向中国运送了大量的租借物资，支持了中国抗战，一定程度上维持了大后方经济的运转，驼峰空运也成为战时中美租借关系的重要组成部分。但中美两国在驼峰运量、驼峰空运物资分配问题上也矛盾重重，争吵不断。中美两国围绕驼峰空运问题的争吵，既与制约驼峰空运发展的客观因素有关，更与美国对华政策有关，折射出战时中美关系的复杂性。

一、宋子文的外交努力与驼峰航线的开辟运营

1942 年 5 月滇缅公路断绝，中国西南对外陆路通道被堵塞。实际上，在滇缅公路运输还未中断以前，中国政府就开始考虑开辟中印空中航线以运输出口物资和军用物资。最先提出开辟中印航空运输线的是中国航空公司业务经理邦德。1941 年 5 月 8 日，邦德就向宋子文提交了一份长篇报告，提出开辟一条通过喜马拉雅山脉的空中航线，邦德认为最好的空运路线是从缅甸北部的密支那到云南驿附近的机场。① 太平洋战争爆发后，鉴于形势日益危

---

① Otha C. Spencer, *Flying the Hump: Memories of an Air War* (Texas: Texas A&M University Press, 1992), p. 27.

急,1942 年 1 月 26 日,邦德致电宋子文,认为萨地亚至密支那的货物空运相对较易,中航公司已对这条航线进行了勘测飞行,目前越来越多原本需要从仰光经缅甸铁路运上来的货物可以改从萨地亚空运至密支那。邦德进一步认为:“如果予以适当调度运作的话,DC-3 运输机或少量新型寇蒂斯运输机每月就能运输15 000吨货物。”①邦德的建议引起了宋子文的关注。1 月 27 日,宋子文回电称:“我们最终考虑选择以下两条(空运)线路,即萨地亚—昆明线路与萨地亚—叙府线路。”②1 月 29 日,宋子文致电罗斯福,称日军在南太平洋地区的成功推进,使滇缅公路身处危境,仰光港也已关闭。为了补给中国军队,维持民众士气,从而让中国继续与侵略者斗争,有必要开辟一条通向中国的新生命线。这条新生命线“从印度铁路的终点萨地亚到昆明或叙府(四川水陆交通枢纽)分别仅有 550 与 700 英里的距离,所需飞越的陆地亦相对平缓。泛美航空公司已对上述替代线路进行了一整年的飞行勘测,并准备依此线路实施空运任务。此外,美国军事代表团也认为该计划是可行的。我们已兴建了所有必需的飞行基地,并持续利用着这些基地”。宋子文还称:“这 100 架运输机放到世界上其他任何地方对盟国而言都不会比用于中国更加有利。”③在这封电文中,宋子文向罗斯福提议开辟中国昆明或叙府至印度萨地亚之间的空运航线,以运输中国所需物资。为了早日开辟中印空运线,2 月 3 日,宋子文又致电

① 吴景平、林孝庭主编:《战争风云——宋子文与外国人士往来函电稿补编(一)(1940—1942)》,上海:复旦大学出版社 2010 年版,第 59—60 页。

② 吴景平、林孝庭主编:《战争风云——宋子文与外国人士往来函电稿补编(一)(1940—1942)》,第 61 页。

③ 吴景平、林孝庭主编:《战争风云——宋子文与外国人士往来函电稿补编(一)(1940—1942)》,第 64 页。

邦德，称美国已同意迅速派出大量运输机来弥补滇缅公路运输之不足，希望邦德调查并报告“在印度、缅甸和中国间各条路线上需要做些什么，以及中国航空公司本身在中国和缅甸该如何做”①。宋子文希望邦德早作调查，为中印空运的开通做好准备。

在邦德和宋子文提出开辟中印空运线的同时，罗斯福也明确表达了对中国抗战的支持。2 月 7 日，罗斯福致电蒋介石，称：“我要求国会批准向中国提供总额五亿美元财政援助的建议已经参、众两院一致通过并且成为法律”，“国会对这一措施以不寻常速度和一致予以审议以及这一措施在合众国全国所受到的热情支持，都表明我国政府和人民对于中国的衷心敬佩。这些情况还表明我们具体帮助为争取自由而进行伟大斗争中战友的真诚愿望和决心。”②为支持中国抗战，2 月 9 日，罗斯福总统的顾问霍普金斯告诉即将赴任中缅印战区美军司令的史迪威，罗斯福对中国问题非常关注，如果史迪威需要，他随时准备从航空公司抽调 100 架客机。霍普金斯也答应向史迪威提供帮助，并建议把在印度航线上运行的“诺曼底”号轮船作为史迪威和波斯的运输船。③ 至于开辟中印空运线的问题，罗斯福于 2 月 9 日会见了史迪威。随后，史迪威与总统经济顾问居里(Lauchlin Currie)和美国陆军航空兵司令亨利·哈里·阿诺德讨论中国航空计划。同一天，罗斯福通过无线电广播发表了对蒋介石的具体承诺：“我现在可以给你明确的保

① 吴景平、林孝庭主编：《战争风云——宋子文与外国人士往来函电稿补编(一)(1940—1942)》，第 48 页。

②《关于对华援助致蒋介石委员长电》(1942 年 2 月 7 日)，[美]富兰克林·德·罗斯福著，吴在汉编译：《罗斯福选集》，北京：商务印书馆 1982 年版，第 345 页。

③ [美]约瑟夫·W. 史迪威著，黄加林等译：《史迪威日记》，北京：世界知识出版社 1992 年版，第 36 页。

证，即使仰光会进一步受挫……通过印度进入中国的运输线可以通过空运维持。整个计划似乎完全可行，我肯定我们能在不久的将来将它变成现实。”[①]2 月 25 日，罗斯福主动问马歇尔：“有关缅甸路可能被切断的事，我想知道从印度北部通过的空中运输计划具体情况如何……显而易见，我们必须尽快成立空中运输大队，以保证到中国的交通线畅通无阻。”[②]4 月 28 日，得知中国滇缅公路将被日本切断的消息时，罗斯福发表“炉边谈话”，支持中国抗战，他宣布：“我要对英勇的中国人民说，不管日本人可能取得什么样的进展，我们总会想方设法把飞机和军需送交蒋介石委员长的军队。”[③]罗斯福对开辟驼峰空运的重视，无疑有力地支持了驼峰航线的开辟。

由于缅甸形势日益危急，中印空运更加急迫和重要。5 月 1 日，宋子文致电罗斯福总统的顾问霍普金斯，称鉴于罗斯福总统已决心将战争物资运往中国，宋子文建议“物资运送的路径是从阿拉哈巴德到叙府，该处通过一条不超过 209 英里的水路与重庆相连。考虑到路途遥远，海拔较高，必须使用四引擎的‘解放者’运输机，据估算每架飞机每个月能运送大约 100 吨的物资。我已经大力削减我们的最低需求，据估计，头三个月，我们每月需要至少5 000吨的物资，下三个月则提升至7 500吨，此后为10 000吨。因此，现在

---

① [美]格雷戈里・克劳奇著，陈安琪译：《中国之翼：飞行在战争、谎言、罗曼史和大冒险的黄金时代》，第 312 页。

② [美]齐锡生：《剑拔弩张的盟友——太平洋战争期间的中美军事合作关系（1941—1945）》上册，第 111 页。

③《为了文明必须付出艰苦工作、悲伤和流血的代价——对全国广播的“炉边谈话”》（1942 年 4 月 28 日），[美]富兰克林・德・罗斯福著，关在汉编译：《罗斯福选集》，第 361 页。

需要 50 架这样的飞机，三个月后需要 75 架，第六个月升至 100 架”。虽然目前美国很难提供 50 架“解放者”飞机，但中国如果要持续进行抵抗，就必须找到方法解决这一问题，宋子文相信美国政府能够解决这个问题。① 5 月 4 日，宋子文与霍普金斯谈话时，宋子文提到美国生产更多飞机的可能性，并希望霍普金斯亲自关注此事，而不是将这一问题交与军方负责飞机生产问题。② 宋子文的电文对美国产生了积极影响，5 月 5 日，罗斯福告诉已升任为陆军航空兵司令的阿诺德：

> 我知道开辟到中国的货运空运线非常危险（因为缅甸沦陷），但我们把物资运到中国的唯一途径是通过空运。我希望你和洛维特先生（Robert A. Lovett）③立即与宋子文博士和沈将军④商讨有关空中航线的事宜，我要你探索各种可能性，包括飞机和航线。至关重要的是，无论多么困难，我们通往（中国）的运输线要保持畅通。⑤

虽然罗斯福支持开辟中印空运线，但中印空运在开辟的过程中经历了一些曲折。在 1942 年年初缅甸尚未完全沦陷前，美国陆军航空兵对邦德和宋子文提出的航空货运方案略加修改，予以采用。他们计划开辟阿萨姆至密支那的空运线，具体计划是每月用

---

① 吴景平、林孝庭主编：《战时岁月——宋子文与外国人士往来函电稿新编（1940—1943）》，上海：复旦大学出版社 2010 年版，第 58—59 页。

② 吴景平、郭岱君主编：《风云际会——宋子文与外国人士会谈记录（1940—1949）》，上海：复旦大学出版社 2010 年版，第 39 页。

③ 洛维特，时任美国陆军部负责航空事务的次长。

④ 沈士华，浙江吴兴人，时任国民政府外交部驻印度专员。

⑤ Charles F. Romanus and Riley Sunderland, *Stilwell's mission to China* (Washington, D. C. : Office of the Chief of Military Department of the Army, 1953), p. 164.

75 架飞机将7 500吨物资从阿萨姆的机场空运至密支那，然后再从密支那装驳船沿伊洛瓦底江下行约 80 英里到八莫，然后装汽车经缅甸公路运往中国。第十航空队司令 L. H. 布里尔顿（Lewis H. Brereton）将军的参谋长厄尔 · L. 奈顿（Earl L. Naiden）准将于 1942 年 3 月初视察了这条线路。奈顿确认，在缅甸中部和北部能够并必须守住的前提下飞行，开辟从阿萨姆到密支那的航线是可行的。史迪威也同意奈顿的报告，建议华盛顿派来的飞机不要多于 25 架。[①] 但由于 1942 年 5 月日军相继占领腊戍和密支那，开辟从萨地亚至密支那空运线的计划被迫放弃。

最初计划开辟的中印空运线除了萨地亚至密支那航线，还有阿萨姆至昆明航线。中国航空公司副董事长邦德在 1942 年 3 月初回到美国后，主张不应排除使用从阿萨姆到昆明的直飞路线，但支持者较少。[②] 由于驼峰航线异常危险，部分美国政府官员对此航线的营运十分悲观。美国驻印度顾问团成员路易斯 · 约翰逊（Louis Johnson）和亚瑟 · W. 赫林顿（Arthur W. Hellington）上校 1942 年 5 月份从远东回来报告说，“缅甸全部沦陷，缅甸丢失，特别是腊戍一丢，前往中国的所有可能的路线都封闭了”。建筑新公路需时至少 2 年，航空货运路线“不再可行，因为飞机必须飞得如此之高，以致利用航空运输货物到中国去的打算几乎是无用的。人员仍然可以飞进、飞出中国，但十分危险”[③]。阿诺德对驼峰航线也顾虑重

---

① [美]小威廉 · M. 利里著，徐克继译：《龙之翼——中国航空公司和中国商业航空的发展》，第 144 页。

② [美]小威廉 · M. 利里著，徐克继译：《龙之翼——中国航空公司和中国商业航空的发展》，第 149 页。

③ [美]小威廉 · M. 利里著，徐克继译：《龙之翼——中国航空公司和中国商业航空的发展》，第 147—149 页。

重。5月6日，阿诺德与宋子文会谈时，大谈将战争物资运入中国的困难。阿诺德感叹飞机不足，在中国和印度没有或者只有落后的机场和配套设施，以及该地区地理和气象条件恶劣。由于驼峰航线途经喜马拉雅山脉，大风、气温以及日军的袭击都会对驼峰空运构成严重威胁。总之，阿诺德认为不值得为驼峰空运付出努力。① 1942年5月13日，宋子文在电文中也称，虽然美国军方认为迅速建立通往中国的空运线路运输最少量物资以维持广大中国军民的士气是合理的，但美国军方“又开始逃避问题，称有可能将萨地亚留作双引擎运输机的空运基地。同时，军方普遍不愿面对中印空运力量是否充足的问题”②。

美国政府官员和军方的顾虑，对驼峰空运极为不利。为打消美国的顾虑，宋子文积极与美国交涉，要求美国提供运输机和航空器材以支持中印空运。1942年4月20日，宋子文致电霍普金斯，称美军空运指挥部已着手准备开辟中印之间的空运线路，然而，此事进展十分缓慢，至今仅有极少数的运输机投入行动。宋子文建议“我们必须再给该计划一个推动力，从而使作为第一步目标的75架军用运输机尽快全部运来，而不是将它们运出一部分后等待事情的发展”③。经过宋子文的交涉，美军提议将整个中印空运行动移交给中航公司承担，他们将把48架飞机及许多必要人员立即转

① [美]格雷戈里·克劳奇著，陈安琪译：《中国之翼：飞行在战争、谎言、罗曼史和大冒险的黄金时代》，第324—325页。

② 吴景平、林孝庭主编：《战争风云——宋子文与外国人士往来函电稿补编(一)(1940—1942)》，第111页。

③ 吴景平、林孝庭主编：《战争风云——宋子文与外国人士往来函电稿补编(一)(1940—1942)》，第102—103页。

给中航公司,并尽快提供更多飞机,直到总数上升至 75 架。[①] 为加强驼峰空运力量,宋子文向阿诺德建议应立即调派 50 架四引擎运输机,阿诺德坚称既然目前萨地亚可继续用作飞行基地,双引擎运输机就能完成任务了。阿诺德说,100 架双引擎运输机每月能运输 4 500吨物资。如果双引擎运输机无法完成使命,他才同意重新起用四引擎运输机。[②]

为开辟驼峰航线,宋子文除积极与美国政要交涉外,还通过成立的中国国防供应公司(China Defense Supplies, Inc. ,简称 C. D. S.)与美国接洽。早在 1941 年 3 月美国众议院通过《租借法案》后,为便于与美国政府接洽租借援助工作,宋子文于 1941 年 5 月 1 日在美国纽约正式成立了中国国防供应公司。中国国防供应公司法定资本为 20 万美元,公司表面上是一家在美国特拉华州注册的股份制商业公司,但实际却是由国民政府独资设立的官营企业,其使命在于采用美国人更易接受的方式为中国接洽租借援助。[③] 太平洋战争爆发以后,中国国防供应公司要求美国直接提供运输机。然而当时美国国内的运输机加起来也不过 300 架左右。由于美国军方将飞机生产的优先权都分配给了战斗机,陆军部手头几乎没有可以调配的运输机。最后,罗斯福同意从美国国内民航客机及新出产的运输机中调拨 100 架来华,投入中印空运,其中 75 架交由美国空军驾驶,25 架则由中国航空公司驾驶。在与美方交涉的同时,宋子文又致电顾维钧,告诉他罗斯福已经同意开辟中印间的空运线

① 吴景平、林孝庭主编:《战争风云——宋子文与外国人士往来函电稿补编(一)(1940—1942)》,第 152 页。

② 吴景平、林孝庭主编:《战争风云——宋子文与外国人士往来函电稿补编(一)(1940—1942)》,第 112—113 页。

③ 参见曹嘉涵:《抗战时期中美租借援助关系》,第 69—75 页。

路,并希望他与英方接洽,最好英印政府能建立一个协调印度跨境铁路运输的组织,以确保租借物资在印度境内得到快速装运。①

总之,鉴于1942年缅甸形势日益危急,为保证大批美援物资运入中国,中国迫切需要开辟中印航线。1942年上半年,宋子文积极与美国交涉,促成了驼峰航线的开辟。对美国而言,尽管部分美国官员和军方对开辟驼峰航线顾虑重重,但罗斯福为支持中国抗战,并在亚洲大陆对日本军队进行战略牵制,也力排众议,支持开辟驼峰航线。驼峰航线的开辟,是太平洋战争爆发以后中美经济和军事合作关系的重要体现。

二、中国对驼峰空运的不满与对美交涉

1942年4月驼峰航线开辟以前,中国军队的物资供应就已严重不足。1942年4月17日,宋子文致电罗斯福,抱怨中国军队获得的美援军火物资过少。电文称:在过去一年,中国仅得到141门轻型榴弹炮,仅够12个营使用。中国军队只有6 500万发弹药。每支枪可用的子弹数不足50发,也就是说,只够维持2小时的火力射击。宋子文建议"应立即执行装备18个师的计划,并尽快严令完成30个师装备计划的剩余部分。除非完成上述工作,我对未来中国获得及时而切实援助的可能性心存疑虑"②。驼峰航线开辟后,中国对通过驼峰空运获取大量美援物资充满期待。

但在驼峰空运初期,运量十分有限。1942年4月18日至5月15日,美军从汀江起运的货物数量如下:至垒允为151 528磅,至密

① 曹嘉涵:《抗战时期中美租借援助关系》,第167页。

② 吴景平、林孝庭主编:《战争风云——宋子文与外国人士往来函电稿补编(一)(1940—1942)》,第100—101页。

支那为71 779磅，至昆明为46 006磅。C－88 号货物为13 243磅，世界贸易公司货物为13 224磅。① 5 月，航空运输司令部运到中国的物资仅有 80 吨，6 月为 106 吨，7 月为 73 吨。② 造成驼峰空运初期运量有限的原因有多方面，包括恶劣的自然条件、印度阿萨姆邦的机场不能满足需要、运输力量严重不足、日军的骚扰破坏等。以运输力量不足为例，原计划派 75 架飞机参加驼峰空运，到 1942 年 12 月，驼峰空运共获得 62 架 C－47 型运输机，但其中 15 架已被摧毁，4 架还在中东。飞机维修困难，分配给驼峰的 34 架运输机在 6 月只有 9 架能真正飞行，其余的由于缺乏零件而停在地上。③ 地面设施不足也制约了驼峰空运的发展。1942 年 8 月克莱顿・L. 比塞尔(Clayton L. Bissell)准将接任第十航空队司令后，他就认为中印空运每月运送5 000吨到中国去，至少需要 300 架飞机，这意味着在阿萨姆需要 5 个机场，在昆明需要 5 个机场。④ 而当时驼峰沿线的机场不敷使用。

人为因素也是造成驼峰空运初期运量有限的重要原因。驼峰空运的美国租借援华物资，在中缅印地区由史迪威负责接收分配。相较于驼峰空运，史迪威认为中缅军事行动更为重要，他认为租借物资的空运必须优先让位于歼击机与轰炸机的行动，反对将轰炸

① 吴景平、林孝庭主编：《战争风云——宋子文与外国人士往来函电稿补编(一)(1940—1942)》，第 117 页。

② Charles F. Romanus and Riley Sunderland, *Stilwell's mission to China* (Washington, D. C. : Office of the Chief of Military Department of the Army, 1953), p. 167.

③ 徐康明、刘莲芬：《飞越"驼峰"：第二次世界大战中最著名的战略空运》，第 86 页。

④ [美]小威廉・M. 利里著，徐克继译：《龙之翼——中国航空公司和中国商业航空的发展》，第 150—151 页。

机改作运输机使用。① 美军第十航空队司令克莱顿·L. 比塞尔准将对运往中国的货物数量并不乐观，对航空运输飞行也缺乏信心，使运输情况进一步复杂化。② 因此，在驼峰空运中，史迪威和比塞尔对驼峰空运的不够重视也影响了驼峰空运的发展。

当然，驼峰空运初期运量过小，更与美国“先欧后亚”“先德后日”的外交战略有关。1942 年下半年，同盟国与法西斯国家在欧洲、亚洲和北非战场激战正酣，中国、英国和苏联都需要大批美国租借物资补给。在亚洲中缅印战区，中国急需美军物资，以增强中国军队的力量，为反攻缅甸作准备。与此同时，在欧洲和北非战场，苏联和英国也急需美军的物资援助。在北非战场，1942 年 6 月下旬，隆美尔（Rommel）率领德军进攻北非英军，并占领北非军事要塞托布鲁克，北非英军节节败退。7 月，德军开始进攻斯大林格勒，苏军形势危急。为援助退往埃及的英军和防守斯大林格勒的苏军，美国空军把美军能够抽出来的大量物资都送给了在开罗设防的英国军队和在斯大林格勒鏖战的苏联。而恰好在此期间，蒋介石向美国提出了三项要求，即美国立即派遣 3 个师到缅甸前线，美国向其提供 500 架飞机及零配件，以及自 1942 年 8 月起美国每月经驼峰航线向他提供5 000吨物资。在史迪威看来，这根本不可能，因为此时美国的飞机生产还没有走上正轨，适合于在驼峰飞行的运输机尚未设计出来，破旧不堪的 C－47 运输机每月仅能勉勉强强向中国运送 100 吨的物资。③ 史迪威的看法虽然合理，实则并

① 吴景平、林孝庭主编：《战争风云——宋子文与外国人士往来函电稿补编（一）（1940—1942）》，第 119 页

② ［美］小威廉·M. 利里著，徐克继译：《龙之翼——中国航空公司和中国商业航空的发展》，第 150—151 页。

③ ［美］约瑟夫·W. 史迪威著，黄加林等译：《史迪威日记》，第 108 页。

末道出美国对中国战场的轻视。美国在 1942 年 7 月到 1943 年 6 月期间给予了苏联 700 万吨的军火和其他物资，以便使苏联在苏德战场继续吸引德国主力。而中国则在为每月能得到5 000吨的物资援助作最大努力。这也体现了美国"先打败德国"①的战略意图。中苏两国获取美援物资数量的巨大差距，也是中苏两国在美国外交战略地位中差距的体现。

驼峰空运运量过少使得中国颇为失望，进而引起中国不满。1942 年 7 月，蒋介石在日记中抱怨道："空运计划与空军计划，虽皆制定具体方案，而美国消极应付，未能乐观也。"由于获得驼峰空运的物资过少，蒋介石深感耻辱："美国对我中国战区与军力不仅轻视，简直无视也，此乃本月最为痛心之事，只有忍性自勉耳。"②由于感受到美国的轻视，蒋介石要求美国迅速提高驼峰空运运量，以满足中国抗战的需要。1942 年 7 月 29 日，蒋介石在准备与来华的罗斯福总统特使居里谈话的要旨中称，此次对居里表示"只集中于空军五百架飞机，与空运月需五千吨之数量，其他概不提及为宜"③。1942 年 8 月 6 日，蒋介石会见居里，称"租借案物资皆美国之物，其如何处理与数量多寡，皆任美国作主，余无异议。惟前线五百架飞架(机)与每月五千吨空运之最低限度，如不能实行，则中国必无法反攻"④。

由于史迪威对中国获取美援物资具有发言权，中国最初希望他对美国施加影响，以增加中印空运量。1942 年 5 月 28 日，宋子

---

① 韩永利：《战时美国大战略与中国抗日战场(1941—1945)》，武汉：武汉大学出版社 2003 年版，第 125 页。

② 《蒋介石日记·本月反省录》(手稿)，1942 年 7 月 31 日。

③ 《蒋介石日记》(手稿)，1942 年 7 月 29 日。

④ 《蒋介石日记》(手稿)，1942 年 8 月 6 日。

文致函中国国防供应公司职员肖纳西(Quinn Shaughnessy),让其通知史迪威,称由于美国陆军航空部队正在研究其他空运计划,根据指派调拨更多双引擎运输机投入中国空运行动的计划暂时受阻,希望史迪威向美军施压,否则中印空运状况想要得到改进将显得十分虚幻。① 宋美龄也曾提出要史迪威向美国政府转送关于澄清500架飞机一项要求的公文,并加上史迪威的推荐,史迪威拒绝。② 史迪威认为实现1942年8月起美国每月经驼峰航线向中国提供5 000吨物资的要求,需要具备一定条件,即需要304架飞机、275名机组人员、3 400名地勤人员,空运线两端各有5个机场,每个机场能够容纳50架运输机。③ 史迪威认为这在短时期内很难实现。史迪威所言虽是事实,但也是一种借口。实际上,史迪威此时最感兴趣的是率领陆军反攻缅甸,而对提高驼峰空运运量兴趣则不大。不仅如此,史迪威还向罗斯福隐瞒了驼峰空运的真相。1942年6月,史迪威在向罗斯福提交的一份报告中宣称,中印空中运输正在顺利进行,当6月17日罗斯福向宋子文表示对驼峰空运满意时,宋子文当即指出史迪威报告的错误,因为过去几个月来运输量仅有500吨。宋子文所提的数字如此之低,让罗斯福很吃惊,并立即命令军部展开调查。④ 对于蒋介石希望获得更多物资的要求,史迪威执意不肯答应,因而也激化了史迪威与蒋介石的矛盾。1943年9月4日,史迪威在日记中得意地写道:

---

① 吴景平、林孝庭主编:《战争风云——宋子文与外国人士往来函电稿补编(一)(1940—1942)》,第120页。

② [美]约瑟夫·W. 史迪威著,黄加林等译:《史迪威日记》,第110页。

③ [美]约瑟夫·W. 史迪威著,黄加林等译:《史迪威日记》,第111页。

④ [美]齐锡生:《剑拔弩张的盟友——太平洋战争期间的中美军事合作关系(1941—1945)》上册,第211—212页。

> 他发现我并没有根据他的命令分配租借物资、也不会容许他随意动用美国部队，这使他气得发疯。他可以发脾气，但他奈何不了我，这一想法让人感到欣慰。我可以想说什么就说什么，心安理得地离开，知道他身边那些只会言是的人、寄生虫、盲目崇拜者和马屁精推不翻我的话。既然是事实，他们又怎么能够推得翻呢？①

实际上，史迪威不仅在日记中表达了对蒋介石的强烈不满，在公开场合也多次口无遮拦地表达对蒋介石的不满。在1943年5月华盛顿召开的三叉戟会议上，当史迪威述说中国领导人的素质差时，罗斯福问史迪威对蒋介石的个人看法，史迪威说："他是一个从来不守信用的老奸巨猾而又当断不断的恶棍。"②因此，围绕驼峰运量和物资分配的问题，史迪威与蒋介石之间矛盾重重。

为了增加驼峰空运的运量，宋子文积极与美国交涉，要求首先将大批美援物资从美国本土运至印度。宋子文指示中国国防供应公司与军火分配委员会接洽从美国空运援华租借军械前往印度的"紧急空运计划"(Emergency Air Transport Program)。该计划早在1942年3月、4月间就已由中国国防供应公司拟定，5月中旬军火分配委员会将积存在美国的援华租借物资收回重新分配后，中国国防供应公司决定挑选出中国最急需的军械纳入"紧急空运计划"实施运输。中国国防供应公司最初要求美方在当年5月至10月每月空运7 500吨军械至印度，然后由驻印美军转运国内。军火分配委员会认为中方提出的每月运量超出了中印空运的实际承受能力，故将数字削减为每月3 500吨。后经过中国国防供应公司与

① [美]约瑟夫·W.史迪威著，黄加林等译：《史迪威日记》，第196页。

② [美]陈纳德著，王湄等译：《飞虎将军陈纳德回忆录》，第318—319页。

美方力争，美方保证前2个月(5月、6月)运量达到3 500吨，此后4个月的运量视情况而定，但仍在3 500吨上下。[①] 其次，宋子文要求美国提高驼峰空运的运量。因中国要求加增前线飞机与中印空运吨位之事久不获准，宋子文曾经制定了一项紧急空运方案，径向罗斯福请拨，军部以史迪威未有表示，百般推托。军部告诉宋子文，鉴于运华物资在印堆积甚多，拟自7月份起将在美待运之物资器材暂时停运。宋子文为此甚为愤怒，1942年6月27日，宋子文对军部称，事既如此，我们在此已失效用，命令在美有关机构关闭，所有人员立即回国。军部因恐决裂，始将停拨之议取消。[②] 尽管宋子文为增加驼峰空运运量在美国多方奔走，但由于美国对中国战场的轻视，宋子文的努力并未取得明显成效。

三、美国的补偿与驼峰空运运量的增加

1943年2月下旬，宋子文启程开始第二段驻美生涯。在这期间，宋子文频繁游说美国政要加强中印空运。1943年5月10日，宋子文向罗斯福转述了蒋介石的意见，即只有在给予空中支援的情况下，中国才能继续坚持抗战。[③] 5月13日，宋子文又向丘吉尔转述蒋介石的意见，称："中国已被围困多年。现在由于缅甸在日军手中，中国完全被包围了。必须要尽快增援中国，因为总体情况正在迅速恶化。"[④]5月14日，宋子文也向霍普金斯抱怨道，美国曾

---

① 曹嘉涵：《抗战时期中美租借援助关系》，第149页。

② 梁敬錞：《史迪威事件》，北京：商务印书馆1973年版，第62页。

③ 吴景平、郭岱君主编：《风云际会——宋子文与外国人士会谈记录(1940—1949)》，第55页。

④ 吴景平、郭岱君主编：《风云际会——宋子文与外国人士会谈记录(1940—1949)》，第56页。

许诺过“每个月有 1 万吨的空运量，但是迄今为止，我们每周所获得的最高数字是1 000吨的量，而且还难以为继”①。5 月 17 日，宋子文又在联合参谋长团会议上讲道，由于中国获得的驼峰空运量有限，在中国战区没有实施空中攻击，并转达了蒋介石的要求，即“今后三个月，全部空中运输量都集中在足以支持这一空中进攻所必不可少的物资上”②。宋子文的努力没有白费，5 月 18 日，罗斯福承诺，“7 月 1 日以后将空运额提升至每月7 000吨，9 月 1 日以后提升至每月 1 万吨”③。

由于史迪威制约了驼峰空运运量的增加，美国陆军参谋长马歇尔也决定考虑由美军后勤补给部队司令官萨默维尔(Brehon B. Somervell)中将接替史迪威的职务。事实上在 1942 年 7 月史迪威撤换风波之后，美国军方也开始意识到租借物资管理职权是史蒋冲突的诱因之一。为缓和史蒋矛盾，美国陆军部决定让史迪威更加专注训练中国驻印军与准备反攻缅甸，尽量避免因租借物资问题与蒋再起冲突。1944 年 3 月 31 日，史迪威正式宣布将中缅印战区美军总部从重庆迁至新德里，他的活动重心自此离开中国。由于美国陆军部开始直接掌控援华租借物资的供给分配事务，并重新布局了中缅印战区美军人员机构，史迪威的租借物资管理职权被大大削弱。④ 1943 年 10 月萨默维尔的远东之行，也使美国领袖

---

① 吴景平、郭岱君主编:《风云际会——宋子文与外国人士会谈记录(1940—1949)》，第 58 页。

② 吴景平、郭岱君主编:《风云际会——宋子文与外国人士会谈记录(1940—1949)》，第 61 页。

③ 吴景平、郭岱君主编:《风云际会——宋子文与外国人士会谈记录(1940—1949)》，第 64 页。

④ 曹嘉涵:《抗战时期中美租借援助关系》，第 159—160 页。

了解了驼峰空运的实际情况。萨默维尔到印度后不久就宣布,经过驼峰运往中国的物资在1个月内可以达到1万吨,如果地面设施和交通能够改善的话,运输量可以继续增加。①

经过中美两国的努力,驼峰空运的运量有所增加,但到1944年5月为止,驼峰空运物资还是不能满足中国的需要。据统计,从1942年4月中印航空运输开通以来,到1944年5月底止,在这26个月期间中国航空公司输入的《租借法案》及其他项下物资总量为1.7万吨,平均每月不到650吨。除中国航空公司运输美国的租借物资外,美国航空运输司令印中联队平均每月运入量为1 000吨左右。驼峰空运不仅运量有限,而且输入物资仅能满足中国远征军的需要,“与中国各战区所需以配备军队作为反攻之用,以及维持各种战争工业之实际需要相差甚远,更未遑论及用输入之物品以供给中国经济上之需要”②。1944年6月22日,宋子文与来访的美国副总统华莱士(Henry Agard Wallace)会谈时,宋子文强调中国与日本交战已久,中国物资匮乏,希望美国扩大驼峰空运。宋子文阐述了扩大中印空运的必要性与重要性,称:“欲谋速灭敌人,必赖贵国更大之协助。除充实作战之需要外,更须益以经济之需要,而此项物资之运入,在陆路交通未打开以前,势唯空运是赖。故加强中印空运力量,是为目前之要图。”③为增加中印空运量,宋子文向华莱士提出了三点建议:一是增拨中国航空公司租借运输机100

① [美]齐锡生:《剑拔弩张的盟友——太平洋战争期间的中美军事合作关系(1941—1945)》上册,第409页。

②《致美国副总统华莱士备忘录》(1944年6月22日),台北:“国史馆”藏,蒋中正总统文物档案,002/080106/00054/005/1。

③《请加强中印空运力量适应战事需要(与华莱士副总统谈话资料之一)》(1944年6月22日),台北:“国史馆”藏,蒋中正总统文物档案,002/080106/00054/005/11。

架，使每月运量由1 500吨增加至5 000吨；二是驼峰航线尽量利用汀宜线，便于利用长江航线将叙府的物资运至各地；三是将驼峰空运起点由卡拉奇改至加尔各答，以节省转运时间。①

美国对宋子文提出的增加驼峰空运量的请求并未直接拒绝，但强调了制约驼峰空运发展的客观因素，主要是中印航线拥挤、地面设备不能满足需要和航空汽油缺乏。美国的理由不可为不充足，但航空委员会副主任毛邦初却不以为然，他认为这只是美方的借口。毛邦初的理由是：一是中印空运的运输机仅约有 300 架，加之密支那机场已收复，因此中印航线不存在拥挤的问题；二是机场设备除修建停机坪以装卸货物外，其他仅略加改良就可以了；三是伊拉克及阿拉伯生产的汽油已经改良，可用作航空汽油，因而印度不会存在航空汽油供应不足的问题。② 毛邦初的看法不无道理，美国强调制约驼峰空运的客观因素，而对美国轻视中国战场避而不谈。自从驼峰空运线开辟以来，美国军方将不能运送更多物资的原因归结为天气恶劣、地形险峻、飞机高度超限、日机拦截等，但美国军方高层人士对于驼峰工作的缺失早已耳熟能详，而且问题都出在印度。因此，美国军方领袖的不作为是导致驼峰空运一度成效较低的重要原因。③ 在 1942 年至 1943 年间，中国每年获得美国租借物资的数量，各占当年美国输出总数的 4‰，中国获得的物资在美国对外租借物资的比例如此之低，美方的理由是运输机不够

① 《请加强中印空运力量适应战事需要（与华莱士副总统谈话资料之一）》（1944 年 6 月 22 日），台北："国史馆"藏，蒋中正总统文物档案，002/080106/00054/005/11—12。

② 《电呈美方对我一般租贷案之症结所在及拟具意见由》（1944 年 8 月 26 日），台北："国史馆"藏，蒋中正总统文物档案，002/080106/00054/005/18—19。

③ [美]齐锡生：《剑拔弩张的盟友——太平洋战争期间的中美军事合作关系（1941—1945）》上册，第 406—407 页。

分配。实际上,从“珍珠港事变”开始到全面抗战胜利,美国的军火生产总数是飞机 30 万架。1943 年中国提出美国提供 500 架飞机时,美国当年飞机的产量是85 898架。因此,中国通过驼峰空运获得美国租借物资少的真正重要原因是美国人早就作出不多送物资援助中国的决定。①

在中国不断的强烈要求下,美军也改善了驼峰空运的条件。实际上,制约驼峰空运发展的客观因素除驼峰空运力量不足、飞行危险以外,印度糟糕的交通状况也是重要因素。鉴于此,美国改善了孟加拉国至阿萨姆铁路和加尔各答港口的交通状况,并进行军事化管理。1944 年 1 月,英美军队接管加尔各答港口,把码头划分为英国区和美国区,建立了码头工人的联合组织。1944 年 3 月 1 日,美国铁道兵正式接管孟加拉国至阿萨姆铁路的管理工作。为了进一步提高驼峰空运的运量,1944 年 6 月,空运部转运司司长特纳准将和空运部副参谋长詹姆斯·H. 道格拉斯(James H. Douglas)上校经过研究认为,如果中缅印战场分别在 8 月 15 日、9 月 15 日和 10 月 15 日使用东孟加拉的 3 个机场,陆军航空队在 9 月 1 日前派1 500名经验丰富的机械师到印中联队,准时交付分配给印中联队的运输机,中缅印战场至 10 月 1 日为飞机提供供应和第三、第四级修理的维修部队,且密支那地区有着陆设施和汽油,就可以提高驼峰空运量。② 由于印度交通状况的改善和美军的重视,从 1944 年下半年开始,驼峰空运的运量大幅度增加。1944 年 10 月的运量是24 715吨,11 月增加至34 914吨。又从 1945 年 1 月

① [美]齐锡生:《剑拔弩张的盟友——太平洋战争期间的中美军事合作关系(1941—1945)》下册,第 771—772 页。

② 徐康明、刘莲芬:《飞越“驼峰”:第二次世界大战中最著名的战略空运》,第 237—241 页。

的44 099吨增加至 6 月份的55 387吨，再到 7 月份的71 043吨。①

从以上分析可以看出，驼峰空运开始以后，围绕运量问题，中美双方矛盾不断。由于史迪威握有驼峰空运物资的分配权，加之史迪威对驼峰空运不够重视，这使得蒋介石对史迪威大为不满，中美围绕驼峰空运问题的矛盾成了史迪威与蒋介石矛盾的一部分。也有学者认为太平洋战争时期中美对中国的空中援助和空中供应出现矛盾，似乎不是中国或美国的过错，也不是史迪威或蒋介石的过错，主要是美国军方和文职领导人不了解中国文化，包括中国政治、中国军队、中国领导人和其他人的特点。② 更进一步讲，中美围绕驼峰空运问题的矛盾，也是中美两国外交战略矛盾的表现。正如有学者指出的那样，这种战略制约中的关键点是战略投入的排序问题，影响着中国的受援状况。从这个意义上讲，中美关系的纠葛，并非是中国抗战中所存在的问题，而是美国大战略制约之所致。在这一大战略之下，美国在中国的物资投入滞后是注定的。而蒋介石对美国的物资支援和战略目标向亚洲方面转换的期望太高。③ 换言之，在太平洋战争期间，美国对中国战场的轻视与中国对美国援助的期望过高，导致二者之间出现巨大落差，中美围绕驼峰空运问题出现矛盾不可避免。

四、驼峰空运物资分配中的史陈矛盾及其实质

在驼峰空运物资的分配上，不仅史迪威与蒋介石之间矛盾重

① [美]齐锡生：《剑拔弩张的盟友——太平洋战争期间的中美军事合作关系（1941—1945）》上册，第 484 页。

② Guangqiu Xu, "The Issue of US Air Support for China during the Second World War, 1942—1945", *Journal of Contemporary History*, Vol. 36, No. 3 (2001), p. 484.

③ 韩永利：《战时美国大战略与中国抗日战场（1941—1945）》，第 137 页。

重，而且史迪威与陈纳德之间也存在尖锐矛盾。史迪威掌握了驼峰空运物资的分配权，他把驼峰空运货物分成三份，分别分给中国远征军、陈纳德的空军和国民政府总参谋部。① 为了让美国驻华空军获得更多的驼峰空运物资，陈纳德与史迪威争吵不断。史迪威和比塞尔曾答应每月给美国驻华空军1 968吨物资，但实际上美国驻华空军得到的物资远少于此数。据陈纳德回忆，到1943年1月，美国驻华空军每月得到的驼峰空运物资不到300吨。在陈纳德的强烈要求下，1943年2月的物资为400吨，3月为615吨，美国驻华空军得到的物资数量为驼峰航线保证运输量的30%至50%。② 1943年3月3日，宋子文在致罗斯福的电文中也称，要实施中国空中进攻计划，牵制并重创日本在华空军的大部，从侧翼攻击日军的海上航道，同时攻击中国大陆、台湾及日本岛屿上的日军基地，驻华美军每月需要的物资为2 625吨，包括空军部队2 110吨，军械325吨，军需用品141吨。③ 由于驼峰空运物资的分配具体由第十航空队司令比塞尔准将负责，陈纳德对比塞尔也十分不满。陈纳德抱怨道："史迪威对空运的效率无知尚可理解，但作为空军官员的比塞尔，为什么也坚定地认为使用驼峰航线是不现实的呢？这一点我永远也无法理解！"④他还回忆道：

邮品、肥皂、御寒的衣服、刮胡刀片、香烟以及晋级和对勇敢善战的鼓励，都是保持士气所需的最简单的东西。而所有这些都没有美国驻华空军的份儿。比塞尔也说不出令人信服

① [美]约瑟夫·W.史迪威著，黄加林等译：《史迪威日记》，第169页。

② [美]陈纳德著，王湄等译：《飞虎将军陈纳德回忆录》，第287页。

③ 吴景平、林孝庭主编：《战时岁月——宋子文与外国人士往来函电稿新编（1940—1943）》，第114—115页。

④ [美]陈纳德著，王湄等译：《飞虎将军陈纳德回忆录》，第2287页。

的原因。陆军消费合作社的军需品经常一连几个月都发送不到，使美国驻华空军没有一条肥皂、一片刮胡刀片、一根香烟……史迪威的顾问班子，除了拥有在这个战场享受来自美国的充足储备的特权外，每个人还能在工资中得到每天七美元的津贴。①

史迪威与陈纳德之间围绕驼峰空运物资分配的问题矛盾重重，但更多时候二人的矛盾表现为双方的战略分歧，即史迪威强调壮大陆军力量的重要性，而陈纳德则强调空军的重要性。在中国远征军第一次入缅作战失利后，史迪威一直着手发动缅甸战役。为了缅甸作战，史迪威强调陆战的重要性，“对空中力量的极大偏见，猜疑所有比步枪和刺刀复杂的武器”②。1943 年 1 月 8 日，中国国防供应公司职员肖纳西在致宋子文的电文中也称：“史迪威对空中力量缺乏强有力的信心，他打算将现有的飞机用来支持缅甸作战，而不是供陈纳德在中国境内外的计划。”③为了准备缅北战役，史迪威在印度兰姆加尔整训中国驻印军，也曾向陈纳德表示，真正赢得战争的是“那些在战壕里的战士们”④。具体而言，史迪威之所以强调加强滇缅作战的地面军事力量，是因为他认为“中国处于经济崩溃的边缘；我们再也等不起另一年了；云南省是必不可丢的；必须建立起一支力量保卫它。如果日本人占领了云南，重新夺回缅甸也就失去了意义”。同时，史迪威认为不宜对日军发动空中攻击，“增加激怒日本人的空中攻势只会带来强烈的反应，从而毁

① [美]陈纳德著，王湄等译：《飞虎将军陈纳德回忆录》，第 285 页。

② [美]陈纳德著，王湄等译：《飞虎将军陈纳德回忆录》，第 202 页。

③ 吴景平、林孝庭主编：《战时岁月——宋子文与外国人士往来函电稿新编（1940—1943）》，第 84 页。

④ [美]陈纳德著，王湄等译：《飞虎将军陈纳德回忆录》，第 289 页。

掉一切，甚至会使中国退出战争”。史迪威认为中国的当务之急就是“使地面力量足以占领和占据空军基地，以及打开外部世界通往中国的交通线”①。史迪威充分了解中国物资供应的困难，他认为解决中国这一困难的唯一办法就是打破日本的封锁，而打破日本封锁的唯一办法就是装备、训练中国远征军以实现滇缅反攻。② 为实施缅甸反攻，史迪威需要将大量的驼峰空运物资用于装备中国远征军，这无疑会影响美国驻华空军的物资分配量。

与史迪威认为中国当前需要加强地面作战力量相反，陈纳德认为中国的当务之急是壮大空军力量。早在 1942 年 8 月 13 日，陈纳德致电史迪威，称“如果能给我五百架轰炸机和战斗机，一百架运输机，再赋予我战场指挥的全权，我将可以摧毁大批从台湾及其周边地区运往南太平洋岛屿以对付麦克阿瑟的军事物资，可以激励中国的地面部队攻击日军占领区，可以牵制日军在缅甸和印度支那的行动，缓解日军对印度的直接威胁，并可以保护通往中国的运输线，实施使整个盟军振奋的攻击行动”③。1942 年 10 月，适逢罗斯福总统的特使温德尔·威尔基(Wendell Lewis Willkie)在重庆，陈纳德写信给他，再次强调空军的重要性，称：“一支小得在其他战场上显得十分可笑的空军力量，在这儿可以打败日本人。”“我相信，如果给我以指挥这样一支空军力量的真正权力，我便可以打败日本军队。”④

为了宣传空军重要性的观点，1943 年 5 月，陈纳德借参加在华盛顿召开的三叉戟会议之机，阐述了自己的想法。在会上陈纳德

① [美]约瑟夫·W. 史迪威著，黄加林等译：《史迪威日记》，第 182—183 页。
② [美]约瑟夫·W. 史迪威著，黄加林等译：《史迪威日记》，第 184 页。
③ [美]陈纳德著，王湄等译：《飞虎将军陈纳德回忆录》，第 298 页。
④ [美]陈纳德著，王湄等译：《飞虎将军陈纳德回忆录》，第 300—301 页。

与史迪威进行了公开的争论，两人之间的主要分歧在于反攻究竟应在缅甸还是在中国展开。史迪威的观点是，在印度用美国的战术和装备，训练一支中国步兵部队，然后带领他们打回缅甸，进而打开通路进入中国。陈纳德则强调加强美国第十四航空队力量的重要性，他认为只要提供给在中国的第十四航空队的物资总量为每月7 129吨，第十四航空队就可以配合整个太平洋战略进行陆海空全面作战，向西横扫太平洋。史迪威从两方面批驳了陈纳德：第一，他认为驼峰航线的运输量不可能扩展到陈纳德所需要的数量；第二，他担心在中国任何增加空中兵力的行动都会促使日军去攻占在中国东部的空军基地，这些基地现在由第十四航空队占领。若需保护这些基地，估计要 15 个师的兵力。①

如何处理史迪威与陈纳德之间的分歧，在美国内部也有不同意见。陆军参谋长马歇尔和海军上将金梅尔（Kimmel）支持史迪威，罗斯福总统的顾问霍普金斯则支持陈纳德。② 美国专栏作家约瑟夫·艾尔索普（Joseph Wright Alsop）也写信给霍普金斯，称："我始终主张直接的军事效果应指望来自这个地区的一次空中行动。""如果不采取某种立即而相当惊人的行动来重振中国人和中国军队的士气，情况将不知道会怎样。"③美国陆军部长亨利·史汀生（Henry Stimson）在其回忆录中也写道："尽管有诸多的反对意见，陈纳德的观点还是在 1943 年 5 月的华盛顿会议上得到支持。

① [美]陈纳德著，王湄等译：《飞虎将军陈纳德回忆录》，第 311—314 页。

② [美]舍伍德著，福建师范大学外语系编译室译：《罗斯福与霍普金斯——二次大战时期白宫实录》下册，第 376 页。

③ [美]舍伍德著，福建师范大学外语系编译室译：《罗斯福与霍普金斯——二次大战时期白宫实录》下册，第 364—365 页。

史迪威本人也出席了这次会议。但他主张的观点不成功。”[①]陈纳德的提议也得到蒋介石的支持。蒋介石致电罗斯福，坚决支持陈纳德提出的建议，表示在今后 3 个月内，一切进入中国的空运吨位，都应为了从中国基地出发而发动一次决定性的空中攻势这一目的，而专门装运航空用油和其他补给品。在陈纳德、蒋介石等人的强烈要求下，在华盛顿三叉戟会议上罗斯福支持陈纳德的主张，决定每月飞越驼峰运送的物资要达到7 000吨，并命令这一吨位数字应于 7 月实施。要先把4 750吨分配给陈纳德的第十四航空队，然后再把2 250吨分配给地面部队。罗斯福认为空军将会给日本人造成一些损失，但如果失败了的话同时也会削弱地面进攻的努力。[②] 至此，陈纳德的第十四航空队获得的空运分配物资得以大量增加，陈纳德与史迪威之间的矛盾开始趋于缓和。

史迪威与陈纳德之争虽然涉及两人战略的分歧，但我们不能过分夸大二人战略分歧的影响。实际上，史迪威与陈纳德的陆战与空战战略之争的核心还是争夺驼峰空运物资。1943 年 1 月 20 日，史迪威提出要把美国驻华空军的燃油供应量削减 50%，如果这样，美国驻华空军每天只能从驼峰航线得到 700 加仑的燃油，驻华空军战斗力将大受影响。为此，陈纳德飞赴重庆，与史迪威争辩，要求史迪威放弃削减提议。史迪威以教训的口吻对陈纳德说：“陈纳德，你必须知道，空军不能什么都想有。你应该学会少伸手，多做事。”事后，陈纳德得知史迪威之所以意欲削减美国驻华空军的燃油供应量，主要是为了实施萨尔温江的反攻计划，想为云南的中

① [美]陈纳德著，王湄等译：《飞虎将军陈纳德回忆录》，第 317 页。
② [美]约瑟夫 · W. 史迪威著，黄加林等译：《史迪威日记》，第 183 页。

国远征军增加军需储备。[1] 陈纳德和史迪威关于驼峰空运物资的争吵一度也让罗斯福颇为头痛。1943 年 5 月 21 日，罗斯福对宋子文讲：

> 关于陈纳德和史迪威，我有个棘手的问题。他们都到这里来过，都对总吨量不能满意。史迪威要求每月2 000吨，直到他得到 1 万吨为止；陈纳德要求每月4 700吨。我考虑后，告诉他们，"那这样最好了：我们把总吨量提升到7 000吨，你们就都能满足了"。[2]

陈纳德和史迪威为争夺驼峰空运物资而争吵不休，归根到底也与美国对华政策紧密相关。在美国外交的考量中，中缅印战区是不被美国重视的战区，史迪威也是一个不被重视的战区司令官。除艾森豪威尔（Eisenhower）和尼米兹（Nimitz）之外，所有的战区指挥官，没有哪一位不会感到史迪威是最受忽视、最受欺骗和最彻底被愚弄的人了。[3] 由于中国战场不被美国重视，加之驼峰空运的确困难重重，中国获得的美国租借物资的总体数量不大。史迪威在物资供应有限的情况下的确难以分配给陈纳德充裕的物资，自然容易引起陈纳德的不满。齐锡生就认为 1943 年春天陈纳德与史迪威在华盛顿三叉戟会议的辩论，与其说是双方的战略之争，不如说是双方物资的分配之争。当时美国的物资援助少得可怜，在物资极度匮乏的情况下，即使在分配的优先次序上作一个微小的调

① [美]陈纳德著，王湄等译：《飞虎将军陈纳德回忆录》，第 289—290 页。

② 吴景平、郭岱君主编：《风云际会——宋子文与外国人士会谈记录（1940—1949）》，第 69 页。

③ [美]舍伍德著，福建师范大学外语系编译室译：《罗斯福与霍普金斯——二次大战时期白宫实录》下册，第 364 页。

整，都能对不同军种的将领造成严重威胁。他们进而忍不住把不同意见夸大成战略层次的选择，以求在声势宣传上压倒对方。①

如果进一步分析，史陈矛盾牵涉驻华美军指挥权的问题②，也是史蒋矛盾的组成部分。在驼峰物资分配问题和驻华美军指挥权上，蒋介石支持陈纳德。蒋介石支持陈纳德不仅仅是二人私交甚厚，而且陈纳德在中美关系中主要是作为蒋的追随者出现的，他指挥权限的扩大也就意味着蒋对美国驻华空军支配权力的增强，蒋当然为之不遗余力了。而史蒋之间在军事战略上已有分歧在先，史迪威争的又是中国军队的指挥权，蒋当然无法接受。因此蒋介石对陈极帮保而对史则寸权不让。③ 实际上，作为史迪威的下属，陈纳德敢屡屡挑战史迪威的权威，没有蒋介石的支持是不可能的。就驼峰空运物资分配而言，美国驻华空军分配到更多物资，不仅对陈纳德有利，而且也扩大了蒋介石的影响。从这方面讲，史陈矛盾是史蒋矛盾的组成部分，这也反映了战时中美关系的错综复杂。

① [美]齐锡生：《剑拔弩张的盟友——太平洋战争期间的中美军事合作关系(1941—1945)》上册，第 368 页。

② 严四光：《史迪威陈纳德龃龉与美国对华政策》，中美关系史丛书编辑委员会、复旦大学历史系编：《中美关系史论文集》第 2 辑，重庆：重庆出版社 1988 年版，第 388—389 页。

③ 金光耀：《蒋介石与史迪威和陈纳德的关系》，《复旦史学：复旦大学历史系建立七十周年纪念会(1925—1995)论文集》(内部交流)，上海，1995 年，第 149 页。

第七章　西南国际交通与大后方经济

全面抗战时期,西南国际交通在维持大后方经济的正常运行方面发挥了积极作用。一方面,通过西南国际交通,大后方的矿产品和农副产品得以输出,而大后方所需的燃料、工业原料、机器设备等物资得以输入,中国与苏联、美国之间的易货贸易得以正常进行。另一方面,随着战时大后方矿产品和农副产品出口海外,大后方的特矿业和农副产业也得到了一定程度的发展,尤其是在太平洋战争爆发前,发展较为明显。不过,太平洋战争爆发以后,由于西南国际交通运输的日益困难,西南特矿业和农副产业趋于萎缩。战时西南国际交通的变迁,极大地影响了大后方经济。

第一节　国际交通与大后方对外贸易

全面抗战时期,由于日军的封锁,西南国际交通线发生了变化,大后方地区的对外贸易也随之受到很大影响。大后方的对外贸易大概分成两个阶段:第一阶段从卢沟桥事变到 1942 年 5 月滇缅公路中断为止,这期间大后方仍旧可以通过滇越铁路、中越公路、滇缅公路等与外界联系,大后方贸易受到战争的影响还不大。

以四川为例，在抗战爆发的1937年，贸易总值为264.4万元，到1941年仍然增加到1 266.2万元，扣除物价上涨因素，对外贸易总值还有所增加。[①] 第二阶段从1942年5月滇缅公路国际运输中断到1945年8月全面抗战胜利，这期间西南对外的陆路通道被堵塞，大后方虽然通过驼峰空运与外界联系，但由于驼峰空运运量有限，大后方的对外贸易急剧萎缩，从而也加剧了大后方经济的困难。

一、西南国际交通与中苏贸易

全面抗战时期，中国与苏联之间进行了易货贸易，其中重要的物品是矿产品和农畜产品。战时中国向苏联借了三批外债，第一批是1938年3月的5 000万美元，第二批是同年7月的5 000万美元，第三批为1939年的15 000万美元。全面抗战期间，资源委员会运交苏联的矿产品为钨砂31 177吨、锑13 162吨、汞560吨、锌600吨、铋18吨。[②] 这些易货贸易矿产品的运输路线主要有三条，即滇缅公路、西北公路和驼峰空运。因此，西南国际交通线也对中苏易货贸易产生了重要影响。

首先，滇缅公路是运输中苏易货贸易产品的重要通道。滇缅公路开通后，便利了出口苏联的矿产品运输，尤其是1940年10月滇缅公路重新开放以后，大后方矿产品的输出以此为最主要路线，通过滇缅公路出口苏联的交货量超过过去任何一年。由于出口运输路线的变动，缴获地点也发生改变，仰光代替香港成为主要的中苏易货交货地点。为适应对外贸易变化的需要，国民政府贸易委员会国外贸易实务

① 章友江、李延栋：《抗战以来四川之对外贸易》，《四川经济季刊》第1卷第1期，1943年12月，第57—58页。

② 钱昌照：《国民党政府资源委员会始末》，全国政协文史资料研究委员会编：《文史资料选辑》第15辑，北京：中华书局1961年版，第31页。

所于当年9月在缅甸仰光成立分所，仅在1941年，仰光储存出口的矿产品达1.9万吨，“太平洋战事以后，仰光序状失常，本所犹能将到仰数千吨矿品。如数抢装运赴美苏，未受丝毫损失……”①通过滇缅公路运送出口苏联的矿产品主要有钨砂、锑矿、大锡、水银等。1941年，在仰光直接交出的中苏易货钨砂为3 695.288 6吨②，纯锑526.703 6吨③，大锡2 480.745 2吨④，水银110吨，占交货总量的85.94%⑤。随着滇缅公路出口中苏易货矿产品运量的增加，滇缅公路出口至苏联的货运量也超过了西北公路出口至苏联的运货量。以大锡出口为例，1941年通过兰州办事处交出的大锡为157.315 6吨⑥，仅相当于通过仰光交货量的6.34%。因此，滇缅公路已取代西北公路成为中苏易货贸易运输大锡的主要运输通道。

其次，驼峰空运也是中苏易货贸易的重要通道，推动了中苏易货贸易的发展。1942年5月滇缅公路国际运输中断后，中国与苏联贸易的陆上通道联系受到很大制约。西北公路运输虽然照常进行，但由于路途遥远，运量有限。资源委员会为维持对苏易货贸易矿产品的外运，在昆明将特矿交由中国航空公司飞机装运至印度，由苏联委托柯金斯(Cox 2. King. Co)公司承运，装车出口运苏。1942年8月底至9月初间，对苏汞品装出共计48.125 7吨，并与苏方约定在昆明交运锡品。12月交苏方锡品768.766 9吨，汞品115.763 6吨。在滇缅公路被截断以后，驼峰空运已成为中苏矿产

① 孟宪章主编:《中苏贸易史资料》,第508页。
② 孟宪章主编:《中苏贸易史资料》,第508页。
③ 孟宪章主编:《中苏贸易史资料》,第508—509页。
④ 孟宪章主编:《中苏贸易史资料》,第509页。
⑤ 孟宪章主编:《中苏贸易史资料》,第509页。
⑥ 孟宪章主编:《中苏贸易史资料》,第509页。

贸易的主要运输路线。[①] 1943 年,在资源委员会对苏易货的特矿产品中,在昆明由美军飞机运输的钨砂达到3 689.984 5吨,占全年钨砂总量的35.75%;锡品3 336.234 9吨,占全年锡产品总销量的45.95%;汞品96.734 2吨,占全年汞品总销量的 100%。全年交苏矿产品合计7 122.953 6吨,占矿品全年总销量的 40.29%。与 1942 年相比,矿品对苏易货数量增加了78.67%。[②] 到 1944 年,资源委员会的对苏易货矿产仍然大部分由昆明交出,然后经过驼峰空运转运至苏联。因此,驼峰空运也保证了中苏易货贸易的进行。

二、西南国际交通与中美贸易

战时中国举借了大量外债,其中从美国借款的额度最大。在太平洋战争爆发前,美国与中国签订了 4 份信贷协定、1 份平准基金借款协定,分别是 1940 年 4 月 20 日签订的2 000万美元协定,1940 年 10 月 22 日签订的2 500万美元协定,1941 年 2 月 4 日签订的5 000万美元协定,1941 年 4 月 1 日签订的5 000万美元协定,以及 1941 年的2 600万美元协定,共 1.71 亿美元。这些借款用锡、钨等出口产品作担保。[③] 太平洋战争爆发之后,中美之间达成了 5 亿美元的财政借款协定。由于战时美国向中国提供的贷款是以中国的桐油、猪鬃、茶叶、生丝、钨、锑、锡等作抵押,因此太平洋战争爆发以后,随着驼峰航线的开辟,驼峰航线成为中美贸易的重要通道,对维系战时中美贸易发挥了极其重要的作用。

① 孟宪章主编:《中苏贸易史资料》,第 481 页。

② 孟宪章主编:《中苏贸易史资料》,第 484 页。

③ Arthur N. Young, "Credits and Lend-Lease, 1937—1941", *China and the Helping Hand* (*1937—1945*) (Cambridge〔Massachusetts〕: Harvard University Press, 1963), p. 441.

中国航空公司和美国空军是驼峰空运的两支运输力量，其中中国航空公司在 1942 年 7 月通过《租借法案》从美国获得 10 架飞机，在 1943 年至 1945 年间中航飞机的数量为 25 架；美军最初投入驼峰空运的飞机只有 12 架，1942 年 10 月增至 75 架，到 1943 年 9 月飞机增至 225 架。① 随着中航和美军投入驼峰航线飞机数量的增加，驼峰航线的空运量也逐年增加。1942 年 7 月中航运量仅为 150 吨，美军 85 吨，到该年 10 月中航即增至 409 吨，而美军则增至 1 277吨。到 1945 年 7 月驼峰空运的运量达到最高，中航运量为 2 649吨，美军运量为71 042吨。②

考察驼峰空运对大后方对外贸易的影响，可从进口和出口两方面着手。在进口方面，驼峰航线除运送军用物资外，从 1942 年 6 月至 1945 年 10 月，也运入了大后方急需的医药、花纱布、工矿器材和汽车部件等物资，其中工矿器材为 2 446 吨，占总输入量的 5.05%。③ 数量虽然较小，但对大后方企业的正常运转发挥了重要作用。在出口方面，驼峰空运物资主要是锡、钨、水银、锑、桐油、猪鬃、生丝和茶叶。中国航空公司在 1942 年下半年平均每月运输出口物资 342 吨，以后增至每月 600 吨至1 000吨，而美军空运的出口物资运量则远远超过中航。④ 由于驼峰空运的日益重要，中美贸易也得以进一步发展。1942 年大后方出口至美国的商品约占出口总

---

① Arthur N. Young, *China and the Helping Hand (1937—1945)* (Cambridge〔Massachusetts〕: Harvard University Press, 1963), pp. 247, 251 - 252.

② Arthur N. Young, *China and the Helping Hand (1937—1945)* (Cambridge〔Massachusetts〕: Harvard University Press, 1963), p. 340.

③ 龚学遂:《中国战时交通史》,第 273—274 页。

④ Arthur N. Young, *China and the Helping Hand (1937—1945)* (Cambridge〔Massachusetts〕: Harvard University Press, 1963), p. 340.

额的 33.5%，到 1943 年增加至 52.2%①，美国也取代苏联成为中国第一大出口贸易伙伴。以矿产品为例，1942 年至 1945 年 8 月大后方出口至美国的矿产品总值约为3 081万美元，占矿产出口总值的 51.3%。② 在农产品方面，仅汀江至叙府线，中国航空公司在 1943 年 10 月至 12 月之间，就运输出口猪鬃 112.2 吨。③ 因此，在 1942 年 5 月至 1945 年 10 月间，由于利用了驼峰航线空运出口物资，中美贸易得以维持并继续发展。

三、西南国际交通与中越、中缅贸易

全面抗战期间，滇越铁路、滇缅公路和驼峰航线等重要对外交通运输线不仅维持了中苏和中美贸易，而且也促进了中越、中缅贸易的发展。1937 年 7 月至 1940 年 6 月，中越贸易发展迅速，以 1939 年为例，通过滇越铁路运出的物资情况见下表：

表 7-1 1939 年经由滇越铁路运出的主要货物运量与价值表

	桐油	锡	钨	锑	皮货	猪鬃	羽毛羊毛	茯苓大黄
数量（公担）	117 546	101 040	90 278	63 948	5 908	3 165	2 531	1 345
百分比(%)	28.13	24.18	21.61	15.30	1.41	0.76	0.61	0.32
价值（国币元）	11 281 453	30 692 180	36 894 764	5 052 637	581 864	2 298 146	228 227	102 462
百分比(%)	12.19	33.17	39.87	5.46	0.63	2.48	0.25	0.11

资料来源：据《经由滇越铁路运出货物量值表》整理而成，见瞿世荃：《中国与安南贸易之检讨》，《贸易月刊》第 3 卷第 4、5 期合刊，1941 年 11 月，第 51 页。

说明：皮货包括山羊皮、狗皮、兔皮和生牛皮。

---

① 郑友揆：《中国的对外贸易和工业发展》，上海：上海社会科学院出版社 1984 年版，第 194 页。

② 郑友揆：《中国的对外贸易和工业发展》，第 198 页。

③ [美]小威廉·M. 利里著，徐克继译：《龙之翼——中国航空公司和中国商业航空的发展》，第 165 页。

从上表可以看出，1939年经由滇越铁路运出的物资主要为矿产及土特产两大类。无论在价值上，还是数量上，以桐油、钨、锑、锡、皮货、羊毛、中药材等为重要。其中，从运量来看，第一位是桐油，运量占总运量的28.13%；第二位是锡，占总运量的24.18%；第三位是钨，占总运量的21.61%；第四位是锑，占总运量的15.3%。这些矿产品属于出口的特矿，在对外贸易中占有重要地位。此外，滇越铁路还运送了大量皮货、五倍子、茶、猪鬃、羊毛等农副产品。

滇越铁路的进口货物运输种类，则主要以交通器材、汽油等货物为主。就1939年而言，滇越铁路运入中国的重要货物运输情况见下表：

表7-2　1939年经由滇越铁路运入的主要货物运量与价值表

	汽油	柴油	煤油	白铁	润滑油	马达拉车	汽车零件	水泥	汽车
数量(公担)	325 919	115 710	69 097	37 595	20 939	35 220	1 000	85 365	1 928
百分比(%)	32.29	11.46	6.84	3.72	2.07	3.49	0.099	8.46	0.19
价值（金单位）	3 866 598	690 573	809 147	423 075	519 920	5 966 905	1 073 496	318 515	769 352
百分比(%)	16.30	2.91	3.41	1.78	2.19	25.16	4.53	1.34	3.24

资料来源：据《经由滇越铁路运出货物量值表》整理而成，见瞿世荃：《中国与安南贸易之检讨》，《贸易月刊》第3卷第4、5期合刊，1941年11月，第50页。

从上表可以看出1939年滇越铁路进口货运的情况，总体来看，进口货物以交通燃料、材料和建筑材料为主，其中交通燃油占了极大比重。从运量来看，排名前五位的物资分别是汽油、柴油、水泥、煤油和白铁，分别占进口货运总量的32.29%、11.46%、8.46%、6.84%和3.72%。按价值而言，马达拉车、汽油、汽车零件、煤油、汽车排列前五位，分别占进口货运总值的25.16%、16.3%、4.53%、3.41%和3.24%。这些进口货物运入后方，对大后方的汽车运输业、建筑行业产生了重要影响。

总之，在1937年7月至1940年6月，滇越铁路运输地位提高，促进了抗战前期中越贸易的发展，具体情况见下表：

表 7－3　中国向越南进出口贸易百分比表

（单位：国币千元）

年份	进口		出口	
	数值	占进口总量百分比（%）	数值	占出口总量百分比（%）
1937	*	3.15	12 827	1.53
1938	27 651	3.29	15 816	2.07
1939	28 508	2.12	71 046	6.09
1940	138 726	6.76	45 222	2.29

资料来源：《历年中国对安南进出口货值表》，瞿世荃：《中国与安南贸易之检讨》，《贸易月刊》第 3 卷第 4、5 期合刊，1941 年 11 月，第 50 页。

说明："*"符号表示看不清原文数字。

从上表可以看出，全面抗战爆发以后，中国与越南的进出口贸易得到一定程度的发展。就进口贸易而言，1940 年的贸易额增至进口总额的 6.76%，越南成为中国第五大进口贸易国。而出口贸易增加也十分迅速，尤其是 1939 年中越出口贸易占总出口额 6.09%，越南成为仅次于美国、香港与英国的第四大出口贸易国。但到 1940 年 6 月以后，由于越南实行了滇越铁路禁运，出口贸易大受影响，出口额急剧下降。

滇缅公路的通车，也推动了中缅贸易的发展。通过滇缅公路，中国向缅甸出口的物资以动物产品、茶、纺织品、棉纱和其他纺织品为主，进口物资以大米为主。在出口物资中，以棉纺织品为例，在滇缅公路通车前的 1937 年，棉纺织品的出口货值仅为国币1 478 243元，到滇缅公路通车时的 1938 年，出口值剧增至国币3 197 593元，到 1941 年 1 月至 10 月间，进一步增至国币3 398 598元。[①] 在进口物

① 《近五年来中国对缅甸输出商品价额统计》，李宗文：《中国与缅甸贸易之检讨》，《贸易月刊》第 3 卷第 4、5 期合刊，1941 年 11 月，第 21 页。

资中，杂粮和杂粮粉的进口值，在1937年仅为2 762 417海关金单位，1938年和1939年有所下降，1940年有所增加，到1941年1月至10月间则猛增至30 583 460海关金。① 滇缅公路进出口货运量的增加，推动了战时中缅贸易的发展。关于战时中缅贸易的情况，见下表：

表7-4　中国向缅甸进出口贸易百分比表

（单位：国币千元）

年份	进口		出口	
	数值	占总量百分比(%)	数值	占总量百分比(%)
1938	12 801	1.43	4 661	0.61
1939	6 446	0.48	5 629	0.65
1940	13 267	0.65	19 125	0.97

资料来源：李宗文：《中国与缅甸贸易之检讨》，《贸易月刊》第3卷第4、5期合刊，1941年11月，第18页。

从上表可以看出，在对外贸易值方面，中国对缅甸的出口贸易值在持续增加，在中国对外出口总值中的比例也在逐年增加。但从缅甸进口至中国的物资数值却有所起伏，尤其是1939年较1938年不仅未见增加，反而跌落较大，其中原因有二：一是通过滇缅公路输入中国的一部分物资涉及国家机密，未列入海关统计数据；二是由于国币贬值以及海关金单位市场汇率与法定汇率的差异，输入物资值与实际情况相比偏少。时人也云，中国从缅甸进口的物资数值，“如以公开市场汇率折合，当不止此数”②。在进出口商品

① 《近五年来中国对缅甸输入商品价额统计》，李宗文：《中国与缅甸贸易之检讨》，《贸易月刊》第3卷第4、5期合刊，1941年11月，第20页。

② 李宗文：《中国与缅甸贸易之检讨》，《贸易月刊》第3卷第4、5期合刊，1941年11月，第18页。

种类方面，从缅甸进口的货物以棉纺织品、粮食和油、脂、蜡、松香为主，在滇缅公路通车后得到迅速增加。1940 年这三种货物的价值分别为1 280 050海关金、2 846 371海关金和478 114海关金，1941 年 1 月至 10 月间分别增至3 972 996海关金、30 583 460海关金和2 116 282海关金①，增加幅度为 210.3%、974.5%和 342.6%。中国出口缅甸的商品以动物产品、茶、布匹为大宗，1940 年这三种商品的价值分别为国币363 923元、807 286元和1 256 836元，到 1941 年 1 月至 10 月间增加至1 029 760元、1 888 172元和7 683 032元②，增加幅度为 183%、133.9%和 511.3%。

四、西南民族地区驿运与对外贸易

（一）云南马帮运输与对外贸易

云南马帮运输在战时大后方的对外贸易中发挥了重要作用，尤其是滇缅公路国际运输中断以后，由于汽油来源受阻，汽车运输大受影响，驿运地位进一步上升。云南的驿运线路主要是叙昆线、泸昆线、滇缅线和滇印线，其中滇印线在抗战后期的云南对外贸易中发挥了一定的促进作用。

叙昆线，原为叙昆车驮运输所，1940 年 9 月改组为叙昆线，长 810 公里。叙昆线的运输工具以驮马和夫运为主。为进行有效的管理，叙昆干线在横江、盐津、昭通、会泽、昆明设立 5 个站点，在叙府和昆明各设驿运办事处。驿运站先以有丰富经验的回族马帮为运输主力，1939 年 4 月在开远、叙昆之间实现了大宗物资的驮马对

① 《近五年来中国对缅甸输入商品价额统计表》，李宗文：《中国与缅甸贸易之检讨》，《贸易月刊》第 3 卷第 4、5 期合刊，1941 年 11 月，第 18 页。

② 《近五年来中国对缅甸输入商品价额统计表》，李宗文：《中国与缅甸贸易之检讨》，《贸易月刊》第 3 卷第 4、5 期合刊，1941 年 11 月，第 18 页。

运。1939 年 2 月叙昆线开始运营，1939 年一年运输的物资共计 7 600多吨。叙府以驮马、板车运输为主要运输工具，驮马牲口最多时达6 000多匹，运夫有1 500多人。① 叙昆线去程以运输桐油、五倍子为大宗，回程主要运输国防物资。到 1940 年时，“共有驮马一万匹，运夫一千五百名，均系征雇而来。此外还预订增加胶轮板车三百五十辆”②，平均货运量为14.502 4万吨。此外，国民政府财政贸易委员会也通过驿运运送了大量的出口物资，如桐油、猪鬃、肠衣、五倍子等。贸易委员会仅在 1939 年就通过驮运管理所将1 000余吨的出口物资运至昆明。③ 大量的进口物资也通过叙昆线驮运叙府后转川江航运至重庆，这对维持大后方的对外贸易，发挥了积极作用。

泸昆线，原为泸昆车驮运输所，1940 年 9 月 1 日改组为泸昆线，由泸州经叙永、赤水河、沿川滇公路至昆明，并辖泸州至叙永的水运线，总长1 020公里，其中滇境长 553 公里，川境长 467 公里。泸昆线主要以陆路运输为主，有马车 500 辆，驮马 500 匹。④ 去程以川盐、棉花为大宗，回程以运送西南进口的军用国防物资为主。该线 1940 年 9 月的运输量为85 794吨，1940 年 10 月为63 600吨，1940 年 11 月为39 980吨，1940 年 12 月为104 605吨，1941 年 1 月为76 050吨，1941 年 2 月为46 485吨。运输物件中，公运占总数的 53.08%。⑤

---

① 云南省地方志编纂委员会总纂：《云南省志》第 33 卷《交通志》，第 563 页。

② 董孟雄、郭亚非：《云南地区对外贸易史》，昆明：云南人民出版社 1998 年版，第 432 页。

③ 恽慰甘：《战时西南运输回顾》，杨实主编：《抗战时期的西南交通》，第 72—74 页。

④ 马廷璧：《云南战时驿运》，杨实主编：《抗战时期的西南交通》，第 454 页。

⑤ 董孟雄、郭亚非：《云南地区对外贸易史》，第 432—433 页。

在滇缅公路被封闭后，云南驿运进一步发展，尤其是滇印贸易得以兴盛。参与滇藏印驿运的云南大商号主要有茂恒、永昌祥、洪盛祥、恒盛公、永茂和等10余家大商号，它们都在印度噶伦堡、加尔各答等地设立分号，经营滇印贸易。此外，丽江和康藏的数十户中小资本家和拉萨、昌都等地的中上层官商也参与了滇印贸易。永昌祥商号于1943年派杨俊成等到印度加尔各答设庄，派杨汉臣到拉萨设庄，负责贩运茶叶到西藏，换取外汇（印度卢比），并贩运药材、山货、猪鬃、土杂等到印度销售。再把咔叽布、棉纱等商品由加尔各答运到拉萨，转运丽江再经下关运到昆明销售。① 缅甸被占后，永茂和商号开始经营滇藏印驿运。1943年末，永茂和商号组织了人力和自购骡马的运输力量，循着恒盛公的路线远走印度，采办了大批棉纱、咔叽布和卷烟纸，经过艰苦跋涉，运回丽江。② 鹤庆商帮的张氏兄弟开辟了丽江经阿墩子（迪庆）、帕里、噶伦堡到加尔各答的长途驿运线，单程需时三四个月，一次启运数百驮，乃至上千驮，经营的主要是布匹、呢绒、棉纱、染料、卷烟纸等，尤以布匹为主。由于战争造成的封锁与破坏，国内生活必需品稀缺，货物价钱倍增，毛利有四五倍之多，在短短的五六年间，恒盛公创利润二三十倍，成为兴盛和之后的第四大商号。随着恒盛公商号的发展，鹤庆商人纷纷效仿，短短数年间，鹤庆商号通过滇藏印运输线发迹的不下百家。③

---

① 严湘成、杨虹：《永昌祥对外贸易略述》，云南省政协文史资料研究委员会编：《云南文史资料选辑》第42辑，第136页。

② 李镜天：《永茂和商号经营缅甸贸易简史》，云南省政协文史资料研究委员会编：《云南文史资料选辑》第42辑，第78页。

③ 舒家骅：《鹤庆商业》，云南省政协文史资料研究委员会编：《云南文史资料选辑》第49辑，昆明：云南人民出版社1996年版，第301页。

滇印贸易的进口商品有棉纱、布匹、呢绒、染料、纸烟、药品、卷烟纸、海产品、牛黄、手表等，出口商品有黄丝、药材、瓷器、土特产、猪鬃、羊毛等。出口货物到印度后又有一部分（如猪鬃）转输英美，换回国内短缺的物资。1944 年英印政府因国内生产需要，向中国提出购买 15 万磅生丝，这便是由茂恒等商号承办的。在进口方面，茂恒则明确提出："所有售得上项生丝之外汇，请印度政府全部调换官价卡车。"在另一换货文件中，它还要求"换货 200 万码高级布为主要目的，如印方认为只能以高级布 100 万码供给时，务请将售丝余款准于市场自由采购其他货物"①。

战时由于滇藏印商贸繁盛，滇印运输线上的西藏拉萨、云南丽江发展成为中印贸易货物中转站、物资集散地和商贸重镇。在丽江，往来于丽江和拉萨之间的马帮，由原来的几千匹骡马增加到 1 万多匹，甚至动用了西藏的大批牦牛参加驮运。各种货物源源不断地运入丽江市场，并由丽江转运至昆明等地。最盛时期，丽江有中央和地方银行分支机构 9 家，大小商号1 200余家，其中拥有资金 100 万到 200 万的商号有 10 家左右，这条驿运线的贸易规模由此可见一斑。② 各大商号的贸易额也极为可观，如铸记商号，全面抗战时期每年经营的滇印贸易额为 20 万至 60 万盾（印度卢比），西藏邦达仓总号自 1942 年后的 5 年间，就汇往印度1 000万卢比购买战时内地急需物资。1942 年至 1945 年，云南民间经营的进口货物几乎都是通过滇藏印运输线由马帮运入。这对发展战时对外贸易、支援抗战、满足后方人民生活需要发挥了积极的作用。1945 年抗战胜利后，随着全国对外交通运输线的相继

① 李珪、梅丹：《云南近代对外贸易史略》，云南省政协文史资料研究委员会编：《云南文史资料选辑》第 42 辑，第 37 页。

② 李珪、梅丹：《云南近代对外贸易史略》，云南省政协文史资料研究委员会编：《云南文史资料选辑》第 42 辑，第 37 页。

恢复,滇藏印运输线的贸易和马帮运输便逐渐衰落。①

(二)康藏马帮运输与对外贸易

康藏马帮运输由来已久,在康藏地区的对外贸易中也发挥了重要的作用。康藏驿运线分为纯游牧区(第一线)、半农牧区(第二线)和农村区(第三线),其中第一线和第二线以拉萨为中心。第一线自拉萨北上高原,渡黑水至青海玉树,东入康境牧地,经过石渠、德格、甘孜等地,至康定。此线牧民牲畜最多,以往边茶由康入藏,多出此道,每年可运送 30 万驮。第二线自拉萨北渡黑水,由所宗(今那曲)经三十九族牧地,东至类乌齐,入康境,循德格、甘孜等地,达康定。第三线由印度萨地亚起,经察隅、盐井、巴安,东南至丽江,西北至康定。此线途经崇山峻岭,路途险要,但此线便捷,萨地亚至康定驿运仅 53 站,"惟察隅一段十二站不通牛马,须用人力背负,又有雨季水涨限制"②。全面抗战爆发后,尤其是滇缅公路被截断后,中国西南对外陆路交通运输受到严重影响,在此情况下发展康藏驿运实属必要。国民政府财政部视察员李如霖提出开辟 3 条国际驿运线以发展藏印交通运输,具体运输路线为北路、中路和南路:北路由印度加尔各答,经噶伦堡、亚东至拉萨,过黑水、玉树、德格、甘孜至康定,沿途设 94 个骡站,牛站加倍,全程需时 4 个月;中路由印度加尔各答,经噶伦堡至拉萨,过黑水、类乌齐、德格、甘孜至康定,沿途设 88 个骡站,较短于北路,需时约 3 个月;南路为最

① 陆韧:《云南对外交通史》,第 421 页。

②《建设康藏经济初步计划》(1943 年 7 月 28 日),中国藏学研究中心、中国第二历史档案馆合编:《民国时期西藏及藏区经济开发建设档案选编》,第 324 页。

捷径，由印度萨地亚，经察隅、巴安至康定，全程有 53 站，需时 2 个月。[①] 经过交通部的努力，战时康藏地区的驿运得到了迅速发展，成为西南大后方重要的国际交通运输线，在战时对外贸易中发挥了积极作用。

战时康藏的国际驿运线为康印线，该线自康定经拉萨至印度噶伦堡，长 2 501 公里，经过西藏的亚东、江孜、拉萨、太昭、昌都、甘孜至康定，于 1944 年 2 月开始营运。康印线开通以后，货物运输，以承运国家物资为主，凡有关交通器材，“如汽车轮胎、配件及电线、电料等，均为该公司尽先承运之物品，至其他普通商货，经由中印政府许可进出者，亦得视其运输力量予以承运。运出方面，以茶叶为主，其他销售康藏各地之货物与可供印度出口之货物亦得承运”[②]。在运输数量方面，康藏驮运公司 1944 年度开始营运，1944 年上半年运量较少，下半年增加，该年度约可运进 400 吨。在运出方面，约为运进货物数量的2/3，全年约可运出货物 260 吨。[③]

康印国际驿运线的开通，促进了康藏地区的对外贸易，具体而言，首先是促进了康藏地区茶叶、羊毛的对外出口。时人也称，“查川康边境，邛崃、雅安一带，均属蒙山山脉，年产茶叶甚多。以前指定专销康藏，称为边茶，用以换取关外良马，在泸定设茶马市场，后渐推至康定”。由于藏族日常饮食需要饮用茶以解除油腻，但印

① 《财政部视察李如霖视察西川及西康区致财政部贸易委员会报告》（1943 年 11 月 9 日），中国藏学研究中心、中国第二历史档案馆合编：《民国时期西藏及藏区经济开发建设档案选编》，第 311 页。

② 《国际驿运线路概述》（1944 年），中国第二历史档案馆编：《中华民国史档案资料汇编》第 5 辑第 2 编，“财政经济”（10），第 465 页。

③ 《国际驿运线路概述》（1944 年），中国第二历史档案馆编：《中华民国史档案资料汇编》第 5 辑第 2 编，“财政经济”（10），第 465 页。

度、云南所产茶叶性热，而川康地区所产边茶被视为上品，所以康藏商人“每年常结驮队，载其农副产，或转贩中亚细亚与印度各地洋货，来康换取边茶。而关内茶商，亦有运茶赴藏者，则购运藏、印货物返康，每年出入口贸易，数额甚巨”①。

除茶叶外，羊毛亦为康藏地区的重要出口农副产品。康藏地区的羊毛产区极广，“后藏阿里一带，前藏之羌塘，西康类伍〔乌〕齐、三十九族，青海南部玉树二十五族，西康北部石渠，均为游牧区，亦即羊毛主要之产地”②。收购羊毛的毛商种类包括零收毛贩、二等毛贩、大毛贩和出口商，具体运输情形为“由零收毛贩运至某集中之寺院，由二等毛贩运至各市镇，再经大毛贩收集运往噶伦堡。运输工具由产区至帕里以毛〔牦〕牛为主，全部可在当地雇佣，即使产量再加一倍，运输亦可不成问题，唯有一定之时间”③。

其次，便利了康藏地区硼砂的输出。硼砂为医药、玻璃等工业产品的原料，全面抗战爆发前，中国工业用硼砂几乎全赖进口。太平洋战争爆发后，硼砂进口断绝，对后方工业影响很大。由于西藏硼砂资源丰富，从 1942 年起，为满足后方各化学工厂的需要，康藏贸易公司开始收购前后藏及西康所存硼砂。1943 年，康藏贸易公司投资2 000万元法币，购买提炼设备。1943 年 9 月，公司与经济部工矿调整处订立硼砂供销合同，每月在雅安向工矿调整处交标

① 冯蓉编选：《财政部视察李如霖关于开发康藏边区经济的报告》，《民国档案》1993 年第 3 期，第 25 页。

②《康藏贸易公司为拟具收购初小西藏羊毛办法事致贸易委员会函》（1944 年 5 月 16 日），中国藏学研究中心、中国第二历史档案馆合编：《民国时期西藏及藏区经济开发建设档案选编》，第 331 页。

③《康藏贸易公司为拟具收购储销西藏羊毛办法事致贸易委员会函》（1944 年 5 月 16 日），中国藏学研究中心、中国第二历史档案馆合编：《民国时期西藏及藏区经济开发建设档案选编》，第 332 页。

准净砂100箱，合3.5吨。1944年9月，双方又续订合约，康藏贸易公司继续向工矿调整处提供400箱硼砂，合14吨。此外，康藏贸易公司还在1942年至1944年间在川、滇、康市场零销20吨硼砂。由于康藏贸易公司在仰宗开采硼砂的数量大，运输频繁，加上存印官商物资经藏进口，驮运数量剧增，这引起了西藏地方政府的嫉妒。昌都藏族地方官员官宇妥曾建议禁止硼砂贸易，通令各关卡严密检查，并提高出口过境税率，将每驮硼砂的出口税由藏银30两增加为100两。1944年7月，康藏贸易公司的300驮硼砂运至德格冈拖河，200驮运至类乌齐时，"为短税被扣，经本公司拉萨分公司及昌都办事处交涉，证明该两批均于未奉新令以前已在黑水税讫，始准暂行通过"①，但规定以后需照新纳税。

在康藏对外贸易运输中，康藏贸易公司的成立发挥了重要的作用。康藏贸易公司成立于1942年8月，系康藏人士所组织成立的股份有限公司，资本总额为600万元，从事茶、毛、药材等物资的运销经营，并从印度购入洋货机器零件等。该公司的总部设立于康定，由格桑悦希任总经理。② 康藏贸易公司成立后，即组织驿运机构运输物资，"利用西藏原有人力兽力，组织健全之中印康藏运输机构，沿线设立总分各站，加强人事管理。除每年境内茶货对流外，可由印度运进物资"。在具体运输物资方面，公司初步计划每年运输物资2万驮，每驮货物以50公斤计算，每20驮为1吨，运输时间由印度噶伦堡起至康定或丽江，每批限6个月交货（每批暂定

---

①《康藏贸易公司为查阜西藏禁运硼砂事致蒙藏委员会呈》(1944年11月12日)，中国藏学研究中心、中国第二历史档案馆合编：《民国时期西藏及藏区经济开发建设档案选编》，第349页。

② 冯蓉编选：《财政部视察李如霖关于开发康藏边区经济的报告》，《民国档案》1993年第3期，第27页。

100吨)。除在康定设立总公司外,康藏贸易公司在印度加尔各答和西藏拉萨也设立了分公司,在印藏西康沿路各地,均设有办事处和运输站,自备有骡马,其中拉萨、甘孜各有100匹,类乌齐、黑水各有驮牛100头。各办事处、各站主管人员均为公司股东,他们或为康藏各地土司头人,或为大寺院喇嘛,可随时就地征调私有牛马,最多时达2 000头,并配备有武装押运,以保障货运安全。① 1943年国民政府财政部视察员李如霖在视察西康后,与该公司总经理格桑悦希拟具了开发康藏经济计划,提出贸易委员会可运用康藏贸易公司的优势发展对外贸易,具体办法之一是委托代运茶叶和羊毛。贸易委员会将中茶荥经厂生产的精制茶叶10万包"交由该公司负责运往西藏,若与藏方订妥易货合约,则所能换取羊毛等物,即由该公司负责运回,倘一时不能订妥,则委托该公司代销边茶,指定换取羊毛,或其他藏印物产,即以托运之茶酌予提供运销之费,将来再由全年利润中,酌给酬金"②。

由于运输物资过多,康藏贸易公司便与交通部驿运总管理处协商合组成立了康藏驮运公司。康藏驮运公司"以承运印度与内地间进出口物资为业务范围,其路线暂定为自印度噶伦堡起经江孜、拉萨、黑水、类伍〔乌〕齐或玉树至康定、雅安(即就有康藏大道)",公司股本总额为国币400万元,分为4 000股,每股1 000元,由交通部驿运总管理处和康藏贸易公司各认购2 000股,一次交足

① 《建设康藏经济初步计划》(1943年7月28日),中国藏学研究中心、中国第二历史档案馆合编:《民国时期西藏及藏区经济开发建设档案选编》,第321页。

② 冯蓉编选:《财政部视察李如霖关于开发康藏边区经济的报告》,《民国档案》1993年第3期,第27—28页。

股款。[1] 1944 年 2 月 1 日康藏驮运公司正式成立，康藏贸易公司和交通部各出资 200 万元，后康藏贸易公司将其 227 匹驮兽转卖给康藏驮运公司。康藏驮运公司由康藏贸易公司总经理格桑悦希兼任公司总经理。公司扩大了运输力量，在中印边境的噶伦堡至康定沿途共设运输处 12 站，并在康定、拉萨两地设有总站。[2] 康藏驮运公司负责运输从印度经西藏至康定的物资，具体运输货物种类包括“汽车轮胎、各种电线、汽车零件、棉织货物、医药用品和普通工厂机器零件”，运输路线“以印度噶伦堡为起点至康定为终点”，运输时间“自噶伦堡至康定单程规定四个月至八个月”，运输数量为“每批暂定一百驮至三百驮约合六公吨至十八公吨”。[3]

康藏驮运公司成立时，驮兽数量分别为：康定有驮骡 56 匹，乘马 6 匹；拉萨有驮骡 46 匹，乘马 19 匹；牦牛共计 100 头。[4] 因为康藏驮运公司的骡马较少，而印度噶伦堡至拉萨共设有 23 站，“先以雇用了骡马运输之，由拉萨经黑水、类伍〔乌〕齐、甘孜三运输站。至康定，系自用骡马。设总站于拉萨，运输站于黑水，各设骡运队一队，类伍齐、色察两站各设牛队一队，甘孜分站设骡运队一队，共计骡运队三队，牛队二队，彼此衔接，往返递送。计每两个月运送

① 《康藏驮运股份有限公司章程》，中国藏学研究中心、中国第二历史档案馆合编：《民国时期西藏及藏区经济开发建设档案选编》，第 165 页。

② 曹必宏：《抗日战争时期的康藏贸易公司》，《中国藏学》2006 年第 3 期，第 90 页。

③ 《康藏驮运股份有限公司承运进口物资办法》，中国藏学研究中心、中国第二历史档案馆合编：《民国时期西藏及藏区经济开发建设档案选编》，第 161—162 页。

④ 《康藏贸易公司作价驮兽数目及价格致康藏驮运公司函》（1944 年 1 月 30 日），中国藏学研究中心、中国第二历史档案馆合编：《民国时期西藏及藏区经济开发建设档案选编》，第 159 页。

一次，上半年约运二百驮，其余全赖雇脚，数量可至一千驮以上"①。国民政府中央各机关也纷纷与驮运公司签订代运合同，由该公司负责将国民政府的部分积存在印度的普通物资运往国内。为推进运输业务，交通部还派专员赴印度与有关各方商洽，以解决驮运公司在代运物资的过程中遇到的各种问题。

五、西南国际交通路线与口岸贸易变迁

全面抗战爆发前，西南地区的主要对外贸易线为长江航线，进出口物资的集散中心是地处长江出海口的上海。但 1937 年 11 月上海沦陷后，西南地区的主要对外贸易路线被迫从长江航线改道粤汉铁路，广州取代上海成为西南最重要的对外贸易口岸。广州沦陷后，西南对外贸易路线又改道滇越铁路和桂越公路，广州口岸贸易迅速衰落，云南蒙自、广西龙州和北海口岸的对外贸易地位也随之迅速提高。1942 年 5 月驼峰航线开辟后，由于驼峰航线成为大后方最重要的对外运输线，昆明口岸贸易地位也相应迅速提高。具体表现如下：

第一阶段（1937 年 7 月至 1938 年 10 月）：粤汉铁路运输与广州口岸贸易的迅速发展。上海沦陷后，长江上游地区的对外贸易运输线改道粤汉铁路、广九铁路，广州、香港的贸易地位急剧提高。以桐油为例，上海是战前中国的桐油集散中心，出口量占全国总量的 85％至 90％，但上海沦陷后，长江上游地区的桐油无法通过上海正常出口，只得改由广州出口香港，广州取代上海成为中国桐油物资集散中心，其出口量占全国百分比由 1937 年的 6.25％猛增至

---

①《康藏驮运股份有限公司三十二年上半年业务计划》，中国藏学研究中心、中国第二历史档案馆合编：《民国时期西藏及藏区经济开发建设档案选编》，第 161 页。

1938年的46.89%。① 广州不仅桐油出口量大增，茶叶、生丝、猪鬃等农副产品的出口量也迅速增加，从1937年至1938年，猪鬃出口量由273公担增至5 922公担②，茶叶出口量由12 088公担增至47 382公担③，生丝出口量由47 900公斤增至64 000公斤④。由于西南地区大量的农副产品通过广州出口，广州口岸在全国口岸的贸易地位迅速提升。关于抗战前后广州的出口贸易情况见下表：

表7-5　1936年至1939年广州进出口值变化表

（单位：国币千元）

年份	进口		出口	
	货值	占进口总量百分比(%)	数值	占出口总量百分比(%)
1936	39 905	3.27	42 487	6.01
1937	45 166	4.72	63 846	7.61
1938	56 946	6.37	1 066 694	13.97
1939	3 944	0.29	53 226	0.52

资料来源：根据《第三十表 最近四年进口货物总值关别比较》和《第三十一表 最近四年出口货物总值关别比较》两表相关数据整理而成，《统计月报》社编：《中国之战时对外贸易》，《统计月报》第45号，1940年5月，第33—36页。

从上表可以看出，1936年至1939年，广州的对外贸易起伏很大。1936年至1938年，由于粤汉铁路逐步成为西南地区重要的对外贸易运输线，广州口岸贸易发展很快，其中进口货值从3 990.5万

① 严匡国：《我国桐油产销之现状与展望》，《西南实业通讯》第11卷第5、6期合刊，1945年4月，第13页。

② 黄仁勋：《最近我国猪鬃对外贸易分析》，《贸易月刊》第3卷第3期，1941年3月，第42页。

③《抗战以来茶叶输出关别量值统计表》，吴仁润：《最近我国茶叶对外贸易分析》，《贸易月刊》第3卷第3期，1941年3月，第26页。

④《民国二十七年海关中外贸易报告》，中国第二历史档案馆、中国海关总署办公厅合编：《中国旧海关史料(1859—1948)》第128册，北京：京华出版社2001年版，第116页。

元增至5 694.6万元，出口货值从4 248.7万元增至106 669.4万元，广州的进口值占全国总进口值的百分比从3.27%增至6.37%，出口货值更从6.01%增至13.97%。广州在全国口岸进口值的排名从1936年的第6名上升至1938年的第4名，出口值则从第4名上升至第3名，时人也言，1938年广州口岸“出口土货者，激增倍蓰，纯因长江各省所产土货，经由本埠出口，有以致之”①。不过，1938年10月广州沦陷后，西南对外贸易物资无法再通过粤汉铁路依赖广州进出口，广州对外贸易值锐减，进口值占全国进口总值的百分比由1938年的6.37%剧降至1939年的0.29%，出口值更从13.97%降至0.52%。由于西南对外贸易路线的变化，广州口岸的贸易地位发生了剧烈变动。

第二阶段（1938年10月至1940年9月）：桂越公路、滇越铁路运输的日趋重要与蒙自、龙州口岸贸易的繁荣。广州沦陷后，西南对外贸易路线被迫改道桂越公路和滇越铁路，交通沿线口岸城市的对外贸易日益繁荣。在广西，龙州海关的对外贸易随着桂越公路运输的繁荣而日益发达。以桐油为例，1938年龙州海关的出口量仅为281公担，占全国总量的0.04%，几乎可以忽略不计，但到1939年，由于桂越公路运输的迅速发展，龙州海关桐油的出口量激增至80 860公担，占全国总出口量的百分比猛增至24.04%。1940年桂南失陷后，桂越交通发生障碍，物资流量锐减，龙州桐油出口量减至14 112公担，占全国出口总量的百分比也降至6.07%。② 对

① 《民国二十七年海关中外贸易报告》，中国第二历史档案馆、中国海关总署办公厅合编：《中国旧海关史料（1859—1948）》第128册，第116页。

② 根据《我国桐油出口埠别数量统计表》相关数据计算而成，参见严匡国：《我国桐油产销之现状与展望》，《西南实业通讯》第11卷第5、6期合刊，1945年4月，第13—15页。

外贸易路线的急剧变化也影响了龙州海关在全国所处的地位。全面抗战爆发前，广西的物资多由西江至梧州下到广州，或到北海出口，不经过龙州，1936 年龙州海关的出口值仅为 1.77 万元，仅占全国出口总值的 0.02%，排名与沙市、三都澳、雷州、南宁等关并列全国各口岸末尾。[①] 全面抗战爆发以后，尤其到 1939 年，“自广州沦陷后，西江亦于是停止航行，(1938 年）十一月间，雷州及北海一带公路复被破坏，于是龙州地方，遂为西南各省对外及国内贸易之重要枢纽”[②]，尤其是出口农副产品由425 234元增至5 760万元，1939 年龙州海关的出口值比 1938 年增加了 135.53 倍。1940 年由于日军进攻桂南，桂越国际交通运输大受影响，龙州出口值占全国出口总值的百分比也从 1938 年的 5.59%锐减至 0.61%。[③] 龙州海关的贸易起伏，反映了桂越公路交通运输线对龙州对外贸易的影响。

在这期间，西南地区农副产品的出口运输路线除了桂越交通线，还包括滇越铁路和滇缅公路。1937 年 7 月至 1940 年 9 月，滇越铁路成为西南农副产品重要的出口运输路线，尤其是 1938 年 10 月粤汉铁路、广九铁路运输中断后，滇越铁路更成为西南地区最重要的国际交通线。1939 年滇越铁路运送出口的桐油有117 546公担[④]，占全

---

① 国民政府贸易委员会统计处编：《近六年出口货物总值关别表》，《贸易月刊》第 4 卷第 9 期，1943 年 4 月，第 56—57 页。

② 《民国二十八年海关中外贸易报告》，中国第二历史档案馆、中国海关总署办公厅合编：《中国旧海关史料(1859—1948)》第 132 册，第 126 页。

③ 国民政府贸易委员会统计处编：《近六年出口货物总值关别表》，《贸易月刊》第 4 卷第 9 期，1943 年 4 月，第 56—57 页。

④ 瞿世荃：《中国与安南贸易之检讨》，《贸易月刊》第 3 卷第 4、5 期合刊，1941 年 11 月，第 50—51 页。

国桐油总出口量的35.08%①。滇越铁路还运送了大量锡、钨、锑、皮货、五倍子、茶、猪鬃、羊毛等农副产品出口。由于滇越铁路运输日趋重要,蒙自口岸的贸易地位也随之迅速提高。1940年,蒙自的桐油出口量占全国总量的35%,而同年上海桐油的出口量仅占全国总量的15.8%②,蒙自成了1940年大后方桐油出口物资的集散中心。不仅桐油的出口量大增,蒙自的皮张出口值占全国皮张出口总值的百分比也从1937年的3.39%增至1938年的6.33%③,猪鬃出口值更从3%增加至12.8%④。蒙自农副产品出口量的增加也迅速提升了其对外贸易地位,1936年蒙自关的出口值仅占全国出口总值的3.35%,1937年增至4.08%,1938年进一步增至5.33%。1939年《海关中外贸易统计年刊》也载:"年来西南各省进出货物,胥以滇越铁路及滇缅公路为运输孔道,该二路线,既贯通滇省,蒙自海关所在地之昆明,其贸易情形,遂有蒸蒸日上之势。"⑤但到1940年6月,由于法国对日妥协,实行滇越铁路禁运,滇越铁路国际运输被迫中断,蒙自口岸的对外贸易随之大受影响,其中出口值占全国总值的百分比由1938年的5.33%降至1940年的3.39%。⑥

---

① 1939年,全国桐油的出口量为335 016公担。参见严匡国:《我国桐油产销之现状与展望》,《西南实业通讯》第11卷第5、6期合刊,1945年4月,第12页。

② 严匡国:《我国桐油产销之现状与展望》,《西南实业通讯》第11卷第5、6期合刊,1945年4月,第15页。

③《抗战前后五年来我国皮类输出关别表》,刘骅南:《最近我国皮类对外贸易分析》,《贸易月刊》第3卷第3期,1941年3月,第68页。

④ 黄仁勋:《最近我国猪鬃对外贸易分析》,《贸易月刊》第3卷第3期,1941年3月,第42页。

⑤《民国二十八年海关中外贸易报告》,中国第二历史档案馆、中国海关总署办公厅合编:《中国旧海关史料(1859—1948)》第132册,第593页。

⑥ 国民政府贸易委员会统计处编:《近六年出口货物总值关别表》,《贸易月刊》第4卷第9期,1943年4月,第56—57页。

1940 年 6 月滇越铁路国际运输中断后，西南大部分农副产品被迫改由滇缅公路运送出口，但由于滇缅公路运量有限，加之滇缅公路主要运输进口物资①，滇缅公路运输对沿线城市的对外贸易影响不大，离龙陵不远的腾越口岸的贸易地位并未提高。虽然腾越海关出口值从 1939 年的 331.2 万元增加至 1941 年 1 月至 10 月间的 698.4 万元，但除去物价上涨因素，腾越海关出口值占全国出口总值的百分比从 1939 年的 0.32％反而下降至 0.27％。②

第三阶段（1942 年 5 月至 1945 年 8 月）：驼峰航线的开辟与昆明口岸贸易的迅速崛起。1942 年 5 月滇缅公路被截断，西南国际陆路通道被堵塞。在滇缅公路将被截断前，为维持西南大后方与外界运输通道的畅通，1942 年 4 月中美联合开辟了驼峰航线。作为驼峰空运起点站的昆明口岸，其对外贸易值也随之迅速增加。在出口值方面，1942 年昆明出口值仅为国币3 422.5万元，以后逐年增加，1944 年增至39 569.8万元，昆明出口值占后方各关出口总值的百分比也从 1942 年的 17.86％增至 1943 年的 40.71％，1944 年出口比值仍高达 39.69％③，它在大后方各海关中的地位之重要可见一斑。1945 年抗战胜利后，驼峰空运的重要性已不复存在，当年昆明关出口值锐减，仅占全国出口值的 0.64％。因此，驼峰空运对昆明的出口贸易产生了很大的影响。

---

① 据阿瑟·N. 杨估计，到 1941 年底，通过滇缅公路运达昆明的进口物资每月约15 000吨，而通过滇缅公路从昆明运出的出口物资每月约为3 500吨，其中超过一半的出口物资为桐油。参见 Arthur N. Young, *China and the Helping Hand*（*1937—1945*）(Cambridge〔Massachusetts〕: Harvard University Press, 1963), p. 117。

② 国民政府贸易委员会统计处编：《近六年出口货物总值关别表》，《贸易月刊》第 4 卷第 9 期，1943 年 4 月，第 56—57 页。

③ 相关具体数据见《近五年来我国进出口贸易价值关别表》，严匡国：《近五年来我国对外贸易之分析》，《中农月刊》第 5 卷第 8 期，1947 年 8 月。

1942 年至 1943 年，中国出口至美国的商品分别约占出口总额的 33.5%和 52.2%①，美国成为中国的主要出口贸易国。太平洋战争爆发之后，美国向中国提供了 5 亿美元财政借款②，以中国的桐油、猪鬃、茶叶、生丝、钨、锑、锡等农矿产品作抵押。这些出口至美国的物资主要依赖驼峰空运，仅汀江至叙府线，中国航空公司在 1943 年 10 月至 12 月间，就运输出口猪鬃 112.2 吨。③ 因此，驼峰航线对于维系中美贸易发挥了积极作用。

第二节 西南国际交通与大后方特矿业

全面抗战时期，特矿产品是大后方对外出口的重要产品，对于大后方经济产生了重要影响。大后方特矿出口的主要国家是美国、苏联、英国以及前期的德国，其中战时资源委员会运交苏联的钨砂有31 177吨，锑有13 162吨，锡有13 162吨，出口至美国的钨砂有16 814吨，锑有2 083吨，锡有10 708吨。④ 据统计，从 1937 年至 1945 年，资源委员会外销的钨砂、锑、锡、汞和铋砂共计140 520吨⑤，其中钨砂、锑、锡和铋砂出口的货值为11 987.6万美元⑥。大后方特矿运

① 郑友揆：《中国的对外贸易和工业发展》，第 194 页。

② 吴景平：《抗战时期中国的外债问题》，《抗日战争研究》1997 年第 1 期，第 64 页。

③ [美]小威廉·M. 利里著，徐克继译：《龙之翼——中国航空公司和中国商业航空的发展》，第 165 页。

④ 钱昌照：《国民党政府资源委员会始末》，全国政协文史资料委员会编：《文史资料精华丛书》第 8 卷《旧中国的工商金融》，合肥：安徽人民出版社 2000 年版，第 788 页。

⑤ 据《表 47 资委会特矿产品历年外销量》相关数据统计而成，参见郑友揆、程麟荪、张传洪：《旧中国的资源委员会——史实与评价(1932—1949)》，上海：上海社会科学出版社 1991 年版，第 273 页。

⑥ 据《表 50 资委会外销矿产品折合美元价值(1936—1949)》相关数据统计而成，参见郑友揆、程麟荪、张传洪：《旧中国的资源委员会——史实与评价(1932—1949)》，第276 页。

输的主要路线是西南国际交通线，即粤汉广九铁路线、中越国际交通线、滇缅公路和驼峰空运线。在抗战前期的 1937 年至 1941 年，通过粤汉广九铁路、中越国际交通线和滇缅公路线运输出口的物资有89 146吨；在抗战后期的 1942 年至 1944 年间，通过驼峰空运线运输出口的钨砂、锑、锡、汞和铋砂共计45 071吨。① 西南国际交通运输深深影响了大后方的特矿业。

一、西南国际交通与大后方锡业变迁

锡业是民国时期云南的矿业支柱。1910 年滇越铁路的通车方便了大锡的出口，也大大刺激了个旧锡业的发展。1937 年全面抗战爆发后，滇越铁路运输日益重要，加之大量人口、机关、学校和工厂迁往云南，为个旧锡业的发展提供了人力、物力和财力，个旧锡业因而得以短暂繁荣。1938 年和 1939 年，个旧的大锡年产量都超过了万吨，已接近 1917 年的最高年产量。

在 1940 年 6 月以前，云南的大锡也是滇越铁路出口运输的大宗物资。1939 年，滇越铁路大锡出口的货运量为101 040公担，仅次于桐油居第二位，占滇越铁路货运总量的24.18%。大锡货运价值为30 692 180公担，仅次于钨矿居第二位，占滇越铁路出口货运总值的33.17%。② 在滇越铁路国际运输中断以前，云南大锡出口一度有所增加。1937 年云南大锡的出口量为90 909公担，较 1936 年增加 1 万多公担，1938 年增至93 930公担。③

---

① 据《表 47 资委会特矿产品历年外销量》相关数据统计而成，参见郑友揆、程麟荪、张传洪：《旧中国的资源委员会——史实与评价（1932—1949）》，第 273 页。

② 相关数据参见《经由滇越铁路运出货物量值表》，瞿世荃：《中国与安南贸易之检讨》，《贸易月刊》第 3 卷第 4、5 期合刊，1941 年 11 月，第 50 页。

③ 张肖梅编：《云南经济》，第 P5 页。

1940 年 6 月滇越铁路国际运输中断后，直到 1941 年年底，滇缅公路成为锡矿的重要运输线。1941 年中国共出口大锡6 553吨①，主要通过滇缅公路运输出口。在西南运输处经办滇缅路运输期间，仅西南运输处经滇缅公路出口的大锡就有4 250吨。② 1942 年至 1944 年，大后方的大锡通过驼峰航线运输出口。就中苏易货贸易而言，从 1942 年 9 月 11 日第 38 批开始，中国对苏大锡的出口由驼峰航线运往印度再转赴苏联出口，这期间共运往苏联锡14 857.813 5吨。③ 在 1942 年至 1945 年间，中国通过驼峰空运共出口大锡18 817吨。④

西南国际交通运输不仅对大锡的出口产生了重要影响，而且对云南大锡的生产也产生了巨大影响。在 1942 年 5 月滇缅公路被截断前，云南锡业公司的外购器材陆续运达缅甸。为运输器材便利起见，云南锡业公司于 1941 年 5 月设立运营室筹办自运，先后购置车辆参与运输。1941 年有车辆 17 辆，在 1941 年下半年的 5 个月间，共运出物资 110 余吨，运入物资 200 余吨。到 1942 年初，云南锡业公司的汽车增至 40 辆，将云南锡业公司所需的器材运回个旧，回程运输精锡，当年公路运输量为281 080吨公里。⑤

1940 年 6 月滇越铁路和 1942 年 5 月滇缅公路相继被截断后，

---

①《表 47 资委会特矿产品历年外销量》，郑友揆、程麟荪、张传洪：《旧中国的资源委员会——史实与评价（1932—1949）》，第 273 页。

② 黄恒蛟主编：《云南公路运输史》第 1 册，第 131 页。

③ 参见李学通：《抗战时期中苏易货矿品出口探微》，《民国档案》2016 年第 4 期，第 112 页。

④《表 47 资委会特矿产品历年外销量》，郑友揆、程麟荪、张传洪：《旧中国的资源委员会——史实与评价（1932—1949）》，第 273 页。

⑤ 云南省档案馆、云南省经济研究所合编：《云南省近代矿业档案史料选编（1890—1949）》第 3 辑（下），1990 年，内部资料，第 476 页。

大锡出口的陆路通道被堵塞，这严重影响了大锡贸易和生产。因此，1941 年至 1945 年个旧大锡产量直线下降，1945 年的产量仅为 1 600吨。关于 1937 年至 1945 年个旧大锡的具体产量，见下表：

表 7－6　个旧锡矿大锡产量表(1937 年至 1949 年)

（单位：吨）

年份	1937	1938	1939	1940	1941	1942	1943	1944	1945
产量	9 187	10 731	10 050	9 094	5 094	4 641	3 096	1 613	1 600

资料来源：个旧市志编纂委员会编：《个旧市志》上册，昆明：云南人民出版社 1998 年版，第 378—379 页。

从上表可以看出个旧大锡产量的大体情况。在 1938 年达到抗战时期的最高峰，以后逐年下降，到 1944 年，产量仅为 1938 年产量的 15.03％。对外运输日益困难是致使个旧大锡产量锐减的重要原因。

二、西南国际交通与大后方钨、锑业变迁

全面抗战时期，由于战局的变化，大后方钨、锑矿的对外运输路线发生了明显变化，大概分为四个阶段：第一阶段，对外交货的地点为香港。江西出产的钨砂由赣县大庾，经南雄、曲江运至广州出口；广东出产的钨砂直接运至广州，一部分由东江运往汕头；湖南出产的钨、锑则经粤汉、广九两铁路运往香港。第二阶段，交货地点为香港和海防，运输路线较为复杂。1938 年 10 月武汉、广州沦陷后，长江水运断绝，矿产品运输以桂同线为主干，大部分矿品经桂林、柳州、南宁、同登转道海防出口。至于运输支线，主要有：昆防线——由昆明经河口、河内至海防；柳岳线——由柳州经八步、三合、都匀、田东、岳圩至海防；平广线——由平乐、梧州、容县、北流、赤坎、广州湾至香港；衡沙线——由衡阳、曲江、老隆、沙鱼涌

出口至香港;晃镇线,由晃县经镇远、三合、都匀、车河、田东、镇南关至海防;赣沙线——由赣县经南雄、曲江、老隆、沙鱼涌至香港;庾温线——由大庾经南城、鹰潭、金华、丽水至温州出口;衡甬线——由衡阳经茶陵、鹰潭、义乌至宁波出口。上述各线,大部分利用公路运输,水路次之,铁路又次之。第三阶段,交货地点为香港和仰光,主要出口运输路线是滇缅公路。第四阶段为太平洋战争爆发以后,香港、仰光相继陷落,钨、锑出口运输路线为驼峰空运。①

在全面抗战初期的1938年10月至1940年6月,由于滇越铁路是西南大后方的重要国际交通线,滇越铁路的主要出口货运物资除了大锡,也包括钨、锑。1939年滇越铁路钨出口货运量为90 278公担,运量仅次于桐油和大锡居第三位,占滇越铁路出口货运总量的24.18%。锑的货运量占总出口运量的第四位。从货运价值而言,钨货运价值为国币3 689 474元,占滇越铁路出口货运总值的39.87%,货运值占总出口货运值第一位。② 在西南运输处经办滇缅公路运输期间,经滇缅公路出口的钨砂有9 000吨。③ 1942年5月,滇缅公路国际运输中断后,驼峰航线成为大后方的对外运输线。但与陆路运输相比,驼峰空运的运量相对小得多。1942年8月到12月间,中航公司通过驼峰空运运到印度的钨砂有1 500吨④,1943年中航公司运出7 575.1吨特矿,主要是钨和锡。⑤

① 章伯锋、庄建平主编:《抗日战争》第5卷《国民政府与大后方经济》,第422—423页。

② 相关数据参见《经由滇越铁路运出货物量值表》,瞿世荃:《中国与安南贸易之检讨》,《贸易月刊》第3卷第4、5期合刊,1941年11月,第50页。

③ 黄恒蛟主编:《云南公路运输史》第1册,第131页。

④ [美]小威廉·M. 利里,徐克继译:《龙之翼——中国航空公司和中国商业航空的发展》,第152页。

⑤ [美]小威廉·M. 利里,徐克继译:《龙之翼——中国航空公司和中国商业航空的发展》,第159页。

战时中国钨、锑矿主要出口至苏联和美国。以中苏贸易为例，自 1942 年 9 月 11 日第 38 批开始，中国恢复了对苏特矿品的出口，交货地点在昆明，即经由驼峰航线运往印度再转赴苏联出口。这期间共运往苏联钨砂21 280.863 3吨，锑6 383吨。此外，自 1944 年 8 月至 1945 年 1 月，在叙府交货 5 批，累计交付钨砂342.864吨，赣钨188.049吨、湘钨90.241吨、桂钨64.574吨。据并不完整的档案记录统计，1938 年至 1945 年 1 月，中国通过粤汉广九铁路、滇越铁路、滇缅公路和驼峰航线向苏联出口钨砂 21 628.727 3 吨，锑 6 383吨。①

西南国际交通运输不仅影响了大后方钨、锑的出口，也影响了大后方钨、锑的生产。在 1936 年至 1943 年间，中国平均每年的钨砂产量为10 950吨，而之前的 1928 年至 1935 年间年平均产量仅为 6 504吨，因此战时的钨砂产量比统制前 8 年的年平均产量增加了 68.4%。②由于战时钨砂和锑矿属于统制产品，由资源委员会统制，钨砂和锑矿的产量、外销量也有增加，具体数据见下表：

表 7－7　1937 年至 1944 年资源委员会钨、锑产收量和外销量表

(单位:吨)

年份	钨		锑	
	产收量	外销量	产收量	外销量
1937	11 927	14 057	14 597	8 583
1938	12 556	7 985	9 463	11 112
1939	11 509	7 801	12 017	5 482
1940	9 543	2 915	8 469	873

① 参见李学通:《抗战时期中苏易货矿品出口探微》,《民国档案》2016 年第 4 期,第 112 页。

② 郑友揆、程麟荪、张传洪:《旧中国的资源委员会——史实与评价(1932—1949)》,第 299 页。

续表

年份	钨		锑	
	产收量	外销量	产收量	外销量
1941	12 372	14 276	7 989	8 041
1942	11 897	7 402	3 510	89
1943	8 973	10 320	428	
1944	3 226	7 707	204	
1945		3 393		1 567
合计	82 023	75 856	56 677	35 747

资料来源:《历年钨锑锡汞产收后外销数量统计表》,章伯锋、庄建平主编:《抗日战争》第 5 卷《国民政府与大后方经济》,第 424 页。

从上表可以看出,钨砂和锑矿无论产量还是外销量,在全面抗战时期以 1941 年为界分为前后两个阶段,前段时期有所起伏,后期剧烈下降。1942 年 5 月滇缅公路国际运输中断,西南后方对外交通仰赖驼峰空运,而空运运量有限,从而导致特矿的产量和外销量剧烈下降,这也说明大后方的特矿业受西南国际交通运输的影响十分明显。

具体而言,在 1937 年至 1941 年间,钨砂、锑矿等特矿的出口量有一定增加,刺激了后方特矿业的发展。以钨砂为例,1937 年,赣钨产量为7 971吨,次年增至9 110吨。1939 年和 1940 年稍有下降,资源委员会加强统制后,1941 年的产量超过了 1938 年的产量,达到了9 561吨,1942 年更突破万吨大关,达10 027吨。此后,由于对外运输条件恶化,加上通货膨胀日渐加剧,赣钨生产成本剧增,1943 年赣钨产量减至7 626吨。1944 年因战局又趋恶化,外运更为困难,该年产量仅为2 823吨。①

① 郑友揆、程麟荪、张传洪:《旧中国的资源委员会——史实与评价(1932—1949)》,第 258 页。

由于全面抗战时期钨、锑对外运输路线的变化，大后方钨、锑出口运输的成本大幅度增加，钨锑业的利润也发生了明显变化。1937 年，赣钨生产成本为每吨1 004元，售价则为2 472元，利润率高达 146％。1939 年成本增至1 238元，而利润竟高达2 958元，利润率达 239％。1940 和 1941 年，成本分别为1 372和1 904元，利润则分别为3 068和5 540元，利润率达 224％和 291％。锑在国际市场的售价较低，但根据锑管处规定的收价标准，锑管处每出售 1 吨锑，所得利润一般也在 20％以上。1936 年至 1941 年间，钨、锑、锡、汞共盈利20 290万元，其中钨砂占 72％，盈利14 604万元；锑盈利1 825万元，占 9％；锡盈利3 481万元，占 17.2％；汞品盈利 379 万元，占 1.8％。[①] 1942 年后，大后方特矿产品的运输路线发生变化，运费大幅度增加。1936 年 5 月，赣钨每吨产销费用仅 964 元，到1942 年 12 月在昆明交货的赣钨产销费用增至29 358元，1943 年 10 月更达43 588元。锑、锡、汞等产品的产销费用大为增长的原因之一就是运费大幅度增加，运费一般占生产成本的 50％以上，最高竟占 87％。产销成本急剧增加，若以官定汇率将资源委员会出售特矿产品所得外汇与实际产销成本比较，1942 年 12 月，在昆明交货的钨砂每吨尚能盈余2 475元，到了 1943 年 10 月，各种特矿产品均亏本，每吨亏损额至少为 1 万元，最多的竟亏损近 10 万元。[②] 因此，西南国际交通线的变化，导致大后方特矿产品出口运输成本的急剧增加，从而极大地影响了大后方特矿业的发展。

① 郑友揆、程麟荪、张传洪：《旧中国的资源委员会——史实与评价（1932—1949）》，第279—280 页。

② 郑友揆、程麟荪、张传洪：《旧中国的资源委员会——史实与评价（1932—1949）》，第281—282 页。

第三节 西南国际交通与大后方农副产业

西南地区出口的主要农副产品为桐油、猪鬃、茶叶、生丝等。近代以来，随着上海、重庆等城市的开埠，西南地区的农副产品开始大量出口，成为西南地区最重要的出口物资。以四川为例，1936年四川出口货物的构成就以农副产品为主，其中猪鬃等畜产品占23％，桐油占20％，生丝和药材分别占15％和12％。① 全面抗战爆发以后，由于桐油、猪鬃、生丝、羊毛、茶叶是中美和中苏易货贸易的重要物资，农副产品在大后方对外贸易中的地位极其重要。据统计，战时贸易委员会及其所辖公司共收购桐油约1.7亿公斤，茶叶1 000万公斤，猪鬃约450万公斤，生丝约250万公斤，羊毛约2 300万公斤，驼毛约120万公斤，皮毛约583万张，食用药材、苎麻、五倍子、肠衣等杂货140万公斤，这些易货偿债物资的总价值在6 000万美金以上。② 通过分析战时大后方土特产品的运输方式和运输路线，我们可以看出战时西南国际交通与土特产品运销之间的密切关系，从而反映出大后方交通对农村经济的影响情况。

一、西南国际交通与大后方猪鬃业变迁

猪鬃古称“刚鬣”，是猪颈部和背脊部生长的5厘米以上的刚毛。猪鬃由于刚韧而富有弹性，具有耐潮湿、不受冷热影响、不易变形等特点，是军需和工业用刷的理想原料。猪鬃的最大产地是

---

① 章友江、李延栋：《抗战以来四川之对外贸易》，《四川经济季刊》第1卷第1期，1943年12月，第56页。

②《财政部关于战时贸易政策及设施概况的报告》(1945年)，中国第二历史档案馆编：《中华民国史档案资料汇编》第5辑第2编，“财政经济”(9)，第421页。

西南地区，1938 年川滇黔桂四省猪鬃的总产量约占全国总产量的 24％，其中四川产量约占全国总产量的 13．9％，广西、云南和贵州的产量则分别占 4．3％、3．6％和 2．2％。① 猪鬃出口值在中国出口货值中所占百分比一直较小，1937 年至 1943 年间每年为 2％至 4％，尤其是 1942 年仅为 0．1％。不过，到 1944 年，猪鬃货值占出口货值的百分比剧增到 41．6％，成为中国当年最重要的出口商品。② 之所以如此，是因为当年国际市场对猪鬃的需求旺盛，加之猪鬃具有重量轻、价值高等特点，非常适合于驼峰空运。大后方猪鬃出口百分比的变化，是受对外交通运输和国际市场需求双重影响的结果。

作为战时中国易货贸易的重要农副产品，猪鬃是西南国际交通运输的重要物资。在 1938 年 10 月广州沦陷以前，广九粤汉铁路运送了大量猪鬃出口。广州沦陷后，滇越铁路和滇缅公路承担主要运输任务。以滇越铁路为例，1939 年，滇越铁路共运输3 166公担猪鬃，货值为国币2 298 146元，占滇越铁路出口货运总值的 2．48％。③ 其中，云南猪鬃的出口发展迅速。1937 年云南出口猪鬃 773 公担，1938 年增至1 076公担，较 1937 年增加 30％，到 1939 年进一步增至4 400公担。④ 由于滇越铁路在 1937 年至 1940 年 6 月间的交通地位日趋重要，地处滇越铁路沿线的蒙自口岸的猪鬃出口量也进一步增加。1936 年，蒙自口岸仅出口猪鬃 83 吨，1937

①《国民政府财政部贸易委员会 1938 年统制猪鬃毛皮等购销的工作报告》，中国第二历史档案馆编：《中华民国史档案资料汇编》第 5 辑第 2 编，“财政经济”(9)，第 576 页。

②《猪鬃产销》，“行政院新闻局”1947 年编印，第 21—22 页。

③《经由滇越铁路运出货物量值表》，瞿世荃：《中国与安南贸易之检讨》，《贸易月刊》第 3 卷第 4、5 期合刊，1941 年 11 月，第 51 页。

④ 张肖梅编：《云南经济》，第 P5 页。

年增至121吨，1938年剧增至465吨，1939年为244吨，1940年为675吨。① 1942年5月，由于西南后方的对外陆路交通中断，驼峰空运成为西南大后方唯一的对外空中通道，猪鬃也成为驼峰空运的重要出口物资。关于战时猪鬃的外销量情况，见下表：

表7-8　战时猪鬃出口数量统计表

（单位：吨）

年份	1937	1938	1939	1940	1941	1942	1943	1944	1945
数量	4 045	3 634	3 333	3 557	2 740	64	772	1 943	603

资料来源：《表19：进出口货物数量（续）》，《中华民国统计提要》，国民政府主计处统计局1947年编印，第38—39页。

从上表可以看出，1937年至1941年间，中国的猪鬃出口数量虽有起伏，但变化不大。这是因为东南沿海虽然被日军封锁，但中国仍旧可以通过滇越铁路、滇缅公路等西南国际交通线出口猪鬃。但1941年12月太平洋战争爆发以后，滇缅公路被截断，1942年猪鬃出口量仅为64吨。1943年随着驼峰空运运量的增加，猪鬃出口量有所回升。到1944年，猪鬃出口量进一步增加至1 943吨。1945年，由于下半年中国运输的主要任务是复员运输，猪鬃出口运输大受影响，仅为603吨。因此，战时中国猪鬃出口与西南国际交通运输息息相关。

不过，猪鬃由于重量轻、价格高，其出口受国际交通运输的影响相对桐油较小。全面抗战后期的1942年至1945年，通过驼峰空运，仍有一定数量的大后方猪鬃出口。在这期间，贸易委员会内销猪鬃166吨，而外销猪鬃仍达到了2 489吨。② 由于战时美国对猪

① 《猪鬃产销》，“行政院新闻局”1947年编印，第23—24页。

② 郑会欣：《国民政府战时统制经济与贸易研究（1937—1945）》，第266页。

鬃的需求旺盛,猪鬃价格得以上涨。在1937年至1939年间,中国第27号配箱猪鬃的价格,在纽约每磅为1.5美元,1940年1月涨至1.9美元,同年9月涨至2.15美元,1941年7月涨至2.4美元,1942年3月高达5.5美元。① 猪鬃价格的猛涨,刺激了大后方猪鬃业的发展。关于战时大后方各省猪鬃产量的情况如下表所示:

表7-9　大后方各省猪鬃产量对比统计表

(单位:公担)

时段	四川	广西	云南	贵州	陕西	甘肃
战前平均(1933年至1937年)	9 000	2 800	2 400	1 500	1 200	760
战时平均(1938年至1946年)	9 200	2 950	2 800	1 600	1 540	1 100

资料来源:《猪鬃产销》,"行政院新闻局"1947年编印,第14页。

从上表可以看出,大后方各省的猪鬃产量有一定增加,尤其是甘肃、陕西和云南增加量较大,增加幅度明显,分别比战前增加了340公担、340公担和400公担,增加幅度分别为44.74%、28.33%和16.67%。

为扩大猪鬃的出口,贸易委员会核准其下属业务公司与中国银行共同出资,通过预付货款、熟鬃抵押、外汇补贴等具体措施,从资金上扶持鬃商。在此背景下,战时后方猪鬃业发展较为迅速,仅在四川,"从事猪鬃收购、运输、加工、包装、交易等项工作的大约有300余万人",其中四川畜产公司拥有职员257名,技工、粗工3 000余人,公司资本达50万元,在重庆龙门浩、王家嘴、大渡口、嘉定易家坝、南充钟家巷、叙府水巷街和贵阳交通路建有7个猪鬃工厂,月产熟鬃675担,成为战时四川最大的工贸集团之一。②

① 余顺贤译:《外销物资国外商情报告:猪鬃》,《贸易月刊》第5卷第12期,1944年6月,第28页。

② 陈岗:《近代四川猪鬃业的开发与经营》,《史学月刊》2008年第4期,第94页。

除了四川畜产公司，四川猪鬃企业还包括宝丰、和源和崇德，它们被称为猪鬃行业的“四大公司”。宝丰在重庆有 4 家洗制工厂，共有工人 700 余人，所出产品以“MF”为商标。崇德所设的洗制工厂，在重庆有 2 家，在南充、万县各有 1 家，共有工人 800 余人，产品商标系“飞机牌”。和源所设的洗制工厂，重庆有 2 家，南充、泸县各有 1 家，共有工人 600 余人，产品以“ABC”为商标。这 3 家公司在省内省外均设立外庄。全面抗战时期，“四大公司”的熟鬃年产量分别是：川畜为7 000关担至 1 万关担，宝丰为3 500关担至4 000关担，崇德为3 000关担至3 500关担，和源为1 500关担至2 500关担，总产量共计 1.5 万关担至 2 万关担。各公司与富华公司(1942 年以后为复兴公司)每年所签订的供应猪鬃合同，共 1.5 万关担，其中川畜为7 000关担，宝丰为3 500关担，崇德为3 000关担，和源先为1 000关担，后来增为2 500关担。其他较小的几家签约商，合计有2 000关担至3 000关担。①

云南也是大后方重要的猪鬃产地。战时云南猪鬃在 1942 年前通过滇越铁路或滇缅公路运输出口，1942 年及以后则主要通过驼峰航线从昆明运输出口。战时云南主要的猪鬃出口企业情况如下：1937 年至 1938 年，云南畜产公司在昆明成立洗鬃厂，有工人 400 余人；1937 年至 1938 年，四川利昌公司在昆明设立机构，专门收购成品猪鬃，所有收购之熟鬃，概行运至印度加尔各答销售；1937 年至 1938 年，杨汉江在昆明设立洗鬃厂，有工人 100 余人；1937 年至 1950 年，四川义生公司在昆明设立洗鬃工厂，工人约 150 人；1942 年至 1944 年，安丰在昆明设立洗鬃工厂，工人约有

---

① 刘伊凡：《抗战到解放时期的重庆猪鬃业》，四川省政协文史资料研究委员会编：《四川文史资料选辑》第 24 辑，成都：四川人民出版社 1981 年版，第 137—139 页。

300 人;1942 年至 1945 年,英商对珍洋行在昆明收购成品,从畹町出口,运往国外销售。①

战时贵州的猪鬃业也得到一定程度发展。贵州的猪鬃产量不及四川和云南,贵阳平时每月可收购猪鬃 1 000 斤,旺月可达 1 万斤以上。贵州省所生产的鬃的 1/3 供省内洗房洗制,其余 2/3 由四川省的猪鬃加工厂收购。贵州省内猪鬃洗房以四川畜产贸易公司为最大,在安顺和贵阳各设 1 家企业,其中在贵阳的企业有工人百余人。此外,贵阳还有 3 家洗房,即新华猪鬃厂、太玄猪鬃厂和贵阳猪鬃制造工人合作工厂。②

此外,陕西也是大后方重要的猪鬃产区,战时猪鬃业得到一定发展。在全面抗战爆发前,陕西猪鬃交易量约 300 万担,其中内销量约 150 万担,占总销量的一半。全面抗战爆发以后,由于对外运输日益困难,内销量有增加趋势。陕西猪鬃最大的市场为西安,到 1942 年左右,约有商号 20 家。③ 1939 年 12 月,陕西战时物产运销处在西安筹设了猪鬃厂,这是西北洗拣猪鬃的唯一工厂,有工人 40 余名,该厂每月可生产黑猪鬃约四五十斤,运往重庆,再由贸易委员会运往香港销售。④

---

① 李正邦:《云南猪鬃业发展概况》,云南省政协文史资料研究委员会编:《云南文史资料选辑》第 42 辑,第 270—271 页。

② 朱超俊:《猪鬃及贵州之猪鬃业》,《贵州企业季刊》第 1 卷第 1 期,1942 年 10 月,第 43—44 页。

③ 迈公:《陕西之特产(二)》,《陕行汇刊》第 7 卷第 1 期,1943 年 2 月,第 7 页。

④ 参见陕西省银行经济研究室编:《西京市工业调查》,秦岭出版公司印刷厂 1940 年印,第 99—102 页。

二、西南国际交通与大后方生丝、药材业变迁

全面抗战时期，生丝是大后方重要的出口产品。在抗战初期的1938年10月至1940年6月，滇越铁路的主要出口货运物资也包括生丝，仅1939年，滇越铁路的生丝出口货运量为243公担，货值为国币316 678元。[①] 1940年6月至1942年5月，滇越铁路和滇缅公路国际运输相继中断，1942年5月驼峰航线开辟后，生丝由于质量轻，成为驼峰空运的重要物资。

以四川为例，全面抗战爆发后，外销路线时遭阻截，而生丝因为质轻价贵，航空外运较便，国际市场亦较前好转，维持了一定数量的出口。缅甸、越南所需粗丝，亦托丝业公司产制。1940年财政部贸易委员会购粗丝2 100担销缅甸，细丝1 600担销美苏。1943年中国以生丝运美易货偿债，每磅生丝价格最高达25美元，最低亦为22美元。因此，省内丝价上扬，每关担为110万元，较上年同期售价高30万元，提高了3倍多。1937年至1949年，四川生丝每年的平均产量在2万担左右，外销约1万担，其中销欧美约6 000担，缅甸约4 000担。内销约1万担，其中成都区约3 500担，嘉定区3 000担，顺庆区约2 000担，其他区约1 500担。[②]

战时大后方生丝出口运输较战前不便，影响了战时中国的生丝生产，这导致产量下降。全面抗战前中国生丝的总产量是142 455担，但战时锐减至34 074担，战时产量仅为战前产量的

---

① 相关数据参见《经由滇越铁路运出货物量值表》，瞿世荃：《中国与安南贸易之检讨》，《贸易月刊》第3卷第4、5期合刊，1941年11月，第50页。

② 游时敏：《四川近代贸易史料》，成都：四川大学出版社1990年版，第214页。

23.92%。西南交通的变迁不仅使产量发生了明显变化，也使得生丝内销与外销的比例也发生了变化。在战前1933年至1937年间，外销比重占总产量的65.59%，而战时的1937年至1946年间，外销比重仅为总产量的28.51%，内销量剧增至总产量的71.49%。[①] 可以看出，全面抗战时期中国生丝的产销发生了很大的变化。首先因为西南国际交通运输的日益困难，生丝产量锐减。其次，由于出口锐减，大量生丝不得不内销，因而内销比重增加。四川生丝内销的重要市场为成都、乐山和南充三地，这三地除了集中消费附近各县的生丝，另有来源很广、集散数量很大的中级市场，如川北的三台、阆中，川东的合川，川南的叙府。各产地的生丝就近集中于各中级市场，三台、阆中的生丝则销往涪江，嘉陵江水涨时销往合川和重庆。[②]

为适应生丝出口的需要，大后方生丝行业不断地改进技术，尤其以四川生丝业的影响最大。1937年，四川省政府联合川康兴业公司、中国银行、中国农民银行、交通银行、复兴公司等公司集资成立了四川丝业公司，以改良四川蚕种、生丝副产品为宗旨。公司成立时资本为国币167.6万元，以后逐年增加，1938年为300万元，1940年为400万元，1941年1 200万元，1942年为3 000万元，到1945年为1亿元。[③] 公司的制蚕种数量和制丝数量详见下表：

---

① 相关数据参见池廷熹：《战前与战时我国生丝估计》，《中蚕通讯》第1卷第1期，1946年10月，第15页。

② 姜庆湘、李守尧编著：《四川蚕丝业》，四川省银行经济研究处1946年印，第102页。

③ 国货工厂：《四川丝业公司概况》，《中华国货产销协会每周汇报》第5卷第7期，1948年2月，第2页。

表 7-10 战时四川丝业公司制种、制丝数量表

年份	1937	1938	1939	1940	1941	1942	1943	1944
制种(张)	80 000	121 030	532 069	643 945	733 500	578 698	362 500	336 155
制丝(担)	2 233	2 390	4 283	3 500	2 162	2 288	1 739	2 005

资料来源：国货工厂：《四川丝业公司概况》，《中华国货产销协会每周汇报》第 5 卷第 7 期，1948 年 2 月，第 2 页。

从上表可以看出，战时四川丝业公司的产量也大致以 1942 年为界分为前后两个阶段。1942 年前逐年增加，其中蚕种数量在 1941 年达到最高峰，制丝在 1939 年达到最高峰，此后有所回落。战时四川丝业公司的产量变化，也与西南国际交通运输息息相关。

西南地区也是中药材的重要产地，仅四川就生产了 120 多种药材，其中黄姜年产 200 千克以上，川芎、当归、白芍、枳壳等药材年产 100 千克以上，天雄、陈皮、大黄、党参、白姜、巴豆、半夏、羌活等药材年产 50 千克至 100 千克，白芷、杜仲、麦冬、黄芪等年产 10 千克至 50 千克。① 1931 年至 1937 年，四川平均每年出口 124 136 149斤，合国币4 144 133元②，出口值居四川出口物资的第四位。四川中药材主要通过水运方式从出产地运至各地集散市场销售。全面抗战爆发后，四川中药材出口运输路线发生了变化。全面抗战前，四川中药材汇集于重庆后通过长江水运运至上海出口；全面抗战爆发以后，由于长江航运被阻塞，中药材汇集重庆后改由汽车运输或水运运至昆明，然后再通过滇越铁路运输出口。1942 年，随着香港以及东南亚相继被日军占领，四川出口药材改由驼峰航线空运出口。关于战时中国中药材出口数量的情况，如下表所示：

① 蒋君章：《西南经济地理》，上海：商务印书馆 1946 年版，第 108 页。

②《四川省之药材》，四川省农业改进所 1941 年编印，第 1 页。

表 7－11　战时中国主要中药材出口数量统计表

（单位:吨）

年份	1937	1938	1939	1940	1941	1942	11943	1944	1945
五倍子	5 080	2 318	3 006	2 405	2 270	1 099	27	149	20
桂皮	12 219	5 774	10 045	4 308	7 417	336	89	539	203
大黄	2 179	2 115	2 103	2 448	2 308	25	24	6	1

资料来源:《表 19:进出口货物数量(续)》,《中华民国统计提要》,国民政府主计处统计局 1947 年编印,第 38—39 页。

说明:财政部统计处根据关务署材料统计而成。全面抗战爆发后,海关税款大量被日本截留。尤其是太平洋战争爆发,日军侵占上海租界,接管上海总税务司署。1942 年 1 月国民政府在重庆另设总税务司署。表中统计数据尤其是 1942 年至 1945 年的数据未包括沦陷区出口数量。因此表中数据尤其是 1938 年至 1944 年间数据实际是大后方的出口数量。

从上表可以看出战时中国尤其是大后方主要中药材的出口量急剧减少,尤其是 1942 年以后出口锐减,五倍子、桂皮和大黄 1942 年的出口量分别仅为 1941 年的 48.41%、4.53%和 1.08%。1943 年中药材的出口量进一步减少,基本可以忽略不计。另外,由于中药材出口日益困难,1942 年至 1945 年间大后方的药材业也大受影响,生产急剧萎缩。

三、西南国际交通与大后方桐油业变迁

全面抗战前,中国所产桐油内销量占总量的 25%至 30%,其余大部分运往各出口市场,然后再外销国际市场,主要用作油漆、印刷油墨、防水纺织品、电气用品、军需用品等。桐油产量最大的四川年产桐油 80 万担,占全国总产量的 30%以上。贵州桐油年产量为 16 万余担,广西桐油年产量在 40 万担上下。① 这一时期,西南长江上游流域的桐油出口运输以水运为主,上海是长江上游流域

① 蒋君章:《西南经济地理》,第 117、122、125 页。

桐油的重要出口市场。全面抗战爆发后,大后方桐油的出口运输方式与出口运输路线发生改变。1937 年 11 月上海沦陷后,四川所产桐油在重庆由长江水运至汉口后改用铁路运输,通过粤汉铁路运至广州,再通过广州出口香港。1938 年 10 月广州沦陷后,四川桐油改运昆明,再通过滇越铁路运往越南海防,然后再运往香港出口。1942 年随着驼峰航线的开辟,四川桐油运至昆明后再通过驼峰航线空运出口。大后方另一桐油产区广西的桐油运输路线在 1938 年 10 月广州沦陷前,主要集中于梧州,再通过西江航运经广州运往香港出口。广州沦陷后,运输路线不得已改由向西入云南,通过滇越铁路或滇缅公路出口。1942 年以后部分改道通过驼峰空运出口。

1938 年 10 月广州沦陷以前,粤汉、广九铁路运送了大量桐油出口。广州沦陷以后,滇越铁路和滇缅公路以桐油运输为主。1939 年,滇越铁路共运输桐油117 546公担,运量占滇越铁路总出口货运运量的 28.13%。① 在西南运输处经办滇缅路运输期间,仅西南运输处经滇缅公路出口的桐油就有6 600吨。②

随着战时西南国际交通运输越来越困难,大后方桐油业受到严重影响,尤其是到 1942 年 5 月,由于滇缅公路国际运输中断,西南桐油出口量进一步剧减。据统计,1937 年度中国出口的桐油为1 029 780担,以后逐年递减,到 1942 年 1 月至 11 月间跌至8 435担,仅为 1937 年的 0.82%,而 1943 年 1 月至 5 月间则仅为 95

---

①《经由滇越铁路运出货物量值表》,瞿世荃:《中国与安南贸易之检讨》,《贸易月刊》第 3 卷第 4、5 期合刊,1941 年 11 月,第 51 页。

② 黄恒蛟主编:《云南公路运输史》第 1 册,第 131 页。

担。[①] 1942 年以后，随着大后方桐油出口量的急剧减少，作为全国第一桐油产量大省的四川，桐油出口量也从 1937 年的681 451担锐减至 1940 年的241 391担[②]，降幅达 64.58%。关于战时中国桐油出口的数量统计情况见下表：

表 7－12　战时中国桐油出口数量统计表

（单位：吨）

年份	1937	1938	1939	1940	1941	1942	1943	1944	1945
数量	102 979	69 578	33 502	23 247	20 989	907	82	100	112

资料来源：《表 19：进出口货物数量（续）》，《中华民国统计提要》，国民政府主计处统计局 1947 年编印，第 40—41 页。

说明：表中 1938 年至 1944 年间数据实际上主要是大后方桐油出口数据，未包括沦陷区数据。

另一方面，虽然战时中国尤其是大后方各省桐油出口量逐年减少，但大后方各省的桐油产量并未急剧减少，如下表所示：

表 7－13　战时大后方各省桐油产量对比统计表

（单位：千公担）

时段	四川	广西	湖南	贵州	陕西
战前平均（1933—1937）	450	150	350	50	30
战时平均（1938—1946）	450	300	350	80	30

资料来源：《桐油产销》，"行政院新闻局"1947 年编印，第 22—23 页。

全面抗战期间，中国桐油的总产量为 120 万担，受对外运输越来越不便的影响，与战前 136 万担的产量相比，还是有所减少。不过，桐油产量减少的幅度还是没有桐油出口减少的幅度大。这一

① 《历年我国桐油出口量值统计（1912—1943）》，《中农经济统计》第 3 卷第 9 期，1943 年 9 月，第 26 页。

② 《四川省历年桐油出口数量及价值统计表》，《四川省建设统计年鉴》，四川省建设厅 1941 年编印，第 154 页。

方面是因为中国桐油生产具有一定的惯性,不可能立即迅速剧减,另一方面是大后方桐油内销量的增加。1942 年至 1945 年,贸易委员会收购的桐油中,内销量高达55 234吨,外销量为12 956吨,内销量占总销量的 81%。① 因此桐油业从原来的外向型经济向内向型经济转化。

为解决桐油内销的问题,贸易委员会"原有放宽内销统制之措施,惟适值桐油提炼汽油试验成功,公私炼厂相继成立,桐油有求过于供之势"。为调节供应起见,贸易委员会在 1942 年 7 月间拟定了《全国桐油调节管理暂行办法》,呈奉核定施行,并在产油较丰、炼厂较多之地区,划定桐油管理区域,由经济部指定公告,依法实施管理。对于各炼厂所需桐油原料,均经商同经济部液体燃料管理委员会及运输统制局,逐月规定数量,由复兴公司分别订约供应,其售价恒低于市价 10%以上。② 随着大后方桐油炼油厂的陆续成立,大后方的炼油业也逐步发展起来。1939 年,交通部在重庆设立动力燃料厂,从桐油中提炼汽油、柴油、煤油及润滑油代替品。同时以提炼原油为业的桐油炼贮厂也纷纷成立,尤其以重庆市及其附近区域的炼油工厂最多,每月的产量约占后方全部产量的 2/3。在这些炼油企业中,动力油料厂设备最好,次为兵工署、军政部交通司和运输统制局所设各厂,民营炼油厂以建成、中国、大华等厂较为完备。③ 到 1943 年 6 月止,大后方地区经核准登记的公私炼油厂已经达到 60 余家,代汽油年生产能力约 290 万加仑。④

---

① 郑会欣:《国民政府战时统制经济与贸易研究(1937—1945)》,第 266 页。

② 刘楠楠选辑:《财政部贸易委员会 1942 年工作报告(上)》,《民国档案》2017 年第 3 期,第 31 页。

③ 谭熙鸿主编:《十年来之中国经济》上册,上海:中华书局 1948 年版,第E19 页。

④ 谭熙鸿主编:《十年来之中国经济》下册,第 V44 页。

在大后方的炼油企业中，以重庆的炼油业最为发达。截至1944年，重庆有植物油炼油厂14家，计江北6家、小龙坎2家、北碚1家。资本最高者达200万元，最少者也有1万元。其中以重庆动力燃料厂、中国炼油厂和中国植物油料厂炼油厂规模最大，分别各有资本200万元。此外，规模较大的炼油厂还有资本为100万元的大华炼油厂，资本为20万元的美亚炼油厂，资本为10万元的民生实业公司炼油厂，资本为10万元的建成炼油厂。至于各厂的产量，据不完全统计，其中动力燃料厂每月生产代汽油7 000加仑至1万加仑，柴油3万加仑；民生实业公司炼油厂每月出产柴油20吨；中央工业试验所油脂实验工厂每月出产代汽油、代煤油各150加仑；建成炼油厂每月生产代汽油500加仑，代煤油3 000加仑；中国炼油厂每月生产代汽油3 000加仑；大华炼油厂每月生产代汽油、代煤油共5 500加仑，代柴油、润滑油共20余吨；新源炼油厂每月生产代汽油3 000加仑，代煤油1 200加仑及代柴油10吨；美亚炼油厂每月生产代柴油9 000加仑；裕康炼油厂每月生产代汽油、代煤油共1 000加仑，代柴油1 000加仑。①

战时后方炼油工业的兴起和发展，一方面扩大了桐油的内需，一定程度上解决了桐油内销问题，从而推动了后方桐油的生产；另一方面也一定程度上缓解了后方汽油、柴油严重缺乏的危机，对后方的交通运输业也产生了积极影响。

---

①《抗战时期重庆的炼油业》(1944年)，重庆市档案馆、重庆师范大学合编：《中国战时首都档案文献·战时工业》，重庆：重庆出版社2014年版，第590—593页。

第八章 西南国际交通与普通民众

为修建西南国际交通线，云南地方政府需要征召大量民工。为此，云南地方政府颁布了征工办法，明确规定了民工的工作待遇、工作时间等，一定程度上保障了民工的基本权益。但由于施工环境恶劣、工作强度大、待遇差等原因，民工的生活和工作条件艰苦，伤亡率也很高。滇缅公路建成后，为弥补国内运输力量的不足，西南运输处与南侨总会积极联系，招募了大量南侨机工回国服务，参加滇缅公路运输。南侨机工的工作环境同样十分恶劣，生活普遍艰苦。相比于筑路民工和南侨机工，参加驼峰空运的中美飞行员尽管工作危险，但待遇较为优厚，生活相对舒适。总的来讲，西南国际交通建设和运输深深影响了云南民工、南侨机工和中美飞行员的工作和生活。

第一节 西南国际交通建设中的民工

为修建滇缅公路、滇缅铁路和中印公路，云南省地方政府征召了大量云南民工。虽然政府颁布了征工办法以保障民工的基本权益，但由于施工环境恶劣、工作强度大等原因，民工的伤亡率很高。

云南民工参与修建西南国际交通线，为战时西南国际交通事业作出了巨大贡献，这也是云南抗战史的重要内容。

一、滇缅公路民工的征召、工作与生活

滇缅公路滇段自 1937 年 12 月开始动工，1938 年 5 月土路及木便桥涵大体完成。其中，云南各县的出工人数如下表所示：

表 8-1　滇缅公路各县征工人数表

（单位：人）

县份	广通	楚雄	镇南	姚安	祥云	弥渡	凤仪	大理	蒙化	顺宁	漾濞	昌宁
人数	2 000	5 000	4 000	3 000	5 000	3 000	5 000	5 000	8 000	8 000	2 000	8 000
县份	永平	云龙	保山	龙陵	腾冲	镇康	梁河	盈江	莲山	潞西	陇川	瑞丽
人数	8 000	8 000	10 000	8 000	8 000	3 000	2 000	1 000	1 000	2 000	1 000	1 000

资料来源：谢之俊：《修筑滇缅公路概况》，《云南建设》1945 年第 1 期，第 107—108 页。

从上表可以看出，1937 年 12 月到 1938 年 5 月，云南 24 县共征召民工 11.1 万人，其中来自保山的民工最多，达到 1 万人，盈江、莲山、陇川和瑞丽最少，每县仅有 1 000 人。民工来源县份人数的多寡，与当地的人口数量大体成正比例关系，盈江、莲山、陇川和瑞丽属于偏远地区，人口较少，征召民工的数量自然也较少，而保山是滇西重镇，经济发达，人口众多，加之又是滇缅公路途经的重要站点，征召民工人数也自然最多。

需要指出的是，1938 年年底滇缅公路修建完成以后，由于日军的轰炸，公路破坏严重。为了抢修公路，云南省政府又征调了大批民工，安排他们铺设柏油路面、拓宽路面、夯实路基等。就铺设柏油路面而言，1942 年 3 月，滇缅公路工务局统计了征用铺设柏油路面的民工人数，其中 1941 年 10 月至 1942 年 1 月累计出工人次为 1 280 083人次，以保山征工人次最多，为207 200人次，其次为漾濞

184 049人次，再次为祥云123 701人次。①

总之，1938 年至 1943 年，为修建和改善滇缅公路，云南 28 县局②共征用民工 27 552 000 人次，其中 1938 年修筑公路的有16 650 000人次，占总人次的60.43%，1939 年至 1943 年间改善公路的有10 902 000人次，占总人次的 39.57%。从出工人次的县份来看，保山出工人次最多，高达 370 万人次，占总人次的 13.43%。龙陵出工人次为第二，为 207 万人次，占总人次的 7.51%。③ 大量民工的积极参与，保证了滇缅公路的畅通。

为保障征召民工的基本权益，云南省政府出台了一系列征工办法，详细规定了民工的工作时间、基本待遇和住宿问题。例如，1941 年 7 月 4 日，云南省政府就制定了关于铺筑滇缅公路柏油路工程的征工办法：在工作时间上，规定民工实行轮流换班，每月最多 1 次；在工作待遇上，规定民工应得工款需如数发给，不得借故克扣；民工在工作期间，若患有疾病，由管理局所设诊疗所免费诊治，因伤不能工作者，由医生开具证明；民工在疗养期间，管理局每天发给津贴及伙食费国币 1 元；若民工因工伤亡或残疾，管理局按照一定标准发放抚恤金，抚恤金具体标准为因工受伤致残者国币 200 元，因工致病而死者 100 元，埋葬费 100 元，因公受伤致死者 300 元；④在民工生活上，规定被征召民工住沿途民房、寺庙，如无民房、寺庙可住，应就地取材，搭建工棚住宿，每小队民工工棚，由管理局补助建筑费 100 元。⑤ 应该讲，这些征工办法的出台，既表明了政府对征

① 云南省档案馆编：《抗战时期的云南——档案史料汇编》上册，第 259—260 页。

② 除表 8－1 中的 24 县外，还有昆明、安宁、罗次、禄丰。

③ 谢之俊：《修筑滇缅公路概况》，《云南建设》第 1 期，1945 年 1 月，第 110 页。

④《省府制定滇缅路铺油征工办法（续）》，《云南日报》，1941 年 7 月 6 日，第 4 版。

⑤《省府制定滇缅路铺油征工办法（续）》，《云南日报》，1941 年 7 月 6 日，第4 版。

工问题的重视，也在一定程度上保障了民工的基本权益。

对于被征召的民工，尤其是离滇缅公路较远县份的民工而言，他们的心情是复杂的，有的甚至表示不解。《云南日报》记载了民众的反映：

> 镇上的人们得到了一个意外的消息，说是区公所里来了命令，限三天以内调集民工二十名，各自携带行李伙食，前往大理漾濞交界的地方，参加筑路的工程，不准违误。当这个奇突的消息传到许老爹底耳朵里的时候，他绷紧了那张满是皱纹的面孔，气狠狠地斥责着，白沫子像喷珠一样地从他的嘴里飞溅出来。“路是修在人家的地界上，隔着诺长的一大节，也要干我们的屁事呀！真是。”①

部分民工的工作地点离家乡较远，其中来自蒙化、顺宁、腾冲等地的民工时常要走七八天的路才能到工地，他们还需要自带干粮。作家萧乾视察滇缅公路后记载了这些民工的住宿条件：

> 地势是低洼毒湿的，四面为巉岩围起。一路上，山箐里每片炊烟都是由这些“棚”中腾起。那实在只有两根木棍作支架，上面散铺着树叶，湫矮到仅容一个人“钻”进去。遇到阴雨，那实在和露宿分别无几，而赶工的时期刚好多在雨季。那小棚是寝室、厨房，又是便溺坑。摆夷路工作为炊饭燃料的是捏成饼形的牛粪。②

民工不仅住宿条件差，而且工作环境十分恶劣，面临巨大的危险，表现为恶劣的气候、崎岖的地形和危险的施工爆破。滇缅公路

① 罗苏：《一段公路的完成》，《云南日报》，1939年5月31日，第4版。

② 萧乾：《血肉筑成的滇缅路》(中)，香港《大公报》，1939年6月18日，第3版。

经过高山峡谷，温差较大，白天在75华氏度至90华氏度之间，而到了晚上则降至50华氏度甚至35华氏度。① 滇缅公路还途经热带地区，容易滋生各种疾病，据当地人称主要有：

> （一）泥鳅痧——症象同一般发痧，腹痛，土治法是把胸脯刮出红筋。但红筋若翻过肩膀，生望便濒绝了。（二）哑瘴——发烧，把手放到脑顶上，都觉发烫。随后又发冷。渐渐神志昏迷，不能讲话。据说患者延三天必死。（三）肛疹，一位路工指导员（沙君）曾染此症，病象是骤冷骤热，呕吐昏晕。沙死后发见〔现〕他肛门内有菜子〔籽〕状疹豆。（四）羊皮痧——头痛，皮肤起红点，燃之火，噼啪作响。及红点一黑，人即完事。另外还有无数种的神秘症象。总之，永昌以南的路工死于瘴毒的数目很可惊人。如云龙一县即死五六百，筑梅子箐石桥的腾越石工二百，只有一半生还。②

由于滇缅公路龙陵至畹町段属于热带地区，气候潮湿酷热，疟疾肆掠。这里即使在一年5个月的旱季，配备了良好的公共卫生设备并有适当的医疗条件，疟疾患者的死亡率仍然很高，8 000名患病者中仅有500人能从死亡中幸免。③ 民工通常赤脚干活，会遭到聚集在树根、岩石四周，以及被翻动的泥土中的小虫的叮咬，这很痛苦、很危险，甚至会致命。④ 除了疾病，崎岖的地形也是民工面临的一大威胁。在滇缅公路施工路段，有一段所谓的“铺盖石”地方的土路，筑路条件十分恶劣：

---

① 谭伯英等：《血路》，第44页。

② 萧乾：《血肉筑成的滇缅路》（中），香港《大公报》，1939年6月18日，第3版。

③ 谭伯英等：《血路》，第69页。

④ 谭伯英等：《血路》，第92页。

"铺盖石"是一块耸峙在山峡里的石壁，高峻得不可攀援，石脚下涡着一条碧绿色的洱河，波流是异常湍急的，远远望去，仿佛一只可怕的巨兽，正蹲伏在江边，舔吸着清凉的江水那么似地。要从山峡口挖一条平坦的道路，通过这一块巨大的岩石，直伸展到峡底，这个工程是多么的艰辛而伟大啊！①

由于施工路段地形崎岖，民工有时需要凿洞放炮，这也十分危险。在险峻和垂直峡谷的转弯口凿洞时，需要在悬崖顶端悬挂一个操作平台。石匠坐在平台上，悬挂半空，稍有不慎便会坠入深渊。他们不仅要坐在那里，还要拿着钢钎，挥舞三磅锤在悬崖上凿洞放炮。洞凿好后，必须迅速离开，且需要有高超的平衡能力，否则会失去平衡而坠入万丈深渊。当然，爆破的操作就更加危险。在峡谷的悬崖峭壁上凿孔放炮的过程和在地面上一样，需要凿孔、装填火药和导火线，然后点燃，而且不仅是一个，必须同时进行许多炮眼的爆破。所有这些都是在一个垂直面上进行。② 由于施工环境恶劣，加上其他事情繁多，有的民工在工作中难免有怨气，《云南日报》对此有所记载：

阳光的烧炙，雨水的淋漓，和着工程的艰巨，使得这一群外乡人渐渐地起了厌恶的心理了。每一个昏黑的深夜里，总有一些少数的青年失了踪。"干他娘的×，路段又没有生在我们底地界上，值得这么下死劲地贴伙食来干！""老子底家里也有多少事情在等着做哪，他妈的，像这么大的工程，再一年也不会做得完！"在沉重的斧凿声里，有谁这么不高兴地烦

① 罗苏：《一段公路的完成》，《云南日报》，1939 年 5 月 31 日，第 4 版。

② 谭伯英等：《血路》，第 99 页。

怨着。①

为了消除民工的怨气，部分人向民众宣传筑路的重要意义。在修建龙陵至潞西段的公路时，老秀才张万有已快60岁了，带着儿孙三代，同来修路，“放工时，老先生盘膝坐在岩石上，捋着苍白胡须，用汉话、摆夷话对路工演讲这条国防大道的重要，并引用历史上举国对抗暴力的掌故”②。经过施工组织者的宣传教育，民工的怨气渐消，他们还是战胜了困难，最终建成了滇缅公路。

滇缅公路筑路民工的生活非常简单，他们从早晨8点开始工作，中午停工吃饭，然后继续工作到下午5点，结束后回去吃晚饭。民工的口粮，主要是大米和少量的蔬菜，蔬菜一年四季都必须要有红辣椒。对于天黑前留在工地上的民工来说，没有什么娱乐消遣。男人们打着盘脚坐在自己搭建的茅屋里聊天，或者是用根长竹管吹曲子。女人们就做针线活。孩子们常常带着他们的宠物玩到天黑，然后就上床睡觉，因为没有用来照明的油，想多待会儿也没有办法。后来民工们在附近发现了一种奇怪的松枝可以慢慢燃烧，并发出微弱的噼啪声。但它容易点燃草屋引发火灾，因此需要严禁任何火光。③

二、滇缅铁路民工的征召、工作与生活

作为抗战时期的重要交通工程，滇缅铁路的修建也需要征调大量民工。滇缅铁路工程局规定征工12万人，实际出工7.2万人，

① 罗苏：《一段公路的完成(续)》，《云南日报》，1939年6月2日，第4版。

② 萧乾：《血肉筑成的滇缅路》(下)，香港《大公报》，1939年6月19日，第3版。

③ 谭伯英等：《血路》，第47—49页。

实际做工数为1 296万人次。[1] 1940 年 11 月，仅修建昆明至一平浪段的工程，云南省政府规定牟定县征工5 000名，双柏县征工3 000余人[2]，总共征召8 000余名民工。1941 年 4 月，为修建滇缅铁路东段，滇缅铁路工程局决定征用民工 1.25 万名。[3] 后为加快施工进度，鼓励各县调集民工，云南省政府于 1941 年 9 月制定奖惩办法，规定了各县长、局长征工人数的具体奖惩标准：出工在 1 000 人以上 2 000 人以下的县份，奖励国币 5 000 元；出工在 2 000 人以上 3 000人以下的县份，奖 1 万元；出工在 3 000 人以上 5 000 人以下的县份，奖 2 万元；出工在 5 000 人以上 1 万人以下的县份，奖 3 万元；出工在 1 万人以上的县份，奖 5 万元；提前于 1942 年 4 月底完成的县份，加倍给奖。在惩罚方面，规定各县长、局长若办理征工不利而导致延误者，撤职留办；出工延缓半月以上或应征人数在规定期限一个月以上未能征足名额，或致使粮食缺乏的县份，县长、局长记大过一次，其余人均分别惩处。若有意拖延的县份，概以贻误军事论处。[4] 为保障滇缅铁路筑路民工的基本权益，云南省政府也制定了具体的征工办法，详细规定了民工的工作待遇、医疗保障和抚恤政策等，具体内容如下：

第一，在工作收入方面，提高民工工作收入的计价标准。由于全面抗战时期物价上涨迅速，政府也相应提高了民工的工价标准。1939 年 11 月，滇缅铁路工程局与叙昆铁路工程局经过会商，认为叙昆、滇缅两铁路工程迟滞的主要原因之一就是单价低，1 土方仅为国币 0.3 元，民工每日工资仅为 0.45 元，“处此生活程度高涨之

① 云南省委党史研究室编：《云南省抗日战争时期人口伤亡和财产损失》，第 507 页。
②《加强战时交通，积极建筑滇缅铁路》，《云南日报》，1940 年 11 月 28 日，第 4 版。
③《赶修滇缅铁路，改进筑路办法》，昆明《中央日报》，1941 年 4 月 15 日，第 4 版。
④《省府制定修筑滇缅铁路征工办法》，《云南日报》，1941 年 9 月 26 日，第 4 版。

时，路工所入不足维持伙食，若其工具损害，更无力补充”。有鉴于此，滇缅铁路工程局规定了填土挖土，每方涨至0.34元。① 1940年4月，叙昆、滇缅两铁路工程局再次会商，又提高了工程单价，规定自1940年3月1日起所有特等区、甲等区、乙等区的土方及软石，在原定各等补助费之外，土方每公方各加0.12元，软石每公方各加0.24元。② 除了提高工程的单价标准，鉴于米价上涨迅速，政府也向民工提供米贴。滇缅铁路工程局规定自1940年3月1日起，筑路民工的米贴按照分等标准拨付，其中第一工程段为甲等、乙等，第二、三、四、六工程段为乙等，第五工程段为丙等，甲等每土方每公方加给米贴0.27元，乙、丙等各加给米贴0.17元。③

第二，在医疗保障方面，规定民工享有免费医疗的待遇。鉴于滇缅铁路施工环境恶劣，为了保障民工的身体健康，1939年11月，滇缅铁路工程局规定若民工患病，需由铁路总段医院免费诊治。④ 1941年9月，云南省政府规定被征民工的医药由各县自雇中医，自备中药，滇缅铁路局按实到人数发给每位民工医药费2元，但民工因病伤愿赴铁路医院诊所治疗者，路局免费医治。⑤ 由于滇缅铁路沿线疟疾肆虐，尤其是云县疟疾十分猖獗，为了保障铁路员工的健康，铁路督办公署特聘请上海医学院热带病专家应元岳为医务顾问。同时，美国派遣抗疟团来署协助，具体任务是调查了解铁路沿

①《叙昆滇缅铁路各县征协修办法》，《云南日报》，1939年11月6日，第4版。

②《路局商定两项办法，改善筑路民工待遇》，《云南民国日报》，1940年4月18日，第4版。

③《路局商定两项办法，改善筑路民工待遇》，《云南民国日报》，1940年4月18日，第4版。

④《叙昆滇缅铁路各县征协修办法》，《云南日报》，1939年11月6日，第4版。

⑤《省府制定修筑滇缅铁路征工办法》，《云南日报》，1941年9月26日，第4版。

线的疟疾流行情况，以及对抗疟疾工作、药品供给和防蚊措施等所需经费作出计划，并提供防治建议。抗疟团的人员组成比较齐整。中国派驻抗疟团配合工作的有贵阳医学院蚊媒专家孟庆华，上海医学院的唐家琛、陈又新等人。美籍团员中有北京协和医院公共卫生系教授1人，昆虫技师2人，公共卫生工程师1人，热带病医师数人。抗疟团驻云县县城，除了向病人提供治疗，还宣传抗疟知识，对防止疟疾传播也发挥了一定作用。[①]

第三，在抚恤政策方面，明确规定民工抚恤金的发放标准。1939年11月，滇缅铁路工程局规定民工因工受伤致死，给一次性抚恤费国币60元，丧葬费25元；致残废者，给养残费40元；病死者给丧葬费25元。[②] 1941年9月，云南省政府规定被征民工因伤致死者，一次性发放抚恤金200元，丧葬费100元；残疾不能工作者，一次性发放给养费200元；病死者发放丧葬费100元。[③]

民工在实际的工作过程中，由于筑路环境恶劣，工作较为危险。简单地讲，民工的危险主要来自悬崖峭壁、疟疾和野兽等，其中疟疾是第一大威胁。滇西一带气候湿热，雨季疟疾横行，云县、顺宁、思茅和宁洱尤其严重。云南的疟蚊有30余种，如一日疟、间日疟、三日疟、夏秋疟等，患疟疾者会出现头痛、腿肿、脾肿、黄疸、昏迷不醒等症状。滇缅铁路沿线，"自云县至边界，仍甚猖獗"。由于疟疾横行，云县原有人口13万，到1941年左右只有8万人，其余

---

① 瞿承琪、杨念祖：《抢修滇缅铁路云县段始末》，《云县文史资料》第4辑，云县政协文史资料研究委员会1989年编印，第146—147页。

②《叙昆滇缅铁路各县征协修办法》，《云南日报》，1939年11月6日，第4版。

③《省府制定修筑滇缅铁路征工办法》，《云南日报》，1941年9月26日，第4版。

5 万或死于疟疾，或迁往他乡。① 尽管云南省政府和卫生机构也采取措施保障民工的身体健康，但由于医药缺乏、医疗技术落后、交通不便等，民工大量死亡。参加过滇缅铁路修建工作的庞文员也称，筑路民工更多的是患疟疾而死。滇西的蚊子，平时停在脏水上，铺成密密的一层，它们飞起来的时候，就铺天盖地，人只要被这种蚊子叮上一口，就会染上疟疾。被蚊子叮咬了的人，没有医药医治，就只能等死。② 因此，滇缅铁路沿线的疟疾令人谈虎色变，对筑路民工的生命健康构成了极大威胁。

铁路沿线的崎岖地形，也对民工的生命健康构成了威胁。全线最高点与最低点的落差为1 643米，最困难地段为南涧白马菁及白马菁湾子间的盘山路线，两者相距 50 公里，高度相差为1 200米。云县头道水及头道水吴家寨间的道路，两者相距 3 公里路而高度差为 630 米。③ 曾参加修筑滇缅铁路的技术员薛传道回忆了施工的艰苦情形：

> 我所工作之地点红土坡就□□□□西四五十华里，距头道水仅四五华里之处，正为路线由澜沧江支流孟河流域爬上头道水分水岭而转入怒江支流南丁河流域的地方；工程实在堪称雄伟艰难，所用坡度几全为 3%之最大坡，其盘回弯曲，尤蔚为大观，身临其境，只见山顶上在填挖，山坡上在填挖，山谷中也在填挖，如果没人领导，真会不知路线将何来何去！仅仅

---

① 亨灵：《关于滇缅铁路沿线情形的一封信》，《浙赣月刊》第 2 卷第 3 期，1941 年 3 月，第 47 页。

② 李幺傻：《老兵口述抗战》第 3 辑《远征缅甸》，北京：华文出版社 2015 年版，第 11—12 页。

③ 薛传道：《漫忆滇缅铁路》，《交大土木》第 1 期，1943 年 10 月，第 28 页。

一公里直接距离之地带中，路线竟蜿蜒了十公里之长。[①]

此外，由于滇缅铁路施工的路线要经过原始森林地带，民工在施工中会遇到老虎、蟒蛇等动物。有时老虎会窜入工棚，甚至窜入正在施工的民工中将人叼跑。据曾在滇缅铁路工务第20总段工作过的周光明回忆，有一天早上，黑河桥工所主任尹之任跑入他的办公室，说在上工的途中遇到了比大碗口还粗的蟒蛇。还有一天晚饭后正在掌灯休息，突然间老虎窜进工棚寨门，民工们敲锣才把老虎赶跑。[②]

除工作危险外，民工的工作强度也很大，工作时间长。按照1939年11月滇缅铁路工程局的规定，民工早晨7时上工，中午12时午餐，下午1时上工，6时下工，每天工作时间为10小时。[③] 实际上，在特殊时间民工往往加班。尤其是遇天晴月明还要规定上夜工。[④] 至于民工工作的收入，虽然政府提高了工价，但与迅速上涨的物价相比，他们所得微薄。

由于滇缅铁路沿线地区较为偏僻，粮食缺乏、物资匮乏、运输困难等问题十分突出，民工的物质生活十分艰难。具体而言，在住宿方面，民工一般住草棚。据民工周根旺口述，筑路的缅宁县民工所住工棚极为简单，一颗丫杈两片厦，一个火塘两张铺，盖蓑衣，垫棕片，蚊虫叮咬，只能用烟熏。[⑤] 工棚的搭建材料是竹树材料，十分简陋。

---

① 薛传道:《漫忆滇缅铁路》,《交大土木》第1期，1943年10月，第28页。

② 周光明:《修筑滇缅铁路见闻》,杨实主编:《抗战时期的西南交通》,第409页。

③《叙昆滇缅铁路各县征协修办法》,《云南日报》,1939年11月6日，第3版。

④ 杨雨楼:《修建滇缅铁路时的牟定民工》,《云南省楚雄彝族自治州文史资料选辑》第1辑，云南省楚雄彝族自治州政协文史资料研究委员会1984年编印，第43页。

⑤ 周根旺口述，周兴勇整理:《滇缅铁路轶事》,《临沧文史资料》第2辑，临沧县政协文史资料研究委员会1991年编印，第69页。

在饮食方面，民工的食物主要是干粮、野菜等。[①] 1942 年 3 月，由于征粮极为困难，滇缅铁路施工工地的粮食所存无几。为了解决缺粮问题，缅宁民工大队每日派几个人挑着篮筐，在深山菁沟里摘野菜，挖毛薯，采大白花熬稀粥充饥。[②] 在穿着方面，大多数民工衣着单薄，有一条棉毯裹身就已不错，甚至还有人仅用麻布遮身。[③]至于娱乐活动，也非常少，且一般安排在晚饭后。据曾在南华县民工总队担任干事兼宣传股长的夏和昌回忆，南华县的民工文艺娱乐是由各大队民工推选出能歌善演者若干人，于每晚饭后在各大队住棚前看花灯、演唱戏曲、歌咏以及组织不拘形式的游戏。[④]

由于上述艰苦的工作和生活条件，民工大量伤亡。民国《顺宁县志》载："死于病疫者不少。"《缅宁县志》也载："路工中受云县瘴毒死亡二百三十三人，跌伤二人，残废五人。"又据《云县文史资料》称："由于云县是疟疾流行地区，在沿澜沧江、罗闸河南河忙回河一带疟蚊滋生繁多，加之民工生活艰苦，疾病折磨，因感染疟死亡不少。"[⑤]至于在整个滇缅铁路修建期间民工伤亡的具体人数，则难以完整统计。仅永仁县政府于 1941 年 10 月征调的 2 000 名民工，在施工中就死亡 178 人。姚安县奉令征调民工3 000名赶赴耿马县协修滇缅铁路西段，因感染瘟疫在施工中死亡 43 人，在回姚安途中

① 李幺傻：《老兵口述抗战》第 3 辑《远征缅甸》，第 11—12 页。

② 杨士纬：《回忆挖修滇缅铁路片断》，《临沧文史资料》第 2 辑，临沧县政协文史资料研究委员会 1991 年编印，第 66 页。

③ 李群庆：《被遗忘的滇缅铁路和中印油管》，云南省政协文史资料研究委员会编：《云南文史资料选辑》第 52 辑，昆明：云南人民出版社 1998 年版，第 265 页。

④ 夏和昌：《修筑滇缅铁路的回忆》，《楚雄市文史资料选辑》第 7 辑，楚雄彝族自治州政协文史资料研究委员会 1990 年编印，第 219 页。

⑤ 段世琳：《抗日烽火中的滇缅铁路临沧段》，《临沧文史资料选辑》第 1 辑，临沧县政协文史资料研究委员会 1992 年编印，第 174—175 页。

及到家后病故660多人。①

三、中印公路民工的征召、工作与生活

中印公路跨越滇缅边境，崇山峻岭，工程艰巨，同样需要征调大量民工参与修建。1942年3月8日，为赶修中印公路，蒋介石致电龙云，要求云南省政府在1个月内"负责募足10万民工开赴工地"②。3月13日，龙云回电蒋介石，表示"已转令各地方官尽量协助招募矣"③。3月23日，龙云又致电宋子文，在表示应尽力协助招募工人修建中印公路的同时，也提出了征工中面临的困难，即"中印公路招募工人，因气候关系，且系出国境工作，办理比较困难。况一切工具，亦须自行携带，尤为不易也"④。至于中印公路的征工人数，在云南省政府1942年3月制定的《云南省政府协修中印公路招工办法》中，有如下规定：

表8-2　中印公路各县征工人数表

(单位：人)

县份	腾冲	保山	龙陵	昌宁	永平	云龙	漾濞	蒙化	弥渡	祥云	凤仪	镇南
人数	10 000	15 000	5 000	5 000	3 000	2 000	2 000	6 000	3 000	6 000	2 000	6 000
县份	姚安	大姚	牟定	楚雄	梁河	莲山	陇川	盈江	潞西	宾川	邓川	大理
人数	6 000	6 000	5 000	3 000	2 000	2 000	1 000	1 000	2 000	3 000	2 000	2 000

资料来源：云南省档案馆编：《抗战时期的云南——档案史料汇编》上册，第262页。

如上表所示，为了修建中印公路，1942年3月，云南省政府计划征工10万人。实际上，修建中印公路的征工数目不止此数。例如，

① 李忠杰主编：《云南省抗战时期人口伤亡和财产损失调研成果选辑》，第118页。

② 云南省档案馆编：《抗战时期的云南——档案史料汇编》上册，第263页。

③ 云南省档案馆编：《抗战时期的云南——档案史料汇编》上册，第263页。

④ 云南省档案馆编：《抗战时期的云南——档案史料汇编》上册，第263页。

为修建中印公路保山至密支那段，保密一处工程由保山、龙陵、腾冲征调民工103 000人；二处由腾冲征调民工3 800余人，梁河征调 950人，莲山征调 100 人；另由美方供给开路机器，于 1944 年 10 月 16 日由洒鲁河边开始工作。[①] 在修建保密段公路的过程中，保山征工数量巨大，保山县长孟立人 1946 年 3 月 9 日上呈云南省民政厅厅长称，保山县共征调民工728 230名修筑保密公路。[②]

除征调民工修建中印公路外，还有远征军工兵和美军工程兵参与其中。1942 年 10 月，中缅印战区史迪威决定由美军工程兵首先修筑利多至密支那段公路。12 月，美国工程兵先头部队到达利多，开始机械筑路。中国驻印军工兵第十团和第十二团的 2 500 人也参加筑路。此外还在印境另雇印度民工12 000人。[③]

中印公路筑路民工的工作条件十分艰苦，首先是待遇低。1942年 3 月，云南省政府制定的《云南省政府协修中印公路招工办法》规定，民工待遇包括安家费、旅费和工价三部分，其中赴缅工人每人给安家费 200 元(将来在工价内扣回)，国内每人每日的旅费为国币 8元，缅境每人每日为缅币 1 盾半，土方每公方的工价为缅币 1.4 盾，软石为 2 盾，硬石为 4 盾。[④] 鉴于通货膨胀日益严重，政府也相应提高了民工的工价标准。1944 年 5 月，为修复滇缅公路保惠段工程，云南省政府制定了《云南省政府征工修复滇缅公路保惠段工程征工实施办法》，提高了民工的待遇标准：在工价方面，规定普通路基土每方国币 80 元，间隔土(较硬者)每方国币 95 元，松石每方国币 130 元，坚

---

① 云南省委党史研究室编：《云南省抗日战争时期人口伤亡和财产损失》，第 509 页。

② 数据似有误，原文如此。参见云南省委党史研究室编：《云南省抗日战争时期人口伤亡和财产损失》，第 414 页。

③ 浦光宗：《滇缅公路》，杨实主编：《抗战时期的西南交通》，第 100 页。

④ 云南省档案馆编：《抗战时期的云南——档案史料汇编》上册，第 262 页。

石每方国币 210 元，对于不能测算之零星土石方以点工计算，其工资每名每日给国币 90 元，或发公粮 2 斤及工资 20 元；在费用方面，发给每名民工搭棚费 80 元，民工旅费按各乡镇公所至工地，照站发给，每站每工日给 90 元，未足 1 站者仍照 1 站计给，在未兴工之先，每人给开工费 300 元。[①] 1944 年 12 月 11 日，为修建保密公路，腾冲县（今腾冲市）政府请求云南省公路局增加民工工资，要求每名在国内工作的民工工资增至 300 元，国外为 250 元。[②] 此外，对于在施工中受伤或殉职的民工，云南省政府也制定了相应的政策。为修复滇缅公路保惠段工程，云南省政府规定发给每位民工药费 20 元，由工程处发给县府统筹购备药品。例如，工人在工作期内遇有伤病者，可赴工程处医疗所免费诊疗。至于在施工期间病故者，每名给予抚恤金1 500 元；因公伤亡者，每名给3 000元；残废者每名给2 000元。[③]

尽管政府制定了一系列政策保障民工的基本权益，但中印公路筑路民工的待遇仍然很差，民工经常断粮。保密公路第二工程处处长黎杰材也称，工程中最大的困难之一就是粮食供应问题。由于粮食需要量大，人挑根本不能解决问题，于是采用空投粮食的办法，黎杰材请求“除请美军协助外，由中航公司利用回空飞机运一部分食米。绕道掷落”[④]。空投利用昆明飞返印度汀江的飞机执行，共投掷粮食 400 吨和其他设备。[⑤] 但民工们仍面临断粮的危

---

① 云南省档案馆编：《抗战时期的云南——档案史料汇编》上册，第 277—278 页。

② 云南省档案馆编：《抗战时期的云南——档案史料汇编》上册，第 279 页。

③ 云南省档案馆编：《抗战时期的云南——档案史料汇编》上册，第 277—278 页。

④ 梁阁麟：《黎杰材与滇缅公路的修筑》，《贵港市文史资料》第 19 辑，贵港市政协文史资料研究委员会 1992 年编印，第 44 页。

⑤ 张天亘：《腾冲与中印公路》，云南省政协文史资料研究委员会编：《云南文史资料选辑》第 37 辑，第 217 页。

险,有时粮食不能接济,他们以芭蕉根充饥,即使给养补给充足,也只是以盐拌饭。[①] 伙食太差加剧了民工们的营养不良。滇缅公路工务局局长兼总工程师龚继成称,这些民工本来"就已是营养不足,在边境,那营养更不足了。有米的时候可以招领一公升米和四钱盐,没有的时候还不是吃芭蕉根和猴子肉。有一晚下雨之后,我的破帐篷周围淹死了二十多人,他们真是最可怜的人,饭都吃不饱,失掉了抵抗环境的力量"[②]。

民工的工作强度也很大。《大公报》记者吕德润报道了保密公路筑路民工的情况,称"他们处处在为祖国流血流汗,晚上挨冷,白天挨饿,他们的衣服叫花子似的遮不住体！现在日夜赶工,晚上火把的红光照着他们的黄脸"[③]。关于民工的工作情形,《云南日报》进行了专门报道:

> 当你走在国界附近的高山上时,你会看见成百的民工,穿着一层单薄的衣服,在风雪中抖索,他们来自保山、龙陵、梁河、莲山、盈江等五县局。国内外一共有二万五千多人……但是他们踊跃的〔地〕参加修筑这条公路。夜晚来了,料峭的春寒,刺人肌肤,他们咬紧牙关,在一个背风的地方相互依偎着打盹。白天来了,又是一天的辛苦,吃的是干盐泡盐水,永远满是不了的食愁。他们的工资是这样的:国外,每人每日发二十安那,米一公斤,盐巴四钱;国内,每人每日发工资二百元,

① 《中印公路是怎样打通的》,大公报馆1945年编印,第228页。

② 公诚:《皮可少将与龚继成——有关中印公路的几个故事》,武汉《工程》第3期,1947年4月,第253页。

③ 《中印公路是怎样打通的》,大公报馆1945年编印,第228页。

其中包括米代金八十元。①

更为严重的是，保密公路国外段的施工环境非常恶劣，“这里有淋漓的雨季，有潮湿的丛莽，有侵人肌肤的虐蚊水蛭蚂蟥，有山崩土坏路裂崖坠的惨剧，有沿途顽抗的敌寇”。1943 年 10 月 13 日美军皮可准将开始主持工程时，患病工人占总数的 80%。② 第二工程处处长黎杰材向上级陈述说，第二工程处所经过的地带人迹稀少，有些地方甚至丛林茂密，走几天也看不到人烟，“施工时能在当地雇用工人，为数有限。除少数熟练技工须在昆明招雇，乘机飞密支那外，其余技工和普通工人约需四万人，请求上级与云南省政府商议，就腾冲地区一带征调前往，为纯用募工办法，则以路途遥远，地方荒僻，恐应募者无多”③。正是广大民工的艰苦努力，终于在 4 个月修建完成了保密公路国外段，保证了中印公路全线通车。

第二节 滇缅公路运输中的南侨机工

滇缅公路建成通车以后，为解决国内机工短缺的问题，西南运输处与南洋华侨总会联系，招募了大批南侨机工回国，参加滇缅公路运输。南侨机工的籍贯以广东、福建为主，大多数是 20 至 30 岁的未婚男性。机工的工作环境恶劣且危险，他们的生活水平虽然较国内普通民众高，但也受到了大后方通货膨胀的影响，生活水平

---

① 余湘：《到东京的捷径——史迪威路保密段巡礼》，《云南日报》，1945 年 3 月 14 日，第 3 版。

② 《光社特写：中印公路开放》，《光》半月刊第 4 期，1945 年 4 月，第 8—9 页。

③ 梁阁麟：《黎杰才与滇缅公路的修筑》，贵港市政协文史资料研究委员会编：《贵港市文史资料》第 19 辑，第 44 页。

日益下降。尤其是1942年5月滇缅公路国际运输中断以后，大部分机工失业，生活陷入了困境。南侨机工回国参加滇缅公路运输，不仅推动了滇缅公路运输业的发展，而且也是华侨抗战的重要内容，是全民抗战的组成部分。目前，学者夏玉清系统研究了南洋机工的构成、回国以及工作等问题，本文在此基础上进一步分析机工的构成、机工的工作和生活情况，以进一步加深对这一问题的认识。①

一、南侨机工的招募回国与构成

为鼓励南洋机工回国服务，南洋华侨团体也纷纷发起组织华侨回国服务的活动。1938年11月28日，马来亚柔佛州峇株巴辖益群书报社社长陈子和呈国民政府侨务委员会，称本地机器同业“痛国事凋零，凛匹夫有责之义，特发起组织机械回国服务队，旨在发动机械人才献本身之技能，回国效命，以尽国民天职”②。为了动员马来亚柔佛州华侨参加机械回国服务团，柔佛州机器同业会还制定了《南洋柔佛属峇株巴辖机械回国服务团简章》和《峇株巴辖机械回国服务团志愿书》，明确规定了组织回国服务团的名称、宗旨、会员资格、组织等问题。例如，在会员资格方面，要求会员“体格健全，无不良嗜好，能驾驶汽车及修理各种机件为合格”③。1939年2月18日，峇株巴辖48名司机组成的服务团乘法国邮轮“安打

① 夏玉清:《南洋华侨机工研究(1939—1946)》，第49—258页。

②《峇株巴辖益群书报社社长陈子和呈侨务委员会函:就发起组织机械回国服务团事并询回国途径经费详情》(1938年11月28日)，陈嘉庚纪念馆、云南省档案馆、厦门市华侨历史学会编:《南侨机工档案史料选编:云南省档案馆馆藏部分》，第4页。

③《峇株巴辖机械回国服务团〈简章〉、〈志愿书〉》，陈嘉庚纪念馆、云南省档案馆、厦门市华侨历史学会编:《南侨机工档案史料选编:云南省档案馆馆藏部分》，第5页。

拉文号”由海防转往昆明。[①] 鉴于这批侨胞没有接受严格的军事训练，不适合在军队服务，1939 年 3 月，军政部部长何应钦建议“西南运输处及交通部西南公路局现正在滇缅方面扩展运务，需人甚多”，如果“该批侨胞饬由该处局考核容纳，不特适应其需要，并可为本部目前防止驾驶兵潜逃之功，各侨胞既能遂其回国参战之愿”。[②] 因此，这批侨胞回国后在西南运输处服务。

1939 年 2 月 7 日，南侨总会发布了《征募汽车修机驶机人员回国服务》通告，号召南洋华侨回国服务。通告规定了回国服务的机工条件、回国服务的待遇以及工作地点等。在回国条件方面，要求机工“熟悉驾驶技术，有当地政府准证，粗识文字，体魄健全，无不良嗜好(尤以不嗜酒者)”。回国服务的薪金每月为国币 30 元，如驶机及修机兼长者，可以酌加。机工国内服务的地点在云南昆明，或广西龙州等处，旅费则由各地筹赈会发给。[③] 通告发布后，1939 年 2 月 18 日，西南运输处新加坡分处与华侨筹赈会几经洽商，派送第一批机工 80 名，由廖国雄、白清泉率领，从新加坡启程回国。[④] 3 月 13 日，西南运输处新加坡分处又招募华侨机工 207 名，由钟运熙、许志光和何纪良率领，预定于 3 月 13 日启程回国，待遇与第一

---

①《外交部为峇株巴辖一队四十八人及新地首批司机往滇致西南运输总经理处公函》(1939 年 3 月 4 日)，陈嘉庚纪念馆、云南省档案馆、厦门市华侨历史学会编:《南侨机工档案史料选编:云南省档案馆馆藏部分》，第 9 页。

②《军政部复军委办公厅函》(1939 年 3 月)，陈嘉庚纪念馆、云南省档案馆、厦门市华侨历史学会编:《南侨机工档案史料选编:云南省档案馆馆藏部分》，第 7 页。

③ 陈嘉庚:《南洋华侨筹赈祖国难民总会通告 第六号》，《南侨回忆录》，北京:中国华侨出版社 2014 版，第 93 页。

④《西南运输总经理处新加坡分处关于第一批华侨司机等回国事宜呈》(1939 年 2 月 18 日)，《云南档案史料》第 15 期，1987 年 4 月，第 2 页。

批相同。[①] 此后，第三批机工 600 人于 3 月 27 日乘坐轮船赴越南转昆明[②]，第四批机工 344 人于 4 月 12 日乘丰祥轮船抵达仰光[③]，第五批 529 人于 5 月 22 日出发[④]，第六批 531 人于 5 月 30 日到达昆明[⑤]。如前所述，10 批南洋机工回国的总人数为3 298人。

南洋机工的回国路线主要分两路，一路从马来亚搭轮船到越南海防回国，另一路从马来亚搭轮船至仰光回国。在 9 批回国的3 192名华侨中[⑥]，从马来亚经越南回国者有2 654人，占总数的83.15%，从马来亚经仰光回国者为 538 人，占总数的 16.85%。[⑦] 华侨机工回国虽遵循自愿的原则，但也要经过一定的考察。例如，第一批回国机工"均系身世清白，意志纯洁"[⑧]，第二批机工"均系身世清白，意志纯正"[⑨]。总体而言，绝大多数南洋机工回国的初衷是

---

①《西南运输总经理处新加坡分处关于第二批机工回国事宜呈》(1939 年 3 月 13 日)，《云南档案史料》第 15 期，1987 年 4 月，第 3—4 页。

②《仰光分处处长陈质平报第三批机工三月二十七日启程回国电》(1939 年 3 月 28 日)，《云南档案史料》第 15 期，1987 年 4 月，第 8 页。

③《仰光分处关于第四批机工留用及处理回滇旅费呈》(1939 年 4 月 14 日)，《云南档案史料》第 15 期，1987 年 4 月，第 10 页。

④《陈嘉庚告第五批华侨机工出发电》(1939 年 5 月 23 日)，《云南档案史料》第 15 期，1987 年 4 月，第 16 页。

⑤《运输人员训练所报第六批返国华侨机工编队情形呈》(1939 年 6 月 12 日)，《云南档案史料》第 15 期，1987 年 4 月，第 20 页。

⑥ 据本文表格统计，前 9 批回国的华侨总数为3 286人，但蔡仁龙、郭梁主编的《华侨抗日救国史料选辑》统计为3 192人，为保持引文一致，正文中引用此数。

⑦ 蔡仁龙、郭梁主编:《华侨抗日救国史料选辑》，中共福建省委党史工作委员会 1987 年印，第 383 页。

⑧《西南运输总经理处新加坡分处关于第一批华侨司机等回国事宜呈》(1939 年 2 月 18 日)，《云南档案史料》第 15 期，1987 年 4 月，第 2 页。

⑨《西南运输总经理处新加坡分处关于第二批机工回国事宜呈》(1939 年 3 月 13 日)，《云南档案史料》第 15 期，1987 年 4 月，第 4 页。

报效祖国，支持抗战。例如，第二批机工王亚龙为印尼籍，马亚生为马来籍，“均能操中国语言，又能初识中国文字，因其从幼即与当地华侨一地生长，对中国抗战甚表同情”①。第八批回国机工的总领队黄景镇回国前在马来亚摩多车厂担任技师，月薪200元，技术过硬。另一领队田穗九精通各种电器、机器技术，回国前曾在广九铁路、粤汉铁路、香港汽车工厂、太古船厂、北婆罗洲火车工厂任职，经验丰富，他们回国均源于爱国热忱。②

回国的南洋华侨机工构成复杂，主要包括四个方面：第一，从机工来源国来看，截至1939年6月，前后6批回国的1 921名机工中，以马来亚机工最多，为1 881名，占总数的97.91%；荷属东印度（现印度尼西亚）有27名，沙捞越有13名，分别占总数的1.40%和0.72%。③ 第二，从工种来看，机工中司机较多，修车机工相对较少。例如，第一批回国的80名机工中，司机有68名，修车机工有12名。第二批回国的207名机工中，司机有117名，修车机工有90名。④ 回国的大多数机工有一技之长，但也有极少数人不熟悉技术。例如，第八批回国的机工中，石毓才、陈有儒、李福霖、李廉技术不熟。⑤ 在南侨总会招募的第九批回国机工中，约有100名“平

---

①《陈嘉庚介绍王亚龙等前来中国参加抗日战争函》（1939年3月12日），《云南档案史料》第15期，1987年4月，第3页。

②《陈嘉庚请接待第八批华侨机工回国服务函》（1939年7月17日），《云南档案史料》第15期，1987年4月，第21页。

③《宋子良在星洲谈回国机工约两千人》，《云南日报》，1939年6月26日，第4版。

④《云南档案史料》第15期，1987年4月，第2—4页。

⑤《运输人员训练所报华侨司机名单核对表呈》（1939年7月29日），《云南档案史料》第15期，1987年4月，第22页。

昔系司机助手再加训练者，经验不甚，论理不便派往”①，考虑到他们爱国的热情，南侨总会主席陈嘉庚也决定招募他们回国服务。第三，在性别构成方面，绝大多数机工为青年男性，但也有极少数女性。例如，第六批回国的531名机工中，陈娇珍、白雪娇和朱雪珍均为女性。② 第四，从年龄分布来看，大部分机工的年龄在20岁至30岁，籍贯以广东、福建华侨居多。由于笔者目前没有搜集到所有南侨机工的年龄、籍贯和婚姻状况等信息，笔者以1939年马来亚槟榔屿、霹雳和新加坡回国机工服务团为例，统计这部分机工的年龄、籍贯和婚姻状况，其中槟榔屿回国机工有79人，霹雳回国机工服务团第四队有108人，新加坡回国机工有200人，总共387人。他们的年龄、籍贯和婚姻状况如下表所示：

表8-3 1939年马来亚槟榔屿、霹雳和新加坡回国机工年龄、籍贯与婚姻状况统计表

（单位：人）

类别	年龄				籍贯				婚姻状况	
	18	20—29	30—39	40	福建	广东	广西	江苏	未婚	已婚
人数	2	286	97	2	115	270	1	1	285	102
占总人数百分比(%)	0.52	73.90	25.06	0.52	29.72	69.76	0.25	0.25	73.64	23.36

资料来源：根据《一九三九年马来亚槟榔屿华侨机工回国机工照片》、《一九三九年新加坡华侨机工回国机工照片》和《一九三九年马来亚霹雳回国华侨机工服务团第四队团员名册》相关信息整理统计而成，参见陈嘉庚纪念馆、云南省档案馆、厦门市华侨历史学会编：《南侨机工档案史料选编：云南省档案馆馆藏部分》，第41—62页。

从上表可以看出，1939年马来亚槟榔屿、霹雳和新加坡回国的387名南侨机工中，以20岁至29岁的年龄段最多，占总数的

①《陈嘉庚征募华侨技工经过情形函》(1939年8月14日)，《云南档案史料》第15期，1987年4月，第36页。

②《运输人员训练所报第六批返国华侨机工编队情形呈》(1939年6月12日)，《云南档案史料》第15期，1987年4月，第20页。

73.9%，接近总数的3/4；30岁至39岁年龄段的占总数的25.06%，为总数的1/4。此外还有2名18岁的机工和2名40岁的机工。之所以以年轻人为主，是因为南侨总会在发布的通告中，明确要求回国服务的机工年龄"在四十以下二十以上者"①。也因此，回国的机工中未婚者有285人，占总数的73.64%，接近总数的3/4，而已婚者只占总数的1/4。从籍贯分布来看，广东籍华侨占总数的69.76%，福建籍占29.72%，这与南洋华侨尤其是马来亚华侨以广东、福建籍为主相对应。此外，南洋回国机工中也有极少数其他省籍的华侨，其中广西籍机工1名，江苏籍机工1名。

第二批回国华侨的年龄结构与籍贯构成与1939年马来亚槟榔屿、霹雳和新加坡回国的机工也大体相同。第二批回国的206名南侨机工中，也以20岁至29岁的年龄段最多，占总数的71.84%，30岁至39岁年龄段的占总数27.67%。从籍贯分布来看，广东籍华侨占总数的70.39%，福建籍占29.61%。如果从具体县份来看，第二批回国的广东籍机工主要来自文昌、琼州、惠州、东莞、三水、顺德等县，其中文昌籍多达26人，占广东籍机工总数的17.93%。福建籍华侨机工主要来自莆田、永春、思明、南安、安溪、同安、金门等县，因为永春、思明、南安县属于泉州管辖，所以福建籍机工以泉州籍最多，达到了20人，占福建籍华侨总数的32.79%。②

二、南侨机工的工作状况

南侨机工主要从事滇缅运输工作，包括运输兵工署物资、石油

① 陈嘉庚：《南洋华侨筹赈祖国难民总会通告 第六号》，《南侨回忆录》，第93页。

② 相关统计数字根据《第二批回国机工名单》相关信息统计而成，参见陈嘉庚纪念馆、云南省档案馆、厦门市华侨历史学会编：《南侨机工档案史料选编：云南省档案馆馆藏部分》，第15—19页。

汽车配件、外汇出口商品、白银、美国红十字会捐赠物资、运送中国远征军入缅参战等。① 机工运输的物品也包括钞票。1940 年 10 月，机工邓文聪被抽调到新组成的运输队时，就曾运送钞票。据邓回忆，他与机工李卫民等在缅甸腊戍仓库里装车时，见到民工队在荷枪实弹武装人员的严密督察下，将一箱箱钞票搬上车，清点完毕，立即严封起来。每辆车都配备武装警察随车押送。早晨，他们从腊戍出发，当晚到达中国边境小镇遮放，停车场戒备森严。他们驾车途经保山、下关、楚雄等地，第五天即到达昆明。卸车时，武装人员如临大敌，逐一清点核对。卸车之后，他们到西南运输处报到。②

除了参加滇缅公路的运输工作，部分南侨机工也参加了桂越公路的运输工作。南侨机工刘瑞齐回国后通过考试，被编入西南运输处第十五大队四十四中队，开赴广西前线。部队驻扎在镇南关附近，上级下达的任务是将汽油等军用物资运回南宁，同时，从国内将桐油、猪鬃等物资运去越南。1939 年 11 月底，南宁失守，刘瑞齐随车队退入越南高平，编入特别运输大队，日夜抢运经越南转口的各式汽车及军用物资，在海防至广西靖西、东兰、河池一带穿梭行进。③

对于华侨机工而言，由于滇缅公路路况较差，他们一旦参加运输工作，时间就较长。机工林福来回忆道："当时就连从芒市到龙陵这三十来公里路，卡车也要走两天。一到旱季，运输特别繁

---

① 夏玉清：《南洋华侨机工研究（1939—1946）》，第 215—233 页。

② 林少川：《烽火赤子心：滇缅公路上的南侨机工》，北京：新华出版社 2015 年版，第 243 页。

③ 夏玉清：《南洋华侨机工研究（1939—1946）》，第 236 页。

忙。"[1]尤其是在1939年10月前，每辆卡车仅由1名司机驾驶，机工的工作时间较长，工作强度大。滇缅公路站与站之间距离较长，最长的距离达到207公里，加之路途艰险，气候恶劣，司机很难得到充分的休息。鉴于机工的工作强度大，1939年9月24日，南侨总会建议"每车应加派司机一人，逢途中发生意外得以互相照应"[2]。

运输工作的环境不仅十分恶劣，而且十分危险。担负滇缅公路龙陵至畹町段运输任务的机工要闯三关：第一关是"疟疾关"（俗称打摆子）；第二关是"险路关"，因为龙陵至芒市之间的象滚塘、芒市至遮放的三台山之间重峦叠嶂，湿雾重重，驾车十分危险；第三关是"雨季关"。每逢雨季，山洪暴发，坍塌频发，道路泥泞，稍有不慎就会跌入峡谷，车毁人亡。[3] 机工李荣竹经昆明军训考试合格之后，被分配到西南运输处第十四大队十四补充中队任驾驶兵，奔赴滇缅公路抢运军火。他曾回忆，初到滇缅公路，"印象最深的就是该路之险要，令人咋舌。滇缅公路横跨横断山脉，途中高山峻岭，迂回重叠，连绵延布，其海拔高达三四千米，而低谷则深五六百米。两峰之间相望近在咫尺，而汽车盘旋上下要花大半天。车队盘旋上山巅，只见层峰叠嶂，云雾迷蒙，一侧悬崖峭壁，一侧深谷大川，沿途陡坡急弯，令人惊心动魄。在这条路上抢运军火，随时随处都有翻车的危险"。李荣竹还亲眼看到过许多南侨机工战友车毁人亡的惨景。为了战胜"险路关"，南侨机工想出了许多办法，譬如最

---

① 林少川：《烽火赤子心：滇缅公路上的南侨机工》，第253页。

②《南侨总会关于改进滇缅公路设备及机工待遇的建议书》（1939年9月24日），陈嘉庚纪念馆、云南省档案馆、厦门市华侨历史学会编：《南侨机工档案史料选编：云南省档案馆馆藏部分》，第206页。

③ 林少川：《烽火赤子心：滇缅公路上的南侨机工》，第259页。

陡处上不去时，后面车的司机便下车用垫木垫住后轮，然后继续往上爬。又如上下陡坡又碰上急转弯的窄路，他们就在急转弯处架上渡板，前轮过后，后轮靠外边的轮子正好可以从渡板上滚过，避免后轮悬空翻车。①

还有的机工因为公路环境恶劣而遭遇车祸。第十二大队的新加坡南侨机工杨金清，1941 年由保山开车到昆明，停车在西站修理，因紧急警报由车场开出躲避空袭时，在西山公路急转弯处撞车死亡。十二大队的新加坡机工陈玉蕊，1942 年 4 月间，由下关出发去缅甸八莫抢运汽油回国，因该路是单程线窄路，从八莫开夜车的途中不幸翻车，掉入深谷，连车带人不见踪影，加上天黑无法抢救，连遗体也无法找到。②

参与滇缅公路运输的过程中，机工除了面对恶劣环境的威胁，还要遭受日机的轰炸。曾担任"华侨先锋队"第二大队四中队中尉队副的机工沈茂山回忆了自己遇险的经历：

> 我们车上装的全是汽油、枪支、弹药，特别是装有烈性炸药 TNT，若有一辆被击中起火爆炸，便会波及一大片。有一次，我驾车运送 18 桶汽油去龙陵。车到怒江上的惠通桥就遇到敌机轰炸，我急忙刹车，停在一个石洞下面。这次来了 9 架飞机，轮番向大桥投弹，河水被炸起巨大的水柱，连大鱼都被炸上了岸。桥上铺设的木板着了火，伤亡情况惨不忍睹。③

机工黄友镐在参加滇缅公路运输的过程中多次遭遇日机轰炸，其中有 3 次尤其危险。第一次，他运载 1 车炸药，行驶在距惠通

---

① 参见林少川：《烽火赤子心：滇缅公路上的南侨机工》，第 93 页。
② 林少川：《烽火赤子心：滇缅公路上的南侨机工》，第 97 页。
③ 林少川：《烽火赤子心：滇缅公路上的南侨机工》，第 224 页。

桥约2公里的地方，遭遇日机空袭，他立即跳下车，躲在大树底下，逃过一劫。否则，汽车通过惠通桥时，运载的炸药便会被炸弹引爆，后果不堪设想。第二次，他满载1车汽油，刚通过功果桥不到3分钟，便遭遇日机轰炸，幸好汽车与功果桥有一段距离。要是靠近些，车上汽油被引燃，人、车皆不能幸免。第三次，车队尚未过功果桥，日机便轮番轰炸功果桥，桥梁被炸断。车队连夜将汽油桶扎成大浮桥，冒着风险，终于把军火运过澜沧江。① 为了躲避日机轰炸，机工们也采取了应对办法。机工邝振声曾参加中越国际运输，他回忆自己躲避日机轰炸的情形：

> 为了避开敌机空袭，车队被迫改为夜间行驶，白天将车停在树林中隐蔽起来，太阳落山后才出动。有时候任务紧张，只得冒着敌机轰炸，白天也出车。好几次，我们的车队在行驶中被日机追上了，便迅速将车开进山洞躲起来，敌机追至洞口，无可奈何，只扔几个炸弹又飞走了。幸亏广西的天然山洞很多，有利于躲避敌机的空袭，所以我们的队部驻地都选择靠在山洞边。②

南侨机工运输的主要是汽油、弹药等易燃易爆物品，这也增加了运输工作的危险性。机工沈茂山曾运送18桶汽油去龙陵，为躲避日机轰炸，他们白天休息，夜里行车。③

此外，滇缅公路途经热带地区，容易滋生各种疟疾，也给南侨机工的健康甚至生命带来了威胁。在畹町到龙陵段，南侨总会特派员刘牡丹发现“司机机工患恶性疟疾者比比皆是，在是段服务之

---

① 林少川：《烽火赤子心：滇缅公路上的南侨机工》，第225—226页。

② 林少川：《烽火赤子心：滇缅公路上的南侨机工》，第185页。

③ 林少川：《烽火赤子心：滇缅公路上的南侨机工》，第224页。

华侨机工颊多面色清瘦，鸠形鹄脸，体格健康损失过半”①。部分机工甚至因为染上了这种病而丧命。据统计，自1938年至1939年，在腊戍就医的华侨机工住院人数分别为49人和72人，1940年增加到上百人，腊戍医院成为缅甸最繁忙的医院。②

由于路途险要、日军轰炸、疾病肆虐等，部分机工殉职。截至1939年11月30日，西南运输处车队因公殉职的华侨机工就有10人，病故9人。在因公殉职的10名机工中，因翻车而殉职者8人，因日机轰炸而殉职者2人。③ 此外，部分机工因客观或人为因素而遇到车祸，仅1939年4月至11月就有24人遇到车祸，导致司机伤亡或汽车受损。④ 至于整个全面抗战期间南侨机工的伤亡数字，目前缺乏精确的统计。

相对于从事滇缅公路运输的机工而言，修车机工的工作相对安全，但工作任务也很繁重。修车机工们“整天埋头苦干着，为了赶急，在晚上也无休息的时候，如果你跑进了厂里去，机器间中机械声音不绝，制配机件，各自纷忙……此外，在车床边，车场上，随处可以看见他们横卧车辆下，身满垢尘，汗挥项背，亦总不停止修理的工夫”⑤。

---

①《南侨总会特派员刘牡丹视察滇缅公路报告摘录》(1939年9月8日)，陈嘉庚纪念馆、云南省档案馆、厦门市华侨历史学会编：《南侨机工档案史料选编：云南省档案馆馆藏部分》，第204页。

② 夏玉清：《南洋华侨机工研究(1939—1945)》，第209—210页。

③《侨工因公殒命及病故姓名一览表》(1939年11月30日)，陈嘉庚纪念馆、云南省档案馆、厦门市华侨历史学会编：《南侨机工档案史料选编：云南省档案馆馆藏部分》，第190页。

④《华侨机工驾驶车辆肇祸表》(1939年4—7月)，陈嘉庚纪念馆、云南省档案馆、厦门市华侨历史学会编：《南侨机工档案史料选编：云南省档案馆馆藏部分》，第191页。

⑤ 汪隆海：《滇缅公路的工人》，《战时劳工》第2卷第8期，1941年(出版月份不详)，第13—14页。

南侨机工们为抗战大业作出了积极贡献。为表彰他们献身抗战运输，1939年8月9日，蒋介石致电慰问，称南侨机工“除要冒极大之危险外，生活之供给可说毫无准备，因食物缺乏。如车辆中途损坏，不能开驶，此可办之；司机数月且不得食，而在邻近搜索所得者，亦粗劣不堪一饱……故滇缅公路之司机，在此抗战英勇榜上占有崇高一席地也。等语。务望拨冗为中代为慰劳华侨司机之青年，特予嘉奖。将其苦难竭力设法改正，以慰我心”①。

三、南侨机工的生活状况

南侨机工回国以后需经过一定的训练，考核合格后才能从事滇缅公路运输。关于他们的训练生活，《云南日报》记者对云南省立昆华师范学校的南侨机工进行了相关报道：

> 他们每天早上五时半就得起床，六时半举行升旗礼及长官的精神讲话，七点半早饭，他们规定每人每天菜费国币三角，在一园锡盆里分做三样的小菜(脱不了豆芽、白菜、豆腐汤)。八九个人围住一台，蹲着在草地上席地露天而食，令人担忧着雨天的处置。因工作的繁苦，一日三餐，十点半至十一点半为学术科训练，每人都得学习驾车及修理机件，午饭后一时半至五时又是学术科训练，六时半后为课余运动，晚上七时半至九时半还得点名自习呢。他们的日常工作起居是铁一样的规律，学术科纯熟的人，更学习政治、军事、科学等常识，真是所谓读书救国了。②

在物质生活方面，机工们的衣食住行等普遍较国外艰苦。具体而言，在衣着方面，他们的衣服由政府一律供给军装，四季寒暑，

① 云南省档案馆编：《抗战时期的云南——档案史料汇编》上册，第253页。
② 健文：《华侨机工生活素描》，《云南日报》，1939年4月24日，第4版。

按时分配。[①] 但实际情况是机工们“在当前寒风刺骨，犹单衣蔽体”[②]。更有甚者，国民政府并未如数向机工们发放衣物。到1939年9月，除第一批80名机工及之后的200余名修理工曾发给每人1套工作服外，其他2 000多名机工仍未发给衣物。[③] 在住宿方面，西南运输处工作的机工在工作期间可免费居住在滇缅公路沿线管理站的食宿站[④]，但食宿条件很差。在食宿站中，“设床板者殊少，更无床席”，机工“大都睡卧地下，藉草为茵，土气潮湿，秽恶刺鼻，跳蚤虫虱遍地皆是”。[⑤] 由于食宿站条件差，机工们“均不愿卧宿舍，宁愿在车中露宿，盖恐跳虱之纷搅耳”[⑥]。至于食宿站的伙食，也普遍较差，主要因为“滇缅路龙陵以西一带全属不毛之地，人烟稀少，食物缺乏，机工到站觅食维艰”[⑦]。1939年9月，由于食宿条

---

①《宋子良在星洲谈回国机工约两千人》，《云南日报》，1939年6月26日，第4版。

②《南侨总会特派员刘牡丹视察滇缅公路报告摘录》(1939年9月8日)，陈嘉庚纪念馆、云南省档案馆、厦门市华侨历史学会编：《南侨机工档案史料选编：云南省档案馆馆藏部分》，第204—205页。

③《南侨总会关于改进滇缅公路设备及机工待遇的建议书》(1939年9月24日)，陈嘉庚纪念馆、云南省档案馆、厦门市华侨历史学会编：《南侨机工档案史料选编：云南省档案馆馆藏部分》，第207页。

④ 董沛：《抗战时期的西南运输处和华侨机工》，云南省政协文史资料研究委员会编：《云南文史资料选辑》第52辑，第156页。

⑤《南侨总会关于改进滇缅公路设备及机工待遇的建议书》(1939年9月24日)，陈嘉庚纪念馆、云南省档案馆、厦门市华侨历史学会编：《南侨机工档案史料选编：云南省档案馆馆藏部分》，第207页。

⑥《南侨总会特派员刘牡丹视察滇缅公路报告摘录》(1939年9月8日)，陈嘉庚纪念馆、云南省档案馆、厦门市华侨历史学会编：《南侨机工档案史料选编：云南省档案馆馆藏部分》，第204—205页。

⑦《南侨总会关于改进滇缅公路设备及机工待遇的建议书》(1939年9月24日)，陈嘉庚纪念馆、云南省档案馆、厦门市华侨历史学会编：《南侨机工档案史料选编：云南省档案馆馆藏部分》，第207页。

件差，滇缅公路疟疾肆虐，90%以上的机工患病，未患病者也“面黄肌瘦，憔悴不堪，状甚可怜”①。机工林福来回忆也称：“我们穿的是连衣裤工作服便装。生活十分艰苦，在队部时，虽一日三餐，但早点却吃稀饭。”②

机工待遇过差的问题也引起了南侨总会的关注。为解决南侨机工生活困难的问题，一方面，南侨总会积极组织筹集慰问品，1939 年下半年总共筹集到毛毡1 047条、卫生衣1 133件、蚊帐1 818顶、蓝布制服1 991套、棉背心1 501件、胶鞋1 493双、袜子2 195双、金鸡纳霜50 000粒。1939 年 11 月，南侨总会将这些慰问品交给西南运输处负责分发，1 074名机工获得了慰问品。③ 另一方面，南侨总会也要求西南运输处提高机工待遇。1941 年 5 月，南侨总会指出司机每餐餐费平均为 2 元，每天伙食费需要五六元，再加上两三元的杂费，每名司机每月至少需要 200 元，而目前司机每月的薪资难以满足日常所需。④ 在南侨总会的呼吁下，国民政府也提高了机工的待遇。1941 年 10 月，军事委员会运输统制局训管会委员侯西反宣称，从 1941 年 11 月起，南侨机工的待遇将增至每人每月国币350 元左右。⑤

不过，即便国民政府提高了待遇，由于受通货膨胀的影响，机

---

①《南侨总会关于改进滇缅公路设备及机工待遇的建议书》(1939 年 9 月 24 日)，陈嘉庚纪念馆、云南省档案馆、厦门市华侨历史学会编：《南侨机工档案史料选编：云南省档案馆馆藏部分》，第 207 页。

② 林少川：《烽火赤子心：滇缅公路上的南侨机工》，第 253 页。

③《仰光分处陈报沿滇缅公路分发南侨筹赈会慰问华侨机工物品》(1940 年 1 月 8 日)，《云南档案史料》第 15 期，1987 年 4 月，第 53 页。

④《西南运输总经理处顾树立南洋见闻呈》(1941 年 5 月 10 日)，《云南档案史料》第 15 期，1987 年 4 月，第 65—66 页。

⑤《运输当局商定办法，改善机工生活》，昆明《中央日报》，1941 年 10 月 23 日，第 4 版。

工们的生活还是很艰苦,“出车执行任务,更是饱一顿、饿一顿的,有时还得自带锅米,途中停车,埋锅做饭。穿的工作服也是质地极差的布缝制的”①。机工许志光也回忆道,在滇缅公路抢修完工,遇到雨季期间,“我们尝到了‘山大王’的滋味;有时待在山上两三天,没有吃的,只好上山采野果子充饥”②。机工由于经常参加汽车运输工作,作息饮食无规律。谢川舟回忆道:“一般是随车行至哪里就住在哪里,或者干脆在驾驶室里睡着。雨季,公路时常塌方,阻车少则几小时,多则几天。有时没带干粮,便饿得眼花身软,浑身没有一点力气,实在忍不住,就跑到农民地里啃生包谷充饥。夜晚,则常常一个人蜷缩在黑洞洞的旷野里,四周不时传来野兽的嚎叫声,令人心惊肉跳。接受饿肚的教训,以后出车,他们干脆带上铁锅和粮食,一旦车子抛锚,就埋锅做饭,肚子不再受委屈了。”③

相对于从事公路运输的机工,从事修车工作的机工的生活则相对舒适,他们大多数人的业余时间“在较近的市街,蹲蹲茶馆,喝茶聊天,以作消遣”。对于离市镇较远的修车机工而言,“晚上只能呆坐宿舍,这里生活,当然寂寞,不过他们可以赏玩天然的道地风景亦能减去一点愁烦”④。西南运输处在贵阳设立有贵阳修车厂,在这里工作的南侨机工的生活条件相对较好。贵阳修车厂内的古泉,“水质清冽,是贵阳有数的名井,比起昆明训练所时从小西门下水道排来的污水用以漱口洗衣,身有余臭,来此更有说不出的滋味”。厂内职工百余人,除大部分南侨机工外,其余是江浙人和贵阳的本地人,他们相处和睦。机工们在晚上开过文化班,创建过歌

① 林少川:《烽火赤子心:滇缅公路上的南侨机工》,第 253 页。
② 林少川:《烽火赤子心:滇缅公路上的南侨机工》,第 177 页。
③ 林少川:《烽火赤子心:滇缅公路上的南侨机工》,第 206 页。
④ 汪隆海:《滇缅公路的工人》,《战时劳工》第 2 卷第 8 期,1941 年,第 14 页。

咏队，还集体看过电影。①

1942 年 5 月，滇缅公路国际运输中断以后，大量南侨机工失业，不得不另找出路，生活悲惨。机工邝振声回忆自己失业以后的生活：

> 刚开始，我们还有点钱，而钱用完了，便卖衣物，衣物卖完了，连每天吃一顿饭都成问题了。夜间只好蜷缩在昆明小西门城脚的防空洞里。每洞有一米宽，可勉强容纳二人，盖的是稻草和麻袋。白天到金碧路和祥云街，见到熟人讨点钱，但见到的多数都是失业者。有的机工就因连讨几角钱吃饭也讨不着而饿死。我记得最深刻的是，同我一同第九批回国的雪兰莪机工邝松登，与我同住一个防空洞里，睡到半夜又冷又饿，就双脚一蹬悲惨地死去了。②

机工许志光也回忆道，在滇缅公路运输中断后，大量机工失业，“许多人过着十分艰苦的生活，白天外出自行谋生，晚上就住在防空洞中”③。机工李山河在滇缅公路中断后，只能到昆明同仁街友联荣店当工友，其间“曾亲眼看到有的机工战友贫病交加，冻死在昆明街头”④。机工郑文通在滇缅公路中断以后，“回到昆明南强街华侨互助会，因生活无着，到处打工”⑤。

为了谋生，有的机工利用一技之长，在其他汽车运输部门做司机。例如，机工蔡如秋失业后，只得靠早些时候撤回昆明的旧友文

---

① 冯君锐：《南洋华侨机工回国服务始末》，云南省政协文史资料研究委员会编：《云南文史资料选辑》第 32 辑，昆明：云南人民出版社 1988 年版，第 269—270 页。

② 林少川：《烽火赤子心：滇缅公路上的南侨机工》，第 186 页。

③ 林少川：《烽火赤子心：滇缅公路上的南侨机工》，第 178 页。

④ 林少川：《烽火赤子心：滇缅公路上的南侨机工》，第 182 页。

⑤ 林少川：《烽火赤子心：滇缅公路上的南侨机工》，第 190 页。

永丰、沈世成等人的接济维持生活，后在朋友的资助下，到柳州考取了驾驶执照，于 1943 年进入捷和钢铁厂开车。后来，由于日军进攻湘桂，柳州紧急疏散，蔡如秋随着人流又流浪到了昆明。1944 年，经朋友介绍才进入川滇公路运输局陆良机场驳运队开车，将美国飞机从印度加尔各答运来的物资驳运进仓库，勉强维持生活。① 机工林广怀在滇缅公路运输中断之后，开始失业，后跟着友人来到重庆，找到原西南运输处第三分处，经熟人介绍得以到兵工署汽车运输处开车，运输器材，往返于昆明、贵阳、湖南等地。② 机工蔡汉良经友人介绍曾到西南运输公司开客车，走下关至昆明线。③

另外，部分机工随中国远征军到印度从事汽车运输工作。机工颜世国在滇缅公路中断以后，与 200 多名华侨机工应征前往印度，参加盟军反法西斯战斗。因为曾在滇缅公路开过车，技术很高，救国心切，他们入印不久就受到盟军的赞赏。颜世国在印度阿山省地普罗加机场工作期间，主要任务是在机场运输汽油、军用物品以及大锡锭等，直至 1945 年胜利才回国。④ 机工杨保华也回忆了当时的情形：

> 1942 年 5 月，惠通桥失守，滇缅公路中断，盟军供应中国的武器及军用物资，就只靠飞越喜马拉雅山的中印航线。这些军用物资必需从仓库运往机场。因此，印度汀江机场急需一批汽车司机，盟军便在昆明招募华侨机工前往印度。我们这些刚从滇缅公路撤退下来的机工们都踊跃报名，我与 50 名

① 林少川：《烽火赤子心：滇缅公路上的南侨机工》，第 134 页。

② 林少川：《烽火赤子心：滇缅公路上的南侨机工》，第 160 页。

③ 林少川：《烽火赤子心：滇缅公路上的南侨机工》，第 75 页。

④ 夏玉清：《南洋华侨机工研究(1939—1946)》，第 252 页。

> 战友被批准第一批赴印，领队是李卫民，于1942年8月乘美军飞机抵达汀江机场。当时的主要任务是在机场跑短途运输……我们在印度机场完成了运输任务之后，即乘搭美国空中霸王号，飞越喜马拉雅山驼峰，回到了昆明。[①]

也有一部分机工，不得不做其他工作以维持生活。机工沈治平失业后，生活无着落，便来到下关，在朋友的帮助下，做卷烟买卖度日。后来，与几个机工朋友创立了一个小规模的“中南烟草公司”，生产廉价的“钥匙”牌香烟。[②]

总之，南侨机工回国后，虽然国民政府给予他们的待遇高于普通国内司机，但由于受大后方通货膨胀的影响，他们的生活水平也日益下降。在工作期间，由于工作环境恶劣，机工们的作息和饮食普遍没有规律，生活艰苦。尤其是1942年5月滇缅公路运输中断以后，大批机工失业，部分机工生活悲惨，他们被迫另找出路。因此，南侨机工为中国的抗战作出了巨大牺牲。

第三节　驼峰空运中的中美机组成员

参与驼峰空运的机构主要是美军航空运输司令部印中空运大队和中国航空公司，执行飞行任务的也是美军飞行员和中国航空公司飞行员。驼峰航线开辟后，为增加运力，美军和中国航空公司招募大批飞行员参加驼峰空运。随着驼峰飞行员队伍的扩大，飞行员经验不足的问题也愈加突出。尽管相关机构加强了飞行员的培训，但仍有部分飞行员对飞机操作系统不够熟悉，这也是造成驼

---

① 林少川：《烽火赤子心：滇缅公路上的南侨机工》，第232—233页。

② 林少川：《烽火赤子心：滇缅公路上的南侨机工》，第216页。

峰飞行事故率高的重要原因。驼峰飞行员的工作虽十分危险，但生活状况远比中国普通民众舒适，不过美军在印度的生活条件也普遍较差，业余生活枯燥。全面抗战时期大批美军飞行员参加驼峰空运，保障了驼峰空运的顺利进行，也是战时美国对华援助的重要内容，从而支持了中国人民的抗战大业。

一、飞行员的招募与培训

驼峰航线开辟以后，阻碍空运发展的主要问题之一就是飞行员严重短缺。为解决这一问题，中国航空公司和美军招募了大量飞行员。对中国航空公司而言，由于公司的飞机从 1942 年初的 3 架增加到 1945 年 8 月的 45 架，飞行员的需求也在增加。为此，中航主要从非洲泛美航空队和美国志愿航空队被解雇的飞行员中招收机师 27 名，到 1942 年年底，中航共有机师 43 名。1944 年，中航从昆明招收一批大学生培训副机师。1945 年 7 月，在重庆招收的 20 名大学生被送到印度拉合尔国民党空军军官学校培训副机师，其中有 15 名毕业，如黄达、卢伟、刘安等。中航参加驼峰飞行的地勤人员有 200 名，约 2/3 是中国籍飞行人员。①

执飞驼峰航线的美军飞行员大多数则是从空军作战司令部的战斗机和轰炸机部队中借来。为弥补飞行员的短缺，飞机转运司令部不得不从民间招募具有各种飞行背景的飞行员——喷洒农药的飞行员、特技飞行员、试飞员、表演飞行员以及那些拥有私人飞机的飞行员，其中私人飞机飞行员最多。这些人招来之后，根据他们飞行经验的多少确定 30 天至 90 天不等的试用期。试用期结束

① 《中国航空公司欧亚—中央航空公司史料汇编》，民航总局史志编辑部 1997 年编印，第 20—21 页。

之后,正式予以雇佣的人员随即成为现役军官。到 1943 年夏天,飞行员短缺的问题已经变得非常严峻,于是将试用期放宽到 200 个飞行小时,但是同年 9 月又增加到了 300 个小时。① 为迅速招募大量飞行员,美军招收飞行员的体检也有所放松。驼峰飞行员唐尼回忆自己参加体检的情形时说:"我们的体检很粗略,我们三个将要执行飞行任务的人走进一个空房间去见飞行外科医生。他冷淡地看着我们问道:'你们中有人感冒了吗?'当我们表示没有时,他拿起文件说:'可以飞行。'牙医看了一眼,说:'见鬼,你肯定会认出来的!'"②

随着飞行体检标准的放宽,飞行员的数量也迅速增加。1942 年 1 月,343 名平民飞行员被飞机转运司令部雇佣,到 3 月底,这个数量就增加到了 800 人,到年底,雇佣平民飞行员的数量已经达到了 1 730 人,其中 80%的人正式授衔成为军官,几乎占到了当时整个航空运输司令部军官人数的 20%。这些年轻人虽然也都是合格的飞行员,但是他们同预备役人员比起来明显缺乏经验;同时,因为他们没能当上战斗机或者轰炸机的飞行员而不得不驾驶运输机,所以普遍心怀不满,士气多少有些问题。③

随着飞行员队伍的不断扩大,飞行员经验不足的问题也越来越严重。以 1943 年春天紧急送到中缅印战区驾驶运输机的新飞行员为例,其中 1/3 的人只能驾驶单引擎飞机,根本没有接受过驾驶多引擎飞机的任何训练,更不具备飞越驼峰所需要的特殊技能。飞行员普遍经验不足,也是驼峰空运事故频发的重要原因。陆军

---

① [美]约翰·D. 普雷廷著,张兵一译:《驼峰空运》,第 54 页。

② Jeff Ethell and Don Downie, *Flying the Hump: In Original World II Color* (Osceola: Motorbooks International Publishers & Wholesaler, 1995), p. 27.

③ [美]约翰·D. 普雷廷著,张兵一译:《驼峰空运》,第 54 页。

航空兵司令阿诺德将军曾经指派1名特别代表前往印中空运大队暗中调查，对驼峰空运存在的问题进行评估，最后的评估报告显示：在1943年春夏两季所发生的所有飞行事故中，由缺乏飞行经验的新飞行员造成的事故占到了75%。印中空运大队在1943年7月和8月的死亡人数就占到了整个航空运输司令部总死亡人数的1/3，而其飞行里程却只占总里程的15%。①

为解决驼峰空运飞行员经验不足的问题，1943年7月18日，美国开始了实施代号为“7-A项目”的特殊任务。罗斯福总统和陆军航空兵司令阿诺德将军要求将“7-A项目”作为美国对中国军事任务的一部分。作为一项特殊的紧急任务，该项目委派一组经验丰富的美国航空公司机组人员到印度，与年轻的机组人员一起飞越驼峰，这也是美国航空公司历史上最重要的战时任务。接受任务的机组人员只是被告知，他们必须住在帐篷里，他们的任务是在印度和中国运送乘客。这是一个“自愿”的任务，因为航空公司的工作人员在得知他们的任务后没有义务继续飞行，他们可以退出，但没有人退出。“7-A项目”机组成员到印度后，主要是培训驼峰空运飞行员，如引擎如何操作，飞机超负荷时如何起飞和爬升，如何使用仪器飞行到达目的地等。他们旨在通过这些培训，提高飞行员的专业技能。当然，在急需人的时候，他们也驾驶飞机空运了大量货物。在4个月时间里，他们飞越驼峰1 075次，平均每天6个来回，将近500万磅货物空运到中国。直到1942年12月1日，该项目最后一批美国航空公司的机组成员才离开印度。②

① [美]约翰·D.普雷廷著，张兵一译：《驼峰空运》，第56页。

② Otha C. Spencer, *Flying the Hump: Memories of an Air War* (Texas: Texas A&M University Press, 1992), pp. 73-76.

为培训驼峰飞行员，美军除委派美国航空公司飞行员进行培训外，也增加了培训内容。陆军航空队一直以来只要求学员掌握那些最基础的飞行仪表，如转速指示器、坡度指示器及空速表。在1943年下半年之前，陀螺地平仪的使用一直没有被纳入飞行训练项目之中，而且即便在纳入训练项目之后，一些教官也对这种仪器的可靠性抱有极大的怀疑。不仅如此，因为飞行训练司令部缺少双引擎飞机，所以几乎所有训练都在单引擎飞机上完成。但到1943年9月，多引擎飞机已经迅速占到陆军航空队飞机总量的75%，飞行训练机构一时还跟不上形势的发展，难以为军队提供合格的多引擎飞机驾驶员。当时，一名飞行员在写给家人的信中便谈到了他的战友们连最基本的仪表飞行技能都一窍不通，许多人在飞行中"迷航或者'稀里糊涂'，而且因为他们接受的航位推测法训练十分有限，又不相信罗盘的作用，找一个地面监测点都要在空中转来转去，根本不知道只要解决时距的问题就能确定正确的航向"①。

1944年9月陆军航空队特纳准将负责驼峰空运后，为保障飞行安全，他进一步加强了飞行安全管理。特纳命令飞行机组必须执行精确的飞行操作，飞行员需要制订飞行计划、分配飞行高度，在执行飞行任务时必须在固定地点报到。在特纳之前，飞行员会在树梢上飞行，掠过山口，危及机组人员和其他飞机的安全。特纳下令禁止飞行员这样做。同时，特纳开始采取适当的无线电通信，建立正式的起飞和降落程序。特纳最有争议的新思想是修改了飞机维护程序。传统的飞机修理和维护是每架飞机都要有1名机务长和1名飞行工程师，他们的工作是对飞机进行小修并保持其正

---

① [美]约翰·D. 普雷廷著，张兵一译：《驼峰空运》，第57页。

常运行，但诸如更换引擎或无线电设备或维修仪器之类的大修，则要在基地完成。特纳制定了一套被称为“生产线维护”(PLM)的程序，要求每架飞机都要定期按照生产线的标准例行检查和维护。[①] 由于特纳加强了驼峰飞行的安全管理，1944 年 9 月以后，驼峰飞行相比以前更安全。

二、机组成员的工作状况

对执飞驼峰航线的中国航空公司飞行员而言，他们的收入较高。中航公司机长每月飞 60 个小时，基本工资是每月 800 美元，比空军上校拿得还多。机长飞行超出 60 小时后，在 70 小时内每小时收入 6 美元，飞行 70 小时以上，每小时增加到 20 美元。但是，如果他是中国人或是华裔，他飞行 60 小时收入 485 美元，超出 60 小时，每小时 6 美元。[②] 由于机长多劳多得，有的时候，中国航空公司的美籍飞行员每月收入甚至可以达到2 025美元。[③] 但主管飞行的官员收入则低得多。唐尼先是一名飞行官员，随后是海军上尉，他在 1944 年底的月薪总数仅为 386 美元，其中每月基本工资为 167.67 美元，飞行附加费 83.33 美元，租金津贴 75 美元，最低生活费 42 美元。[④] 在工作时间方面，中国航空公司飞行员在印度汀江停留的两

① Otha C. Spencer, *Flying the Hump: Memories of an Air War* (Texas: Texas A&M University Press, 1992), p. 143.

② [美]小威廉·M. 利里著，徐克继译：《龙之翼——中国航空公司和中国商业航空的发展》，第 162—163 页。

③ Jeff Ethell and Don Downie, *Flying the Hump: In Original World II Color* (Osceola: Motorbooks International Publishers & Wholesaler, 1995), p. 26.

④ Jeff Ethell and Don Downie, *Flying the Hump: In Original World II Color* (Osceola: Motorbooks International Publishers & Wholesaler, 1995), p. 21. 注：原文总数为 386 美元，实际数为 368 美元。

三个星期里，累积飞行 100 小时至 140 小时。① C－47 型运输机飞行员詹姆斯·M. 达尔比在 1943 年 10 月至 1945 年 4 月间在中国航空公司工作，其间他共驾驶飞机往返驼峰 208 次，绝大多数月份每月飞行时间都超过 100 小时，1944 年 3 月飞行时间甚至超过 150 小时。② 唐尼平均每月的飞行时间大约为 120 小时，偶尔飞行时间会达到每月 160 小时。③

相对于中国航空公司飞行员的工作条件，印中空运大队的美军飞行员相对较差。在工作时间方面，为保障飞行安全，美军对飞行时间有一定限制。1942 年 12 月航空运输司令部接管驼峰空运的时候，还没有明确的轮换政策，到 1943 年秋天霍格(Earl Seeley Hoag)准将和哈丁准将接替亚历山大(Edward H. Alexander)上校的指挥权之后，正式的轮换政策才最终出台。1943 年 10 月底，哈丁向航空运输司令部提出了在中缅印战区飞行1 000小时的苛刻轮换条件，哈尔·乔治(Hal Ceorge)少将觉得这个要求过高，于是，乔治把轮换政策的标准确定在从事驼峰空运 9 个月或者飞行时间达到 675 个小时，无论先达到哪个条件都可以开始轮换。第一步是轮换至执行跨印度运输的“西部”，服役的时间也是 9 个月，但是飞行时间却延长到 1 000 个小时(同样只需达到二者之一)，然后即可轮换回美国。由于飞行员中患上战役疲劳症的人数不断上涨，轮换条件改为：“东部”驼峰空运飞行员的飞行时间为 650 个小时，

① [美]小威廉·M. 利里著，徐克继译：《龙之翼——中国航空公司和中国商业航空的发展》，第 163 页。

② Jeff Ethell and Don Downie, *Flying the Hump: In Original World II Color* (Osceola: Motorbooks International Publishers&Wholesaler, 1995), p. 25.

③ Jeff Ethell and Don Downie, *Flying the Hump: In Original World II Color* (Osceola: Motorbooks International Publishers&Wholesaler, 1995), p. 23.

“西部”飞行员的飞行时间为 900 个小时，达到条件后即可返回美国。[①]

在实际工作中，较多飞行员存在疲劳飞行的现象，有的飞行员每月飞行时间多达 165 个小时，相当于每天往返驼峰航线一趟，为的是尽快积攒到轮换回国所需要的飞行小时数量。9 月，印中空运部 44%的飞行员当月飞行时间都超过了 100 个小时，而到 5 月这个比例又继续上升到了 53%。1944 年 9 月，特纳准将取代哈丁，特纳十分关心飞行员的轮换问题。为了阻止这种倾向，特纳专门制定了一个新规定：每个飞行员每 50 天的最长飞行时间不得超过 60 个小时，并且规定 2 次飞行之间的休息时间不得少于 12 个小时。特纳还另外制订了一个“丛林教化营”计划，让机组人员融入当地自然环境，通过打猎、钓鱼和露营等娱乐方式得到充分休息。不过，到 1944 年底时，大多数飞行员都急于尽快积攒到 650 个飞行小时的规定数量，对印度乡间田园牧歌式的生活并没有多大兴趣。[②]

当然，对于执行驼峰飞行任务的飞行员来讲，他们最大的挑战是危险的工作环境。对美军机组人员而言，一旦他们执行飞行任务，他们将飞过白雪覆盖的高山，并且需要在日机的作战半径之内飞行。不过更艰难的是，天气的威胁超过了日军零式战机。机组成员受到了结冰和大风的威胁，他们必须穿越比珠穆朗玛峰更高的积聚天气。最严重的是，在 5 月到 10 月的雨季期间，他们必须依靠仪器飞行，几乎没有其他导航设备。由于这些危险，驼峰航线被称为世界上最危险的航线。在漫长而枯燥的飞行过程中，飞行员经常使用花招“启蒙”新的副驾驶或其他机组人员飞越驼峰，比如

① [美]约翰·D. 普雷廷著，张兵一译：《驼峰空运》，第 154—157 页。
② [美]约翰·D. 普雷廷著，张兵一译：《驼峰空运》，第 185—186 页。

让他们寻找特殊形状的山峰。对新飞行员而言，最受欢迎最秘密的是“邓肯隧道”——一个所谓的秘密通道，穿过这里时飞机必须通过仪器。当然，时机很重要，这种“启蒙仪式”只有在飞行出现困境的时候才起作用。当仪表板上的信标闪烁时，飞行员会向副驾驶发出警报，要求进行10秒钟的检查。①

在驼峰飞行过程中，飞行员需要借助仪器飞行。在恶劣天气下，仪器飞行是飞行任务中最紧张和最痛苦的部分。飞机经过沉重而缓慢的起飞后，几秒钟内就会消失在一个视觉虚无的世界里。飞机爬升，飞行，导航，抗击湍流、大风和冰雪全部依靠仪器，因为此时飞行员看不见地面。几个小时后在飞行将要结束时，飞机仪表板上的一个小指针会从0度旋转到280度，告诉飞行员，如果他幸运的话，他已经越过了无线电信标，他的着陆机场在下面的某个地方。尽管飞行员接受了飞行训练，但在飞行学校，很难在真实的天气中获得真实的经验。飞行员在天气好的时候飞行，在天气不好的时候待在地面上。但是在中缅印战区，只要鸟儿能飞，飞行员就得驾机飞行。②

盲目进近着陆机场是仪器飞行的一个全新的延伸。1943年至1944年，中缅印战区的飞机上刚装上仪器进近和下降系统时，只有少数的飞行员培训过如何使用这一系统。使用这一系统在理论上很简单，但在实际操作中却很痛苦。当飞行员到达着陆机场上空，在仪器上，其他飞机也要求着陆。然后飞机被“堆叠”，飞行员被要求在一定高度上飞行，通常500英尺的距离，在一个“8”字形图案

---

① Otha C. Spencer, *Flying the Hump: Memories of an Air War* (Texas: Texas A&M University Press, 1992), pp. 53 - 54.

② Otha C. Spencer, *Flying the Hump: Memories of an Air War* (Texas: Texas A&M University Press, 1992), pp. 77 - 78.

上有“静默圆锥”,无线电发射塔正上方设有接收信号的一个点。这个“圆锥”是一个精确的位置指示器。①

C-47型运输机是陆军航空队飞越驼峰的第一种机型,但是它并不适合执行驼峰空运任务。虽然它的航程对驼峰航线而言已经足够,但是它的货舱较小,有效载荷不大。除此之外,C-47型运输机在夏季从海拔较高的昆明机场起飞较为困难,尤其是在满负荷的情况下更为困难。通常条件下,除3名空勤人员(驾驶员、副驾驶员和报务员)外,C-47型运输机的有效载荷为5 000磅或者28名乘客,但是这些限制在驼峰航线上经常都会被打破。如此满负荷的重载必然迫使飞机发动机高速运转,导致机械故障不断,也大大减少了它们的使用寿命。一架普通的C-47型运输机在没有故障的理想条件下可以轻易爬高至驼峰航线必需的高度,正常满负荷条件下它的飞行高度可以保持在23 000英尺(轻负荷时超过28 000英尺)。但是如果飞机一个引擎出现故障,那么即使在空载的情况下也难以保持在15 000英尺的高度上。这就是说,为了在飞机失去动力或者第二个引擎也完全瘫痪的情况下保持高于地面山峰的高度,机组人员就不得不随时准备将飞机上搭载的货物扔出舱外(当然搭载的“货物”是人员时除外),因为在印度的第一座山峰至中国的最后一座山峰之间,仅赫兹堡有一条可供飞机安全降落的跑道。还有一点也值得注意,C-47型运输机没有密封舱,更没有供乘客使用的中央供氧系统。就算有供氧设备,驼峰空运初期也没有制氧设备可用,所以机组人员会尽量低飞,以避免乘客因缺氧而失去知觉。直到1944年,乘客才有了持续供氧的条件。飞

① Otha C. Spencer, *Flying the Hump: Memories of an Air War* (Texas: Texas A&M University Press, 1992), p. 78.

行员们则是依靠附带的氧气瓶将一根连接氧气瓶的软管的管口举到嘴巴前吸氧，或者使用氧气面罩由飞机供氧系统（后来的机型才具备了供氧系统）供氧。虽然氧气面罩的重要性显而易见，但是佩戴起来很不舒服，所以飞行员们经常不愿使用，更何况戴着氧气面罩会使无线电通话变得很困难（当时的无线电通话器通常使用的是一个手持麦克风）或者会妨碍他们抽烟。天气状况也可能迫使飞行员提高飞行高度，比如在正常海拔高度上飞行时，飞机会出现结冰的现象，提高海拔高度就意味着飞机上的乘客会因缺氧而昏迷，如不能及时将飞机降低到“可呼吸”的高度，乘客的生命就会有危险。①

在执行驼峰飞行任务期间，除了充满危险，飞行员们也想家。由于离家半个世界，他们倍感孤独。也因为工作时间较长，为打发时间，他们常常通过无线电台收听“东京玫瑰”。来自夏威夷科纳凯鲁瓦的驼峰飞行员埃德加·D. 克伦帕克（Edgar D. Crumpacker）记载道：“这是不可思议……她说出了我们机组成员的个人姓名，以及我们的任务是什么。这让你焦虑。”来自蒙大拿州大瀑布的莱恩·雷尼格（Len Rening）在接到正式升职命令前，就从“东京玫瑰”听说他升职了。此外，在印度和中国各地飞行的机组人员也听到了“东京玫瑰”的性感声音，内容则是威胁说所有被抓获的驼峰机组人员都将被击毙。②

三、机组成员的生活状况

对执飞驼峰空运的中国航空公司的飞行员来讲，他们在印度

① [美]约翰·D. 普雷廷著，张兵一译：《驼峰空运》，第 59—60 页。

② Otha C. Spencer, *Flying the Hump: Memories of an Air War* (Texas: Texas A&M University Press, 1992), p. 83.

的生活不仅不艰苦，甚至可以说是丰富多彩。业余时间里，他们进修无线电操作和仪表飞行，或是休息、看书、旅游。有的飞行员可能到大东方饭店去参加有茶点的傍晚舞会或吃晚餐。有的会到英美俱乐部去消磨时间。[①] 有的也聚集在汀江的宿舍阳台上喝茶、吸烟、开玩笑，并七嘴八舌地聊家乡和飞机。有的可能会拿出一瓶杜松子酒或珍贵的威士忌酒调上几杯鸡尾酒。还有的会玩纸牌游戏或双陆棋游戏。[②]

中航公司的飞行员在驼峰轮班的间歇期会在印度加尔各答休假10天或2周，除了进行必要的飞行练习外，他们还可享受在加尔各答的都市生活。他们的娱乐活动多样，生活惬意，有人是这样描述的：

> 他们乘出租车或人力车穿过混乱的街道到英美俱乐部、东方大饭店和大酒店喝酒，并光顾位于30号剧院路的300俱乐部，这是加尔各答最时尚、最昂贵和种族融合最好的俱乐部……在300俱乐部有红十字会和美国劳军联合组织（USO）以及美国陆军妇女队（WAC）举办的舞会，可以和这些机构的女士跳舞。参加舞会的人男女比例差别大到了滑稽的地步，虽然有爱国倾向的女士们为了提高盟军士气，施舍她们的舞蹈财富以尽绵薄之力，但挥金如土的飞行员们做得异常的好。飞行员们还能在加尔各答游泳俱乐部的游泳池打发时光，直

---

① ［美］小威廉·M.利里著，徐克继译：《龙之翼——中国航空公司和中国商业航空的发展》，第163页。

② ［美］格雷戈里·克劳奇著，陈安琪译：《中国之翼：飞行在战争、谎言、罗曼史和大冒险的黄金时代》，第379页。

到出现了小儿麻痹症流行病的恐慌才禁止入内。①

中航公司飞行员的住宿条件也不差。在汀江，中航公司飞行员的住所离机场约 5 英里，是有凉台的平房。一位驾驶员回忆说：

中航公司的房子同该地区所有其他建筑物一样，座落在桩柱上，比雨季泛滥的泥水高得多，但它是一个庞然大物，100 英尺宽 40 英尺深，巨大的门廊遮住了整个正面和另一边。屋顶搭得很陡，由一英尺厚的茅草层盖住，能躲避太阳的炎热和雨淋。建筑物的主要层包括 4 间大屋子，其中 3 间共放了 40 张单床和双层床。第 4 间最大，是休息室，在它巨大的壁炉周围聚集了半打舒适的皮椅子和一张很大的长沙发椅。房间的其他地方放着纸牌桌、写字台、书柜、一台无线电收音机和一台留声机。一名叫卜特劳的土著仆人喜爱的唱片是安德鲁姐妹演唱的“沿俄亥俄州南下！”他每天早晨放这张唱片唤醒驾驶员们。②

中航公司飞行员皮特·古蒂尔(Peter J. Goutiere)和其他 5 名飞行员甚至在加尔各答郊区的巴利贡盖县的公园街以南几个街区处合租了平房，房子后面有个小花园，被 6 英尺的墙包围着，在房子的阳台上可以俯瞰花园和围墙。③

至于中航飞行员的伙食，也相当好。在汀江，梅杰小姐管理食

---

① [美]格雷戈里·克劳奇著，陈安琪译：《中国之翼：飞行在战争、谎言、罗曼史和大冒险的黄金时代》，第 380 页。

② [美]小威廉·M. 利里著，徐克继译：《龙之翼——中国航空公司和中国商业航空的发展》，第 163 页。

③ [美]格雷戈里·克劳奇著，陈安琪译：《中国之翼：飞行在战争、谎言、罗曼史和大冒险的黄金时代》，第 380—381 页。

堂，食物一般很好，特别是同军方食堂相比。① 在加尔各答度假期间，中航飞行员有时到名为费波的意大利餐厅用餐，餐厅内装饰了大理石柱子、高大的天花板、水晶吊灯和镀金镜子，可以享用美式牛排。②

与中航公司飞行员相比，参加驼峰空运的美军印中联队机组成员的生活则差得多，尤其是在印度，美军机组成员的衣、食、住、行、休闲娱乐等方面普遍较差。

在印度生活期间，高温潮湿的环境使得美军飞行员感到颇不舒适。在汀江，天气湿热难耐，比加尔各答还糟糕。在旱季，即使在阴凉处温度也能飙升到 120 华氏度。由于飞机内部的温度太高，只要人接触到飞机驾驶舱里面的任何金属部件就会起泡。③ 印度湿热的天气，也容易滋生各种疾病，尤其夏季是疾病高发期，疟疾、腹泻、痢疾和上呼吸道感染频发。1944 年 9 月，因病不能飞行的人员平均需要 1 周才能恢复，同 2 月份相比，康复的时间几乎延长了一倍。为了解决这个蔓延于整个战区的严重问题，印中空运部开展了大规模的抗疟疾行动，动用装上喷洒装置的 B－25 型轰炸机在各个基地和营区周边的蚊蝇滋生地喷洒 DDT 杀虫剂，以阻断疾病的传播途径。尽管这些被称为“蚊子杀手”的轰炸机共喷洒了12 000加仑杀虫剂，但要控制住夏季季风条件下的蚊子繁殖数量

---

① [美]小威廉・M. 利里著，徐克继译：《龙之翼——中国航空公司和中国商业航空的发展》，第 163 页。

② [美]小威廉・M. 利里著，徐克继译：《龙之翼——中国航空公司和中国商业航空的发展》，第 163—164 页。

③ Jeff Ethell and Don Downie, *Flying the Hump: In Original World II Color* (Osceola: Motorbooks International Publishers & Wholesaler, 1995), pp. 24 - 25.

仍然很难。[①] 由于印度天气湿热，卫生条件差，许多机组成员并不适应这里的生活。美军机组成员恩斯特·W. 比尔·卡特勒(Ernest W. Bill Cutler)回忆道：

> 我们的餐厅很糟糕，条件很差。我们的食物都用金属盘子盛上来，吃完后，你得把剩下的食物残渣刮进个泔水桶中，这时嗡嗡作响的大苍蝇会涌上来争食。你得把盘子放入一大桶热水中清洗，然后拿到第二个大桶中漂洗。在这种恶劣条件下，我们中的许多人在到达后的 6 个月内都感染了痢疾。我的体重由刚来时的 135 磅掉到了 110 磅。[②]

具体而言，参加驼峰空运的美军机组成员在印度的住宿条件很差。位于阿萨姆谷地的查巴是主要的驼峰飞行基地，机组成员就住在“舒适”的英式敞篷里面。每顶帐篷里面装有 1 个 40 瓦的灯泡，离帐篷 100 英尺远的地方才有冷水淋浴和 8 个蹲位的厕所。食堂、整齐的房间和露天电影院都有茅草屋顶。[③] 唐尼到印度查巴基地后，被分配到位于茶叶种植园中间的巴沙。住处是 1 幢 3 单位的楼房，有帆布床，上面覆盖着蚊帐。至于在查巴基地的伙食，主要有罐头水果、新鲜香蕉、茄子和水牛肉。而在中国，机组成员能吃到新鲜蔬菜、白斩鸡和新鲜鸡蛋。[④]

参加驼峰空运的美军飞行人员也较为懒散，他们穿着邋遢的

---

① [美]约翰·D. 普雷廷著，张兵一译：《驼峰空运》，第 183 页。

② [美]杰夫端·B. 格林编著，徐帆译：《飞虎的咆哮》，昆明：云南教育出版社 2005 年版，第 239 页。

③ Otha C. Spencer, *Flying the Hump: Memories of an Air War* (Texas: Texas A&M University Press, 1992), p. 55.

④ Jeff Ethell and Don Downie, *Flying the Hump: In Original World II Color* (Osceola: Motorbooks International Publishers & Wholesaler, 1995), p. 27.

制服，大多数人在没有飞行任务时都穿着防蚊靴，而军官戴的帽子也是五花八门。特纳准将训斥这些飞行员看起来像“一群该死的出租车司机”。为提高士气，特纳准将命令每天要检查飞行机组成员们的着装，要求飞行员们在军官俱乐部吃晚餐时穿衬衫和粉色衣服。到周六，所有印中飞行联队的基地成员都有一场正式的游行，所有人必须刮胡子、剪头发、穿上干净的制服，笔直行进。①

美军飞行员罗伯特·L. 博贝特（Robert L. Bobbett）1945 年 1 月到达印度后，被分配到空运指挥部在缅甸北部新成立的一个C－47型运输机中队，他回忆道：“我们餐厅的厨师能烹调出盛在小铁罐里的最美味的各式猪肉煲。我很快就适应了用钢盔当洗脸盆。如果晴天的下午在架在空中的大铁桶下面洗澡，还能用上被太阳晒热的热水。”②尽管博贝特觉得这里的生活条件并不如预想的艰难，但与中航公司飞行员相比还是差别很大。大多数美军飞行员讨厌在印度的生活。在娱乐方面，由于印度生活条件很差，美军飞行员的业余生活较为枯燥。美军机组成员恩斯特·W. 比尔·卡特勒回忆在印度查巴的生活时说：“查巴的生活就是修飞机、吃饭、睡觉和飞行的简单重复。有一次放映了一部露天电影，那就算是一场很大的活动了。休假的时候我们都去加尔各答、德里或阿格里，我们都会把钱花得精光，然后再想不同的办法赶回基地。我见识了印度的很多地方，包括红堡和泰姬陵，我们还到一个训练营接受了一个星期的坠机后的丛林生存训练。”③

特纳准将负责驼峰空运后，为丰富印中联队美军的业余生活，

---

① Otha C. Spencer, *Flying the Hump: Memories of an Air War* (Texas: Texas A&M University Press, 1992), p. 140.

② [美]杰夫端·B. 格林编著，徐帆译：《飞虎的咆哮》，第 229 页。

③ [美]杰夫端·B. 格林编著，徐帆译：《飞虎的咆哮》，第 241 页。

在基地建立了特殊函授学校，机组成员可以参加专业学习或学习大学学分课程。特纳也鼓励机组成员在不执行任务时在印度短暂休假。奥萨·C.斯宾塞在印度服役时，曾有过休假，他曾在阿格拉参观泰姬陵，在亚穆纳河亲眼看见尸体被烧的神圣仪式，然而给斯宾塞留下最深印象的是印度的贫困以及对印度最底层种姓的缺乏关注。斯宾塞写道："在加尔各答，在古城'禁区'内安排了旅游。在街上，我们跨过死者、垂死者和可怜的灵魂，看见可怕的疾病、残废和饥饿。我们目睹了难以置信的恐惧——臭气是我们穿过的恶臭屏障。"①

除此之外，性病也是多年来困扰中缅印战区的一个大问题，不过印中联队的性病感染率一直控制在低于战区其他部队的水平。美国人对付这个问题的典型做法是"恐吓教育"，但是基地周围无处不在的妓院却始终为士兵们提供了难以抗拒的诱惑。美军最终不得不在各基地强制设立性病预防站，基地指挥官也广泛宣传接触当地妓女极易感染性病。②

此外，这些在印度服役的美国士兵大多数从未来过亚洲，对这里不同于西方的独特文化也感到震惊。他们发现印度的某些习俗十分原始而荒蛮，例如每天收集"夜便"。驻新德里某部的随军历史学家曾经直言不讳地评论说，这里的室内厕所是一种罕见的奢侈设施，所以"人们会在一大早或者白天的某个合适的时间走出家门，来到街边的排水沟边，齐刷刷地按照全国统一的姿势蹲下来排便。因为他们都极其害羞，所以面朝着墙，而把光腚朝向公众，这

① Otha C. Spencer, *Flying the Hump: Memories of an Air War* (Texas: Texas A&M University Press, 1992), p. 142.

② [美]约翰·D.普雷廷著，张兵一译：《驼峰空运》，第183页。

种行为方式极其微妙”。通常由年轻人或十几岁的孩子把排水沟中的粪便掏出来装到专门的牛车上，再运到火车站装上专门的车皮，统一转运到城外10英里处的某片荒地倾倒。只有那些相当富裕的家庭才可能拥有在室内大小便的条件，而所谓的“设施”通常也只是铜盆，用水龙头替代手纸。而且，印度教遵循的一些做法也让美国人感到十分困惑，例如耆那教徒严禁杀生，就连嗡嗡乱飞的蚊子也不能伤害；他们甚至极端到用一块布蒙上口鼻，以防止自己不小心将任何蚊虫意外吸入口鼻中，害了它们的性命。①

相比于在印度，美军飞行员在中国的生活条件好得多。国民政府为美国驻华空军和驼峰空运飞行员提供了良好的生活条件，并安置了战地服务团为之服务。战地服务团是1943年底为配合美英盟军援华抗日，国民政府军事委员会设立的接待盟军的服务机构。战地服务总团驻重庆，下设重庆、成都、昆明、西安等地区办事处。云南沾益机场是美国在华空军的重要机场，国民政府修建了招待所供美军住宿。有人回忆了美军沾益机场和招待所的具体情况：

> 机场有完备的飞机升降指挥系统。招待所内设厨房、餐厅、娱乐室、洗澡塘、理发室、洗衣房、商店等设施，负责美国空军的给养。身着“美国飞虎队来华抗战”字样军服的美国空军出入于飞机场或招待所的各种场所，印有美国“飞虎队”标志的军用飞机不时起落于沾益飞机场。驻沾益玉林山空军招待所的美军，严格按美军管理制度进行，食宿也严格按美军要求和习惯进行。其中部分食物由国外运来，部分食物由国内其他地方及沾益人民提供。西餐制作主要由美国随军烹饪师进

---

① [美]约翰・D. 普雷廷著，张兵一译：《驼峰空运》，第183—184页。

> 行，中方人员主要负责一些服务性工作，沾益空军招待所为驻沾美国空军提供了优质的服务。在沾益期间，美国空军一般均能与地方及民众和睦相处，而且他们生活得非常开心，吃饱喝足后，闲暇时间或看电影，或打球，或跳舞等等，有的到沾益城区街上逛逛或购物，有的还驱车带枪到沾益近郊或远郊山林打猎。①

在成都，随着“特种工程”完工，大批美军飞行员停留成都。战地服务团成都办事处主要负责川西美空军基地的接待工作，并修建了一批招待所，有新津机场 7 个，邛崃、彭山、广汉机场各 4 个，双流、彭县、凤凰山机场各 2 个，成都市商业街励志社内 1 个。② 盟军招待所的住宿条件和饮食条件比印度好很多。据曾在盟军招待所工作过的傅正义回忆，在成都的盟军招待所，“食品和调料大多从印度加尔各答空运而来，有时也用本地的肉类蔬菜。招待所的伙食很好，鸡鸭鱼肉、牛奶黄油每顿都有”③。据日本学者深町英夫研究，美军飞虎队在华生活较为舒适，他们在昆明的住所总的来讲干净、整洁、舒适，日常伙食有火腿、鸡蛋、面包、牛奶、牛肉等，娱乐活动包括读书、跳舞等。④ 同样，参加驼峰空运的美军飞行员在华期间的生活状况比在印度好得多。在昆明和中国其他城市有许多好的中餐馆，机组人员可以吃到真正的鸡蛋、真正的牛奶、带美国饼

---

① 丁绍明：《沾益机场及美国驻华空军印象记》，《曲靖市文史资料》第 9 辑，曲靖市政协文史资料研究委员会 1995 年编印，第 54 页。

② 四川省地方志编纂委员会编：《四川省志・外事志》，成都：巴蜀书社 2001 年版，第 292—293 页。

③ 傅正义：《剪辑人生：傅正义自传》，北京：中国电影出版社 2007 年版，第 26 页。

④ 深町英夫：《奢侈的保镖？——飞虎队日常生活》，王建朗、栾景河主编：《近代中国：政治与外交》下卷，北京：社会科学文献出版社 2010 年版，第 870—880 页。

干的培根、油炸鸡和牛排。在昆明大沙路，有一座被称为比利咖啡馆的砖砌三层楼房，对于想吃美式佳肴的美国人来说是很受欢迎的地方。他们描述，中国咖啡馆总是一个快乐的地方——拥挤嘈杂的中国人总是笑着喊着“顶好”。①

① Otha C. Spencer, *Flying the Hump: Memories of an Air War* (Texas: Texas A&M University Press, 1992), pp. 95 - 96.

结　语

纵观全面抗战时期西南国际交通的基本概况，由于受时代背景和地理环境的影响，西南国际交通建设十分艰难。从时间上来讲，全面抗战时期中国富庶的东部沿海地区相继陷落，不仅造成国民政府财政收入锐减，而且筑路材料的输入也极为不便，因而西南国际交通建设面临资金和筑路材料短缺的困难。从地理环境来看，西南国际交通建设主要集中于云南地区，不仅地形崎岖，而且气候复杂，这给交通建设带来了巨大困难。尽管面临巨大的困难，国民政府还是采取了一系列措施，使西南国际交通建设取得了一定成绩。西南国际交通不仅支持了中国抗战大业和大后方经济的正常运行，也是中国战时外交的重要问题，对大后方社会也产生了重要的影响。从宏观的角度来看，战时西南国际交通对整个抗战局势产生的影响，中国与英法美之间围绕西南国际交通的矛盾对国民政府的外交战略产生的影响，西南国际交通路线的变迁对大后方经济产生的影响，以及国民政府在西南国际交通建设和运输过程中如何进行抗战动员等问题值得我们进一步深入探讨。

一、1944 年中缅印交通的打通与中国抗战的得失

战时西南国际交通运输有力地支持了中国抗战大业，尤其是1938 年 10 月武汉和广州沦陷以后，中国西南对外运输日益困难，为加强对外联系，国民政府相继修建了滇缅公路和中印公路，1942 年 4 月又与美国合作开辟了驼峰航线，保证了西南大后方对外交通运输的通畅。通过西南国际交通运输，中国获得了抗战必需的军火物资和军用设备，否则，中国抗战将难以为继。不仅如此，滇缅公路、驼峰空运和中印公路对中国远征军的滇缅作战产生了重要影响。

在承认西南国际交通对中国抗战发挥重要作用的前提下，我们也可以重新审视西南国际交通对抗战大业产生的深远影响，尤其是 1944 年中缅印交通与中国抗战得失的关系问题，值得我们深入探讨和分析。应该讲，1942 年 5 月滇缅公路运输中断以后，西南对外陆路交通被堵塞，虽然中美两国开辟了驼峰航线，但由于驼峰空运运量有限，中美两国寄希望于打通中缅印交通，恢复西南国际公路运输，以打破日军对中国西南大后方的陆路封锁。从这方面讲，1944 年年底中缅印交通的打通，对中国具有重要意义。学者们也普遍认为中缅印交通的打通，不仅打破了日军对中国西南陆路国际通道的封锁，而且也支援和配合了盟军在东南亚战场和太平洋战场的反攻，稳定了中国正面战场的战局，鼓舞了全国军民夺取胜利的信心。① 但我们把 1944 年的中缅印交通放在整个中国抗战大格局来看，打通中缅印交通是否真的值得中美两国尤其是中国

① 参见田玄：《铁血远征——中国远征军印缅抗战》，第 492—495 页；徐康明：《中缅印战场抗日战争史》，第 441—443 页。

付出如此巨大的代价，值得深入思考。

1944年中国为打通中缅印交通付出的代价，除了中美两国为修建中印公路付出的巨大人力、物力和财力，还包括中国远征军在中缅印战役中作出的巨大牺牲。此外，还有一个重要的因素不容忽视，即中国关注打通中缅印交通问题，对中国其他地区的抗日战场造成了什么影响。从整个全面抗战来看，1944年对中国而言是关键的一年。这一年除了中缅印反击战，日本为打通大陆交通线，发动了豫湘桂战役。这两场战役的时间基本重合，但结果却大相径庭：中缅印反击战中国远征军大获全胜，而豫湘桂战役中国军队却遭遇惨败。我们进一步分析二者出现的原因，可以发现中缅印反击战中国军队之所以能够获胜，在于史迪威为缅甸作战进行了长期准备，经过兰姆加尔训练的中国驻印军战斗力大大提高。此外，还有滇西民众的积极支持，以及美军通过驼峰空运向远征军提供了充足的后勤保障和医疗保障。而豫湘桂战役中国军队惨败的原因在于中国对日本发动豫湘桂战役准备不足，豫湘桂会战的国军各部队之间步调不齐、协同作战能力差，加上国军官兵素质差、战斗力低下等。①

对1944年的中国而言，究竟是打通中缅印交通更重要还是豫湘桂战役更重要，不同的学者可能会有不同的认识。实际上，在缅甸作战问题上，国军部分将领对中国军队入缅作战持保留态度。李宗仁认为蒋介石犯了大错，把军队送入缅甸作战，导致中国本土防务空虚，无法应付日军进攻。徐永昌也对缅甸作战持保留态度，1943年10月间，他担心不切断日军的补给和增援，史迪威又会贸然展开缅甸

---

① 王奇生：《湖南会战：中国军队对日军“一号作战”的回应》，《抗日战争研究》2004年第3期。

战争,日军则有可能从越南进攻昆明。部分军事将领也对蒋介石不把国军留在国内保卫国土,反而送到国外作战深感愤怒。因此,齐锡生认为:从中国的利益角度考虑,缅甸战役期间,中国在豫湘桂战役中遭到严重失败,使得缅甸战役的战果大打折扣,那么中国为打通中印公路而付出的代价是否值得也需要重新思考。① 笔者也认为打通中缅印交通虽然很重要,但豫湘桂战役同样也很重要,中缅印反击战的胜利难以弥补豫湘桂战役失利带来的损失。

从大战略角度分析,我们会发现,1944 年中国在豫湘桂战役中惨败不是偶然的。1942 年 5 月缅甸失守后,为了重开中国的国际通道,中国战区参谋长史迪威向中美双方统帅部提出了反攻缅甸的初步计划。在 1943 年 1 月的卡萨布兰卡会议及 2 月间的中英美军政高级参谋人员的一系列会议中,同盟国间达成了反攻缅甸的"安纳吉姆"计划,决定:以 1943 年 11 月为期完成反攻准备;11 月至次年 5 月实施反攻;反攻分由中国滇西、印度英帕尔及阿恰布等多个方向展开,其间海军控制孟加拉湾,封锁并占领仰光。由于英国反对将海军、空军力量大量投入缅甸作战,英美逐步缩小了反攻缅甸的规模,将反攻变成了一场主要由中国军队承担的,旨在收复缅北、打通中印陆上交通的有限行动。② 对蒋介石而言,尽管对史迪威的缅甸作战计划有所不满③,但他的主要注意力集中于对史迪

① 参见[美]齐锡生:《剑拔弩张的盟友——太平洋战争期间的中美军事合作关系(1941—1945)》上册,第 489—491 页。

② 参见军事科学院军事历史研究部:《第二次世界大战史》第 3 卷,北京:军事科学出版社 2015 年版,第 407 页。

③ 1943 年 5 月 21 日,宋子文告诉罗斯福,蒋介石反对史迪威制订的反攻缅甸北部的计划,原因是缅甸的落后的交通不利于后勤保障。宋子文也认为如果没有其他地方的作战支援,中国在缅甸战役中不可能获胜。参见吴景平、郭岱君主编:《风云际会——宋子文与外国人士会谈记录(1940—1949)》,第 68—69 页。

威干预中国军队指挥权的不满，而对中国在豫湘桂地区防务空虚的问题关注不够。更重要的是，蒋介石为了获得美援物资，屈从于美国的军事战略计划，导致对中国战局的大战略考虑不周。结果，从 1944 年 4 月开始，日军调集重兵发动了豫湘桂战役，而国民政府对形势误判，没有充分意识到日本大本营的战略企图，低估了日军的作战能力和野心，因而未能采取积极的对策和进行充分的作战准备。相反，在这期间，中国军队的精锐被调集到滇缅战场，用于打通中缅印交通，这加剧了豫湘桂地区的防务空虚，中国军队在豫湘桂战役中遭受惨败因而也就不足为奇。更进一步分析，我们可以看出，1944 年中国在美国的支持下发动的中缅印战役已经超出了中国的能力，尤其是英国的不配合，导致国民政府在中缅印战役被迫投入更多兵力，虽然最后取得了胜利，但也给日军豫湘桂战役的获胜提供了更多机会。从上述分析可以看出，就 1944 年而言，打通中缅印交通无疑十分重要。但放在中国抗战大战略的背景下，显然豫湘桂地区的战略地位也十分重要，由于国民政府对美英的迁就，大战略出现失误，豫湘桂战役中国惨败不可避免。豫湘桂战役中国的失利，不仅加剧了史迪威与蒋介石在指挥权问题上的矛盾①，而且使国民政府遭受重大打击，不仅出现了军事危机，也加速了国民政府的政治危机，进而在一定程度上影响了战后中国政治局势。

二、英法的损人利己与国民政府外交战略调整

总的来讲，1937 年全面抗战爆发至 1941 年 12 月太平洋战争爆发前，英国对中国的抗战持中立态度。就中国修建滇缅公路而

① 任东来：《争吵不休的伙伴——美援与中美抗日同盟》，第 141—143 页。

言，英国基本上较为支持和配合，也并不反对中国修建滇缅铁路。但欧战爆发以后，尤其是1940年7月，由于德国发动了不列颠空战，英国忙于对德作战，自顾不暇，在日本的外交压力下，英国不顾中国的抗议，于1940年7月宣布封闭滇缅公路3个月，因而引发了滇缅公路危机。但在9月27日，德意日三国军事同盟正式形成，激化了英日之间的矛盾，促使英国改变了对华政策，并于10月18日重新开放滇缅公路，滇缅公路危机结束。英国处理滇缅公路的原则，一直是依据它自己的判断和自身的利益制定和推行。英国认为对自己有利时，便会支持，一旦对本国利益不利，英国便会反悔。实际上，不仅在滇缅公路问题上英国只顾自身利益，在天津租界中国存银的问题上，英国也是如此。[①] 由于英国在滇缅公路问题上的出尔反尔，国民政府感到失望，蒋介石开始把注意力投到美国人身上。这导致一度在华占压倒性优势的英国到全面抗战结束后，在国民政府战时外交全局中的地位下降，也在国民政府的国际关系考虑上降为二流国家，再也不能发挥其在中国举足轻重的作用了。[②]

对于法国而言，1940年6月前，中法围绕借道滇越铁路运输的问题进行了交涉。在中国的强烈要求下，法国并未禁止中国物资借道运输，但又对中国物资借道运输顾虑重重。尤其是1940年6月法国战败后，新成立的傀儡政权——维希政府在日本的压力下，

---

① 吴景平：《抗战时期天津租界中国存银问题——以中英交涉为中心》，《历史研究》2012年第3期，第81—95页。

② 参见吴景平：《抗战时期天津租界中国存银问题——以中英交涉为中心》，《历史研究》2012年第3期，第94—95页；邱霖：《抗日战争前期的中英关系》，陈谦平主编：《中华民国史新论——政治·中外关系·人物卷》，北京：生活·读书·新知三联书店2003年版，第308页。

实行了滇越铁路禁运,滇越铁路国际运输中断。维希政府基本上追随日本,一步步倒向汪伪政府一边,最后导致重庆国民政府于1943年8月1日与其断交。戴高乐领导的自由法国和法国临时政府主要受英美等国的影响,一方面支持中国抗战,同时又企图最大限度地维护其在远东的利益。[①]

客观而论,在全面抗战初期,欧洲国家中的英法两国对中国抗战的援助较为有限,不如苏联,甚至一度也不及德国,最终它们在国民政府的外交战略中的地位下降。实际上,1938年欧洲紧张局势升级时,中国的领袖们就开始担心英国和法国会在日本的压力下出卖中国,开始考虑跳出国际联盟和《九国公约》的格局,努力去促进国际间的集体行动。1939年9月欧战爆发后,蒋介石警告驻美大使胡适,指出英法与日本有妥协的可能,要求胡适对美国采取积极行动。因此,欧战爆发以后,蒋介石已经习惯于把中国命运与其他国家的行动联系在一起,他也越来越相信,只有美国才有足够力量去影响世界的政治和军事演变。[②] 1940年6月和7月,法国和英国在日本的压力下,相继封闭滇越铁路和滇缅公路,这进一步印证了蒋介石此前的判断,其结果只能是中国与英法两国的外交关系渐行渐远,中美关系更加密切。可以这样说,在太平洋战争爆发以前,英法两国在处理滇缅公路和滇越铁路问题上损人利己的做法,使它们在中国抗战初期的外交视野中加速从中央走向边缘,而美国则从舞台边缘加速走向中央,从而也加速了国民政府外交战略的大调整。

---

① 葛夫平:《抗战时期法国对于废除中法不平等条约的态度》,《抗日战争研究》2003年第3期,第25—50页。

② [美]齐锡生:《从舞台边缘走向中央——美国在中国抗战初期外交视野中的转变(1937—1941)》,北京:社会科学文献出版社2018年版,第92—102页。

三、美国“先德后日”大战略与驼峰空运

太平洋战争爆发以前，美国虽给予了中国西南国际交通建设一定的支持，但力度有限。太平洋战争爆发以后，美国支持中国西南国际交通建设的力度加大，包括提供交通工具、技术人员、筑路材料、租借物资等，从而也促成了驼峰航线的开辟和中印公路的建成。中美围绕西南国际交通运输的交涉，也属于战时中美经济关系的重要组成部分。吴景平将全面抗战时期的中美经济关系称为租借关系，它不同于一般意义的租赁关系，也不同于晚清以来中美之间的历次债务关系，它是中美两国为了共同抵御日本侵略而建立起来的以军事互助为主要内容的特殊经济关系。[①] 从这方面看，战时中美两国关于西南国际交通问题而产生的关系也属于战时租借关系的一部分，支持了中国的抗战大业。

不过，从美国大战略角度来看，战时中美租借关系受到了美国大战略的影响，美国向中国提供的驼峰空运援助必须服从于美国大战略的需要。从 1942 年下半年开始，随着太平洋区域防线的大体稳固，美国军政首脑的视线就逐步转到准备和实施“先德后日”战略计划方面，即首先打败德国，再对付日本。美国正式开始实施“先德后日”的战略，就意味着中国战场此时在反法西斯战争中的战略地位是双重的：第一，必须继续发挥牵制日本陆军主力于中国大陆的基本战略作用；第二，必须随时为“先德”战略作出牺牲和让位。在开始具体实施“先德后日”大战略的阶段，罗斯福及其军政首脑们为战略的顺利进行，采取了不断使中国在战略投入上让位、

① 吴景平：《抗战时期中美租借关系述评》，《历史研究》1995 年第 4 期。

作出战略牺牲的做法，同时也尽力采取了可能的补救措施。从积极意义上讲，蒋介石政府及其正面战场没有崩溃，仍然起着牵制日本军队的作用；再加上国民党正面战场的地理位置，这就对“先德后日”战略目标的最终成功至为关键。作为对中国战略牺牲的另一补偿，美国从精神和士气上注重对中国的鼓励，最突出的就是支持中国的战时大国地位。①

在美国“先德后日”“先欧后亚”的大战略下，中国战场的地位大大低于欧洲战场。由于受美国大战略的影响，美国军方最初对开辟驼峰航线也并不积极。早在1942年2月26日，马歇尔回函罗斯福，明确指出，他不打算运用资源开辟中印空运线，理由是这会妨碍到其他战区更急迫的需要。在马歇尔看来，欧洲等战区在美国全球战略部署上所占据的地位，都比中国重要。从1942年2月到5月，美国军部并未抓紧为驼峰空运作准备，直到5月缅甸陷落才开始慌忙行事。② 驼峰空运开始后，一度运量很小，但美国反复强调驼峰空运的危险和困难，将空运运量过小归结为客观因素，实际上，这也是美国的一个借口。因为在美国“先德后日”的大战略计划下，美国的头号敌人是德国，其次才是日本，因此相比较于抵抗德国的苏联和英国，抵抗日本的中国显然没那么重要，所以在物资分配的问题上，中国不可能与英国和苏联平起平坐。即使没有驼峰空运的困难和危险，中国获得的美国租借物资同样会大大少于英国和苏联。尽管在全面抗战后期美国在驼峰空运和中印公路的修建问题上给予了中国大力支持，但我们将其放在整个美国大

---

① 参见韩永利：《战时美国大战略与中国抗日战场(1941—1945)》，第172—207页。

② [美]齐锡生：《剑拔弩张的盟友——太平洋战争期间的中美军事合作关系(1941—1945)》上册，第111页。

战略计划下考量，美国对驼峰空运的支持仍然是有限的，这与中国为抗战付出的巨大代价是不相匹配的。由于国民政府的强烈不满，美国才开始加大驼峰空运量，并加速了中印公路的修建，试图对中国作出一定补偿，但这种补偿不会超出美国大战略计划的范围。因此，从美国大战略角度分析驼峰空运，就会发现中国获得驼峰空运物资少是必然的。美国学者约翰・D. 普雷廷也认为在全面抗战时期，从战略角度上讲，美国把蒋介石置于同丘吉尔和斯大林平起平坐的地位是一个权宜之计。美国对华战略的基石具有双重性：中国不仅是美军进攻日本的潜在前进基地，也可以拖住接近100万日军。美国人确立了"欧洲优先"的战争策略，他们设法稳住中国，使中国暂时成了美国对日作战的代理人。为了让中国扮演这样的角色，美国向中国提供援助物资。驼峰空运就是战时美国大战略的具体实践。①

对于美国"先德后日""先欧后亚"的大战略，蒋介石不是不知道。蒋介石极力想说服美国采取全球战略，要么亚洲优先，要么欧亚并重，绝不会主张欧洲优先。因为蒋介石作为中国领袖，也想尽早减少或缩短中国人民的苦难。但美国执意采取这一战略，蒋介石也只能接受。② 但让蒋介石难以忍受的是，美国并不重视驼峰空运，导致中国获得的驼峰空运物资过少，他觉得受到了不公平待遇，对美国也感到失望。因此，美国的"先德后日""先欧后亚"大战略导致中美围绕驼峰空运问题矛盾不断。

更进一步分析，美国采取"先德后日"的大战略，也反映了战时

---

① [美]约翰・D. 普雷廷著，张兵一译：《驼峰空运》，第4—5页。

② [美]齐锡生：《剑拔弩张的盟友——太平洋战争期间的中美军事合作关系（1941—1945）》下册，第712—713页。

中美两国同盟关系事实上的不平等。齐锡生认为，从 1941 年 12 月到 1945 年 8 月的中美同盟关系，对于中国而言意义极为重大，当然对美国也很重要，但对中国的重要性大于美国。换言之，中国更需要美国。对美国而言，中美同盟关系只是全球众多盟友关系中的一环。但对中国而言，却是中国最重要也可以说是唯一的同盟关系。① 就驼峰空运而言，驼峰空运只是美国向众多同盟国提供的一项援助而已，而中国则几乎将全部希望寄托在驼峰空运上，没有驼峰空运中国抗战将难以为继。由于驼峰空运对于中国抗战的意义非同小可，美国也可以说是抗战后期中国唯一的依靠，从这方面来看，美国长期对驼峰空运不予充分重视，这让蒋介石倍感屈辱。中美两国对驼峰空运的态度和感受的截然不同，反映了中美同盟关系的不平等，而这种不平等归根到底也是中美两国国力悬殊决定的。

四、西南国际交通变迁与大后方经济的转型

全面抗战时期，西南国际交通路线发生了明显变化。尤其是 1941 年太平洋战争爆发以后，随着日本相继占领东南亚的缅甸、越南等国，西南对外陆路交通大受影响。虽然驼峰航线于 1942 年 4 月开辟，但由于空运运量小、运价昂贵等特点，限制了大后方桐油、羊毛、锡等物资的大量运输，造成了 1942 年至 1945 年大后方出口的急剧萎缩，从而严重影响了大后方的对外贸易。据郑友揆先生统计，在 1941 年太平洋战争爆发后，后方对外贸易开始显著恶化。

---

① [美]齐锡生：《剑拔弩张的盟友——太平洋战争期间的中美军事合作关系（1941—1945）》下册，第 713 页。

到1944年大后方的对外贸易总值从1941年的155.925亿美元下降到35.648亿美元。

由于西南国际交通运输日益困难，大后方的对外贸易日渐衰落，大后方重要的出口行业也受到影响。大后方出口的主要物资是农副产品和特矿。以农副产品而言，由于对外运输日益困难，大后方桐油、茶叶、丝、牛皮、中药材、皮毛等产品的出口量逐年下降，尤其是1942年上述农副产品的出口总量剧降。从1941年至1942年间，桐油由20 989吨降为907吨，茶叶由9 118吨降为79吨，丝由4 964吨降为212吨，猪鬃由2 740吨降为64吨。① 在抗战期间的1937年至1944年间，中国年平均羊毛出口量为63 800公担，而在战前的1930年至1936年间，年平均出口量为132 300公担，战时年平均出口量为战前平均出口量的48.22%，不及一半。② 1941年太平洋战争爆发以后，西南对外联系日趋困难，土货大量外销受阻，国民政府的外贸政策也"因国际运输之困难，对外贸易之业务应调整，其不能输出之物品，应推广内销，以实国用"。于是，西南农副产品的内销量开始增加。1942年至1945年期间，贸易委员会收购的桐油以内销为主，内销量占总量的80.99%，而茶叶内销量占总量的百分比高达94.83%。③ 另据郑会欣先生研究，在1942年至1945年10月期间，负责统购统销农副产品的贸易委员会共外销桐油、茶叶、猪鬃和生丝16 450吨，而内销数量却高达67 300吨，内销

① 《表19：进出口货物数量(续)》，《中华民国统计提要》，国民政府主计处统计局1947年编印，第38—41页。

② 韩在英：《中国羊毛之产销市场与将来之增产》，《西南实业通讯》第11卷第5、6期合刊，1945年4月，第49页。

③ 沈祖炜：《论抗日战争时期的贸易委员会》，《中国近代经济史丛书》编委会编：《中国近代经济史研究资料》第9辑，上海：上海社会科学院出版社1989年版，第112页。

量是外销量的 4.09 倍。[1] 可以说,战时尤其是抗战后期,西部所产主要农副产品从战前的输往国际市场为主逐渐转为输往国内市场为主。因此,战时大后方农副产业从战前的外向化发展逐步向内向化方向发展。

战时大后方地区农副产业被迫从外向型经济向内向型经济转化,直接原因是西南国际交通运输日益困难,而不是大后方经济自然发展的结果,因此,这种经济发展倾向不利于大后方经济的长期发展。一般来讲,任何国家经济要获得内向化持续发展,应该至少具备巨大的市场消费能力和良好的经济基础。战时大后方农副产业消费需求较战前增强,但整个大后方地区毕竟经济基础较为薄弱,市场消费能力有限,特别是到了 1942 年以后,大后方经济开始衰退,陷入困境,大后方农副产业的内向化发展不能不受此影响。历史也证明,封闭的落后地区是不可能获得长期经济发展的。因此,广大西南地区的经济要获得长期稳定的发展,除了挖掘自身潜力,还需要通过开拓广阔的海外市场。

五、西南国际交通与抗战动员

全面抗战时期,国民政府为修建西南国际交通线,动员了大批民众参与交通建设。西南国际交通线建成以后,国民政府又通过南侨总会动员了大批南侨机工参加滇缅公路运输。为扩大驼峰运量,中国航空公司又招募和培训了一批飞行员参与驼峰空运。因此,在西南国际交通建设和运输工作中,国民政府动员了广大普通民众积极参加,包括云南各地民众、南洋华侨和海外华侨。此外,

---

① 郑会欣:《国民政府战时统制经济与贸易研究(1937—1945)》,第 266—267 页。

为增加国际交通运量，国民政府还建立了专门的管理机构，以加强运输管理，并且还实行了运输统制，以调动运力，支持抗战。可以这样说，战时西南国际交通的建设过程也是一次交通动员过程。所谓交通动员，亦称交通运输动员，是国家采取紧急措施，由平时状态转入战时状态，统一调动交通设施、载运工具及有关的人力、物力资源保障战争需求的一系列活动。① 从这个方面讲，全面抗战时期的交通动员属于抗战动员的一部分。因此，战时西南国际交通建设也是一次大规模的抗战动员过程。具体而言，有以下特点：

第一，由于战局变化迅速，战时西南国际交通建设具有紧迫性。根据军事学理论，交通动员是现代战争动员必不可少的重要组成部分，它与武装力量动员、政治动员以及国民经济动员一样，具有时间紧迫、范围广泛、内容复杂等战争动员的共性。② 就修建滇缅公路而言，因中日战局迅速变化，修建滇缅公路就具有紧迫性。1937 年 9 月 10 日，云南省政府主席龙云急电，要求加快滇缅公路的修建，电文称："中日战争，日渐激烈，范围日渐扩大。与我接近之海岸，亦被其封锁。滇缅公路已成必要之交通，尚希积极赶办。当此国难时期，非严厉督促，实难收效也。"蒋介石也十分关心滇缅公路的修建，1937 年 11 月 21 日，蒋介石致电龙云，要求从速赶修滇缅公路。1937 年 11 月 23 日，龙云复电称滇缅公路现已分段动工，"为早日完成起见，其桥梁、涵洞工作并已有一部由银行此间借款修建矣"。为加快滇缅公路的修建，1938 年 5 月 24 日，龙云致电交通部长张嘉璈，要求汇拨 50 万元路款以解决资金问题，称滇缅公路关系国际交通至大，"惟所需费用，前蒙核准，尚未领齐之

① 王福臣主编：《交通动员学》，北京：军事科学出版社 2004 年版，第 6 页。

② 王福臣主编：《交通动员学》，第 68 页。

款,实际上不敷甚巨。不敷若干”,“并请先将前核准之五十万元尾数,即予汇拨,以应急需”。[①] 可以看出,龙云和蒋介石十分关注滇缅公路的修建问题,电文中的语气也十分急迫。这表明滇缅公路的修建具有鲜明的战争动员特性。

驼峰航线的开辟同样具有紧迫性。由于 1942 年缅甸形势危机,滇缅公路岌岌可危,宋子文建议罗斯福开辟中印空运线,以解决滇缅公路被切断以后中国的对外联系问题。1942 年 2 月 11 日,罗斯福在给丘吉尔的信中谈道,他正密切注视着中国,美国将建立起从印度到中国的空中航线以物资支援中国,并将调拨更多的运输机执行这一任务。[②] 因此,战局的迅速变化,使得驼峰航线的开辟十分急迫。4 月驼峰空运就已开始,5 月滇缅公路被切断后,驼峰空运规模开始扩大。美国积极支持中国开辟驼峰航线,也是美国出于对日作战的需要,也属于美国战争动员的组成部分。

第二,由于西南国际交通建设困难重重,在交通建设过程中也实行了军民合作和中外合作。根据军事学理论,交通动员具有军民兼容性强、动员以功能转化为主、兼具后勤动员与作战动员双重功效等特殊属性。[③] 战时西南国际交通具有鲜明的军民合作的特点,具体表现在驼峰空运和中印公路的修建过程中,为弥补社会力量和中国力量之不足,国民政府和美国合作,除了动员大量社会力量,还动员军队力量参加合作,以扩大交通建设力量和运输力量。在驼峰空运中,由于中国的航空运输力量相当有限,美国在飞机、技术、人才等方面提供了一定帮助,美军航空运输司令部印中联队

---

① 云南省档案馆编:《抗战时期的云南——档案史料汇编》上册,第 251—252 页。

② 韩永利:《战时美国大战略与中国抗日战场(1941—1945)》,第 120 页。

③ 王福臣主编:《交通动员学》,第 68 页。

在驼峰空运中发挥了重要作用,因此驼峰空运也是战时中美军事合作的重要表现。同样,在中印公路的修建过程中,由于工程艰难,除了动用大量中国民工参与修建,美军工程兵也参与了修建。1942年12月10日,利多公路正式破土动工。美军最初投入的筑路机械不多,只有D-4轻型推土机和卡车。在1943年1月召开的美英卡萨布兰卡会议上,由于美国陆军参谋长马歇尔和海军上将金梅尔的大力敦促,美国提供的筑路机械大量增加,推土机、平地机、打石机、排水机、空压机、起重机、电动油锯等均大量用于施工,工作效率大为提高。美军工兵三三〇二团和中国驻印军工兵第十二团亦投入施工。中美工兵部队和印度、尼泊尔、中国西藏藏族劳工,总计7 000多人。在中印公路保密支线的修筑中,公路沿线的保山、腾冲、梁河、莲山等县出动民工2万人,美军也提供了200台筑路机械,派遣了750名工兵参加筑路。① 因此,中印公路的修建,也是战时交通建设中中美军民合作的典型。

第三,由于军事运输急迫,在交通运输中实行了运输统制。鉴于滇缅公路运输的重要性,为充分发挥滇缅公路运输的潜力,国民政府实行了滇缅公路运输动员。所谓公路运输动员,是为了保障战争的准备与实施,组织和利用公路、汽车及其他陆地载运工具和有关设施,进行人员、物资、装备等输送所采取的措施。其措施包括根据运输任务的性质、道路条件、气候变化、车辆状况等,正确计划和使用车辆,准备装卸场地、设备和人员,部署交通调整勤务,注意装、运、卸紧密衔接,保障车辆的正常运行。② 为充分发挥滇缅公

① 徐康明:《滇缅战场上中印公路的修筑》,《抗日战争研究》1995年第1期,第48—54页。

② 王福臣主编:《交通动员学》,第104页。

路运输的作用，国民政府首先实行了运输统制。负责滇缅公路运输的主要机构是西南运输处和交通部所属中国运输公司，此外贸易委员会、资源委员会、中央信托局等单位也成立了运输部门，自办运输，各自为政，秩序混乱。国民政府有鉴于此，采纳了美国驻华陆军总部的建议，在1940年3月成立了运输统制局，接办了交通部的公路运输业务，所有军、公、商的车、船、驮马一切运输工具，在军事委员会的压力下全部统制起来，由运输统制局统一指挥调度使用。1941年底，美国制造的大道奇卡车运到了昆明。蒋介石在这时下令撤销了西南运输处，于1941年12月在昆明改组成立了中缅运输总局。中缅运输总局在昆明、楚雄、下关、保山及遮放等地设置了5个运输总站，此外在昆明还设有汽车修配厂、运输人员训练所、医院、职工子弟学校等。[①] 中缅运输总局统一管理滇缅公路国际运输，满足了滇缅公路运输发展的需要。

① 章伯锋、庄建平主编:《抗日战争》第5卷《国民政府与大后方经济》，第485—491页。

参考文献

一、未刊档案

台北“国史馆”藏,国民政府档案,全宗号001

台北“国史馆”藏,蒋中正总统文物档案,全宗号002

台北“国史馆”藏,国民政府外交部档案,全宗号020

云南省档案馆藏,云南省建设厅档案,全宗号1077

日本亚洲历史资料中心藏日本防卫省防卫研究所档案

日本亚洲历史资料中心藏日本外务省外交史料馆档案

英国国家档案馆藏英国外交部档案(Foreign Office Files for China: 1919—1980)

美国国家档案馆藏珍稀原始典藏档案(Archives Unbound)

二、民国文献

重庆《大公报》

香港《大公报》

《云南日报》

昆明《中央日报》

《云南民国日报》

《经济建设季刊》

《西南研究》

《实业部月刊》

《农业通讯》

《广西经济》

《统计月报》

《天南》

《新经济》

《资源委员会季刊》

《光》半月刊

武汉《工程》

《新世界》

《广东公路》

《交通建设季刊》

《西南公路》

《公路月报》

《交通建设》

《滇缅公路》

《抗战与交通》

《云南省政府公报》

《战运月刊》

《四川经济季刊》

《广东省银行月刊》

《国货与实业》

《贸易月刊》

《云南建设》

《中农经济统计》

《中蚕通讯》

《中华国货产销协会每周汇报》

《四川省建设统计年鉴》

《立法院公报》

《战时劳工》

《西南实业通讯》

《贵州企业季刊》

《陕行汇刊》

《交大土木》

《浙赣月刊》

《中行月刊》

张先辰:《广西经济地理》,桂林:文化供应社 1941 年版。

《广西年鉴》第 2 回,广西统计局 1935 年编印。

万湘澂:《云南对外贸易概观》,昆明:新云南丛书社 1946 年版。

张肖梅编:《云南经济》,重庆:中国国民经济研究所 1942 年版。

《云南锡业公司五周年纪念刊:云锡纪实》,云南锡业公司 1945 年编印。

马希融:《滇越铁道沿线地质矿产第一期调查简报》,经济部地质调查所、云南全省经济委员会 1939 年印。

詹念祖编:《云南一瞥》,上海:商务印书馆 1931 年版。

民国《宜良县志》第 4 卷,“食货志·物产”。

周钟岳编:《新纂云南通志》第 144 卷,“商业考·进出口贸易”。

谢彬:《中国铁道史》,上海:中华书局 1929 年版。

夏光南编著:《中印缅道交通史》,上海:中华书局 1948 年版。

张嘉璈著、杨湘年译:《中国铁道建设》,上海:商务印书馆 1945 年版。

《西南公路史料》,交通部公路总局西南公路工务局 1944 年编印。

俞飞鹏:《十五年来之交通概况》,交通部 1946 年印。

俞飞鹏:《运输问题:公路运输之现状及改进办法》,“中央训练团党政训练班”1942 年印。

《民国三十年度全国空袭状况之检讨》,航空委员会防空总监部 1941 年编印。

交通部统计处编:《交通部统计年报》(民国三十四年),国民政府交通部1946年印。

陈嘉庚:《南侨回忆录》,新加坡:怡和轩1946年版。

《中华民国统计提要》,国民政府主计处统计局1947年编印。

《猪鬃产销》,"行政院新闻局"1947年编印。

陕西省银行经济研究室编:《西京市工业调查》,秦岭出版公司印刷厂1940年印。

《中印公路是怎样打通的》,大公报馆1945年编印。

姜庆湘、李守尧编著:《四川蚕丝业》,四川省银行经济研究处1946年印。

谭熙鸿主编:《十年来之中国经济》,上海:中华书局1948年版。

蒋君章:《西南经济地理》,上海:商务印书馆1946年版。

《四川省之药材》,四川省农业改进所1941年编印。

三、资料汇编

宓汝成编:《中国近代铁路史资料(1863—1911)》第2册,北京:中华书局1963年版。

宓汝成编:《中华民国铁路史资料(1912—1949)》,北京:社会科学文献出版社2002年版。

云南省档案馆、红河学院编:《滇越铁路史料汇编》,昆明:云南人民出版社2014年版。

吴强编:《清末云贵总督衙门修筑滇越铁路征地征工档案史料》,《云南档案》2010年第4期。

《蒋介石、宋子文、俞飞鹏等为滇缅公路相关事宜往来函电》,《民国档案》2008年第4期。

黄菊艳选编:《战时西南运输档案史料》,《档案与史学》1996年第10期。

《腊戍西南运输公司华侨第二大队整理纲要》(1941年4月8日),《云南档案史料》第15期,1987年4月。

冯蓉编选:《财政部视察李如霖关于开发康藏边区经济的报告》,《民国档案》1993 年第 3 期。

刘楠楠选编:《财政部贸易委员会 1942 年工作报告(上)》,《民国档案》2017 年第 3 期。

云南省档案馆、云南省经济研究所合编:《云南近代矿业档案史料选编(1840—1949)》,云南省化工研究所印刷厂 1990 年印。

中国第二历史档案馆编:《中华民国史档案资料汇编》第 5 辑第 2 编,“财政经济”(10),南京:凤凰出版社 2010 年版。

王铁崖主编:《中外旧约章汇编》第 2 册,北京:生活·读书·新知三联书店 1959 年版。

王铁崖主编:《中外旧约章汇编》第 3 册,北京:生活·读书·新知三联书店 1962 年版。

商务印书馆编译:《国际条约大全》上编,上海:商务印书馆 1914 年版。

千家驹编:《旧中国公债史资料(1894—1949)》,北京:中华书局 1984 年版。

中国藏学研究中心、中国第二历史档案馆合编:《民国时期西藏及藏区经济开发建设档案选编》,北京:中国藏学出版社 2005 年版。

章开沅主编:《抗战时期的四川:档案史料汇编》下册,重庆:重庆大学出版社 2014 年版。

《中国国民党历次会议宣言决议案汇编》第 2 分册,浙江省中共党史学会 1985 年编印。

李云汉主编:《中国国民党临时全国代表大会史料专辑》上册,“中国国民党中央委员会党史委员会”1991 年印。

秦孝仪主编:《中华民国重要史料初编——对日抗战时期》第 4 编,“战时建设”,台北:“中央文物供应社”1988 年版。

秦孝仪主编:《中华民国重要史料初编——对日抗战时期》第 3 编,“战时外交”,台北:“中央文物供应社”1981 年版。

杨实主编:《抗战时期的西南交通》,昆明:云南人民出版社 1992 年版。

中国近代气象史资料编委会编:《中国近代气象史资料》,北京:气象出版社 1995 年版。

重庆市档案馆编:《抗日战争时期国民政府经济法规》,北京:档案出版社 1992 年版。

陈嘉庚纪念馆、云南省档案馆、厦门市华侨历史学会编:《南侨机工档案史料选编:云南省档案馆馆藏部分》,北京:中国华侨出版社 2009 年版。

李凤成主编:《滇西抗战南京档案文献选粹》,昆明:云南大学出版社 2016 年版。

中国第二历史档案馆编:《滇缅抗战档案》,北京:中国文史出版社 2019 年版。

中国第二历史档案馆编:《抗日战争正面战场》,南京:凤凰出版社 2005 年版。

章伯峰、庄建平主编:《抗日战争》第 2 卷《正面战场与敌后战场》下册,成都:四川大学出版社 1997 年版。

章伯峰、庄建平主编:《抗日战争》第 5 卷《国民政府与大后方经济》,成都:四川大学出版社 1997 年版。

王辅:《日军侵华战争(1931—1945)》第 4 册,沈阳:辽宁人民出版社 1990 年版。

吴景平、林孝庭主编:《战争风云——宋子文与外国人士往来函电稿补编(一)(1940—1942)》,上海:复旦大学出版社 2010 年版。

吴景平、林孝庭主编:《战时岁月——宋子文与外国人士往来函电稿新编(1940—1943)》,上海:复旦大学出版社 2010 年版。

吴景平、郭岱君主编:《风云际会——宋子文与外国人士会谈记录(1940—1949)》,上海:复旦大学出版社 2010 年版。

孟宪章主编:《中苏贸易史资料》,北京:中国对外经济贸易出版社 1991 年版。

游时敏:《四川近代贸易史料》,成都:四川大学出版社 1990 年版。

中国第二历史档案馆、中国海关总署办公厅合编:《中国旧海关史料

(1859—1948)》,北京:京华出版社 2001 年版。

复旦大学历史系中国近代史教研组编:《中国近代对外关系史资料选辑(1840—1949)》下卷 第二分册,上海:上海人民出版社 1977 年版。

重庆市档案馆、重庆师范大学合编:《中国战时首都档案文献:战时工业》,重庆:重庆出版社 2014 年版。

云南省志编纂委员会办公室编:《续云南通志长编》中册,云南省科学技术情报研究所印刷厂 1986 年印。

云南省志编纂委员会办公室编:《续云南通志长编》下册,玉溪地区印刷厂 1986 年印。

牛鸿斌等点校:《新纂云南通志》第 7 册,昆明:云南人民出版社 2007 年版。

云南省保山市志编纂委员会编:《保山市志》,昆明:云南民族出版社 1993 年版。

云南省地方志编纂委员会总纂:《云南省志》第 33 卷《交通志》,昆明:云南人民出版社 2001 年版。

云南省地方志编纂委员会总纂:《云南省志》第 26 卷《冶金工业志》,昆明:云南人民出版社 1995 年版。

云南省地方志编纂委员会总纂:《云南省志》第 24 卷《煤炭工业志》,昆明:云南人民出版社 1995 年版。

云南省地方志编纂委员会总纂:《云南省志》第 16 卷《对外经济贸易志》,昆明:云南人民出版社 1998 年版。

云南省地方志编纂委员会总纂:《云南省志》第 32 卷《海关志》,昆明:云南人民出版社 1996 年版。

云南省地方志编纂委员会总纂:《云南省志》第 14 卷《商业志》,昆明:云南人民出版社 1993 年版。

蒙自县志编纂委员会编:《蒙自县志》,北京:中华书局 1995 年版。

云南思茅县地方志编纂委员会编:《思茅县志》,北京:生活·读书·新知三联书店 1993 年版。

开远铁路分局志编纂委员会编:《开远铁路分局志(1903—1990)》上册,北京:中国铁道出版社 1997 年版。

云南省开远市地方志编纂委员会编:《开远市志》,昆明:云南人民出版社 1996 年版。

广西壮族自治区地方志编纂委员会编:《广西通志・交通志》,南宁:广西人民出版社 1996 年版。

广西航运志编纂委员会编:《广西航运志》,南宁:广西人民出版社 1994 年版。

梧州市地方志编纂委员会编:《梧州市志・经济卷》上册,南宁:广西人民出版社 2000 年版。

西藏自治区地方志编纂委员会编:《西藏自治区志・公路交通志》,北京:中国藏学出版社 2007 年版。

广东省地方史志编纂委员会编:《广东省志・铁路志》,广州:广东人民出版社 1996 年版。

四川地方志编纂委员会编:《四川省志・军事志》,成都:四川人民出版社 1999 年版。

康春华、许新民:《〈1892—1901 年蒙自海关十年报告〉选译》,纳麒主编:《中国西南文化研究》第 9—10 辑,昆明:云南科技出版社 2006 年版。

广东省委党史研究室编:《广东省抗日战争时期人口伤亡和财产损失》,北京:中共党史出版社 2018 年版。

张中华主编:《日军侵略广东档案史料选编》,北京:中国档案出版社 2005 年版。

李忠杰主编:《广西抗日战争时期人口伤亡和财产损失》,北京:中共党史出版社 2014 年版。

云南省委党史研究室编:《云南省抗日战争时期人口伤亡和财产损失》,北京:中共党史出版社 2016 年版。

云南省政协文史委编:《云南航空纪实》,昆明:云南人民出版社 2013 年版。

蔡仁龙、郭梁主编:《华侨抗日救国史料选辑》,中共福建省委党史工作委员会 1987 年印。

李齐念主编:《广州文史资料存稿选编》第 5 辑,北京:中国文史出版社 2008 年版。

政协广东省委员会办公厅、广东省政协文化和文史资料委员会编:《广东文史资料精编》上编第 3 卷《清末民国时期经济篇》,北京:中国文史出版社 2008 年版。

全国政协文史资料研究委员会编:《文史资料选辑》第 15 辑,北京:中华书局 1961 年版。

全国政协文史资料研究委员会编:《文史资料选辑》第 83 辑,北京:文史资料出版社 1982 版。

四川省政协文史资料研究委员会编:《四川文史资料选辑》第 24 辑,成都:四川人民出版社 1981 年版。

《腾冲文史资料选辑》第 3 辑,腾冲县政协文史资料研究委员会 1991 年编印。

《梧州文史资料选辑》第 7 辑,梧州市政协文史资料研究委员会 1984 年编印。

《红河州文史资料选辑》第 11 辑,红河哈尼族彝族自治州政协文史资料研究委员会 1992 年编印。

《个旧市文史资料选辑》第 7 辑,个旧市政协文史资料研究委员会 1987 年编印。

云南省政协文史资料研究委员会编:《云南文史资料选辑》第 52 辑,昆明:云南人民出版社 1998 年版。

云南省政协文史资料研究委员会编:《云南文史资料选辑》第 49 辑,昆明:云南人民出版社 1996 年版。

云南省政协文史资料研究委员会编:《云南文史资料选辑》第 42 辑,昆明:云南人民出版社 1993 年版。

云南省政协文史资料研究委员会编:《云南文史资料选辑》第 37 辑,昆明:

云南人民出版社 1989 年版。

云南省政协文史资料研究委员会编:《云南文史资料选辑》第 32 辑,昆明:云南人民出版社 1988 年版。

云南省政协文史资料研究委员会编:《云南文史资料选辑》第 27 辑,昆明:云南人民出版社 1986 年版。

《官渡区文史资料选辑》第 8 辑,官渡区政协文史资料研究委员会 1995 年编印。

《开远市文史资料选辑》第 5 辑,开远市政协文史资料研究委员会 1992 年编印。

《长宁文史资料》第 7 辑,长宁区政协文史资料研究委员会 1991 年编印。

《上海文史资料选辑》第 69 辑,上海市政协文史资料研究委员会 1992 年编印。

《龙州文史资料》第 13 辑,龙州县政协文史资料研究委员会 1998 年编印。

《曲靖市文史资料》第 9 辑,曲靖市政协文史资料研究委员会 1995 年编印。

《云县文史资料》第 4 辑,云县政协文史资料研究委员会 1989 年编印。

《临沧文史资料选辑》第 1 辑,临沧县政协文史资料研究委员会 1992 年编印。

《临沧文史资料》第 2 辑,临沧县政协文史资料研究委员会 1991 年编印。

《云南省楚雄彝族自治州文史资料选辑》第 1 辑,云南省楚雄彝族自治州政协文史资料研究委员会 1984 年编印。

《楚雄市文史资料选辑》第 7 辑,楚雄彝族自治州政协文史资料研究委员会 1990 年编印。

《贵港市文史资料》第 19 辑,贵港市政协文史资料研究委员会 1992 年编印。

傅正义:《剪辑人生:傅正义自传》,北京:中国电影出版社 2007 年版。

林少川:《烽火赤子心:滇缅公路上的南侨机工》,北京:新华出版社 2015 年版。

李幺傻:《老兵口述抗战》第3辑《远征缅甸》,北京:华文出版社2015年版。

《中国民用航空史料通讯》,第93期,内部资料。

杜聿明等:《远征印缅抗战》,北京:中国文史出版社2015年版。

郑洞国等:《粤桂黔滇抗战》,北京:中国文史出版社2015年版。

陈嘉庚:《南侨回忆录》,北京:中国华侨出版社2014年版。

中国社会科学院近代史研究所译:《顾维钧回忆录》第2分册,北京:中华书局1985年版。

中国人民政治协商会议全国委员会等编:《回忆陈嘉庚》,北京:文史资料出版社1984年版。

公安部档案馆编注:《在蒋介石身边八年——侍从室高级幕僚唐纵日记》,北京:群众出版社1991年版。

《蒋介石日记》(手稿),斯坦福大学胡佛研究所档案馆藏。

《王世杰日记》第2册,台北:"中央研究院近代史研究所"1990年版。

《王子壮日记》第6册,台北:"中央研究院近代史研究所"2001年版。

四、中文编著

董孟雄、郭亚非:《云南地区对外贸易史》,昆明:云南人民出版社1998年版。

陆韧:《云南对外交通史》,昆明:云南民族出版社1997年版。

王福臣主编:《交通动员学》,北京:军事科学出版社2004年版。

中国公路交通史编审委员会编:《中国公路运输史》第1册,北京:人民交通出版社1990年版。

广西壮族自治区交通厅史志编审委员会:《广西公路史》第1册,北京:人民交通出版社1991年版。

黄恒蛟主编:《云南公路运输史》第1册,北京:人民交通出版社1995年版。

李克平:《广西公路交通史》第1册,北京:人民交通出版社1990年版。

孙代兴、吴宝璋主编:《云南抗日战争史》,昆明:云南大学出版社 1995 年版。

薛纪如、姜汉侨主编:《云南森林》,云南科技出版社、中国林业出版社 1986 年版。

姜义华主编:《中国与东南亚文化交流志》,上海:上海人民出版社 1998 年版。

吴兴南:《云南对外贸易——从传统到近代化的历程》,昆明:云南民族出版社 1997 年版。

滕兰花:《明清时期广西区域开发不平衡研究》,北京:民族出版社 2011 年版。

陈吕范、邹启宇:《个旧锡业"鼎盛时期"出现的原因和状况》,云南历史研究所 1979 年印。

宓汝成:《帝国主义与中国铁路(1847—1949)》,上海:上海人民出版社 1980 年版。

黄晓坚编著:《华侨抗战影像实录:历史的诠释》,北京:中国华侨出版社 2015 年版。

马继延主编:《云南省道路交通管理图志》,昆明:云南人民出版社 2006 年版。

马陵合:《外债与民国时期经济变迁》,合肥:安徽师范大学出版社 2013 年版。

谭伯英等:《血路》,昆明:云南人民出版社 2002 年版。

张晓辉:《香港近代经济史(1840—1949)》,广州:广东人民出版社 2001 年版。

张俊义、刘智鹏:《中华民国专题史》第 17 卷《香港与内地关系研究》,南京:南京大学出版社 2015 年版。

徐蓝:《英国与中日战争(1931—1941)》,北京:首都师范大学出版社 2010 版。

军事科学院军事历史研究部:《第二次世界大战史》第 2 卷,北京:军事科学出版社 1995 年版。

徐万民:《战争生命线——国际交通与八年抗战》,桂林:广西师范大学出版社 1995 年版。

《当代中国》丛书编辑部编:《当代中国的民航事业》,北京:中国社会科学出版社 1989 年版。

任东来:《争吵不休的伙伴——美援与中美抗日同盟》,桂林:广西师范大学出版社 1995 年版。

张宪文主编:《抗日战争正面战场》,北京:世界图书出版公司 2015 年版。

徐康明、刘莲芬:《飞越"驼峰":第二次世界大战中最著名的战略空运》,北京:解放军出版社 2005 年版。

徐康明:《中国远征军战史》,北京:军事科学出版社 1995 年版。

徐康明:《中缅印战场抗日战争史》,北京:解放军出版社 2007 年版。

吴相湘:《第二次中日战争史》下册,台北:综合月刊社 1974 年初版。

田玄:《铁血远征——中国远征军印缅抗战》,桂林:广西师范大学出版社 1994 年版。

王正华:《抗战时期外国对华军事援助》,台北:环球书局 1987 年版。

曹嘉涵:《抗战时期中美租借援助关系》,上海:东方出版中心 2015 年版。

韩永利:《战时美国大战略与中国抗日战场(1941—1945)》,武汉:武汉大学出版社 2003 年版。

郑友揆:《中国的对外贸易和工业发展》,上海:上海社会科学院出版社 1984 年版。

郑友揆、程麟荪、张传洪:《旧中国的资源委员会——史实与评价(1932—1949)》,上海:上海社会科学出版社 1991 年版。

郑会欣:《国民政府战时统制经济与贸易研究(1937—1945)》,上海:上海社会科学院出版社 2009 年版。

夏玉清:《南洋华侨机工研究(1939—1946)》,北京:中国社会科学出版社 2016 年版。

姚崧龄编著:《张公权先生年谱初稿》上册,台北:传记文学出版社 1982

年版。

朱昭华:《中缅边界问题研究》,哈尔滨:黑龙江教育出版社 2013 年版。

[美]齐锡生:《从舞台边缘走向中央——美国在中国抗战初期外交视野中的转变(1937—1941)》,北京:社会科学文献出版社 2018 年版。

[美]齐锡生:《剑拔弩张的盟友——太平洋战争期间的中美军事合作关系(1941—1945)》,北京:社会科学文献出版社 2012 年版。

[美]安斯丹等:《滇缅公路行车现状及改进建议》,战时运输管理局 1941 年印。

五、外文文献

[美]杰夫端·B.格林编著,徐帆译:《飞虎的咆哮》,昆明:云南教育出版社 2005 年版。

[美]约翰·D.普雷廷著,张兵一译:《驼峰空运》,重庆:重庆出版社 2014 年版。

[美]小威廉·M.利里著,徐克继译:《龙之翼——中国航空公司和中国商业航空的发展》,北京:科学技术文献出版社 1990 年版。

[美]陈纳德著,王湄等译:《飞虎将军陈纳德回忆录》,杭州:浙江文艺出版社 1998 年版。

[美]西奥多·怀特、安娜·雅各布著,王健康、康元非译:《风暴遍中国》,北京:解放军出版社 1985 年版。

[美]舍伍德著,福建师范大学外语系编译室译:《罗斯福与霍普金斯——二次大战时期白宫实录》,北京:商务印书馆 1980 年版。

[美]富兰克林·德·罗斯福著,吴在汉编译:《罗斯福选集》,北京:商务印书馆 1982 年版。

[美]约瑟夫·W.史迪威著,黄加林等译:《史迪威日记》,北京:世界知识出版社 1992 年版。

[美]格雷格里·克劳奇著,陈安琪译:《中国之翼:飞行在战争、谎言、罗曼史和大冒险的黄金时代》,北京:社会科学文献出版社 2015 年版。

[法]安托万·瓦尼亚尔著，郭丽娜、王钦峰译：《广州湾租借地：法国在东亚的殖民困境》下卷，广州：暨南大学出版社 2016 年版。

[法]亨利·奥尔良著，龙云译：《云南游记——从东京湾到印度》，昆明：云南人民出版社 2001 年版。

[澳]莫理循著，窦坤译：《一个澳大利亚人在中国》，福州：福建教育出版社 2007 年版。

[日]服部卓四郎著，易显石等译，林鼎钦校：《大东亚战争全史》，北京：商务印书馆 1984 年版。

日本防卫厅研修所战史室编，李坤海译：《日军对华作战纪要丛书之十八：关内陆军航空作战》，台北："国防部史政编译局"1988 年版。

日本防卫厅研修所战史室编，曾青贵译：《日军对华作战纪要丛书之十七：关外陆军航空作战》，台北："国防部史政编译局"1988 年版。

日本防卫厅研修所战史室编，天津市政协编译委员会译：《〈大本营陆军部〉摘译》，《日本军国主义侵华资料长编》上册，成都：四川人民出版社 1987 年版。

日本防卫厅防卫研究所战史室著，天津市政协编译委员会译：《中华民国史资料丛稿 译稿 缅甸作战》上册，北京：中华书局 1987 年版。

Otha C. Spencer, *Flying the Hump: Memories of an Air War* (Texas: Texas A&M University Press, 1992).

Charles F. Romanus and Riley Sunderland, *Stilwell's Command Problems* (Washington, D. C.: Office of the Chief of Military Department of the Army, 1956).

Charles F. Romanus and Riley Sunderland, *Stilwell's mission to China* (Washington, D. C.: Office of the Chief of Military Department of the Army, 1953).

Jeff Ethell and Don Downie, *Flying the Hump: In Original World II Color* (Osceola: Motorbooks International Publishers & Wholesaler, 1995).

From Our Special Correspondent, "War Supplies For China", *The*

Times, Jan. 7 (1944).

Guangqiu Xu, "The Issue of US Air Support for China during the Second World War, 1942—1945", *Journal of Contemporary History*, Vol. 36, No. 3 (2001).

The Diaries of Sir Alexander Cadogan, O.M., 1938—1945 (1940).

Barbara W. Tuchman, *Stilwell and the American Experience in China, 1911—1945* (New York: Macmillan Publishing Co. lnc., 1970).

Arthur N. Young, "Credits and Lend-Lease, 1937—1941", *China and the Helping Hand (1937—1945)* (Cambridge 〔Massachusetts〕: Harvard University Press, 1963).

六、研究论文

吴景平:《抗战时期中美租借关系述评》,《历史研究》1995 年第 4 期。

吴景平:《抗战时期天津租界中国存银问题——以中英交涉为中心》,《历史研究》2012 年第 3 期。

吴景平:《抗战时期中国的外债问题》,《抗日战争研究》1997 年第 1 期。

王建朗:《试评太平洋战争爆发前的英美对日妥协倾向——关于"远东慕尼黑"的考察之二》,《抗日战争研究》1998 年第 1 期。

左双文:《转向联德,还是继续亲英美?——滇缅路事件后国民党内曾谋划调整外交路线》,《近代史研究》2008 年第 2 期。

左双文:《未严格执行的禁运:滇缅路封锁前后的中英缅关系》,《民国档案》2021 年第 1 期。

杨东:《再谈滇缅公路的关闭——英国外交部决策过程》,《中央社会主义学院学报》2013 年第 5 期。

王奇生:《湖南会战:中国军队对日军"一号作战"的回应》,《抗日战争研究》2004 年第 3 期。

李学通:《抗战时期中苏易货矿品出口探微》,《民国档案》2016 年第 4 期。

许文堂:《第二次世界大战时期中、日、法在越南的冲突与交涉》,《"中央研究院近代史研究所"集刊》第44期,2004年6月。

葛夫平:《抗战时期法国对于废除中法不平等条约的态度》,《抗日战争研究》2003年第3期。

刘卫东:《论抗战前期法国关于中国借道越南运输的政策》,《近代史研究》2001年第2期。

刘卫东:《印支通道的战时功能述论》,《近代史研究》1999年第2期。

贾国雄:《论国民政府抗战时期的交通运输管理体制》,《西南师范大学学报》(人文社科版)2005年第4期。

严智德:《论抗战初期广九铁路的军事运输》,《军事历史研究》2016年第5期。

朱昭华:《不同历史时期的中缅铁路议案》,《东南亚研究》2007年第2期。

肖泉:《中国和缅甸的历史关系》,《暨南学报》(哲学社会科学版)1980年第2期。

董长芝:《抗战时期大后方的交通建设》,《抗日战争研究》1993年第1期。

徐康明:《滇缅战场上中印公路的修筑》,《抗日战争研究》1995年第1期。

陈岗:《近代四川猪鬃业的开发与经营》,《史学月刊》2008年第4期。

崔巍:《国民政府的外交努力与滇缅公路的修建》,《江海学刊》2013年第6期。

向倩:《全面抗战时期日军轰炸中国国际交通线研究》,硕士学位论文,西南大学历史系,2018年。

邱霖:《抗战前期的中英关系》,陈谦平主编:《中华民国史新论——政治·中外关系·人物卷》,北京:生活·读书·新知三联书店2003年版。

沈祖炜:《论抗日战争时期的贸易委员会》,《中国近代经济史丛书》编委会编:《中国近代经济史研究资料》第9辑,上海:上海社会科学院出版社1989年版。

严四光:《史迪威陈纳德龃龉与美国对华政策》,中美关系史丛书编辑委员会、复旦大学历史系编:《中美关系史论文集》第2辑,重庆:重庆出版社1988年版。

金光耀:《蒋介石与史迪威和陈纳德的关系》,《复旦史学:复旦大学历史系建立七十周年纪念会(1925—1995)论文集》(内部资料),上海:1995 年印。

吴圳义:《滇缅公路与中国抗日战争(1937—1942)》,胡春惠主编:《纪念抗日战争胜利五十周年学术讨论会论文集》,香港:香港珠海书院亚洲研究中心 1996 年版。

张永帅:《腹地特征与近代云南三关的贸易地位》,何明主编:《西南边疆民族研究》第 20 辑,昆明:云南大学出版社 2016 年版。

索　引

D

G

H

J

K

L

T

W

后　记

书稿终于完成，我如释重负，但即将付梓之际，我又不免有些诚惶诚恐。因为战时国际交通问题涉及面广，尤其是国际交通与外交之间存在紧密关系，不可避免需要利用大量外文史料，而我之前没有专门研究过外交史，因此写这本书对我也是一种挑战。尽管本人努力搜集史料，极力拓宽研究视野，希冀能在战时交通史研究问题上有所突破，但由于时间紧迫、学识有限、杂事缠身，书稿中难免存在未尽如人意甚至疏漏之处，还望各位师友批评指正。

全面抗战时期国际交通的研究，早已引起中外学术界的关注，研究成果十分丰富。书稿能够得以完成，首先是建立在前人的研究基础上。没有前辈学者在资料整理和研究方面的艰苦付出，书稿很难顺利完成。除在书稿中引用相关学者的研究成果外，我也向前辈学者表示敬意和感谢。在写作书稿的过程中，也得到了许多人的支持和帮助。感谢南京大学张宪文教授的信任，将这本书稿的写作任务交付于我。我的研究生马文瑞、吴宪赋、代梦茜代为搜集整理了部分报刊史料，彭张敏翻译了部分日文史料。本书编辑张欣在书稿编辑过程中也付出甚多。在此，也一并表示感谢。

谭刚

2021 年 4 月 9 日